国家社科基金
GUOJIA SHEKE JIJIN HOUQI ZIZHU XIANGMU
后期资助项目

城市化与中国特色新型城市化道路

Urbanization and the Path of New-type Urbanization with Chinese Characteristics

曾宪明　著

WUHAN UNIVERSITY PRESS
武汉大学出版社

图书在版编目(CIP)数据

城市化与中国特色新型城市化道路/曾宪明著.—武汉：武汉大学出版社,2020.8
国家社科基金后期资助项目
ISBN 978-7-307-21677-8

Ⅰ.城… Ⅱ.曾… Ⅲ.城市化—研究—中国 Ⅳ.F299.21

中国版本图书馆 CIP 数据核字(2020)第 138430 号

责任编辑:陈　红　　责任校对:李孟潇　　版式设计:马　佳

出版发行：**武汉大学出版社**　（430072　武昌　珞珈山）
（电子邮箱：cbs22@ whu.edu.cn　网址：www.wdp. com.cn）
印刷:武汉中远印务有限公司
开本:720×1000　1/16　印张:23.5　字数:407 千字　插页:1
版次:2020 年 8 月第 1 版　2020 年 8 月第 1 次印刷
ISBN 978-7-307-21677-8　定价:68.00 元

目　录

第一章　绪　论

一、选题的背景和意义

(一)选题的背景

美国著名经济学家、诺贝尔经济学奖获得者斯蒂格利茨曾经指出："中国的城市化和美国的高科技发展将是对21世纪人类发展产生重大影响的两大课题。"①可见，中国的城市化越来越受到国际社会的关注，其意义早已超出国界的范围。

中国的城市化为何受到国际社会如此高度的关注?

这是因为，一方面，城市化是由传统的农村社会向现代城市社会转变的历史过程，是人口城市化和城市现代化的统一。20世纪是城市化进程迅速推进的世纪，21世纪将是人类城市化进程的一个全新时代，世界上大多数人口将生活在城市里。1950年全世界只有30%的人口居住在城市，2014年已有54%的人口居住在城市，按照目前的城市化速度，到2030年世界人口的60%将是城市居民，到2050年，这一比例将提高到66%。②另一方面，中国是一个发展中大国，"当前的中国正在经历两个转变，即从指令性经济向市场经济转变和从农村、农业社会向城市、工业社会转变"。③ 到2018年，中国的城市化率已达到59.58%,④ 略高于55%的世

---

① 吴良镛，吴唯佳，武廷海. 从世界城市化大趋势看中国城市化发展. 科学新闻，2003(17)。

② United Nations, Department of Economic and Social Affairs, Population Division. World Urbanization Prospects: The 2014 Revision. New York: United Nations, 2014.

③ 世界银行. 2020年的中国. 北京：中国财政经济出版社，1997：1.

④ http://it.chinairn.com/news/20190319/100005231.html.

界平均城市化率,[①] 但中国的城市化正处于加速发展时期，这将是21世纪令世人瞩目的波澜壮阔的历史性社会结构变革。因此中国应选择什么样的城市化道路，中国的城市如何发展，一直是近年来国内外学术界关注的热点。中国政府也越来越重视城市化问题。1997年以来，中共中央和国务院多次颁布了关于城市化问题的政策，对农民进入城镇就业及居住给予了越来越宽松的条件，引导和促进了城市化进程。2001年3月15日，第九届全国人民代表大会第四次会议批准通过的《中华人民共和国国民经济和社会发展第十个五年计划纲要》，将“实施城镇化战略，促进城乡共同进步”作为一个专门的部分，认为“提高城镇化水平，转移农村人口，有利于农民增收致富，可以为经济发展提供广阔的市场和持久的动力，是优化城乡经济结构，促进国民经济良性循环和社会协调发展的重大措施”并提出“随着农业生产力水平的提高和工业化进程的加快，我国推进城镇化的条件已渐成熟，要不失时机地实施城镇化战略”。[②] 2002年11月，党的十六大报告首次明确提出，我国必须从自己的国情出发，走有中国特色的城镇化道路。报告指出：“农村富余劳动力向非农产业和城镇转移，是工业化和现代化的必然趋势。要逐步提高城镇化水平，坚持大中小城市和小城镇协调发展，走中国特色的城镇化道路。”[③]党的十七大报告总结了中国特色城市化道路的五大原则，即城乡一体、布局合理、节约土地、功能完善、以大带小。与十六大相比，十七大报告特别提出了“以增强综合承载能力为重点，以特大城市为依托，形成辐射作用大的城市群，培育新的经济增长极。”[④]2007年5月温家宝指出：“不仅要走新型工业化道路，而且要走新型城镇化道路。”2012年11月召开的党的十八大和一年以后召开的十八届三中全会，都十分重视我国新型城镇化建设，并对新型城镇化发展做了总体部署和顶层设计。党的十八大强调，要坚持走中国特色新型城镇化道路。党的十八届三中全会提出：“完善城镇化健康发展体制机制，坚持走中国特色新型城镇化道路，推进以人为核心的城镇化，推动大中小城市和小城镇协调发展。”[⑤]2014年初，《国家新型城镇化规划(2014—2020年)》出台，全面启动了中国特色新型城市化进程。2016年12月，习近平

---

① http：//www. qqjjsj. com/show151a30151.

② 《“十五”计划详说》编写组. “十五”计划详说：九届人大四次会议文件学习读本. 北京：中共党史出版社，2001：279.

③ 本书编写组. 十六大报告辅导读本. 北京：人民出版社，2002：21.

④ 罗思东. 从小城镇到大都市：改革开放以来我国城市化政策的演进. 马克思主义与现实，2014(6).

⑤ 项继权，王明为. 新型城镇化：发展战略、动力机制与创新突破. 城市观察，2015(5).

总书记在中央经济工作会议上特别强调指出："老路，既行不通，又走不远，必须开辟新的发展路径，激发经济潜力，引领经济发展走向更加光明的未来，这是我们的历史责任。"这表明，自党的十八大以来，以习近平同志为核心的党中央带领中国人民，勇敢而自信地开启了一场中国经济发展的结构之变，① 而这场结构之变的典型表现就是走有中国特色的新型城市化道路。

但是，对于什么是有中国特色的新型城市化道路，它具体包括哪些内容，其"中国特色"体现在哪些方面，其"新"又新在何处，中国的城市化为什么不能照搬别国的模式，要有自己的特色，中国为什么要走以及如何走好有中国特色的新型城市化道路等一系列基本问题，目前还没有完全达成共识，对其中部分问题的看法还存在较大的分歧，缺乏系统深入的研究。本书正是循着这样的思路，试图对中国特色新型城市化道路的基本内涵、主要特征、实现路径等进行比较全面系统的研究，以促进中国特色新型城市化更快更好的实现。

（二）选题的意义

对于城市化与城市化道路，不同学者从不同的角度进行了多学科研究，本书的研究虽然与其他学者的研究有重合的部分，但由于侧重点不同，本书的研究就理论意义和实践意义而言，与其他学者的研究相比有较大的差异。

1. 理论意义

(1) 丰富和发展了城市化及城市化道路的理论

城市化是伴随工业化发展，非农产业在城镇集聚、农村人口向城镇集中的自然历史过程，是人类社会发展的客观趋势，是国家现代化的重要标志。② 当前，中国的城市化正处于发展的关键时期，如何正确选择中国的城市化模式，走好有中国特色的新型城市化道路，对全面建成小康社会、加快社会主义现代化进程、实现中华民族伟大复兴的中国梦，具有重大的现实意义和深远的历史意义。

改革开放以来，我国学术界一直未曾停止过探讨中国城市化道路的选

① 引领经济发展新常态——政论专题片《将改革进行到底》解说词（第二集）. 人民日报，2017-07-19(9).

② 国家新型城镇化规划（2014—2020 年）. 中华人民共和国中央人民政府网站：www.gov.cn，2014-03-16.

择问题。有关城市化道路的各种观点也层出不穷，比如大城市论、中等城市论、小城镇论、大中小城市及小城镇协调发展论，等等，这些观点都有其合理之处，但作为我国城市发展的指导方针，显然不够完善。大中小城市协调发展论(或者称大中小城市并举论、多元城市化道路论)是近年来学术界比较一致的看法。虽然大中小城市并举论符合中国的国情，也是中国特色新型城市化道路的重要内容，但它强调的仍然是发展何种规模的城市，并没有反映城市化道路的主要内容。随着中国特色城市化道路和新型城市化道路的提出，学术界对城市化道路的研究日趋热烈，但近年学术界对"中国特色城市化道路"和"中国新型城市化道路"的研究基本上处于分割的状态，而对"中国特色新型城市化道路"全面系统的研究仍显不足，本书正是通过对国内外各种有关城市化与城市化道路观点的介评、对世界上主要发达国家和有代表性的发展中国家的城市化历程及城市化道路的分析、比较，从城市化的发展模式、城市化的动力和实现机制、城市化进程中存在的主要问题及其原因和城市发展方式等方面，全面、系统、深入地论述了中国特色新型城市化道路的主要内容、基本特征、战略措施，丰富和发展了城市化及城市化道路的理论。

(2)深化对城市化规律的认识

就整体而言，世界城市化发展经历了两个多世纪，有的城市繁荣了，有的城市衰落了；有的国家城市化进程较快，有的则较慢。但是，城市化作为世界潮流，是社会经济发展的必然结果，有其自身的发展规律。目前，尽管学术界对城市化规律的认识还未形成共识，但笔者认为世界城市化的基本规律是客观存在的。我国城市化之所以长期滞后于工业化，一个主要原因就在于对这些城市化规律缺乏全面认识和正确的把握。譬如，过去有一种观点认为，工业化导致城市化是资本主义社会的特有规律，是资本主义本性所决定的社会现象。西方国家的城市化导致城乡差别的扩大和"城市病"的蔓延，社会主义国家的工业化不能同时实现加剧城乡对立的城市化，而是要实现消灭城乡差别的城乡一体化。因而，主张在我国走一条"没有城市化的工业化之路"(industrialization without urbanization)。这种违背城市化的普遍性规律的工业化之路注定行不通，一是因为没有城市化的高度发展，就不能让社会公众享受高度城市文明，就不可能创造出巨大的社会物质和精神文化需求，工业化所需要的市场也就无法开拓。二是因为那种"离土不离乡，进厂不进城"的分散的工业化发展模式，不仅大量占用耕地、破坏环境、资源利用效率低，而且是一种不可持续的发展模式，其带来的危害比城市文明可能带来的负面效应可以说是有过之而无不及。更不用说我国是人口资源关系高度紧张的国家。① 还有一种观点认为，西方发达国家工业化和城市化过去产生了许多严重的经济、社会问题，现在又出现了城市人口郊外化、分散化的“逆城市化”倾向，我们不能重复西方发达国家走过的城市化这条弯路，因此也主张我国应该走“没有城市化的工业化道路”。实际上，逆城市化或称反城市化，是指城区人口郊外化、城市布局分散化的城市化模式。所谓“逆”或“反”并不是指城市人口的农村化，更不是指城市文明生活方式的农村化，而是说城区人口向郊区迁移，大城市人口向卫星城市和中小城市迁移的倾向。因此，逆城市化不是城市化的反向运动，不是对城市化的否定，而是城市化发展的一个新阶段，是城市文明的普及和城市生活方式的扩散。② 那种认为可以跳过城市化特别是大城市发展这个阶段，通过农村城镇化来实现城乡一体化的观点是不正确的，其根源就在于对城市化进程的阶段性规律缺乏正确的认识。本书通过对主要发达国家和部分发展中国家的城市化进程、城市化道路及其特征的比较和分析，通过对城市化与工业化相互关系的研究，探讨了世界城市化进程的一般规律，为走好中国特色新型城市化道路提供有益的启示和参考。

2. 实践意义

(1)为走中国特色新型城市化道路提供科学的决策依据

本书通过对中华人民共和国成立以来中国城市化历程的简要回顾和世界上多个国家的城市化及城市化道路的比较分析，结合中国国情，指出中国未来的城市化道路，应该是一条具有中国特色的新型城市化之路，它既不同于别国模式又有别于中国以往走过的城市化道路，即中国特色新型城市化道路是一条城市化与工业化、信息化、农业现代化“四化协调”推进，人口非农化、农地非农化与城市化协调发展、土地节约高效利用，城乡差别缩小、城乡一体化发展，集中型城市化与分散型城市化同时推进，大中小城市建设与小城镇发展同时推进，以人为本，集约紧凑、智能高效、绿色低碳，市场主导、政府促进的城市化道路。在此基础上本书提出了具体战略措施，为走好中国特色新型城市化道路提供科学的决策依据。

(2)为有效解决“三农”问题以及农民工市民化提供可行途径

---

① 辜胜阻，刘传江. 人口流动与农村城镇化战略管理. 武汉：华中理工大学出版社，2000：147-148.

② 辜胜阻，刘传江. 人口流动与农村城镇化战略管理. 武汉：华中理工大学出版社，2000：157.

"三农问题"一直是困扰中国经济发展、需要尽快解决的重大经济社会问题。"三农问题"的实质就是农业落后、农村贫穷、农民收入低。中国在相当长一段时间内所存在的城市化滞后，是造成"三农问题"的根源之一。因此，加快城市化进程是中国实现现代化的迫切需要，也是有效解决"三农问题"的关键。本书结合城市化与城市化道路的理论以及中国人多地少的国情，指出中国目前数量庞大的农村剩余劳动力不仅需要由小城镇和小城市吸纳，也需要向大、中城市合理流动，并通过对诸如就业制度、户籍制度、土地制度、社会保障制度和城市建设投融资制度等相关制度的改革和创新，推进农民工市民化进程。唯有如此，才能减少农民，富裕农民，从根本上解决"三农问题"。

(3)为以人为本、高质量的城市化发展提供有效指导

中国城市化当前面临的主要问题已经不是数量上的速度太慢、水平太低、严重滞后的问题，而是城市化质量不高的问题，如人口城市化滞后于土地城市化、人口城市化滞后于工业化和经济发展，农业现代化滞后于工业化和城市化，城镇建设和管理滞后于人口城市化，"半城市化"现象突出，城镇建设滞后，城市生存条件不佳，环境质量不优，等等。因此，本书在全面分析中国城市化现状及存在的问题的基础上，提出了提高中国城市化质量的具体措施，即必须继续保持经济的稳定发展与社会的安定和谐，注重经济社会的协调发展。改变过去那种过分重视工业化的做法，使城市化与工业化、信息化、农业现代化协调发展。同时，要加强城市基础设施建设，提高城市管理水平，增强城市综合承载能力。尤为重要的是，要改变以往城市化只见"物"不见"人"的做法，为进城务工人员提供稳定的就业机会，使迁移到城镇的农村流动人口尽快融入城市，成为真正的市民，只有这样才能实现以人为本、高质量的城市化。

二、本书的基本内容、研究方法及理论创新和不足之处

(一)本书的基本内容

本书除结束语外由十章构成，各章主要内容如下：

第一章是绪论，主要阐述本书的选题背景和选题意义，介绍了本书的研究方法、基本结构和主要内容，并指出本书的主要理论创新和存在的不足之处。

第二章是城市化与城市化道路的国内外研究综述，比较系统地梳理了国内外有关城市化与城市化道路的研究成果，重点梳理了关于中国城市化及其道路的研究成果。

第三章是城市化与城市化道路的基本理论，比较系统地阐述了城市化与城市化道路的基本概念和基本理论，主要内容包括城市的起源、含义及城市界定标准；城市化的内涵及衡量；城市化的影响因素、过程及类型；城市化的必然性；城市化道路及其选择。

第四章是世界城市化发展概况，主要论述了世界城市化发展历程、世界城市化特征及发展趋势，介绍和评价了世界城市化典型模式，并阐述了世界城市化进程的基本规律。

第五章是发达国家的城市化与城市化道路，分析、比较了英国、法国、德国、美国、加拿大、日本等主要发达国家的城市化历程及城市化道路的基本特征，并总结了发达国家城市化及其道路的利弊得失和经验教训。

第六章是发展中国家的城市化与城市化道路，主要回顾和比较巴西、印度、印度尼西亚、尼日利亚等发展中人口大国的城市化历程及城市化道路，总结其利弊得失和经验教训。

第七章是中国城市化发展现状、问题及原因分析，主要论述中国城市化进程的两大阶段，即改革开放以前的城市化和改革开放以来的城市化，并从城市化水平和速度、城镇数量、规模结构和空间布局、地区差异等方面，论述了中国城市化发展现状，分析了中国城市化进程中存在的主要问题及原因。

第八章是中国特色新型城市化道路的内涵及特征，主要论述中国城市化道路的历史演进，尤其是关于中国城市化道路的争论，阐述走中国特色新型城市化道路的必要性，重点论述中国特色新型城市化道路的基本内涵及主要特征，指出中国特色新型城市化道路是一条城市化与工业化、信息化、农业现代化“四化协调”推进，人口非农化、农地非农化与城市化协调发展、土地节约高效利用，城乡差别缩小、城乡一体化发展，集中型城市化与分散型城市化同时推进，大中小城市建设与小城镇发展同时推进，以人为本，集约紧凑、智能高效、绿色低碳，市场主导、政府促进的城市化道路。

第九章是中国特色新型城市化道路的路径选择，主要论述走中国特色新型城市化道路的战略措施，具体内容包括调整城市化发展战略，探索符合中国国情的新型城市化模式；深化制度改革和制度创新，消除城市化障碍；转变农村工业化战略，走人口城市化（异地转移）和农村城镇化（就地转移）并举的城市化之路；加强城市规划与管理，走高质量的城市化之路；稳步有序地推进农民工市民化进程，走以人为本的城市化之路；加强智慧城市建设，走可持续城市化之路。

第十章是中国特色新型城市化的实践经验，主要对中国特色新型城市化的地方实践进行了简要论述，对中国特色新型城市化的实践经验进行了归纳和总结，为中国特色新型城市化的不断完善和发展提供指导。

（二）本书的研究方法

1. 实证研究与规范研究相结合、定性分析与定量分析相结合的研究方法

本书在研究过程中采用实证研究与规范研究相结合、定性分析与定量分析相结合的研究方法，运用大量实证资料论证了世界城市化进程、发展现状及发展趋势，比较分析了主要发达国家和典型发展中国家的城市化与城市化道路及特点，论证了走有中国特色的新型城市化道路的必要性，阐明了中国特色新型城市化道路的基本内涵及主要特征，提出了走好中国特色新型城市化道路的具体战略措施。

2. 文献索引法

笔者在研究过程中，通过多种途径和方法，收集、整理与综合分析了国内外大量的关于城市化与城市化道路的文献资料。本书从选题、研究思路的设计，到最终确立研究步骤等都离不开对相关文献资料的检索，这些文献资料为本书的研究提供了重要参考。

3. 比较研究方法

比较研究方法也是本书采用的主要研究方法之一，因为不同国家的城市化进程与城市化道路各具特色，只有在比较分析研究的基础上，才能正确把握不同国家城市化发展的共性及其特殊性，为中国更好地完成城市化进程提供有益的指导和借鉴。

（三）本书的理论创新和不足之处

本书的创新之处主要表现在以下方面：

（1）全面系统地论述了中国特色新型城市化道路的基本内涵及主要特

征，指出中国特色新型城市化道路是一条城市化与工业化、信息化、农业现代化“四化协调”推进，人口非农化、农地非农化与城市化协调发展、土地节约高效利用，城乡差别缩小、城乡一体化发展，集中型城市化与分散型城市化同时推进，大中小城市建设与小城镇发展同时推进，以人为本，集约紧凑、智能高效、绿色低碳，市场主导、政府促进的城市化道路。本书将中国特色新型城市化道路的基本内涵做上述概括，力图融合“中国特色城市化道路”和“中国新型城市化道路”，使两者成为有机联系的整体，以丰富和发展中国特色新型城市化道路的理论。

(2)阐述和比较英国、法国、德国、美国、加拿大、日本等6个发达国家和巴西、印度、印度尼西亚、尼日利亚等4个发展中人口大国的城市化进程和城市化道路及其特征，并系统深入地分析中国城市化道路的历史演进及中国城市化的道路之争，为有效推进中国特色新型城市化提供理论支撑，丰富和完善城市化与城市化道路的理论。

(3)全面系统地分析了中国城市化发展历程、现状、存在的主要问题及原因，以利于更好地推进中国特色新型城市化进程。

(4)提出了走中国特色新型城市化道路的可行路径，探讨如何进行就业制度、户籍制度、土地制度、社会保障制度、城市建设投融资制度等一系列制度的改革和创新，以便更有效更合理地完成中国城市化进程。

(5)归纳和总结了中国特色新型城市化的实践经验，为中国特色新型城市化的不断完善和发展提供指导。

本书的不足之处表现在以下方面：

(1)中国特色新型城市化道路从提出到推广实施的时间不长，本书对其科学内涵和基本特征的把握是否准确和完整还有待实践检验。

(2)本书研究选取的国别数量，特别是发展中大国的数量有限，使城市化与城市化道路的国际比较研究的全面性略显不足。

(3)由于中国特色新型城市化目前还处于探索阶段，获取连续完整的实践数据还比较困难，所以本成果的实证研究和定量分析略显不足。因此，后续研究一是要增加国别数量，尤其是发展中大国的数量，使国际比较研究更加全面；二是要密切关注中国特色新型城市化的实施情况，力图更准确更完整地把握中国特色新型城市化道路的科学内涵和主要特征；三是要注重对中国特色新型城市化实践数据的搜集与整理，加强实证研究和定量分析。

第二章　城市化与城市化道路的国内外研究综述

一、城市化与城市化道路的国外研究

（一）国外关于城市化的研究

1. 关于城市化含义的研究

由于城市化研究具有多学科性以及城市化过程本身的复杂性，如何定义“城市化”，无论在西方还是在中国至今仍然莫衷一是。① 国内学者一般认为，城市化一词最早由西班牙城市规划设计师赛达提出，他认为城市化是城市人口不断增多，城市地域面积不断延伸的过程。② 但也有学者认为，③ 早在1858年，马克思在《政治经济学批判》中谈及城乡分离和城市发展时就明确使用了“城市化”这一概念，并提出了“现代的历史是乡村城市化，而不象在古代那样，是城市乡村化”的论断。④ 然而，究竟什么是城市化，国内外学者有着各自不同的理解。

城市化是一个涉及经济学、人口学、社会学、地理学等多学科内容的社会经济结构变迁过程，不同学者纷纷从各自不同的学界视野给予了不同的解释。

经济学从农村经济向城市经济转变的角度来定义城市化。如著名美国

---

① 冯奎. 中国城镇化转型研究. 北京：中国发展出版社，2013：5.

② A. Sedra. Effects of urban land use on surface temperature in Berlin：case study. Journal of Urban Planning & Development，1867，10(2)：128-137.

③ 刘传江. 中国城市化的制度安排与创新. 武汉：武汉大学出版社，1999：40.

④ 马克思，恩格斯. 马克思恩格斯全集：第四十六卷(上). 北京：人民出版社，1979：480.

经济学家西蒙·库兹涅茨指出，过去一个半世纪内的城市化，主要是经济增长和技术变革的产物，这些技术变革使大规模生产成为可能。一个大规模的工厂含有一个稠密的人口社会的意思，也就意味着劳动人口，从而从属人口向城市转移，这种转移又意味着经济投入的增长。[1] 又如沃纳·赫希认为，城市化是指从以人口稀疏并相当均匀遍布空间、劳动强度很大且个人分散为特征的农村经济转变为具有基本对立特征的城市经济的变化过程。[2]

人口学对城市化的定义是，城市化是农村人口向城市的转移和集中及其带来的城市人口比重不断上升的过程。如赫茨勒指出：城市化，就是人口从乡村地区流入大城市以及人口在城市的集中。[3] 威尔逊在《人口辞典》中把城市化界定为："人口城市化即指居住在城市地区的人口比重上升的现象。"[4]埃尔德里奇(H. Eldridge)认为"人口的集中过程就是城市化的全部含义"，克拉克(C. G. Clark)则将城市化视为"第一产业人口不断减少，第二、三产业人口不断增加的过程"。[5]

社会学则认为城市化是城市社会生活方式的产生、发展及传播的过程。如著名美国社会学家沃思指出：城市化意味着乡村生活方式向城市生活方式发生质变的全过程。[6]

地理学对城市化定义是，城市化是人口、产业等由乡村地域向城市地域的转化和集中过程。如日本著名地理学家山鹿城次指出："现代的城市化的概念，据我看应该包括这四个方面：①原有市街地的再组织、再开发；②城市地域的扩大；③城市关系的形成与变化；④大城市地域的形成。"[7]

伴随着城市化实践的发展和城市化研究的逐步深化，以及各学科的相互渗透和交叉，城市化的定义越来越呈现出综合性和多层次性，学者们提出了一般城市化、狭义城市化和广义城市化的观点。[8] 所谓一般城市化，是指"由于机械文明的发达推进了人口向城市的集中和由此而同时发生的地域和社会的变化"；所谓狭义的城市化，"就是由于现代产业的发展而

---

① 西蒙·库兹涅茨. 各国经济增长. 常勋，等，译. 北京：商务印书馆，1985：87.
② 沃纳·赫希. 城市经济学. 刘世庆，等，译. 北京：中国社会科学出版社，1990：22.
③ 赫茨勒. 世界人口的危机. 何新，译. 北京：商务印书馆，1963：52.
④ C. Wilson. The dictionary of demography. Oxford：Blackwell Publishers，1986：225.
⑤ 蔡俊豪，陈兴渝. "城市化"本质含义的再认识. 城市发展研究，1999(5).
⑥ Louis Wirth. Urbanism as a way of life. American Journal of Sociology，1938，44(1)：1-24.
⑦ 山鹿城次. 城市地理学. 朱德泽，译. 武汉，湖北教育出版社，1986：106.
⑧ 高珮义. 中外城市化比较研究. 增订版，天津：南开大学出版社，2004：407.

发生的农村地域向城市地域的质变"；所谓广义的城市化，"就是在聚落或者地域中城市的因素逐渐增大的过程，而且是从城市产生的影响在聚落和地域的内部越来越显著的过程"。① 罗西就是从综合性角度给城市化下定义的。罗西认为城市化一词包括以下四个方面的含义：①城市中心对农村腹地影响的传播过程；②全社会人口逐步接受城市文化的过程；③人口集中的过程，包括集中点的增加和每个集中点的扩大；④城市人口占全社会人口比例提高的过程。② 美国学者弗里德曼将城市化过程区分为城市化I和城市化II。前者包括人口和非农业活动在规模不同的城市环境中的地域集中过程、非城市型景观转化为城市型景观的地域推进过程；后者包括城市文化、城市生活方式和价值观在农村的地域扩散过程。③ 英国学者哈维④以及美国学者卡斯特尔⑤等新马克思主义学派从资本主义生产方式着手，揭示了资本主义城市化的本质以及由此产生的社会问题的根源。至20世纪60年代，发达国家先后完成了其城市化进程。纵观发达国家城市化发展历程，可以发现：城市化既促进了各国的经济增长，人口向城市的快速集聚，城市建设步伐的加快和人民生活水平的提高，同时也在协调城乡发展、调整产业结构、促进自然环境友好等方面发挥了重要的作用。正是由于城市化在推动经济社会发展过程中发挥的巨大作用，城市化与城市化的理论研究越来越受到重视。⑥

2. 关于城市化动因的研究

国外学者主要从以下角度来研究城市化的动因：⑦

第一，从经济学的角度展开研究。有四种不同的观点：一是工业化论和产业革命论。根据这一理论，工业革命的兴起使大规模的工业生产成为可能，接着是工业的扩大，然后是工艺专业化的扩张，工厂和新机器的结合产生了规模经济。反过来，它又导致了工厂规模的扩大，同时也带动了

---

① 参见山鹿城次. 城市地理学. 朱德泽，译. 武汉：湖北教育出版社，1986：106.

② 参见许学强，等. 现代城市地理学. 北京：中国建筑工业出版社，1988：47.

③ J. Friedmann. Using neural networks and GIS to forecast land use changes：a land transformation model. Computers，Environment and Urban Systems，2002，26(6)：553-575.

④ D. Harvey. Characterizing the urban environment of cities and towns：a template for landscape planning. Landscape and Urban planning，2008，87(3)：210-222.

⑤ M. Castells. Using the sleuth urban growth model to simulate the impacts of future policy scenarios on urban land use in the Baltimore-Washington metropolitan area. Environment and Planning B：Planning and Design，2003，31：251- 271.

⑥ 参见范双涛. 中国新型城镇化发展路径研究. 沈阳：辽宁大学博士学位论文，2015.

⑦ 高珮义. 中外城市化比较研究. 增订版. 天津：南开大学出版社，2004：409-411.

运输业、工业服务业的进一步扩张和发展。因为所有这些只能在城市环境中提供，所以城市也加快了发展。恩格斯曾经指出："工业的迅速发展产生了对人手的需要；工资提高了，因此，工人成群结队地从农业地区涌入城市。"①阿尔弗雷德·韦伯在《工业区位论》中指出，聚集能使企业获得成本节约的聚集经济，从而企业大量的聚集开始了城市化的过程。② 刘易斯(1954)的二元经济理论认为生产要素在产业之间的流动与配置，是工业化过程，同时也是城市化过程，劳动力完成产业之间的转移的同时也完成了地域上的转移，工业化与城市化是同步进行的。缪尔达尔(1957)的"循环累积论"提出应当采取不平衡发展战略，通过发展计划和重点投资，优先发展那些有较强增长势头的地区。城市经济学家巴顿(1976)从微观的角度解释了工业化与城市化相关的经济学成因，认为城市化的产生与发展都离不开工业化，工业化促进了城市化。③ 城市化的加速，不仅驱使人们离开土地，而且同时又增加了对农产品的需求。工业技术的变革，促进了耕作技术、食物保藏和运输方面的进步，使得城市及其产业的发展有了食物上的保障。自动化时代的到来，加强和加速了城市化的进程，并从那些工业化城市发展成为美国的现代化大都市地区和联合王国的组合城市。④

城市化过程中的人口转移问题是研究城市化动因不可避免的问题，因此许多学者对此有论述。如英国著名经济学家拉文斯坦(E. G. Ravenstein)等人的推拉理论，舒尔茨(T. W. Schultz)的人口迁移理论，托达罗(M. P. Todaro)的城乡人口迁移理论，库兹涅茨(S. Kuznets)的人口迁移理论和刘易斯(W. A. Lewis)等人的二元经济发展模型。其中，推拉理论最为著名，因为它最能全面地解释人口城乡迁移特别是农村人口向城市流动的动因。推拉理论认为，人口由农村向城市迁移受两种力量同时作用的影响：农村内部的推力和来自城市的拉力。农村内部的推力主要包括农村较低的收入水平、不合理的土地租佃制度、农产品不利的交易条件等；城市的拉力则是指城市较高的收入水平、较佳的就业机会和生活条件等。

二是农业剩余产品论。该观点认为，城市化的界限一般取决于该国的

① 马克思，恩格斯. 马克思恩格斯选集：第一卷. 北京：人民出版社，2012：101.

② 阿尔弗雷德·韦伯. 工业区位论. 北京：商务印书馆，2017：134.

③ 参见张贵，李靖，丁梅. 国外城市化与产业发展关联的研究述评. 生产力研究，2012(3).

④ K. J. 巴顿. 城市经济学. 上海社会科学院部门经济研究所城市经济研究室，译. 北京：商务印书馆，1984.

农业生产力或该国通过交通、政治或军事力量从国外获得粮食的能力。虽然一些现代国家可以通过国际贸易获得足够的粮食，但就全世界而言，在第一产业生产力上是否有余力，仍然是城市能否继续存在的前提条件。大多数学者持有这种观点，如松巴特、芒罗、沃伊廷斯基等人。①

三是劳动分工论。有学者指出："劳动分工就是城市经济组织的基础。"②他们认为，只凭农业生产力的不断提高有了剩余的粮食，并不一定会导致城市的出现和发展。因为还必须发展第二和第三产业。这是因为城市是第二、三产业的集聚地。因此，如果农业生产大幅度增加，而全社会人口都从事农业生产的话，城市化还是不可能产生。换言之，社会分工是城市化不可缺少的前提。③

四是科技进步论或科技革命论。这种观点认为："科技进步是城市体系发展的重要因素。"④当然持此观点的学者并不认为科技进步或科技革命是城市化的唯一因素，只不过是特别强调了科技进步对城市化的重大推动作用，在现代科技突飞猛进的今天尤其如此。

第二，从个人意识发展的角度进行研究。持此观点的学者在研究城市化的动因时，不仅考虑了物质因素，而且还探讨了人的精神因素。有的学者甚至特别强调精神因素，即人要求获得充分自我实现的欲望对城市化的重大推动作用。如德国著名社会学家马克斯·韦伯就把中世纪以后的城市看作是强烈的个人意识发展的中心。他认为，人们作为平等的个人在公事往来中相互制约；层次相同的人在经济社区中有同等的义务和权利；他们作为"公民"，在新的城市法律面前成了平等与"自由"的成员，摆脱了从前贵族所实行的那种传统等级制度的封建枷锁。⑤ 正因为这样，城市才有了巨大的吸引力，农村人口才会源源不断地流向城市，大量的工业家、艺术家、各类专家也不断涌入城市。帕克指出，"总之，每个人都会在城市环境中找到一个最适合的道德气候，使自己的欲求得到满足。我猜想，许多乡下的青年男女放弃他们安适的乡间生活跑到城里来正是出于这种动机。而这种动机的基础，并非完全是追求利益，甚至也不是要追求情感，

---

① 城镇化与小城镇课题组. 国外城市化：译文集. 中国城市规划设计研究院情报所，1987：93.

② R. E. 帕克，等. 城市社会学. 宋俊岭，等，译. 北京：华夏出版社，1987：2.

③ 城镇化与小城镇课题组. 国外城市化：译文集. 中国城市规划设计研究院情报所，1987：94.

④ 城镇化与小城镇课题组. 国外城市化：译文集. 中国城市规划设计研究院情报所，1987.

⑤ 转引自安德鲁·韦伯斯特. 发展社会学. 陈一筠，等，译. 北京：华夏出版社，1978：72.

倒是追求一种更本质、更原始的东西”，这种东西不是别的，就是“施展自己本领的机会”。①

第三，从综合视角研究城市化的动因。从该角度进行研究的学者认为，城市化的动因是复杂的，它会随着历史时期、地域、国度、国际环境的变化而变化，并且个人的理论观点也会影响其对城市化动因的理解。正如有学者指出的那样：促进城市发展的因素是多种多样的，既有技术方面的，也有社会文化方面的，还有人口规模和环境特征方面的，到底是何种因素起着最主要的作用是难以确定的。持该观点的学者从粮食生产、交通运输和原材料利用技术、社会文化变迁、环境与人口以及城市化的社会文化背景等方面论述了城市化的动因。同时，他们也注重对不同历史时期发达国家和发展中国家城市化动因的主要差异进行研究和分析。②

3. 关于城市化衡量的研究

国际上一般用居住在城市的人口占总人口的比重来衡量一个国家或地区的人口城市化水平(level of population urbanization)。这种衡量方法因存在明显缺陷而遭到不少学者的批评。如约翰逊(J. H. Johnson)认为，用这种方式衡量城市化难以准确反映城市的规模状况，这是因为如果一个国家的农村人口少，而且也只有一些小城镇，以这种方法衡量得出的城市化水平也可能较高。此外，这种衡量方法难以准确反映城市增长的过程，因为如果城市人口和农村人口同时在增长，城市化水平也不会有显著提高，哪怕城市增长的绝对量实际上可能相当大。故此，一些学者就采用复合性指标来衡量城市化，以克服上述单一指标的缺陷。如吉布斯(J. P. Gibbs)还加上另外三个指标来度量城市化，这些指标分别是城市的数目、绝对的城市人口数量以及不同规模等级中的城市人口分布。阿瑞加(E. Arriga)则提出了五个方面的指标来度量城市化水平：程度、速度、分布、集中与分散、增长的成分(城市人口自然增长和机械增长的比例)，而且还设计了有关定量计算的方法。③

4. 关于城市化发展阶段的研究

不同国家的城市化发展状况尽管千差万别，但总体上看，世界各国的

① R. E. 帕克，等. 城市社会学. 宋俊岭，等，译. 北京：华夏出版社，1987：43.

② 转引自康少邦，等. 城市社会学. 杭州：浙江人民出版社，1978：265-304.

③ 参见王维峰. 国外城市化理论简介. 城市问题，1989(1).

城市化进程一般都会呈现出明显的阶段性规律，即城市化初期、城市化中期(加速)和城市化后期三个不同历史阶段。美国地理学家诺瑟姆用一条被拉平的S形曲线来描绘城市化的三个发展阶段：第一阶段处于S形曲线的左下段，是城市化的初期阶段。在这一阶段，第一产业占主导地位，农业人口占绝大多数，城市人口增长缓慢。当城市化水平超过10%时，城市化步伐加快；当城市化水平达到30%后就进入了第二阶段即加速阶段，处于S形曲线的中间段。在这一阶段，随着工业化发展，农村剩余劳动力开始向城市流动，城市化水平也相应大幅度上升，这一趋势一直持续到城市化水平达到70%才会逐渐减缓，并进入城市化进程的第三阶段——城市化后期阶段。这一阶段处于S形曲线的右上段。在这一阶段，大量的农村剩余劳动力已经迁移到城市，减小了农村的人口压力，大大提高了农村的劳动生产率，城乡差别也逐渐缩小，城市化进程停滞或略有下降趋势(目前不少发达国家已经处于这个阶段)，直到最后城乡人口转移达到动态平衡。①

日本学者今野修平把自产业革命以来的城市化进程也划分为三个阶段，即第一阶段城市化；第二阶段特大城市化；第三阶段特大城市群化。② 另一位日本学者山田浩之则把世界城市化发展过程分为三个阶段六个时期。三个阶段分别是集中型城市化、郊区化和逆城市化；六个时期是：①绝对集中的城市化时期；②相对集中的城市化时期；③相对分散的郊区化时期；④绝对分散的郊区化时期；⑤绝对分散的逆城市化时期；⑥相对分散的逆城市化时期。③

5. 关于城市化与经济增长关系的研究

古典经济学家对城市化与经济增长之间的关系，特别是对城乡之间的发展关系做过精辟的分析。如亚当·斯密曾指出："乡村居民须先维持自己，才以剩余产物维持都市的居民。所以，要先增加农村产物的剩余，才谈得上增设都市。"他还指出："都市的增设，决不能超过农村的耕作情况和改良情况所能支持的限度。"④

但古典经济学家的这一重要思想却被以要素收益递减、完全竞争和外生技术进步为核心理论假设的新古典经济增长理论所忽略，使得城市化长

① Ray M. Northam. Urban geography. New York：John Wiley & Sons，1975.
② 周牧之. 城市化：中国现代化的主旋律. 长沙：湖南人民出版社，2001：281.
③ 山田浩之. 城市经济学. 大连：东北财经大学出版社，1991.
④ 亚当·斯密. 国民财富的性质和原因的研究(上). 北京：商务印书馆，1972：346.

期成为主流经济学研究视野外的边缘问题。直到20世纪80年代，引入知识外溢、内生技术进步、分工和专业化、集聚经济、收益递增等重要概念的新经济增长理论才改变了这一局面。以卢卡斯(Lucas)、克鲁格曼(Krugman)、亨德森(Henderson)、藤田昌久(Fujita)等人为代表的一批经济学家研究了知识外溢、收益递增与经济活动在空间上的聚集之间的关系，进一步揭示了城市化与经济增长的内在联系。根据对聚集经济效应的不同处理方式，经济学界形成了三类和城市化相关的经济理论模型：①

第一类是外部性城市增长模型，其主要特征是将产业的外部性规模经济作为城市聚集经济的基础，并把聚集经济效应当作"黑箱"来处理，构建起希克斯中性的城市生产函数，并在完全竞争的市场结构下构建起模型，其代表是Black和Henderson(1999)的内生经济增长的城市化模型。②第二类是"中心—外围"模型，其主要特征是引入了制造业产品在消费和生产中的多样化效应，以及市场的前向和后向联系所导致的自我增强的正反馈效应，强调了企业规模经济、运输成本和移民的相互作用在经济空间聚集和城市形成中的作用机制，其代表是Krugman(1991)的新经济地理模型。③ 第三类是超边际的城市化模型，其主要特征是假设每个经济主体都是"消费者—生产者"，消费的多样化和生产的局部性边际报酬递增，导致了经济决策的均衡解只能是角点解，并且在不同的交易效率下会导致不同分工结构的产生，而城市的形成是当其交易效率达到一定程度后分工结构在空间上的表现，其代表是杨小凯(1998)的城市化模型。④

城市化与经济增长之间的相关性问题自20世纪50年代以来就得到学术界的关注。⑤ 众多学者的研究表明，城市化水平和经济增长之间呈现出显著的正相关关系，经济发展程度越高，城市化水平也越高。贝利认为："一个国家的经济发展水平与该国的城市化程度之间存在着某种联系。"1965年他选用95个国家的43个变量进行主成分分析，导出经济、技术、人口和教育等因子，证明经济增长与城市化之间存在正相关关系。⑥ H. 钱纳里等(1988)利用1950—1970年101个国家的经济发展水平与城市化

---

① 钱陈. 城市化与经济增长的主要理论和模型评述. 浙江社会科学，2005(2).

② D. Black，J. V. Henderson. A theory of urban growth. Journal of Political Economy，1999，107(2)：252-284.

③ P. Krugman. Increasing returns and economic geography. Journal of Political Economy，1991(99)：483-499.

④ 杨小凯. 经济学原理. 北京：中国社会科学出版社，1998.

⑤ 参见程开明. 城市化与经济增长的互动机制及理论模型述评. 经济评论，2007(4).

⑥ 成德宁. 城市化与经济发展——理论、模式与政策. 北京：科学出版社，2004：80.

水平数据，发现在一定的人均国民生产总值(GNP)水平上，有相应的生产结构、劳动力配置与城市化水平相对应。[①] 卢卡斯(1988)依托内生增长模型的框架，考查了城市化与国民经济增长之间的关系；[②] Moomaw 和 Shatter(1996)通过回归分析，发现城市化率随人均 GDP、工业化程度、出口及外国援助的增长而上升，随着农业生产水平的提高而下降。[③] Henderson(2003)利用不同国家的横截面数据计算出城市化水平与人均 GDP(取对数)之间的相关系数为 0.85。[④] Davis 和 Henderson(2003)的研究表明，城市化水平与人均国内生产总值(GDP)或人均收入之间呈现出 S 形曲线的关系，在经济发展初期，城市化水平上升较慢，接着快速提高，达到一定水平后变动幅度不大。早期及中期阶段的城市化主要由国内经济结构变动、技术进步所决定，政府政策通过影响经济部门构成而间接影响城市化。[⑤]

也有一些学者对城市化演进与经济增长之间存在持续和稳定的正相关性表示怀疑。[⑥] 如 Herrmann 和 Khan(2008)通过构建一个动态的双向框架(dynamic dual framework)，并且结合非洲国家数据的实证结果，指出城市化的进程并未给这些国家和地区带来就业的生机和收入的稳定增长；Poelhekke(2008)也对非洲和拉丁美洲等国家自 1980 年以来的数据进行了分析，结论显示在这些国家 20 多年的发展中，城市化演进与经济增长呈负相关关系，城市化为这些国家带来的根本不是经济和就业的增长。[⑦]

(二)国外关于中国城市化的研究[⑧]

近 30 年来，不少国外学者纷纷从不同角度对中国城市化进行了研究，并取得了大量的研究成果。大体上可以将这些研究成果分为三大类：一是

---

① H. 钱纳里，M. 赛尔昆. 发展的型式(1950—1970). 北京：经济科学出版社，1988.

② R. E. Lucas. On the mechanics of economic development. Journal of Monetary Economics, 1988, 22：3-42.

③ R. L. Moomaw, A. M. Shatter. Urbanization and economic development：a bias toward large cities. Journal of Urban Economics, 1996, 40：13-37.

④ J. V. Henderson. Urbanization and economic development. Annals of Economics and Finance, 2003, 4：275-341.

⑤ J. C. Davis, J. V. Henderson. Evidence on the political economy of the urbanization process. Journal of Urban Economics, 2003, 53：98-125.

⑥ 郭晔，赵艳群. 城市化演进与经济增长关系研究评述. 经济学动态，2009(1).

⑦ S. Poelhekke. Urban growth, uninsured risk and the rural origins of aggregate volatility. EUI Working Paper ECO, 2008(26).

⑧ 参见陈甬军. 中国城市化发展实践的若干理论和政策问题. 经济学动态，2010(1).

关于中国城市化道路的研究；二是关于中国城市化特殊机制的研究；三是对中国各地区城市化特殊性的研究。以下是有关中国城市化的总体评价方面的代表性观点：

Shahid Yusuf 和 Weiping Wu(1997)，把中国 20 世纪以来的城市化发展过程分为四个阶段：(1)1940 年以前中国城市发展表现为一条比较清晰的人口向港口和主要的交通枢纽城市集中的轨迹，但 20 世纪 40 年代的战乱终止了该发展轨迹。(2)20 世纪 50 年代后，随着国民经济的恢复和发展，越来越多的人又开始向城市尤其是沿海城市流动，中国城市化又呈现出与世界相同的发展趋势。(3)从 20 世纪 60 年代开始，中国的城市化基本陷于停顿，明显地脱离了正常的发展模式，特别是 1958 年户口制度的实施，基本上阻止了农村人口向城市的迁移，使得 1960—1980 年中国的城市化率一直维持在 19%左右。(4)20 世纪 80 年代以后，随着改革开放政策的实施和城市化发展政策的调整，城市化发展又回归到正常路径。①

Kirkby(1985)则把 1949 年后中国的城市化发展过程分为三个阶段：①1978 年以前的“反城市主义”阶段；②20 世纪 80 年代开始实施的小城镇战略阶段；③大城市取代小城镇的城市化阶段②。

世界银行的一项研究报告(1986)认为，中国为避免其他发展中国家已出现的过度城市化问题，试图走上一条新的城市发展道路。该报告还指出，20 世纪 80 年代初实施的发展小城镇的政策看起来扭转了 20 世纪 60—70 年代中国城市发展的缓慢步伐，但许多人对此表示怀疑，像中国这样的贫穷国家能否维持这种低效的小城镇发展，并认为，如果小城镇政策不成功，那么大量的农村人口就会涌入大城市，中国由此将进入城市发展的一个特殊阶段，即大城市更加发展的阶段。③

(三)国外关于城市化道路的研究④

国外学者并没有明确使用过城市化道路一词，但他们关于城市化的实现和城市问题的处理的研究，很多是聚焦于发展中国家的城市化道路的，这些研究成果可视为他们对城市化道路的理论研究。第二次世界大战后，

① Shahid Yusuf, Weiping Wu. The dynamics of urban growth in three Chinese cities. Oxford: Oxford University Press, 1997.

② R. J. R. Kirkby. Urbanization in China: town and country in a developing economy 1949-2000 AD. New York: Columbia University Press, 1985.

③ William L. Parish. Urban policy in centralized economies: China // Tolley, Thoms. The economies of urbanization and urban policies in developing countries. The World Bank, 1986.

④ 参见何志扬. 城市化道路国际比较研究. 武汉：武汉大学博士学位论文，2009.

民族国家纷纷获得独立并开启了工业化和城市化发展进程。与此同时，西方学者也加强了对发展中国家经济发展和城市化道路的研究，这些研究总体上可分为三个不同的阶段。

第一个阶段是20世纪50—60年代对城市化与工业化和经济发展相互关系进行探讨的阶段。在这一阶段，西方学术界的主流观点认为，发展中国家在经济发展和城市化发展等方面与发达国家不会有什么显著差异，所以发展中国家应该会像发达国家一样同步推进工业化、城市化与经济发展。一些学者，如钱纳里、库兹涅茨等，甚至运用跨国比较研究论证了城市化与经济发展水平之间的正相关关系，以此证明发展中国家会重复发达国家的城市化道路。该时期拉美国家的城市化实践也验证了城市化与快速的经济发展相伴而行。该阶段一些学者也对城市化发展的特征展开了研究，如戴维斯（K. Davis）和戈登（H. Golden）研究了发达国家城乡人口变动和经济社会条件、生活方式的差异等；高尔（A. J. Coale）和胡弗（E. M. Hoover）、布里斯（Breese）则对发展中国家人口城市化迅速发展的原因与结果进行了探讨。劳瑞（I. S. Lowry）对城市住宅问题、贫困问题和“过度城市化”问题进行了研究。

第二个阶段是20世纪70—80年代对发展中国家城市化道路的特征和城市问题进行探讨的阶段。在这一阶段，一些发展中国家的城市化偏离了预期发展轨道，城市人口过度膨胀导致人口城市化水平大大超前于工业化和经济发展水平，“城市病”等城市问题也逐渐暴露出来，并制约着发展中国家城市的进一步发展。在此背景下，西方学者对发展中国家城市化道路的特征进行了研究和归纳，以“过度城市化（over urbanization）”“无工业化的城市化（urbanization without industrialization）”“无发展的城市化（urbanization without development）”等词来描述与发达国家迥异的发展中国家的城市化道路。此外，西方学者还探讨了发展中国家人口城市化以及不同国家和地区城市化的差别，比如托达罗（M. P. Todaro，1976）、普雷斯顿（S. Preston，1979）等对世界范围内的城乡人口增长模式以及人口自然增长和城市地域扩张等所造成的城市人口增长进行了研究；凯利和威廉姆森（A. C. Kelly & J. G. Williamson，1984）对城市转型和人口增长、城市化和工业化以及工业区位的相互作用等进行了探讨；布莱恩·贝利（Brain J. L. Berry，1973、1981）对世界不同国家和地区城市化道路的差异做了研究；弗雷（W. H. Frey，1988）对发达国家出现的“逆城市化”现象进行了研究。

第三个阶段是20世纪90年代以后对发展中国家城市化道路重新审视

的阶段。在这一阶段，随着信息技术的迅速发展和经济的全球化，发达国家逐渐将一些劳动密集型和低技术水平的传统制造业转移到发展中国家，使发展中国家城市的发展获得了新的契机。同时，西方学术界也越来越关注发展中国家城市化的发展进程。比如，塔弗(J. D. Tarver, 1995)对非洲人口城市化的历史与现状做了系统的阐述；克拉克(D. Clark, 1996)提出了“城市世界”的观点，认为世界正在变成城市地区；哥济马对发展中国家的人口迁移和城市化进行了系统研究，并把发展中国家的城市化分为政府控制型城市化、新兴工业化经济体的城市化、过度城市化等不同的类型；①布劳克夫(M. Brokerhoff, 1997)特别研究了发展中国家的城市贫困问题；琼斯(G. Jones, 1997)则对中国、印度、巴西、印度尼西亚等人口大国的城市化进行了系统研究等。这一时期，包括世界银行和亚洲开发银行在内的一些国际性组织的经济学家，重新审视了发展中国家的城市化道路，对20世纪70年代的“反城市化”观点提出了批评，主张通过城乡均衡发展政策和有效的城市治理来促进社会经济和城市化的健康发展。

总之，国外学者通过综合归纳法、定性与定量分析法以及理论与实证结合的分析方法等，系统地研究了城市化道路的形成机理和特征，深入剖析了城市化与工业化和经济发展的关系，分析了城市病产生的原因，研究了各种城市化类型，等等。这些研究为发展中国家调整城市化发展战略，探寻符合本国国情的城市化道路提供了重要的政策建议。

二、城市化与城市化道路的国内研究

我国在改革开放以前采取的是抑制城市化发展的政策，导致中国城市化严重滞后。改革开放后，中国城市化发展取得了令世人瞩目的成就，但如何正确把握中国城市化的发展现状和存在的问题，中国应该选择一条什么样的城市化道路，目前学术界还未能达成一致。也正因为如此，国内学者也从未停止过对城市化与城市化道路的研究，并取得了丰硕的理论研究成果。限于篇幅，本书仅对国内学者关于城市化的含义、动因、度量、速度、质量、发展模式以及城市化与经济发展的关系等研究成果进行梳理和概括。

---

① Reeitsu Kojima. Introduction: population migration and urbanization in developing countries. The Developing Economies, 1996 (4): 349-369.

(一)国内关于城市化的研究

1. 关于城市化含义的研究

城市化是一个经济、社会、生态、文化等方面全面转型的过程，也是人类生产方式、生活方式和居住方式发生重大变迁的过程，① 国内学者分别从不同角度研究了城市化的含义，② 有的是从单一学科视角进行的阐释，有的则是跨学科的综合化的内涵界定。

首先，人口学者把城市化看做是农村人口向城市迁移，城市人口在总人口中所占比例不断上升的过程。如吴楚材(1996)认为，城市化是指城市人口在总人口中所占的比例增加的过程，即农业人口向非农业人口转变和向城镇集中的过程。③ 又如，胡欣(1999)等人认为，城市化是指农村人口向城市人口的转变和聚集，包括城市人口和城市数量的增加、城市经济的社会化、现代化程度的提高和集约化。④

其次，经济学者认为城市化是一个由农村经济向城市经济转变的过程。如洪银兴(2003)认为，需要突出城市化的功能意义，即要在城市聚集人流(主要指科技和管理人才)、物流、资金流和信息流，聚集主导产业，聚集科技、教育。⑤

再次，地理学者将城市化看作是产业、经济、社会空间分布的变化，是农村区域景观向城市区域景观转变的过程。如崔功豪(1992)等人认为，第二、第三产业在具备特定地理条件的地域空间集聚，并在此基础上形成消费地域，其他经济、生活用地也相应建立，多种经济用地和生活空间用地集聚的过程就是城市化过程。⑥

最后，社会学者认为城市化是人们的行为方式和生活方式由农村方式向城市方式转变的过程。如蔡俊豪、陈兴渝(1999)认为，城市化就是由非城市社会向城市社会过渡的系统过程，其目标在于最终形成城市文

---

① 成德宁. 经济学视角下中国城市化的趋势、问题与对策//唐磊，鲁哲. 海外学者视野中的中国城市化问题. 北京：中国社会科学出版社，2013：85.

② 简新华，何志扬，黄锟. 中国城镇化与特色城镇化道路. 济南：山东人民出版社，2009：51-52.

③ 吴楚材. 城市与乡村——中国城乡矛盾与协调发展研究. 北京：科学出版社，1996：10.

④ 胡欣. 城市经济学. 北京：经济科学出版社，1999：36.

⑤ 洪银兴. 城市功能意义的城市化及其产业支持. 经济学家，2003(2).

⑥ 崔功豪，等. 城市地理学. 南京：江苏教育出版社，1992：69.

明。[①] 刘勇(1999)也认为，城市化的本质是指随着经济的发展，人们的生活方式从农村生活向城市生活的升级转化过程。[②]

随着人们对城市化内涵认识的不断深入，跨学科的综合化的内涵界定得到越来越多学者的认同。如高珮义(1991，2004)认为，城市化有五个方面的含义：一是乡村不断地转化为城市并最终为城市所同化；二是乡村本身内部的城市化；三是城市自身的发展，即所谓"城市的城市化"；四是各个不同学科领域研究对象的城市化，如人口城市化、地域城市化、景观城市化、工业城市化和生活方式城市化等等；五是最抽象意义上的城市化，即作为城市化整体运动过程的城市化。[③] 刘传江(1999)认为，城市化的含义包括四个方面的内容：①城市化是城乡人口分布结构的转换；②城市化是产业结构及其布局的地域结构的转换；③城市化是传统价值观念与生活方式向现代价值观念和生活方式的转换；④城市化是人们聚居形式和聚居方式及其相关制度安排的变迁或创新。[④] 王振亮(2000)则认为城市化是由工业化发展引起的，它是伴随着现代化过程而产生的，是人口、社会、经济、文化、政治、思想等变迁的历史分化过程。[⑤] 秦润新(2000)认为，城市化是一种产业结构由以第一产业为主逐步转变为以第二产业和第三产业为主的过程；是一个以农业为主的就业人口逐步转向以非农业人口为主的过程；是由一种自然、原始、封闭、落后的农业文明转变为一种以现代工业和服务经济为主并以先进的现代化的城市基础设施和公共服务设施为标志的现代城市文明过程；是对居民的思维方式、生活方式、行为方式、价值观念、文化素养全面改善和提高的过程。[⑥]

2. 关于城市化动因的研究

国内学者分别从两条线路对城市化动因展开了研究。[⑦] 第一条动因研究线路是工业核心动力论。季任钧、景普秋(2004)研究认为，城市化与工业化之间是相互联系、相互促进、共同发展的关系。[⑧] 赵煦(2008)通过

---

① 蔡俊豪，陈兴渝."城市化"本质含义的再认识.城市发展研究，1999(5).
② 刘勇.我国城市化回顾与展望.中国经济时报，1999-04-14.
③ 高珮义.中外城市化比较研究.增订版.天津：南开大学出版社，2004：3.
④ 刘传江.中国城市化的制度安排与创新.武汉：武汉大学出版社，1999：47.
⑤ 王振亮.城市空间融合论.上海：复旦大学出版社，2000：18.
⑥ 秦润新.农村城镇化理论与实践.北京：中国经济出版社，2000：18.
⑦ 倪鹏飞.新型城镇化：理论与政策框架.广州：广东经济出版社，2014：17-18.
⑧ 季任钧，景普秋."三农"问题的症结及其解决途径.理论与现代化，2004(2).

对英国城市化进程进行研究后，提出了推进城市化进程的核心动力是工业化。① 王新娜(2011)认为当前中国城市化的基本推动力是工业化、产业结构演进、经济全球化与对外开放等因素，城乡差异对中国城市化的影响呈现双向特征。② 蒋贵凰(2009)认为，在城市化的动力机制中，工业化的作用在城市化前期影响很大，后期服务业正在成为推进城市化发展的核心动力。③ 曹广忠、刘涛(2010)也认为服务业的驱动作用已超过第二产业，但工业仍然是中西部省区城市化的核心驱动力。④ 第二条动因研究路线是多元动力机制论。蒋凤旋、杨春(1995)等人研究认为珠三角的城市化是由于外商资本投入所引发的“外向型城市化”。⑤ 蔡建明(1997)指出，城市化的发展受到四大基本动力的支撑，它们分别是产业空间的聚集、产业结构的调整、科学技术的进步、城市与城市之间的互动作用。⑥ 同样，刘传江(1999)也在研究中指出城市化发展的动力机制是由产业结构的转变、经济要素的流动和聚集、制度的建立和变迁所组成的多元动力机制。⑦ 宁越敏(1998)从政府、企业、个人三个城市化主体的角度分析了 20 世纪 90 年代中国城市化的动力机制和特点，认为当前中国正出现新城市化趋势，即多元城市化动力替代以往一元或二元城市化动力。⑧ 赵勇(2007)也认为在全球化背景下，中国城市化动力机制出现了主体的多元化、动力机制的不均衡以及不稳定性等新特点和新内容。⑨ 戴永安(2010)的研究认为，城市的初始状态、区位、空间聚集水平、产业结构效益与基础设施水平对城市化效率起显著的正向作用，人口要素和政府的作用却限制了城市化效率的提高，技术进步是推动中国城市化的主要动力。⑩ 目前国内的大多数学者比较认可城市化发展的多元机制论。

---

① 赵煦. 英国城市化的核心动力：工业革命与工业化. 兰州学刊，2008(2).
② 王新娜. 20 世纪 80 年代以来中国城市化动力机制的实证研究. 生产力研究，2011(6).
③ 蒋贵凰. 中国城市化进程的经济动因. 发展研究，2009(2).
④ 曹广忠，刘涛. 中国省区城镇化的核心驱动力演变与过程模型. 中国软科学，2010(9).
⑤ 蒋凤旋，杨春. 外资影响下的城市化——以珠江三角洲为例. 城市规划，1995(6).
⑥ 蔡建明. 中国城市化发展动力及发展战略研究. 地理科学进展，1997(6).
⑦ 刘传江. 中国城市化的制度安排与创新. 武汉：武汉大学出版社，1999：48.
⑧ 宁越敏. 新城市化进程——90 年代中国城市化动力机制和特点探讨. 地理学报，1998(5).
⑨ 赵勇. 经济全球化下中国城市化动力机制. 中南财经政法大学学报，2007(4).
⑩ 戴永安. 中国城市化效率及其影响因素——基于随机前沿生产函数的分析. 数量经济技术经济研究，2010(12).

3. 关于城市化定量测度的研究

国内学者对如何测度城市化进行了深入的研究，总体上看可归纳为两种测度方法：单一指标法和复合指标法。①

(1)单一指标法。这种测度方法通常以城市人口占某一国家或地区的总人口的比重来衡量城市化水平的高低。在具体测度时，需要辨明户籍人口、常住人口、暂住人口、流动人口、非农人口等概念与城市人口的联系与区别，准确把握城市人口的内涵和外延，所以需要对官方公布的数据进行适当的调整，才能比较准确地测度城市化水平。如张庆伍(1989)、徐庆凤(1991)、辜胜阻(1991)、刘传江(2004)等人都曾提出了对城市人口统计和城市化水平测度的修正方法。

(2)复合指标法。城市化水平除了反映城市人口占总人口比重的高低外，还应体现城市居民生活质量、城市经济效益、城市可持续发展能力、城市体系结构和布局合理程度以及城乡关系协调程度等内容。所以，要想准确而全面地测度城市化水平，需要构建复合的评价指标体系。在这一方面，不少国内学者做了探索。如林泉(2001)运用因子分析法建立了城市化综合性指标，② 代合治、刘兆德(1998)运用层次分析法建立了中国省域城市化水平复合指标体系，③ 张耕田(1998)按照德尔菲法的思路建立了城市化水平指标体系。④

国内学者近年来还特别研究了新型城市化的定量测度问题。⑤ 如牛文元(2009)认为新型城市化科学度量包括三个有机统一的本质元素，即城乡发展的动力表征、质量表征和公平表征，应建立包括上述三方面元素的新型城市化指标结构框架。⑥ 吴江(2010)从经济发展、产业发展、人口转移、科技创新、基础设施和制度环境方面构建了影响重庆市新型城镇化路径选择的指标体系。⑦ 刘静玉(2010)等人从经济发展、社会发展和环境资源方面构建新型城镇化水平测度模型，分析了河南省新型城镇化空间演变

---

① 参见何志扬. 城市化道路国际比较研究. 武汉：武汉大学博士学位论文，2009.

② 林泉. 城市化指标体系的实证分析. 城市问题，2001(4).

③ 代合治，刘兆德. 复合指标法及其在测度中国省域城市化水平中的应用. 城市问题，1998(4).

④ 张耕田. 关于建立城市化水平指标体系的探讨. 城市问题，1998(1).

⑤ 范双涛. 中国新型城镇化发展路径研究. 沈阳：辽宁大学博士学位论文，2015.

⑥ 牛文元：中国新型城市化报告(2009—2012). 北京：科学出版社，2009—2012.

⑦ 吴江. 重庆新型城镇化推进路径研究. 重庆：西南大学博士学位论文，2010.

格局。① 陈映雪(2011)等人构建了“经济—社会—环境—科技创新”中小城市评价模型。② 李文正(2013)从人口、土地利用、经济、社会和生活城镇化等方面构建指标体系，对陕南3市和西安市进行了测度。③ 曾志伟(2012)等人从新型环境保护、经济发展和社会建设方面构建了环长株潭城市群新型度评价模型。④ 王兴平、李迎成(2013)将城镇化率高于50%、人均GDP高于6000美元、第一产业比重低于10%和城乡收入比小于3作为进入新型城镇化的门槛值。⑤ 牛晓春、杜忠潮、李同昇(2013)构建了包括人口城镇化、经济城镇化、居民生活质量和基础设施建设的新型城镇化评价体系，并对陕西10个省辖市进行了分析。⑥ 赵永平、徐盈之(2014)从经济基础、社会功能和环境质量方面对30个省市区开展实证分析。⑦ 杜忠潮、杨云(2014)构建了人口城镇化、经济城镇化、居民生活质量等评价指标体系。⑧

4. 关于城市化速度的研究

对城市化速度和质量的探讨也是国内学者关于城市化研究的一个热点。关于中国城市化速度问题，国内学术界主要有两种不同的观点。⑨

一种观点认为我国城市化速度过快，应当适当控制。如周一星(2005)认为，城市化水平一年提高0.6~0.8个百分点比较正常，超过0.8个百分点就是高速度的，个别年份达到1个百分点是有可能的，但是连续多年超过1个百分点是有风险的，连续多年的1.4个百分点是虚假的；他还指出0.6~0.8个百分点的城市化速度已经远远超过世界目前的平均速度。⑩ 陆大道(2007)等人认为，目前中国城镇化进程正处于一个空间扩展

① 刘静玉，等. 河南省新型城镇化的空间格局演变研究. 地域研究与开发，2012(10).
② 陈映雪，等. 环首都中小城市新型城镇化路径研究——以张家口怀来县为例. 城市发展研究，2013(7).
③ 李文正. 陕南新型城镇化水平测度与提升策略研究. 江西农业学报，2013(6).
④ 曾志伟，等. 新型城镇化新型度评价研究——以环长株潭城市群为例. 城市发展研究，2012(3).
⑤ 王兴平，李迎成. 中国新型城镇化门槛标准的量化研究. 规划师，2013(12).
⑥ 牛晓春，杜忠潮，李同昇. 基于新型城镇化视角的区域城镇化水平评价——以陕西省10个省辖市为例. 干旱区地理，2013(3).
⑦ 赵永平，徐盈之. 新型城镇化发展水平综合测度与驱动机制研究——基于我国省际2000—2011年的经验分析. 中国地质大学学报：社会科学版，2014(1).
⑧ 杜忠潮，杨云. 区域新型城镇化水平及其空间差异综合测度分析——以陕西省咸阳市为例. 西北大学学报：自然科学版，2014(2).
⑨ 参见何志扬. 城市化道路国际比较研究. 武汉：武汉大学博士学位论文，2009.
⑩ 周一星. 城镇化速度不是越快越好. 科学决策，2005(8).

失控状态：城镇化速度虚高，特别是“土地城镇化”速度太快；经济发展、产业结构水平及就业岗位增加不能适应如此冒进式的城镇化；给资源、环境带来了巨大的压力乃至破坏；从国内外经验对比来看，从20%到40%的城镇化率，英国经历的时间为120年，法国100年，德国80年，美国40年，苏联30年，日本30年，我国是22年。① 周迪(2007)指出中国的城市化过快导致了一系列问题，城乡差距拉大和郊区发展的严重滞后是最为突出的一个。他认为尽快采取措施抑制盲目追求城市化速度的冲动，防止累积更多隐患，或已成为当务之急。②

另一种观点认为中国城市化发展缓慢且滞后，应当加快城市化进程。如蔡昉(2000)认为，加快城市化步伐是扩大需求的长期战略，而利用政策手段对户籍制度作出一定的调整，使目前的部分流动人口市民化，也能够取得刺激需求的近期效果。③ 杜鹰(2001)认为，新世纪初的我国正处在现代化建设的关键时期，实施城镇化战略是稳定农业基础和增加农民收入的迫切需要，加快城镇化进程是对国民经济结构进行战略性调整的内在要求。④ 蔡继明(2007)等人认为，解决“三农”问题、缩小城乡差别的根本途径是加快城市化进程，缩小城乡差别的途径，不是建设新农村，而是加快城市化进程。⑤ 洪银兴(2008)认为，2008年的金融危机使得钢材和建筑装潢材料价格走低，“意外”地降低了城市化的成本，因此是一个加快推进城市化的绝佳时期，此时如果能够启动农民的需求市场，城市化将步入快速发展的轨道。⑥ 王建(2009)认为，调整城乡人口比例结构，加快中国的城市化进程，可以释放出巨大的内需，从而使中国的经济结构更加协调，使中国的经济发展更加符合市场化条件的经济规律。⑦

5. 关于城市化质量的研究

国内学者对于中国城市化的质量问题也进行了深入研究，主要有两种不同的看法。一种看法认为，中国城市化的质量状况良好，因为在中国的城市化进程中，基本上没有出现像其他发展中国家那样严重的“城市病”。

---

① 陆大道，宋林飞，任平. 中国城镇化发展模式：如何走向科学发展之路. 苏州大学学报：哲学社会科学版，2007(3).

② 周迪. 城市化过快导致诸多问题. 上海证券报，2007-01-16(A05).

③ 蔡昉. 加快城市化，培养新的消费群体. 领导决策信息，2000(4).

④ 杜鹰. 我国城镇化战略及相关政策研究. 中国农村经济，2000(9).

⑤ 蔡继明，等. 解决“三农”问题的根本途径是加快城市化进程. 经济纵横，2007(7).

⑥ 李杨，燕志华. 金融危机下推进城市化“物美价廉”. 新华日报，2008-12-03.

⑦ 王建. 加快城市化是下一轮宏观刺激的方向. 华夏时报，2009-04-18.

持这种看法的学者包括章光日、顾朝林(2006)①、国家城调总队、福建省城调队课题组(2005)②等。另一种看法则认为，中国城市化表现出不少“病态”特征，质量状况欠佳。这是关于中国城市化质量问题的主流看法，代表性的学者包括叶裕民(2001)③、孔凡文、许世卫(2005)④、王恩哥等(2007)⑤、赵泽林(2008)⑥、陆铭、陈钊(2004)⑦、王国刚(2010)⑧、魏后凯等(2013)⑨、吴垠⑩等。

6. 关于城市化发展模式的研究⑪

从工业化与城市化发展的相互关系来看，中国的城市化到底是“滞后城市化”还是“过度城市化”，抑或是“适度城市化”，国内学者一直未能达成共识。关于中国城市化发展模式，学者们纷纷提出了各自的主张。如周干峙、吴良镛、陆大道等主张中国特色的城市化而反对照搬西方模式、搞美国式的城市化。⑫ 简新华、刘传江(1998)认为中国既不能搞“过度城市化”，也不能搞“滞后城市化”，而应该是“适度城市化”。⑬ 姚士谋(2004)等人认为，中国应该采取多元化集约型协调发展的城市化模式。⑭ 张鸿雁(2007)认为，中国城市化的总体模式应当是“制度性投入”城市化模式、以大城市为主的循环社会模式、“人与自然和谐”新型城市经济模式、“世界经济反射中心城市”模式。⑮

---

① 章光日，顾朝林. 快速城市化进程中的被动城市化问题研究. 城市规划，2006(5).
② 国家城调总队，福建省城调队课题组. 建立中国城市化质量评价体系及应用研究. 统计研究，2005(7).
③ 叶裕民. 中国城市化质量研究. 中国软科学，2001(7).
④ 孔凡文，许世卫. 论城镇化速度与质量协调发展. 城市问题，2005(5).
⑤ 王恩哥，等. 全球化视野的我国城市化“病态”倾向与若干政策建议. 改革，2007(7).
⑥ 赵泽林. 理性看待城镇化：质量先行. 中国集体经济，2008(7).
⑦ 陆铭，陈钊. 城市化、城市倾向的经济政策与城乡收入差距. 经济研究，2004(6).
⑧ 王国刚. 城镇化：中国经济发展方式转变的重心所在. 经济研究，2010(12).
⑨ 魏后凯，等. 中国城镇化质量综合评价报告. 经济研究参考，2013(6).
⑩ 吴垠. 中国特色新型城镇化：以刘易斯拐点期为背景的理论、模式与政策研究. 经济科学，2015(2).
⑪ 简新华，何志扬，黄锟. 中国城镇化与特色城镇化道路. 济南：山东人民出版社，2009：68.
⑫ 周干峙. 走具有自己特色的城市化道路. 城市发展研究，2006(4)；吴良镛，吴唯佳，武廷海. 从世界城市化大趋势看中国城市化发展. 科学新闻，2003(17)；陆大道. 中国城镇化应循序渐进. 北京科技报，2007-12-03.
⑬ 简新华，刘传江. 世界城市化的发展模式. 世界经济，1998(4).
⑭ 姚士谋，等. 21世纪中国城市化模式探讨. 科技导报，2004(7).
⑮ 张鸿雁. 正确把握中国城市化的总体模式. 社会科学报，2007-09-06.

7. 关于城市化与经济发展关系的研究

国内学者主要从以下几个方面研究了城市化与经济发展的相互关系：①

第一，城市化与经济增长的相关性问题。国内学者在大量实证研究的基础上，发现城市化与经济发展之间存在显著的正相关性。如周一星（1995）②、许学强、朱剑如（1988）③、张宏霖（2003）④、高珮义（2004）⑤、成德宁（2004）⑥、周文、余志斌、连洁（2007）⑦等学者分别利用世界上多个国家或地区的资料进行统计分析，论证了城市化与经济发展之间存在着显著的正相关性。

第二，经济增长对城市化促进作用的研究。李秉仁（2000）在对中华人民共和国成立以来城市化水平和经济发展水平的数据指标进行处理分析时，得出了经济的发展是加快城市化进程的原动力的结论。⑧ 程开明（2007）指出，经济发展可以带来需求的增长和变化，促进科学技术的进步，进一步引起产业结构的调整，同时由于经济的发展和产业结构的调整又导致第一产业比重持续下降，非农产业比重不断上升，促进了城镇规模的不断扩大和数量的不断增多以及城市化水平的不断提高。⑨

第三，城市化对经济增长影响的研究。李秀敏（2006）等人的研究表明，城市化推动经济增长的作用是显著的。他们还基于东、中、西部三个地区的面板数据，构建计量模型，得出城市化对经济增长的贡献率大小依次为西部、中部和东部，即城市化对推动欠发达地区经济增长的效果更显著。⑩ 王婷（2013）研究了人口及空间城市化对以消费、投资为主的经济增长的影响，结果表明，人口城市化通过消费传导加速了经济增长，空间城

① 参见倪鹏飞．新型城镇化：理论与政策框架．广州：广东经济出版社，2014：28-31.

② 周一星．城市地理学．北京：商务印书馆，1995：93-95.

③ 许学强，朱剑如．现代城市地理学．北京：中国建筑工业出版社，1988：62-63.

④ 张宏霖．中国城市化与经济发展//陈甬军，陈爱民．中国城市化实证分析与对策研究．厦门：厦门大学出版社，2003.

⑤ 高珮义．中外城市化比较研究：增订版．天津：南开大学出版社，2004：155.

⑥ 成德宁．城市化与经济发展——理论、模式与政策．北京：科学出版社，2004：79-130.

⑦ 周文，余志斌，连洁．城市集中度的测定指标和影响因素——我国经济发展对城市集中度影响的回归分析．经济问题探索，2007(3).

⑧ 李秉仁．经济发展是城市发展和城市化的原动力．城市发展研究，2000(2).

⑨ 程开明．城市化与经济增长的互动机制及理论模型述评．经济评论，2007(4).

⑩ 李秀敏，赵晓旭，朱艳艳．中国东、中、西部地区城镇化对经济增长贡献的比较研究//中国西部地区城乡协调发展与社会创新国际学术研讨会论文集，2006：342-353.

市化通过投资传导也使经济有明显提升。[①] 喻开志(2014)等人还探究了城市化的各个部分对经济的作用，如人口、产业以及卫生城市化、居民消费城市化、教育城市化和公共基础设施城市化水平的高低都是正相关于经济增长的，且居民消费城市化对经济增长的贡献最大。[②]

然而，蔺雪芹(2013)等人则指出，改革开放以来，城市化本身作为经济发展的直接动力源特征并不明显，更多是通过物质资本、人力资本的集聚推动经济增长。[③] 无独有偶，张泽、胡日东(2014)指出，城市化并不总是推动经济的增长，它在不同时期有不同表现。1978—1987 年是缓慢提高期，1988—1992 年是快速提高期，城市化对经济增长的边际值大幅度提高，第三阶段是边际值上升速度最快的激增阶段，从 1992 年开始到 1996 年结束，而从 1997 年开始到 2003 年，城市化对经济增长的传导效应的边际值一直处于下降趋势，之后城市化对经济增长的传导效应的边际值一直处于上升状态。[④] 还有一些学者在关注城市化促进经济发展的同时，分析它是否也缩短了区域之间的经济差距。刘志敏(2013)通过对全国和东、中、西部地区的城市化率与区域经济差距的实证分析，得出城市化率对我国区域经济发展差异的持续扩大起到了一定的抑制作用。[⑤] 随着城镇规模的不断扩大和数量的不断增多，产生了很大的聚集经济效应，最终带动了生产效率的提高和经济的快速增长。战明华、许月丽(2006)运用内生经济增长模型，分析了我国城市化和经济发展两者之间的关系，指出城市化的快速发展对经济的发展具有很强的带动作用。[⑥] 阳立高、廖进中(2009)收集了我国 1983—2006 年的人均 GDP、城市化率、工业化水平和农业产业化的有关指标，并运用计量经济学软件分析，最后得出当前我们必须充分发挥城市化的带动作用，只有这样才能促使我国经济又好又快地发展。[⑦] 段瑞君、安虎森(2009)通过软件对城市化与经济发展的关系进

---

① 王婷. 中国城镇化对经济增长的影响及其时空分化. 人口研究，2013(5).

② 喻开志，黄楚蘅，喻继银. 城镇化对中国经济增长的影响效应分析. 财经科学，2014(7).

③ 蔺雪芹，王岱，任旺兵，等. 中国城镇化对经济发展的作用机制. 地理研究，2013(4).

④ 张泽，胡日东. 我国城镇化对经济增长传导效应研究——基于状态空间模型. 宏观经济研究，2014(5).

⑤ 刘志敏. 城镇化对我国区域经济增长收敛的影响分析. 大连：东北财经大学博士学位论文，2013.

⑥ 战明华，许月丽. 规模和产业结构的关联效应、城市化与经济内生增长——转轨时期我国城市化与经济增长关系的一个解释框架与经验结果. 经济科学，2006(3).

⑦ 阳立高，廖进中. 城镇化、工业化与农业产业化经济拉动作用分析. 经济问题探索，2009(3).

行格兰杰检验，最后得出我国城市化率每上升1%，就可以带动GDP上升11.65~11.85个百分点。① 王建(2010)指出，自2008年经济危机爆发以来，国际经济尚有待恢复，我们不能再仅仅依靠外贸的增长来促进经济的发展，目前应当加快城市化建设的步伐，用扩大内需的方式来促进经济发展。② 陈可嘉、臧永生(2011)等人收集了福建省2000—2009年的有关数据指标，并且进行实证分析，得出城市化水平已成为促进福建省经济发展的重要推动力。③

(二)国内关于城市化道路的研究

1. 关于城市化道路选择问题的研究

有关城市化道路选择的问题一直是国内学者关注的一个热点。④ 综合已有的研究成果，关于城市化道路选择的问题主要有四种观点：⑤ 第一种是小城镇论；第二种是中等城市论；第三种是大城市论；第四种是大中小城市与小城镇同步发展的“多元城市化道路论”。

关于小城镇理论，费孝通(1986)在他的代表作《论小城镇及其他》里指出城镇化是农村地域转变为城市区域的过程，这个过程则表现为非农产业的快速发展，农村剩余劳动力的转移；⑥ 随着经济的发展，后来的许多学者，在肯定小城镇作用的同时，也指出了小城镇在发展过程中可能存在的问题，辜胜阻、刘传江(2000)就对小城镇发展中的问题有以下观点：农村病、农村工业乡土化、农民就业兼业化、小城镇发展的无序化和单一化等一系列问题和现象是在小城镇发展过程中出现的较为严重的问题。⑦

关于中等城市论，丁国平(2006)等人、陈碧琼(2006)等人、刘雪斌(2006)的研究指出，科学地建设小城镇、积极地建设中等城市、合理地

---

① 段瑞君，安虎森．中国城市化和经济增长关系的计量分析．经济问题探索，2009(3)．

② 王建．用城市化创造我国经济增长新动力．宏观经济管理，2010(2)；王建．结构调整应以城市化为中心．宁波经济，2010(7)．

③ 陈可嘉，臧永生．福建省城市化促进经济增长作用机制的实证分析．城市发展研究，2011(11)．

④ 为避免重复论述，本小节仅简要梳理国内学者有关城市化道路研究的部分有代表性的成果，对国内学者关于中国特色城市化道路、新型城市化道路以及中国特色新型城市化道路研究成果的较为详细的梳理，可参见本书第八章的相关内容。

⑤ 参见倪鹏飞．新型城镇化：理论与政策框架．广州：广东经济出版社，2014：18-19．

⑥ 费孝通．论小城镇及其他．天津：天津人民出版社，1986．

⑦ 辜胜阻，刘传江．人口流动与农村城镇化战略管理．武汉：华中理工大学出版社，2000．

建设大城市是推动中国城市化进程的正确途径。① 同时还有很多认同中等城市论的专家学者指出，我国的大型城市人口基数大，导致交通混乱拥堵、房价过高、生态环境污染严重等各种“城市问题”，与此同时，小城镇人口、土地过于分散，导致资源的低效率利用，而积极建设中等城市则可以很好地避免这两种问题。

关于大城市论，张正河、谭向勇(1998)指出，在中国选择小城镇发展道路是不得已而为之，正是因为如此，所以小城镇在城市化的进程中是难以胜任城市化的主角的。② 安虎森、陈明(2005)则提出，要推进我国的城市化，就必须完全抛弃原有的小城镇发展道路，转变为全力发展大城市、加快城市之间的分工与合作，并且还要积极整合不同城市之间的关系。③ 肖金成(2008)等人指出，积极发展大中城市是我国解决农村剩余劳动力转移和就业问题的关键载体。④

关于城市化发展的多元论，高汝熹、阮红(1990)在中国最先提出了中国城市化发展的圈域经济概念。⑤ 周一星(1987；1991；1997)等人则创新性地提出了“都市连绵区”这一概念；⑥ 姚士谋(1992)将“城市群”用来描述等同于“大都市圈”或者“都市圈”的概念；⑦ 周牧之(2001)指出，从当前国际竞争的视角来分析，中国的城市化道路应该用大都市圈和大城市群作为主导选择。⑧ 此外，王小鲁(2010)利用统计数字回应了关于中国城市规模发展的争论：中国未来新增城市人口仍将主要进入人口超过100万人的大城市。所以，既不能全面铺开推动现有的几百座中小城市和成千上万小城镇扩张，也不能只发展少数特大城市，要以城市的均衡发展应对农村人口向城市的迁移。⑨ 周天勇(2003)还在研究中认为，我们既不能过分

---

① 丁国平，等. 中国城市化战略的经济学分析. 特区经济，2006(8)；陈碧琼，宋先超，陈春玲. 西部城市化的现状及发展道路. 统计与决策，2006(11)；刘雪斌. 城市化与新农村建设. 南昌大学学报：人文社会科学版，2006(6).

② 张正河，谭向勇. 小城镇难当城市化主角. 中国软科学，1998(8).

③ 安虎森，陈明. 工业化、城市化进程与我国城市化推进的路径选择. 南开经济研究，2005(2).

④ 肖金成，等. 改革开放以来中国特色城镇化的发展路径. 改革，2008(7).

⑤ 高汝熹，阮红. 论中国的圈域经济. 科技导报，1990-05-01.

⑥ 周一星. 城市发展战略三议. 财贸经济，1987(12)；周一星. 中国的城市体系和区域倾斜战略探讨//张秉忱，陈吉元，周一星. 中国城市化道路宏观研究. 哈尔滨：黑龙江人民出版社，1991：99-107；赵永革，周一星. 辽宁都市区和都市连绵区的现状与发展研究. 地理学与国土研究，1997(2).

⑦ 姚士谋. 我国城市群的特征、类型与空间布局. 城市问题，1992(1).

⑧ 周牧之. 城市圈：中国21世纪城市化战略的引擎. 现代城市研究，2001(4).

⑨ 王小鲁. 中国城市化路径与城市规模的经济学分析. 经济研究，2010(10).

地强调重点发展小城镇，也不能过分地强调重点发展大中城市，合理的做法是采用多元化的城市化道路。① 厉以宁(2013)在总结中外城市化道路发展特征的基础上指出，中国不能走西方城镇化的老路，而应该走适合中国国情的城镇化新路，中国未来的城镇化由三部分组成：老城区+新城区+新社区，以此实现城乡居民的一体化。② 与此同时，党的十八届三中全会也明确了中国目前应当选择“大、中、小城市和小城镇协调发展”的具有中国特色的社会主义新型城镇化发展道路。

2. 国内关于中国特色新型城市化道路的研究

关于中国特色新型城市化道路的内涵，学术界对此也早有探究。早在2007年5月，温家宝同志就提出“走新型城镇化道路”，2013年中央经济工作会议进一步提出“走集约、智能、绿色、低碳的新型城镇化道路”。进入21世纪以来，学术界对新型城市化道路的内涵进行了比较深入的研究。杨继瑞(2006)认为，新型城市化道路的基本内涵是：走城乡一体化发展路子，增强产业集聚功能，形成结构合理的城市体系，实现集约化和内涵式发展，增强城市自主创新能力。③ 陈甬军、景普秋(2008)认为，新型城市化道路的基本内容是：遵循工业化与城市化、农村与城市、农业与工业协调发展的城市化规律；建立政府引导、市场主导、民营经济推动的城市化机制；推进人口、资源、环境协调发展的集约型、可持续的城市化进程；实行农村劳动力自由流动和供求管理的城市化体制；实施大中小、多产业类型共存的城市化模式。④ 杨帆(2008)认为新型城市化以新型工业化为动力，“新”在科学发展、高效集约、资源节约、环境友好、社会和谐、特色鲜明、城乡统筹。⑤ 程必定(2008)认为新型城市化包括产业结构、就业结构、空间结构和文化结构四大结构的城市化转型。⑥ 姜永生等(2008)系统阐述了新型城市化的内涵和基本特征：城乡统筹的城市化、集约发展的城市化与和谐发展的城市化。⑦ 罗宏斌(2010)认为新型城镇化是指坚持以人为本，以新型工业化为动力，以统筹兼顾为原则，推动城市

① 周天勇. 城市及其体系起源和演进的经济学描述. 财经问题研究，2003(7).

② 厉以宁. 中国城镇化须适合中国国情. 理论学习，2013(2).

③ 杨继瑞. 中国新型城市化道路的探索与思考. 高校理论战线，2006(11).

④ 陈甬军，景普秋. 中国新型城市化道路的理论及发展目标预测. 经济学动态，2008(9).

⑤ 杨帆. 新型城市化及其评价指标. 理论学习，2008(9).

⑥ 程必定. 统筹城乡协调发展的新型城市化道路——兼论成渝试验区的发展思路. 西南民族大学学报：人文社科版，2008(1).

⑦ 姜永生，范建双，宋竹. 中国新型城市化发展道路的基本思路. 改革与战略，2008(4).

现代化、城市集群化、城市生态化、农村城镇化，全面提升城镇化质量和水平，走科学发展、集约高效、功能完善、环境友好、社会和谐、个性鲜明、城乡一体、大中小城市和小城镇协调发展的城镇化建设路子。① 张占斌(2013)认为新型城镇化道路的内涵和特征包括四方面：一是“四化”协调互动，推动产城融合，实现城乡统筹发展和农村文明延续的城镇化；二是人口、经济、资源和环境相协调，倡导集约、智能、绿色、低碳的城镇化；三是构建与区域经济发展和产业布局紧密衔接的城市格局，推进大中小城市与小城镇协调发展的城镇化；四是实现人的全面发展，建设包容性、和谐式的城镇化。② 倪鹏飞(2013)认为新型城镇化是以科学发展观为指导方针，以人口城镇化为核心内容，以信息化、农业产业化和新型工业化为动力，以“内涵增长”为发展方式，以“政府引导、市场运作”为机制保障，走可持续发展道路，建设城乡一体的城市中国。③ 仇保兴(2012)认为新型城镇化区别于传统城镇化，要重点解决六个方面的突破：从城市优先发展的城镇化转向城乡互补协调发展的城镇化、从高能耗的城镇化转向低能耗的城镇化、从数量增长型的城镇化转向质量提高型的城镇化、从高环境冲击型的城镇化转向低环境冲击型的城镇化、从放任式机动化的城镇化转向集约式机动化的城镇化、从少数人先富的城镇化转向社会和谐的城镇化。④ 简新华(2014)认为新型城镇化的主要特征和优势是：以人为核心；以提高质量为关键；以农民工市民化为首要任务；城镇化与工业化、信息化、农业现代化、服务化协调推进，工农城乡协调发展；“两个非农化和城镇化”相协调，土地节约高效利用；城镇结构和空间布局合理，城镇化地区差异缩小；城镇化建设资金来源渠道多样化；集约紧凑，智能高效，绿色低碳，重视文化传承，城镇建设和管理水平更高；由市场推动，政府促进；统筹规划，分类指导，积极、稳妥、有序、扎实推进。⑤ 姚士谋(2014)等人认为新型城镇化应该是以民生、可持续发展和追求质量为内涵，通过区域城乡统筹与协调发展、产业升级转型、集约利用与低碳经济以及生态文明来实现的具有中国特色的新型城镇化。⑥ 孙立行(2014)认为，新型城市化的“新”具体表现在以下五个方面：第一，“新型城镇化”

---

① 罗宏斌.“新型城镇化”的内涵与意义.湖南日报，2010-02-20.

② 张占斌.新型城镇化的战略意义和改革难题.国家行政学院学报，2013(1).

③ 倪鹏飞.新型城镇化的基本模式、具体路径与推进对策.江海学科，2013(1).

④ 仇保兴.新型城镇化：从概念到行动.行政管理改革，2012(11).

⑤ 简新华.新型城镇化与旧型城市化之比较.管理学刊，2014(6).

⑥ 姚士谋，等.中国新型城镇化理论与实践问题.地理科学，2014(6).

是集约型的城镇化；第二，“新型城镇化”是惠民型的城镇化；第三，“新型城镇化”是融合型的城镇化；第四，“新型城镇化”是生态型的城镇化；第五，“新型城镇化”是改革型的城镇化。① 魏后凯、关兴良(2014)认为，中国特色新型城镇化道路具有十分丰富的科学内涵。具体地讲，大体可以概括为以下六个方面：第一，科学把握城镇化的规模、速度、节奏，走渐进式城镇化之路；第二，大中小城市和小城镇协调发展，走多元化城镇化之路；第三，城乡协调、互动、融合发展，走城乡融合型城镇化之路；第四，高效、集约、节约利用资源，走集约型城镇化之路；第五，城镇化与人口、资源、环境相协调，走可持续城镇化发展之路；第六，城镇特色和优势得到充分发挥，形成合理分工的城镇化新格局。② 魏后凯(2014)还将中国特色的新型城镇化上述六个方面的内涵总结为一句话，即中国特色的新型城镇化是一种以人为本、集约智能、绿色低碳、城乡一体、“四化”同步的城镇化。③ 董晓峰(2017)等人认为，新型城镇化指面向国际国内社会经济新发展和解决我国城镇化面临的实际问题需要，转变过去粗放型、环境不友好、质量不高、宜人性与社会保障性差等局面，走具有环境友好、宜居生态、社会和谐、知识支撑、具有特色的高质量的城镇化发展之路。④

上述对中国特色城市化的内涵以及新型城市化的内涵的探讨，基本上是沿着两条不同的路径进行的，两者处于割裂状态。为此，必须把两者有机结合起来，使中国特色城市化和中国新型城市化成为有机联系的整体，积极探索具有中国特色的新型城市化道路。⑤

3. 关于中国城市化道路的争论

中国到底应该走什么样的城市化道路，学术界一直存在着争论，⑥ 发展哪种规模的城市成为争论的焦点，并由此形成了“小城镇论”“中等城市

---

① 孙立行. 中国特色的“新型城镇化”道路辨析. 区域经济评论，2014(1).

② 魏后凯，关兴良. 中国特色新型城镇化的科学内涵与战略重点. 河南社会科学，2014(3).

③ 魏后凯. 走中国特色的新型城镇化道路. 北京：社会科学文献出版社，2014：29.

④ 董晓峰，杨春志，刘星光. 中国新型城镇化理论探讨. 城市发展研究，2017(1).

⑤ 魏后凯，关兴良. 中国特色新型城镇化的科学内涵与战略重点. 河南社会科学，2014(3).

⑥ 关于中国城市化道路各种观点的综述，可参见赵新平、周一星. 改革以来中国城市化道路及城市化理论研究述评. 中国社会科学，2002(2)；王琼. 改革开放以来我国城市化道路选择的若干观点述评. 上海经济研究，2002(9).

论”“大城市论”以及“大中小并举论”等多种主张。随着中国城市化道路之争的逐步深入，越来越多的学者主张中国应该走多元化或多样化的城市化道路。如周一星(1988；1992)认为，不存在统一的能被普遍接受的最佳城市规模，各级城市都有发展的客观要求，并提出了“多元化”的城市化方针；① 辜胜阻(1991)等认为，中国应走一条城市化和农村城镇化并重、“据点发展式”城镇化和“网络发展式”城镇化同步的二元城镇化道路；② 夏振坤、李享章(1988)提出了城市化道路的“三阶段论”；③ 孟晓晨(1990)提出了中国城市化道路的“双轨归一说”④等。总之，改革开放以来，关于中国城市化道路的讨论和争论一直没有中断过，并持续到中国特色城市化道路的提出，这些讨论后来在党的十六大报告中也得到反映，表述为：坚持大中小城市和小城镇协调发展，走中国特色的城镇化道路。⑤

三、简要评述

综上所述，中外学者对城市化与城市化道路进行了多角度、全方位的系统而深入的研究，这些研究为我国城市化的发展、城市化战略的制定和城市化道路的选择，积累了丰硕的文献资料，为中国特色新型城市化道路的实施提供了很好的政策支持，具有重要的理论价值和实践意义。但同时也应看到，这些研究大多数侧重城市化或城市化道路的国别研究，对世界上主要发达国家和典型的发展中人口大国的城市化与城市化道路的系统比较研究还较少，对什么是有中国特色的新型城市化道路，特别是对这一道路的“中国特色”的具体体现以及其“新”在何处等，还缺少深入的研究。尤其缺乏在全球城市化的视角下，对中国城市化进程中存在的问题及其原因，以及中国特色新型城市化道路的基本内涵、主要特征、实现路径的系统、深入研究，更缺少对中国特色新型城市化实践经验的系统总结。故此，本书试图在前人研究的基础上，系统、深入地研究当今世界上主要发

① 周一星. 对我国城市发展方针的讨论. 城市规划，1988(3)；周一星. 论中国城市发展的规模政策. 管理世界，1992(6).

② 辜胜阻. 二元城镇化战略及其对策. 人口研究，1991(5)；辜胜阻. 非农化与城镇化研究. 杭州：浙江人民出版社，1991：196-201.

③ 参见杜受祜，丁一. 中国城市化道路——思考与选择. 成都：四川大学出版社，1988：1-17.

④ 孟晓晨. 中国城市化的双轨归一道路. 城市问题，1990(1).

⑤ 有关中国城市化道路之争的详细述评，参见本书第八章第一小节。

达国家和典型发展中人口大国的城市化与城市化道路，并在全球城市化的视角下重点研究中国的城市化进程及中国特色新型城市化道路的主要特征和基本内涵，希冀对中国特色新型城市化的顺利实现有所裨益。

第三章　城市化与城市化道路的基本理论

一、城市的起源、含义与城市界定标准

（一）城市的起源

城市是经济社会发展到一定历史阶段的产物，其形成和发展经历了漫长而曲折的过程，有着深刻的社会经济和历史根源。考古资料证明，世界最早的城市是位于约旦河注入死海北岸的古里乔，距今 9000 年左右。① 考古学家发现，那里堆积有从中石器时代到青铜器时代晚期厚达 17 层的文化层，遗址范围达 4 万平方米。《圣经》上称为“棕榈之城”，曾繁荣一时。从第 17 层发现围绕居住址有厚 1.5 米，高 9 米的围墙，并有瞭望塔，居住有约 2000 人。② 然而作为一种普遍的人文景观，人们一般认为世界上第一批城市于公元前 3500 年左右出现于西南亚地区，以幼发拉底河和底格里斯河两河流域中下游最为集中，稍后在非洲的尼罗河流域、亚洲的印度河流域和黄河流域早期的城市也相继诞生。③ 城市的出现是人类社会发展史上的一个重要里程碑，是人类进步和文明的象征。具有数千年历史的城市究竟因何而产生，不同的学者有不同的解释，从而形成了不同的城市起源学说。综合国内外学者的研究，大体上有以下几种说法：

一是防御说。认为古代城市的兴起是出于防御上的需要。在居民集中居住的地方或氏族首领、统治者居住地修筑墙垣城郭，形成要塞，以抵御和防止别的部落、氏族、国家的侵犯，保护居民的财富不受掠夺。④

---

① 刘铮. 人口理论教程. 北京：中国人民大学出版社，1985：251.

② 朱铁臻. 城市发展研究. 北京：中国统计出版社，1996：5.

③ 顾朝林. 经济全球化与中国城市发展. 北京：商务印书馆，1999：3.

④ 朱铁臻. 城市发展研究. 北京：中国统计出版社，1996：3.

二是私有制说。认为城市是私有制的产物，是随着奴隶制国家的建立而产生的。马克思和恩格斯认为："城乡之间的对立是随着野蛮向文明的过渡、部落制度向国家的过渡、地方局限性向民族的过渡而开始的，它贯穿着全部文明的历史并一直延续到现在"，"城乡之间的对立只有在私有制的范围内才能存在"。①

三是阶级说。认为从本质上看，城市是阶级社会的产物，是统治阶级压迫被统治阶级的工具。著名经济史学家傅筑夫是这种观点的代表人物。他认为："中国古代的城市与欧洲古代的城市，其起源都是相同的，都是在社会分裂为对立的阶级后，随着阶级斗争的发展，剥削阶级为了保护自己的利益兴建起来的。"②

四是社会分工说。认为随着社会大分工逐渐形成了城市和乡村的分离。在原始社会数十万年的漫长岁月里，生产力极度低下，生产工具十分简陋，原始人过着完全依附于自然的狩猎、采集和穴居生活，为谋取生存而四处游猎、居无定所。经过与自然界的长期斗争，原始人学会了播种和有组织地采集，使得农业和畜牧业发生了分离，产生了第一次社会大分工。这次社会大分工不仅产生了以农业为主的固定居民，而且带来了产品剩余，创造了交换的前提。随着生产力的进一步发展，人们产生了对生产工具和劳动技术的更多更高的需要，这就促进了金属工具的出现和工具制造技术的改善，同时也就产生了第二次社会大分工，即农业和手工业的分离。其结果是直接导致了以交换为目的的商品生产，使固定居民点脱离了农业土地的束缚。有商品生产也就必然要求商品交换。随着人们之间商品交换的扩大，货币也就应运而生。商品和货币交换的出现又导致一个专门只从事交换的社会阶层——商人的出现，从而引起工商业劳动和农业劳动相分离的第三次社会大分工，并形成城市和乡村的分离。③

五是集市说。认为城市最初是简单交易的场所，并逐渐发展成为经常化的集市交换市场中心。中国城市的发展史表明，城市的产生离不开商品交换活动的集中地——集市。④ 简·雅各布斯甚至认为城市发展先于乡村，城市是从集市中心逐渐发展起来的。⑤ 从历史进程看，虽然有的城市

---

① 马克思，恩格斯．马克思恩格斯全集：第三卷．北京：人民出版社，1960：56-57.

② 傅筑夫．中国经济史论丛．北京：三联书店，1979：331；转引自刘传江．中国城市化的制度安排与创新．武汉：武汉大学出版社，1999：25.

③ 秦润新．农村城市化的理论与实践．北京：中国经济出版社，2000：13；朱铁臻．城市发展研究．北京：中国统计出版社，1996：3-4.

④ 刘传江．中国城市化的制度安排与创新．武汉：武汉大学出版社，1999：26.

⑤ Jane Jacobs. The economy of cities. Harmondsworth: Penguin, 1972.

由“城”发展而来，有的城市由“市”演变而成，但无论怎样，发展的结果是没有市场便不能称为城市。①

六是地利说。认为自然地理条件在城市的产生和发展中具有基础性作用。如德国地理学家拉泽尔(Friedrich Ratzel)认为，在生产力水平十分低下、盲目的原始自然力量起支配作用时，人类聚居形式是环境因素的产物。又如伍利(L. Woolly)和威特福格尔(K. A. Wittfogel)指出，只有在土地和气候有可能并且容易在一个较大的范围内创造出剩余产品的地区，城市文明才会产生。②

七是血缘制与宗教中心说。认为城市起源于人类对祖先的怀念和举行宗教礼仪活动的行为需要。芒福德(Lewis Mumford)和哈桑(Riaz Hassan)是这种观点的代表人物。芒福德认为，人类城市文明生活方式的最早萌动，实际开始于以墓地表达对祖先的怀念和祭祀以及到岩洞举行礼仪活动的行为需要，这些固定的地面目标和纪念性汇集地点逐渐地把有共同的祭祀礼俗或宗教信仰的人们，定期地或永久地集中到一起，这便是城市形成的最初的胚胎。③

上述种种说法从不同角度、不同层次对城市的起源作出了回答，都有一定的道理。然而，城市作为人类社会一种复杂的经济社会综合体，其产生的原因是多方面的，包括自然、地理、经济、社会、政治、文化等诸方面的因素，人们可以从不同的角度、不同的侧面来描述，而且人们对城市的了解和认识还需要不断深化，正如美国城市理论家芒福德所说，城市的起源至今还不甚了然，它的发展史相当一部分还埋在地下，或已消磨得难以考证了，而它的发展前景又是那样难以估量。④ 但是，无论城市产生的原因多么复杂，笔者以为最根本的原因，还是应当从经济上去寻找。马克思和恩格斯指出：“某一民族内部的分工，首先引起工商业劳动和农业劳动的分离，从而也引起城乡的分离和城乡利益的对立。”⑤恩格斯在谈到现代大城市的产生时曾做过生动的描述：“大工业企业需要许多工人在一个建筑物里面共同劳动；这些工人必须住在近处，甚至在不大的工厂近旁，他们也会形成一个完整的村镇。……他们都有一定的需要，为了满足这些

① 王保畲，罗正齐．中国城市化的道路及其发展趋势．北京：学苑出版社，1993：3.

② 周一星．城市地理学．北京：商务印书馆，1995：72-73.

③ 周一星．城市地理学．北京：商务印书馆，1995：71-73；转引自刘传江．中国城市化的制度安排与创新．武汉：武汉大学出版社，1999：27.

④ 中国社会科学院研究生院城乡建设经济系．城市经济学．北京：经济科学出版社，1999：25.

⑤ 马克思，恩格斯．马克思恩格斯全集：第三卷．北京：人民出版社，1960：24-25.

需要，还须有其他的人，于是手工业者、裁缝、鞋匠、面包师、泥瓦匠、木匠都搬到这里来了。……当第一个工厂很自然地已经不能保证一切希望工作的人都有工作的时候，工资就下降，结果就是新的工厂主搬到这个地方来。……于是村镇就变成小城市，而小城市又变成大城市。”①所以，城市是社会生产力发展到一定历史阶段的产物，城市的发展也离不开生产力的发展。当然，城市的产生除社会生产力的发展这个根本原因外，还同生产关系有着密切关系，有它的社会历史根源。在原始社会后期，由于生产力的发展，剩余产品越来越多，这些剩余产品以及土地和生产工具等逐渐为个人占有，私有制开始出现。在氏族成员中分化出奴隶和奴隶主阶级，进而又产生了国家。奴隶主为保护自身利益，构筑城池，屯兵防御，进一步强化了城市的存在。私有制、阶级和国家的出现是城市产生和发展的社会历史根源。②

(二)城市的含义

与对城市起源的认识一样，对城市含义的认识也是众说纷纭，莫衷一是。关于城市的定义和概念共有上百种，并且还在不断增加。③ 这主要是因为城市是一个十分复杂的社会系统，它是众多学科共同关注的对象，学者们纷纷从各自不同的学科角度给城市下定义。综观现有文献，学术界关于城市的定义有以下几种：

1. 城市起源角度的城市定义

从城市起源角度看，起初“城”和“市”并没有直接联系，后来随着社会经济的发展，“城”和“市”便逐渐融为一体，形成了完整的城市。④ 因此，城市是社会生产力发展到一定阶段的结果，是人类社会三次大分工的产物。⑤

2. 人口学角度的城市定义

从人口学角度看，城市是有一定人口规模，并以非农业人口为主的居

① 马克思，恩格斯．马克思恩格斯全集：第二卷，北京：人民出版社，1972：300-301.

② 中国社会科学院研究生院城乡建设经济系．城市经济学．北京：经济科学出版社，1999：27.

③ 林广，张鸿雁．成功与代价——中外城市化比较新论．南京：东南大学出版社，2000：3.

④ 王保畲，罗正齐．中国城市化的道路及其发展趋势．北京：学苑出版社，1993：2；转引自刘传江．中国城市化的制度安排与创新．武汉：武汉大学出版社，1999：24.

⑤ 崔功豪，王本炎，查彦育．城市地理学．南京：江苏教育出版社，1992：2.

民集居地，是聚落(settlement)的一种特殊形态。① 城市的一个显著特征之一就是具有高度密集的人口。马克思和恩格斯曾经指出："城市本身表明了人口、生产工具、资本、享乐和需求的集中；而在乡村里所看到的却是完全相反的情况：孤立和分散。"②苏联人口学家基谢廖夫认为："城市是由工业、交通、居住、文化教育以及其他部分组成的、在居民数量上有一定要求的专门系统。"③可见，人口学的城市定义强调的是人口密度和人口数量等人口的量的规定性，它的优点是便于城市的划分、统计和研究；其缺点是，仅以人口规模来定义城市，不能揭示城市的本质属性。而且，定义城市的人口规模标准的不同及其调整，会增加城市化国际比较的难度，进而影响比较研究的准确度。④

3. 社会学角度的城市定义

美国社会学家帕克等人认为，城市绝不仅仅是许多单个的集合体，不是各种社会设施的集合体，也不只是各种服务部门和管理机构的简单聚集。城市是一种心理状态，是各种礼俗和传统构成的整体，是这些礼俗所包含的，并随传统而流传的那些统一思想和情感所构成的整体。⑤ 美国城市社会学家路易斯·沃思把城市特有的生活方式称为城市性(urbanism)，认为城市即是具有城市性的聚居地，并将城市定义为"城市是生活的、具有异质性的、个人的，而且还具有相对高密度的、永久性的村落"。沃思的城市定义突出了三个方面的主要内容，即人口规模、人口密度和人口异质性。⑥

4. 经济学角度的城市定义

经济学家一直重视把城市作为一个经济单位来考察其历史发展，尤其关心和研究城市和乡村所表现出的互相对立的经济利益。例如，英国经济学家 K. J. 巴顿认为："城市是一个坐落在有限空间内的各种经济市场——住房、劳动力、土地、运输等等——相互交织在一起的网状系

① 许学强，周一星，宁越敏. 城市地理学. 北京：高等教育出版社，1997：1.
② 马克思，恩格斯. 马克思恩格斯全集：第三卷. 北京：人民出版社，1960：57.
③ 秦润新. 农村城市化的理论与实践. 北京：中国经济出版社，2000：15.
④ 王放. 中国城市化与可持续发展. 北京：科学出版社，2000：9.
⑤ Robert E. Park，E. W. Burgess，R. D. Mckenzie. The city. Chicago：University of Chicago Press，1968：1.
⑥ Wirth Louis. Urbanism as a way of life. American Journal of Sociology，1938，44(1)：1-24.

统。”①又如，松巴特认为：“经济学意义上的城市是指那些生活物资有赖于城市以外的农业劳动产品的人们的较大居住地。”②还有学者认为，城市是具有相当面积、经济活动和住房集中，以致在私人企业和公共部门产生规模经济的连片地理区域。③

5. 功能或特征角度的城市定义

城市是人类活动的一种多功能空间结构系统，许多人从功能的角度对城市进行界定。列宁指出：“城市是经济、政治和人民的精神生活中心，是前进的主要动力。”④苏联经济地理学家巴朗斯基也指出：“城市如一个国家的指挥部，它在国家的一切方面——经济、政治、行政和文化方面担负着组织的职能。”⑤还有的学者认为：“城市是工商业活动即第二、三产业活动的场所，是从事工商业活动的人群居住的场所。”⑥功能角度的城市定义有助于揭示城市作用和地位，但不能准确地反映城市的本质特征。因此，一些学者试图从特征上定义城市。德国著名社会学家马克斯·韦伯(M. Weber)是较早用城市的“特征”定义城市的学者。他认为：“一个聚居地要成为完全城市社区，它就必须在贸易—商业关系中占有相对优势。这个聚居地作为整体需要具备下列特征：①防卫力量；②市场；③自己的法院；④相关的社团；⑤至少享有部分的政治自由……”⑦路易斯·沃思对城市的定义也突出了城市所具有的普遍的社会特征，即“①规模大；②人口稠密，是永久性居住地；③在社会和文化方面具有异质性的人群”。⑧宋家泰等人从特征角度对城市进行的定义是国内比较典型的。他认为：“城市应该是非农业人口集中、以从事工业、商业、交通等非农业生产活动为主的居民点，是一定地域范围内社会经济和文化活动的集中点，是区别于比较单一而分散的农村居民点的社会空间结构形式。”⑨

---

① K. J. Button. Urban economics：thoery and policy. London：The Macmillan Press Ltd.，1976.
② 秦润新. 农村城市化的理论与实践. 北京：中国经济出版社，2000：14.
③ 林广，张鸿雁. 成功与代价——中外城市化比较新论. 南京：东南大学出版社，2000：3.
④ 列宁. 列宁全集：第19卷. 北京：人民出版社，1959：264.
⑤ 王放. 中国城市化与可持续发展. 北京：科学出版社，2000：10.
⑥ 崔功豪，王本炎，查彦育. 城市地理学. 南京：江苏教育出版社，1992：3.
⑦ 王放. 中国城市化与可持续发展. 北京：科学出版社，2000：10.
⑧ Wirth Louis. Urbanism as a way of life. American Journal of Sociology，1938，(44)(1)：1-24.
⑨ 宋家泰，等. 城市总体规划. 北京：商务印书馆，1985：1.

6. 综合性定义

即从城市的起源、功能、特征等方面定义城市。比较有代表性的综合性定义有："城市是规模大于乡村和集镇的以非农业活动和非农业为主的聚落，是一定地域范围内的政治、经济、文化中心。"①"城市是相对村庄而言具有不同外表特征和内在功能的大型聚落，是非农业人口和非农产业的聚居地，是一定地域范围的经济、社会、文化和政治中心。"②"城市是人类历史上形成的，以非农业人口为主体的，人口、经济、政治、文化高度聚集的社会物质系统。"③

上述有关城市的种种定义，从不同的研究角度看都是有价值和意义的，我们没有必要用一种定义去排斥另一种定义，也很难下一个能够为多数人所认可的较完整的定义。城市的定义虽然繁多，但并不是不可捉摸。相反，大多数学者在定义城市时都简明扼要地抓住了城市最根本的两个特征，即人口和非农业生产活动。因此，我们可以将城市定义为：城市是以非农业人口和非农产业为主的人类聚居地，是一定地域范围内的政治、经济、文化中心。它通常具备以下特征中的大部分：①人口相对集中；②从事第二、三产业和脑力劳动者所占比重高；③商品交易中心以及金融、信息、服务业汇集中心；④拥有行政、宗教或其他特有的职能机构；⑤对周边村落有文化影响；⑥一定区域内的交通枢纽。④

(三)城市界定标准

1. 城市与城镇

一般说来，城市与城镇这两个概念有严格区分。只有那些经国家批准设有市建制的城镇才称为城市，不够设市条件的建制镇才称为镇，市和镇的总称才叫城镇或市镇。在不严密的情况下，常常对城市做广义理解，代表城镇居民点的合称。本书除做特别说明外，也对城市做广义的理解，包括乡村以外的一些城市型聚落。

---

① 中国大百科全书·地理卷. 北京：中国大百科全书出版社，1986：32.
② 刘传江. 中国城市化的制度安排与创新. 武汉：武汉大学出版社，1999：33.
③ 王放. 中国城市化与可持续发展. 北京：科学出版社，2000：14.
④ 林广，张鸿雁. 成功与代价——中外城市化比较新论. 南京：东南大学出版社，2000：4-5.

2. 定义城镇的标准

笼统地说，中外各国大体都有小村—村庄—镇—城市—大城市这样一套居民点的系列。村庄和比村庄还小的居民点一般是乡村型的居民点，镇和比镇大的居民点是城镇型的居民点，统称城镇。城镇不同于乡村的本质特征是：①城镇是以从事非农业活动的人口为主的居民点，在产业构成上不同于乡村；②城镇一般聚居有较多的人口，在规模上区别于乡村；③城镇有比乡村大的人口密度和建筑密度，在景观上不同于乡村；④城镇具有上下水、电灯、电话、广场、街道、影剧院、博物馆等市政设施和公共设施，在物质构成上不同于乡村；⑤城镇一般是工业、商业、交通、文教的集中地，是一定地域的政治、经济、文化中心，在职能上区别于乡村。此外，还可以从生活方式、价值观念、人口素质等许多方面寻找城乡间的差异。①

在日常生活中，区别城镇和乡村似乎是轻而易举的事。实际上，目前世界上还没有一个统一的城镇定义标准。世界各国各地区根据各自社会经济发展的特点，制定了不同的城镇定义标准。这些标准大体上可以归为三大类：第一类是基于人口规模的标准。这是最为广泛使用的城镇定义标准；第二类是基于法律或政府的标准；第三类是混合标准，一般包括人口规模标准、法定标准和行政标准。② 辜胜阻教授在系统地研究了城市化度量的国际经验后发现，有关城镇的操作定义包括如下六种类型：①人口规模型；②行政区划型；③人口规模+非农人口比重型；④人口规模+人口密度型；⑤城镇基础设施型；⑥复合型。③ 可见，世界各国确定城镇的标准差异非常大，尤其是基于人口规模的城镇定义标准。单从城镇定义中包含人口下限指标的 80 个国家和地区来看，标准最低的只有 100 人(乌干达)，最高的为 50000 人(日本)。④

中国的城镇设置标准属于混合标准，而且这种标准前后经历过好几次变动。1955 年我国颁布了第一个城镇设置标准，对市和镇的建制作出了如下规定：①聚居人口 10 万人以上的城镇可以设市；②若聚居人口不足 10 万人，必须是重要工矿基地、省级地方国家机关所在地、规模较大的物资集散地或边远地区的重要城镇，确有必要时，也可设市；③县级或者

① 许学强，周一星，宁越敏. 城市地理学. 北京：高等教育出版社，1997：14.
② 刘传江. 中国城市化的制度安排与创新. 武汉：武汉大学出版社，1999：34.
③ 辜胜阻. 非农化及城镇化理论与实践. 武汉：武汉大学出版社，1993：159-160.
④ 许学强，周一星，宁越敏. 城市地理学. 北京：高等教育出版社，1997：14.

县级以上地方国家机关所在地或常住人口2000人以上、居民50%以上为非农业人口的居民区可以设置镇的建制，少数民族地区标准从宽；④常住人口不足2000人，但在1000人以上，非农业人口超过75%的地区以及修疗养人数超过当地常住人口50%的疗养区列为城镇型居民区。

1963年国务院对我国城镇设置标准做了较大调整。设镇的下限标准提高到聚居人口3000人以上，非农业人口70%以上或聚居人口2500～3000人，非农业人口85%以上。设市的基本标准虽然没有变，但基于城镇人口增加过猛，市镇建制增加过多，城市郊区偏大的倾向，对设市标准从严掌握。经逐个审查，撤销了一批市建制，并缩小了城市郊区范围，规定城市人口中农业人口所占比重一般不应超过20%。

1984年和1986年我国又分别调整了设镇和设市标准。1984年颁布的设镇标准规定：①总人口2万人以下的乡，如果乡政府驻地非农业人口超过2000人的，可以撤乡建镇；②总人口2万人以上的乡，乡政府驻地非农业人口占全乡人口10%以上的，也可以撤乡建镇；③县政府所在地均应设镇的建制；④少数民族地区、人口稀少的边远地区、山区和小型工矿区、小港口、风景旅游区、边境口岸等地，非农业人口虽不足2000人，如确有必要，也可设镇。1986年设市标准的调整如下：①非农业人口6万人以上，年国民生产总值2亿元以上，已经成为该地经济中心的镇，可以设置市的建制。虽不足此标准，但确有必要的地方，也可设市；②总人口50万人以下的县，县人民政府驻地所在镇的非农业人口10万人以上，常住人口中农业人口不超过40%，年国民生产总值3亿元以上；或者总人口50万人以上的县，县政府所在镇的非农业人口一般在12万人以上，年国民生产总值4亿元以上，可以撤县建市；③市区非农业人口25万人以上，年国民生产总值10亿元以上的中等城市，可以实行市领导县的体制。1993年国务院对1986年的设市标准又做了调整，调整的要点是采取了分类指导的原则和增加了考察的指标。①

我国市镇设置标准的多次变动是与我国社会经济发展的要求密切相关的，也体现了我国城市化政策的波动。但由于市镇标准变化较多，各次变动不能衔接，使得标准日趋复杂化，特别是引入了产值指标和在地域上整县设市、整乡设镇，使中国的城乡人口统计产生诸如城镇辖区农业人口比重过高、行政意义上的城镇人口与实际城镇人口相差甚远等问题。因此有学者建议，在我国应建立一种反映城镇实体界线的城镇地域概念，并确定相应的标准，作

① 许学强，周一星，宁越敏．城市地理学．北京：高等教育出版社，1997：19．

为城镇统计的基本单元，以解决目前我国市镇行政辖区与城镇实体概念严重脱节的问题，并和国际上的城市统计建立起可比的基础。①

二、城市化的内涵及衡量

（一）城市化的内涵

城市化一词来自英语 urbanization，也译作“都市化”，指国外的乡村向城市转变的过程。我国学术界部分学者建议译为“城镇化”，认为这一术语更强调镇的作用。但大多数学者认为更科学的译法为“城市化”，镇是城市的初始形态，包含于广义的城市之中，因此人们更习惯使用“城市”这一名称（如城市经济、城市规划等），其实，“城市化”和“城镇化”两者并无实质性差别。所以，为了保持概念使用上的一致性，本书一般采用城市化这一概念，但在涉及政府文件和引用相关文献时保持其原有的用法。②

城市化是当今世界上重要的社会、经济现象之一，对城市化内涵的理解不能简单、片面，由于各学科对城市化的理解不同，迄今为止国际学术界对“城市化”含义的理解仍颇有争议。

1. 各学科对城市化含义的理解

单一学科角度定义城市化：人口向城市集中或迁移的过程，包含社

① 许学强，周一星，宁越敏. 城市地理学. 北京：高等教育出版社，1997：22-23.

② 关于 urbanization 一词的译法问题，学术界一直存在着两种不同的观点。一种观点认为，在市、镇、乡这三类聚落中，市和镇在经济结构及生活方式方面十分接近，在很多情况下，这两者统称为“城市”，与“农村”或“乡村”相对，也就是说，广义的城市包乡村以外的一切城市型聚落，而且人们更习惯使用“城市”这一名称，因而 urbanization 应译为“城市化”；另一种观点认为，“urban”包含城市（city）和镇（town），世界上许多国家镇的人口规模比较小，有的甚至没有镇的建制，“urbanization”往往仅指人口向“city”转移和集中的过程，故称“城市化”。中国设有镇的建制，人口规模不少与国外的小城市相当，人口不仅向“city”集聚，而且向“town”转移，为了显示这种与外国的差别，中国的“urbanization”应译为“城镇化”。有关 urbanization 应译为“城市化”还是“城镇化”的论争可以参见如下文献：辜胜阻. 非农化及城镇化理论与实践. 武汉：武汉大学出版社，1993：6；简新华. 论中国特色的城镇化道路//武汉大学经济发展研究中心. 发展经济学研究：第二辑. 北京：经济科学出版社，2004：108；刘传江. 中国城市化的制度安排与创新. 武汉：武汉大学出版社，1999：39；许学强，周一星，宁越敏. 城市地理学. 北京：高等教育出版社，1997：13，39.

会、人口、空间、经济转换等多方面的内容。人口学认为，城市化就是人口向城市集中的过程。科林·克拉克(Colin G. Clark)认为，城市化是第一产业人口不断减少，第二、三产业人口逐渐增加的过程。① 经济学认为，城市化是农村劳动力向城市第二、三产业的转移，是非农产业投资及技术、生产能力在城市的集聚，是各种非农产业发展的经济要素向城市集中的过程。地理学认为，城市化是一个地域转化的空间过程，包括区域范围内城市数量的增加和每一个城市地域的扩大两个方面②。社会学认为，城市化是一个城市性生活方式的发展过程，它意味着人们不断被吸引到城市中，并被纳入城市的生活组织中，而且还意味着随城市的发展而出现的城市生活方式的不断强化。③

综合观点定义城市化：日本京都大学经济学教授山田浩之认为："城市化的内容，大的方面可分为以下两个：一个是在经济基础过程中的城市化现象；另一个是在社会文化过程(或上层建筑)中的城市化现象，对后者，用一句话来说，就是生活方式的深化和扩大。"④此外，美国学者弗里德曼(J. Friedmann)的城市化定义⑤和 R. 罗西的城市化定义⑥都是综合观点定义城市化的典型。

2. 国内学术界对城市化含义的理解

国内学术界对城市化含义的理解大致可以分为三种类型。

第一类从人口转移角度定义城市化。比如：城镇化(urbanization)是人口不断由农村转向城镇的一种社会经济过程。⑦ 城市化是指农业人口转化为城镇人口的过程，这个过程表现为城市人口的增加，城市数量的增多和城市地理界线调整的综合。⑧ 城市化是指农村人口向城市转移和集中，以及城市数目和规模不断增加和扩大的现象。⑨

第二类从产业集聚角度定义城市化。比如：城市化或城镇化是指第

① 刘传江. 中国城市化的制度安排与创新. 武汉：武汉大学出版社，1999：41.
② 许学强，周一星，宁越敏. 城市地理学. 北京：高等教育出版社，1997：36.
③ 周一星. 城市地理学. 北京：商务印书馆，1995：60.
④ 朱铁臻. 城市发展研究. 北京：中国统计出版社，1996：23.
⑤ 许学强，周一星，宁越敏. 城市地理学. 北京：高等教育出版社，1997：36-37.
⑥ 康就升. 中国城市化道路研究概述. 学术界动态，1990(6)；转引自王放. 中国城市化与可持续发展. 北京：科学出版社，2000：15.
⑦ 辜胜阻，简新华. 当代中国人口流动与城镇化. 武汉：武汉大学出版社，1994：3.
⑧ 朱慕唐，张海宁，王伯言. 西方城市经济学. 北京：中国财政经济出版社，1988.
⑨ 侯蕊玲. 城市化的历史回顾与未来展望. 云南社会科学，1999(2).

二、三次产业在城镇集聚，农村人口不断向非农产业和城镇转移，使城镇数量增加、规模扩大，城镇生产方式和生活方式向农村扩散、城镇物质文明和精神文明向农村普及的经济、社会发展过程。① 城镇化或城市化(urbanization)是指伴随着工业化的发展，非农产业在城镇集聚、农村人口向城镇集中的自然历史过程，包括物质和精神两个方面。② 城市化进程，就是一个经济发展，经济结构和产业结构演变的过程，又是一个社会进步，社会制度变迁以及观念形态变革的持续发展过程。③

第三类从综合观点定义城市化。比如，城市化是社会生产力的变革所引起的人类生产方式、生活方式和居住方式改变的过程。④ 城市化过程就是现代社会商品生产不断发展，人口不断集中，城市经济与区域经济联系越来越密切，城市的社会动力作用越来越加强的历史发展过程。⑤ 城市化过程是社会生产力变革所引起的生产方式、生产力布局、人口分布及生活居住方式客观演变的过程。⑥

上述各种对城市化概念的理解和概括，均有一定的理论依据。但是，不少城市化概念的表述，是将城市化的内涵渗进概念表述之中。因此笔者认为城市化首先要抓住"人口向城市集中"这一城市化的本质特征，其次要考虑到简单易行、便于量化和测度等方面的因素。为此，本书倾向于一种为人口学、地理学、社会学和经济学都普遍接受的简单的表述，即"城市化是人口向城市集中的过程"。

城市化一词具有极其丰富的内涵，城市化是人口集中的过程，是城市人口占全社会人口比重不断提高的过程，是产业结构转变和提升的过程，是城市文明不断发展并向广大农村地区逐步渗透和传播的过程。⑦

(二)城市化的衡量

通常人们用来确定城市化指标及测度的方法主要有两种，即单一指标法和复合指标法。

单一指标法，是选择对城市化表征意义最强的又便于统计的个别指

---

① 简新华. 论中国特色的城镇化道路//武汉大学经济发展研究中心. 发展经济学研究：第二辑. 北京：经济科学出版社，2004：108.
② 朱鹏华. 中国新型城镇化道路. 北京：经济科学出版社，2017：7.
③ 侯蕊玲. 城市化的历史回顾与未来展望. 云南社会科学，1999(2).
④ 谢文蕙，邓卫. 城市经济学. 北京：清华大学出版社，1996.
⑤ 饶会林. 城市经济学. 大连：东北财经大学出版社，1999.
⑥ 邹彦林. 我国城市发展宏观思考. 江淮论坛，1999(2).
⑦ 叶裕民. 中国城市化之路：经济支持与制度创新. 北京：商务印书馆，2001：9.

标，来描述城市化达到的水平、规模、速度和质量等。复合指标法，是选用与城市化有关的多种指标予以综合分析，以考察城市化的进展水平。

单一指标有以下几种：

1. 城市人口比重指标

城市人口比重指标又称为城市化率，即城市人口占一个国家或地区总人口的比重。它反映了人口在城乡之间的空间分布，是衡量一个国家或地区城市化水平的最一般指标，是最常用的城市化测度指标。计算公式为：

城镇人口占区域总人口比重(城市化率)=城镇人口数/总人口数=城镇人口数/(城镇人口数+农村人口数)

其中，城市人口总数可能有多种统计计量方法，因此这一指标不能反映城市化含义的全部，存在一定局限性。其局限性主要体现在：第一，城镇人口标准的制定差异导致城市化水平差距悬殊。如地理位置相邻、人口规模接近、经济发展水平相当的瑞典、丹麦、冰岛(设立城镇的标准为200人)的城市化水平分别为83%、84%和88%，而同期挪威、芬兰(设立城镇的标准为2万人)的城市化水平则只有44%和62%。第二，对城市人口的不同定义影响城市化水平的度量。城市人口是指居住在城市的人口，包括市区、近郊区以及卫星城市的常住人口。而我国大量农业人口长期在城镇从事非农业劳动和居住，而部分非农业人口并不居住在城镇，这就使得运用人口资料计算出来的城镇人口比重，很难反映城市化的真实水平。第三，行政区划的变更和社会政治因素的影响。例如，1957年我国的城市化水平为15.4%，1960年飙升至19.7%，1963年又降到16.8%。这种反常现象是国民经济大起大落，以及由此所造成的城镇人口的大出大进所造成的。因此，城镇人口的突发性变化，造成城市化水平忽高忽低，缺乏连续性和可比性。总之，城市化水平以城镇人口比重表示，只能反映城市化的相对水平，不能反映城市化发展的总体规模。以城镇人口比重衡量城市化水平只是测度了农村人口向城市集中的数量变化过程，不能反映城市生活方式向农村地域的扩散过程。

2. 人口中数居民点的规模

人口中数居民点的规模，指在不同规模的城镇人口的分组中，用恰好处于中间偏下位置规模组的人口规模组来表示城市化水平。计算公式为：

$$\mathrm{MI} = Q_i + (Q_{i+1} - Q_i) \times (50 - P_i)/(P_{i+1} - P_i)$$

其中：MI为人口中数居民点规模；i与$i+1$为规模组；P_i和P_{i+1}为累

计百分比；Q_i 和 Q_{i+1} 为规模上限。具体计算方法如下：

第一步，计算从小到大不同规模组聚落的人口数、占总人口数的百分比和累计百分比；第二步，找出累计百分比中恰好低于 50%的规模组(i)和下一个规模组($i+1$)的累计百分比 P_i 和 P_{i+1}；然后确定 i 组和 $i+1$ 组的规模上限 Q_i 和 Q_{i+1}；第三步，计算人口中数居民点规模。下面以具体实例说明人口中数居民点规模的计算(见表 3-1)。

表 3-1　**人口中数居民点规模应用例示(1960 年墨西哥)***

规模组	人口(人)	百分比	累计百分比
1000 人以下	12222347	35.00	35.00
1000~2499 人	4995644	14.30	49.30
2500~4999 人	2959460	8.48	57.78
5000~99999 人	8233426	23.57	81.35
100000 人以上	6512232	18.65	100.00
合计	3492312	100.00	

* 本表指行政上的城镇，不考虑都市区。

资料来源：周一星. 城市地理学. 北京：商务印书馆，1997：68.

根据表 3-1 给出的数据，可以计算出 MI 如下：

$$MI=2499+(4999-2499)\times(50-49.3)/(57.78-49.3)\approx2705(\text{人})$$

MI 的值越大，表明城市化的水平越高。该指标的优点在于可以避开不同国家对城镇规模的界定，使城市化水平包括城镇规模的内容。其缺点是它并不像人口比例指数一样直观，而且受研究区域城镇人口分布的影响很大，尤其是不适合那些城镇数量少且规模等级不多的国家和地区。

3. 城镇用地比重指标

城镇用地比重指标，是指某区域的城市化水平用该区域内的城镇建设区用地占区域总面积的比重来反映，即在一定时间内统计非城市用地转变为城市用地的比率。这一指标对于迅速成长的城镇密集地区具有较强的直观性和说服力，能够反映城镇和农村之间在地理景观上的分野，但忽略了人口密度的稠与稀所造成的城镇用地的紧与松，并且统计难度较大。

综上所述，衡量城市化水平的单一指标难以反映城市化的丰富内容，因此，要全面准确地衡量城市化水平，必须采用复合指标。目前国内较有代表性的城市化水平评估体系大概包括 9 个指标：①城市人口比重；②适龄人口入学率；③人均国内生产总值；④城市第三产业占国内生产总值的比重；⑤城市人均道路铺装长度；⑥城市用水普及率；⑦城市人均住房面积；⑧城市万人拥有的医生数；⑨城市人均公共绿地面积。[①] 复合指标能比较客观地反映城市化水平，但它由多指标构成，地域针对性强，通用性差。所以，复合指标多半用于分析具体国家或地区的城市化水平，而难以进行国际比较分析。

三、城市化的影响因素、过程及类型

（一）城市化的影响因素

城市化是一个国家由贫穷向繁荣、由落后向富强转变的过程。在这个转变过程中，一国的经济、社会、制度、自然资源、民族、文化、传统等多方面因素都会对其城市化进程产生影响。限于篇幅，这里只对制度这一最重要的影响因素进行简要讨论。

制度主要指经济制度和社会管理制度，一个国家的经济、社会、人口、社会保障、土地、市场、教育等制度的制定，对城市化的进程影响巨大。具体分析如下：不同的经济制度和社会管理制度对城市化进程所起的作用不同。市场经济体制是以充分发挥市场机制作用为基础的，能促进城市化的发展，而计划经济体制以政府作用为基础，则可能阻碍城市化的进程；平等、竞争、统一、开放的劳动就业制度和劳动力市场，有利于城市化发展，而存在歧视的劳动就业制度和二元分割的劳动力市场则不利于城市化发展；公平合理的人口迁移制度和居住制度，有利于城市化，限制农民进城的户籍制度和人口流动政策则严重阻碍城市化；产权明晰、合理流转的土地制度是有效推进城市化的重要条件，僵化的不合理的土地制度则是城市化发展的障碍；社会福利保障制度的统一、公平合理，是保证劳动力自由流动、农村剩余劳动力顺利实现非农化和市民化的重要因素，二元甚至多元、不平等的社会福利保障制度则严重妨碍劳动力的自由流动、农村剩余劳动力的持久有效转移；教育制度的城乡平等合理有益于农民提高素质、更好地进入城市和融入城市，不平等、不合理的城乡教育制度则会扩大城乡差别、工农差别，延缓城市化进程；城市建设和管理制度的科学

① 张耕田. 关于建立城市化水平指标体系探讨. 城市问题，1998(1).

先进，城市规划和建设的合理、资源的节约、环境的优化、生产和生活条件的改善能促进城市的发展，实现健康的城市化，落后、不当的城市建设和管理制度则会妨碍城市的发展，造成城市规划的不合理、建设的落后、资源的浪费和环境的恶化。①

制度既影响城市化的兴起和推动，又决定城市化的选择，还制约着城市化的速度、水平、发展状态以及城市化的类型。

(二)城市化过程

城市化的国际经验表明，城市化是一个长期的经济社会演进过程，一般要经历三个阶段：城市化初期阶段、城市化中期阶段和城市化后期阶段。国内外学者根据城市人口占总人口比重的高低对城市化发展阶段做了进一步细分：城市人口比重低于10%的史前城市化阶段；城市人口比重为10%~30%的城市化起步阶段；城市人口比重超过50%的基本实现城市化阶段；城市人口比重达到70%以上的高度城市化阶段。②

工业化是城市化的发动机，城市化是工业化的必然产物。据此我们可以把城市化过程划分为三个特征各异的阶段：①城市化起步阶段。该阶段处于工业化初期，城市化率在10%~30%。这一阶段的基本特征是：城市人口占总人口比重较小，城市化水平随着城市化进程逐渐上升，工商业城市不断涌现，城乡差别逐步拉大。②城市化基本实现阶段。该阶段处于工业化中期，城市人口占总人口的比重由30%左右上升到50%以上。这一阶段的基本特征是：工业化对城市化的推动作用日益凸显，工业迅猛发展、资本日益雄厚、工业规模的扩大空前高涨，城市建设、城市化速度、城市化率、城市人口都迅速增长，城乡差别先是进一步扩大，然后开始逐步缩小。③高度城市化阶段。该阶段处于发达工业化阶段，城市化率达到70%以上。这一阶段的基本特征是：城市化率仍然在上升，但速度明显减慢，服务业成为该阶段的主导产业，城市建设和城市管理水平较高，城市生产方式和生活方式越来越现代化，城乡差别基本消失，高度的物质文明和精神文明在农村推广、普及，出现了“逆城市化”现象。③

---

① 简新华，何志扬，黄锟. 中国城镇化与中国特色城镇化道路. 济南：山东人民出版社，2009：6-7.

② 刘传江. 中国城市化的制度安排与创新. 武汉：武汉大学出版社，1999：75.

③ 简新华，何志扬，黄锟. 中国城镇化与中国特色城镇化道路. 济南：山东人民出版社，2009：8-10.

(三)城市化的类型①

城市化的类型可以根据不同的标准，从不同的角度来划分。通常有如下几种划分方法：①依据城市化与工业化发展水平的关系，城市化可分为同步城市化、过度城市化和滞后城市化；②按照城市化所处的不同发展阶段，城市化可分为集中型城市化和分散型城市化；③按照城市空间布局结构的不同，城市化可分为网络式城市化和据点式城市化；④依据城市发展方式的不同，城市化可分为内涵型城市化和外延型城市化；⑤按照城市化实现机制的不同，城市化可分为市场主导型城市化和计划主导型城市化；⑥依据城市化发动主体的不同，城市化可分为自下而上的城市化(urbanization from below)和自上而下的城市化(urbanization from above)；⑦按照人口和产业聚集以及城市性扩散方式的不同，城市化可分为正统型城市化、虚假型城市化(pseudo-urbanization)和离心型城市化(decentralization urbanization)。限于篇幅，下面只简要讨论同步城市化、过度城市化和滞后城市化这三种城市化类型。

1. 同步城市化(synchro-urbanization)

这种城市化类型的基本特征是，城市化进程与工业化和经济发展水平基本一致。这里的“同步”，是指城市化与工业化和经济发展水平呈正相关关系，城市化率与工业化率(工业劳动力占总劳动力的比重或工业总产值占 GDP 的比重)互相协调。这是一种比较合理的城市化发展模式，大部分发达国家的城市化基本属于这种模式。

2. 过度城市化(over-urbanization)

这种城市化类型的基本特征是城市化水平大大超过工业化和经济发展水平，城市化速度大大超过工业化速度，甚至是“无工业化的城市化”，城市化既缺乏工业化的推动力，也缺乏农业发展的支撑，而主要依靠传统的第三产业来推动，其结果是大量的农村人口盲目向城市特别是大城市迁

① 关于城市化类型的论述可参见下述文献：简新华. 论中国特色的城镇化道路//武汉大学经济发展研究中心. 发展经济学研究：第二辑. 北京：经济科学出版社，2004：110；简新华，刘传江. 世界城市化的发展模式. 世界经济，1998(4)；辜胜阻，刘传江，钟水映. 中国自上而下城镇化发展研究. 中国人口科学，1998(3)；辜胜阻. 非农化及城镇化的理论与实践. 武汉：武汉大学出版社，1993；饶会林. 城市经济理论与实践. 大连：东北财经大学出版社，1998：56-64；许学强，朱剑如. 现代城市地理学. 北京：中国建筑工业出版社，1988：48-49；张庭伟. 对城市化动力的探讨. 城市规划，1983(5).

移，但城市又不能为日益膨胀的城市人口提供足够的就业机会和必要的生活条件，故而导致一系列城市问题。这是一种不利于社会健康发展的畸形城市化，相当一部分发展中国家的城市化基本上是这种模式。

3. 滞后城市化(under-urbanization)

这种城市化类型的基本特征是，城市化水平落后于工业化和经济发展水平。这里的“滞后”是指城市化率落后于工业化率。之所以会产生滞后城市化，是因为政府为避免“城市病”的发生而采取种种限制城市化发展的措施，结果导致诸如工业分散化、离农人口“两栖化”、城市发展无序化等现象。这种城市化类型是计划经济国家政策作用的结果，① 是一种不利于工业化和现代化进程的城市化发展模式，改革开放前中国的城市化就是这种城市化发展模式的典型代表。

四、城市化的必然性

城市化是社会进步的一个标志。任何国家或地区要实现工业化和现代化，城市化将是不可逾越的发展过程。

(一)城市化是人类社会走向现代文明的重要标志

城市化是传统的农业社会向现代城市社会发展的历史过程，是社会经济结构发生根本性变革并获得巨大发展的空间表现，是衡量一个国家发展水平的重要标志。如果一个国家或地区农村人口占大多数，那么，现代化只能是一个美丽而遥远的憧憬。综观世界发达国家的发展史，农村劳动力大规模地向城市非农产业转移是任何国家都要经历的过程，因此城市化是任何国家由贫穷落后走向繁荣富强的必由之路。

(二)城市化是工业化的必然产物，又是工业化、现代化的重要载体和推进器

城市化的起点从何时算起是理论界长期有争议的一个问题。一种观点认为，城市化的历史与城市的历史一样悠久，都起源于城乡分离，即城市

① M. Ran, B. J. L. Berry. Underurbanization politics assessed: China, 1949-1986. Urban Geography, 1989, 10(2): 111-120.

的产生；另一种观点认为，城市化是人类经济社会发展到一定阶段——工业化阶段的一种经济社会现象，城市化发源于工业化，是工业化的必然产物。笔者赞同后一种观点。工业革命前，整个城市经济处于自然经济状态，大多数城市以政治功能为主，城市发展十分缓慢。世界城市化率始终徘徊在3%左右的水平上。但是，在英国产业革命刚刚进行了不到100年的1850年，世界城市人口占总人口的比重就达到6.4%，1900年为13.6%，1950年为29.8%。① 可见，城市化是近两三百年的事。它最早始于英国的工业革命，以纺织机和蒸汽机的使用为主要标志。一方面，机器的发明和应用，不仅改变了生产方式，而且也改变了手工业生产和乡村经济的性质及其地域空间分布，农村人口开始源源不断涌向城市，从而加快了城市化进程。另一方面，城市生产活动和人口的集聚以及不断完善的城市功能和基础设施的兴建，反过来又促进了工业化的发展。可见，城市化与工业化是一个互促共进的关系。

1. 工业化导致了城市化

人类社会经济发展史表明，无论是过去、现在还是将来工业化始终是城市化的“引擎”。工业化之所以能极大地促进城市化，主要是因为：一方面，工业化不仅导致生产规模的扩大，小城镇迅速成长为大城市，也从根本上改变了人口再生产方式，使迅速增加的人口为城市化的发展提供了主体；另一方面，工业化带来交通革命，新的交通设施使城市社会经济系统合为一个范围很宽的大系统。② 城市化的国际经验表明，城市化与工业化和经济发展水平密切相关。一般来说，城市化水平高的国家，其工业化程度和人均国民收入水平也高，而城市化水平较低的国家，其工业化程度和人均国民收入水平也较低。

城市化和工业化发生、发展时间的一致性也反映了它们之间的密切联系。从表3-2可以看出，英国、美国、法国、德国和日本等五个发达国家工业化和城市化的起点以及经历的时间跨度存在着高度一致性。

---

① 恩力斯，仲斯. 市和镇. 牛津：牛津大学出版社，1966：32. 转引自朱铁臻. 城市发展研究. 北京：中国统计出版社，1996：26.

② 辜胜阻，简新华. 当代中国人口流动与城镇化. 武汉：武汉大学出版社，1994：238-239.

表 3-2　　初期的国外工业化和城市化进程

	英国	美国	法国	德国	日本
工业化浪潮(年)	1760—1830	1800—1860	1815—1870	1830—1880	1870—1910
城市化进程	18 世纪后期	19 世纪前期	19 世纪中期	19 世纪中后期	19 世纪后期

资料来源：国家统计局城市社会经济调查总队，中国统计学会城市统计委员会. 2001 年中国城市发展报告. 北京：中国统计出版社，2002：244.

城市化与工业化之间的密切关系也表现在两者之间存在着正相关性。根据有关研究，发达国家 1802—1950 年的城市化水平与工业化程度的相关系数为 0.997；1841—1931 年英格兰和威尔士的相关系数为 0.985；1866—1946 年法国的相关系数为 0.97；而 1870—1940 年瑞典的相关系数为 0.967。① 可见，发达国家的城市化水平与工业化水平之间存在着极高的正相关关系。②

城市化与工业化互促共进关系还表现在城市化水平与人均国民生产总值的高度相关性。大量的有关统计资料的分析和研究，揭示了这样一个规律：城市化水平与人均国民生产总值之间呈正相关关系(见表 3-3)。

表 3-3　　城市化水平与国民生产总值的关系

城市人口占总人口比重	国家(地区) 个数	人均国民生产总值 美元
60%以上	34	3858
40%～59%	43	2155
20%～39%	39	700
19%以下	42	310

资料来源：林玲. 城市化与经济发展. 武汉：湖北人民出版社，1995.

著名经济学家霍利斯·钱纳里和 M. 塞尔奎通过对世界各国城市化和工业化相互关系的比较研究，也证明了城市化与工业化和人均国民生产总值之间存在着高度的正相关关系(见图 3-1)。因此，美国著名发展经济学家马尔科姆·吉利斯曾指出："随着工业的发展，今天城市化在各国比较中已十

① 国家统计局城市社会经济调查总队，中国统计学会城市统计委员会. 2001 年中国城市发展报告. 北京：中国统计出版社，2002：245.

② 这里城市化水平是指城市人口占总人口的比重，工业化程度或工业化水平是指非农就业人数占总就业人数的比重，它包括第二产业和第三产业两部分。

分明显了。随着人均收入大约从200美元增加到1000美元，工业产值从占国民收入总值的18%左右增长到30%左右，对于一个典型的国家来说，其城市人口从仅有总人口的20%会增长到30%以上。虽然各国之间收入水平的差别很大，然而，经济发展与城市化有关是毫无疑问的。”①

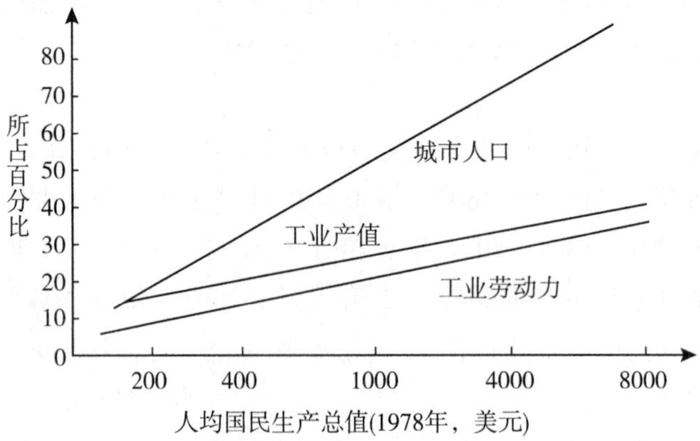

图 3-1　工业化与城市化：跨国比较研究(1965年)

资料来源：霍利斯·钱纳里和 M. 塞尔奎. 发展的格局：1950—1970年. 英文版. 牛津：牛津大学出版社，1975：36，50，55.

2. 城市化推动了工业化

城市化对工业化的推动作用主要表现在以下四个方面：第一，城市化促进了农业的发展，而农业是工业化的物质基础。随着城市化进程的加快，农业剩余劳动力不断地转移到城市，扩大了农业生产规模，大大提高了农业生产力，从而为工业化发展提供了原材料、食物、劳动力等必要的物质基础。第二，城市化发展带来城市人口的增长和城市生活水平的提高，进而刺激了对农副产品的需求和农业生产的进一步发展。而农业的发展，农业生产力的提高，又进一步为工业的发展提供了劳动力资源。第三，劳动力的素质和工作效率都随着城市化发展不断得到提高，进而推动了工业化发展。在城市化进程中，人口的聚集不仅使劳动力能得到最合理的使用，而且能增强劳动者的进取精神，因为“在大多数生产劳动中，单是社会接触就会引起竞争心和特有的精力振奋，从而提高每个人的个人工作效率”。②

① 马尔科姆·吉利斯. 发展经济学. 北京：经济科学出版社，1989：716.

② 马克思，恩格斯. 马克思恩格斯全集：第二十三卷. 北京：人民出版社，1972：362-363.

第四，城市化发展促进了城市基础设施的建设，改善了工业生产的外部条件。城市的不断发展不仅使各类公用基础设施得以兴建，而且使这些共同集中使用的基础设施的建造和运营实现规模的最佳化和成本的最小化。

综上，城市化和工业化之间客观上存在着相互促进的关系。没有工业化，就不可能出现城市化；同样，没有城市化，工业化也难以为继。

（三）城市化是人们追求城市富裕文明生活的必然结果

城市化是人口不断由农村向城镇集中的一种社会经济过程，这种人类活动的地域变化，反映了人们对城市富裕文明生活的向往和追求。因为城乡之间在就业、经济收入、生活设施、交通、购物、教育、医疗卫生、文化娱乐、社会保障等各个方面都有较大的差距。正是这种差距的存在，促使农村居民向城镇转移，成为人们追求城市富裕文明生活的主要驱动力。城乡之间的差距愈大，这种驱动力也愈大。不发达地区的农村与发达地区的城市之间的差距比同为发达地区的城乡之间的差距更大，这是形成大范围跨地区人口流动的重要原因。农村居民进城的首要目标是解决就业和增加收入。只有工作较稳定，收入有保障，有能力租用或购买住房的，才有可能由进城暂住的流动人口转为城镇常住人口。随着社会的进步，人们对城市文明生活追求的内容也在不断发生变化。例如对城市居住环境的选择越来越受到人们的重视。有不少原先居住在人口密集的大城市中心区的居民开始向环境较好的郊区迁移。随着城市基础设施向郊区的拓展外延，有些较富裕的郊区农村与城市之间的差别已越来越小。有不少农村家庭成员在城区工作，与城区保持早出晚归的通勤联系，多不愿将家庭迁进城区，因为在当地同样可以享受到基本的城市文明。可见，城市化既是城市文明向农村传播的过程，也是农村居民追求城市富裕文明生活的必然结果。

（四）城市化是解决“三农”问题的根本出路

农村剩余劳动力多是我国经济社会全面发展面临的最大结构性问题。由于历史的原因，在我国工业化进程中，城市化明显滞后，直接制约了农业和农村经济结构的调整，城乡二元经济结构矛盾突出。目前我国仍有约40%的人口在农村，单位土地的产出率和种植业增长的空间很有限。如何解决我国数以亿计的农业剩余劳动力的非农转移问题，是一个极为艰巨和繁重的任务。我国加入WTO后，“三农”矛盾更为突出，要降低中国加入WTO后对农业带来的风险，参与国际竞争，关键在于减少农民，加快农业劳动力向非农产业转移，促使农村人口向城镇集中。解决“三农”问题不能就“三农”讲“三农”，必须加快农业剩余劳动力向非农产业和城镇转移的步伐，加快农民工市民化进程，才能提高农业劳动生产率；提高农民的收入水平，才能加快第二、三产业的发展，促进农村的现代化和全国的工业化，从根本上解决城乡二元经济结构问题。

(五)城市化是信息化与经济全球化发展的客观要求

人类社会正在向信息经济时代迈进。信息技术革命在重新塑造人类生产方式、生活方式的同时，也在快速改变着城市的社会结构、空间形态以及功能。信息化浪潮将推动人和物的高速流动。经济生活中人和物的流速增大，意味着对经济集约化趋势的要求越来越高。城市是产品设计、研究与开发、管理和控制、市场营销等价值链环节的聚集地，是信息和知识生产、使用和聚散的中心，也是管理决策中心、观念与技术创新中心。因此，具有集约化特色的城市在信息经济时代的作用将越来越重要。要实现信息化，必须实现城市化。

自20世纪80年代以来，随着信息技术和交通运输的飞速发展，以贸易全球化、生产全球化和金融全球化为主要内容的经济全球化的进程明显加快，使若干全球信息节点城市发展成为全球城市(global cities)或世界城市(world cities)，这些城市越来越控制和主宰着全球的经济命脉。随着城市之间跨国、跨地区的社会经济联系日益频繁，全球城市在调整和竞争中正在形成新的等级结构，即世界级城市、跨国级城市、国家级城市、区域级城市和地方级城市。许多国家的城市政府正在制订规划，力争提高自身在全球城市体系中的地位，这将使全球城市之间的竞争更趋激烈。可以说，未来国家之间的竞争，主要是各国城市之间的竞争。因此，要迎接经济全球化的挑战，不仅要尽快实现城市化，而且要努力提高我国城市的竞争力，以提升我国城市在全球城市体系中的层次，实现我国社会经济的可持续发展。

五、城市化道路及其选择

(一)城市化道路的含义

城市化道路，是关于城市化的发展方向、战略、动力、机制、速度及有关方针政策的总称。城市化道路最核心的问题是处理工业与农业的关系、城市发展与农村发展的关系、大、中、小城市和小城镇之间的发展关系，寻求推进城市化的最佳途径和方式。

（二）城市化道路的合理选择

各国的城市化道路并无统一的固定模式，都是根据本国国情慎重抉择。具体来说，城市化道路的选择主要包括以下四个方面的内容：

1. 城市化发展模式的选择

城市化发展模式和城市化类型是与城市化道路有关的两个概念。城市化发展模式严格地说是指城市化发展的状况和道路的总和，是一个总体概念。城市化类型则是从不同的角度、依据不同的标准、按照城市化各个方面的各种不同的特征而划分的种类、形式。我国理论界往往把"模式"与"类型"混用，仅依据城市化的某一个或某几个方面的特征，就概括为某种城市化发展模式，实际上这些都是以不同标准划分的不同的城市化类型，这些"模式"与"类型"是等同的，并不是严格意义上的"模式"概念。这里所讲的城市化发展模式，是指以城市化与工业化和经济发展相互关系的状况及处理两者关系的原则和方式为标准而区分的城市化的不同类型。根据已有的研究，① 城市化类型可以从多种角度进行分类，比如可以根据城市化发展阶段分类，也可以依据城市空间布局结构分类，还可以按照城市发展方式、城市化实现机制、城市化发动主体以及城市化与工业化发展水平的关系等进行分类。所以，不管是什么样的城市化发展模式，只要它符合该国基本国情，能促进该国城市化和社会经济发展，就是该国应该选择的城市化发展模式。

2. 城市化类型的选择

城市化类型的选择涉及诸如城市的数量、空间布局和规模等方面的因素。一国（地区）可依据本国（地区）的人口状况、社会经济发展阶段、自然条件和地理区位条件等，选择不同的城市化类型，比如选择据点式的城

---

① 关于城市化模式或城市化类型的论述可参见下述文献：简新华. 论中国特色的城镇化道路//武汉大学经济发展研究中心. 发展经济学研究：第二辑. 北京：经济科学出版社，2004：110；简新华，刘传江. 世界城市化的发展模式. 世界经济，1998(4)；辜胜阻，刘传江，钟水映. 中国自上而下城镇化发展研究. 中国人口科学，1998(3)；辜胜阻. 非农化及城镇化的理论与实践. 武汉：武汉大学出版社，1993；饶会林. 城市经济理论与实践. 大连：东北财经大学出版社，1998：56-64；许学强，朱剑如. 现代城市地理学. 北京：中国建筑工业出版社，1988：48-49；张庭伟. 对城市化动力的探讨. 城市规划，1983(5).

市化，还是网络式的城市化，或者是两者相结合的城市化；选择集中型的城市化，还是分散型的城市化，或者是两者结合型的城市化；选择大城市化、小城镇化，还是大、中、小城市协调发展型的城市化。

3. 城市化实现机制的选择

从城市化动力或实现机制看，城市化要么是主要由市场力量推动，要么主要是由政府推动，或者是以市场为主要推动力、政府只起导向作用。因此可以根据基本国情选择适当的城市化实现机制，比如市场推动型，政府计划控制型，或者市场推动、政府导向型等。

4. 城市发展方式的选择

城市发展方式涉及如何发展城市和怎样建设城市等问题，主要包括如下内容：用来发展城市的资金投入主体有哪些，是单靠政府投入，还是由政府、民间、外资等多方共同投入；是以外延式方式发展城市还是以内涵式方式发展城市；是自由放任式发展城市，还是严格限制等。

各国城市化发展历程证明，城市化成败的关键在于如何实现城市化和选择什么样的城市化道路。无论是发达国家还是发展中国家，要想顺利完成城市化，必须选择符合本国国情的城市化道路。

第四章　世界城市化发展概况

一、世界城市化发展历程

(一)世界城市化进程

一般认为，位于伊拉克境内的美索不达米亚的土地上拥有最早的城市遗迹，埃及尼罗河流域、印度河峡谷地带、中国北方黄河流域等地也都有早期城镇的雏形。早期的城市发展速度非常缓慢，直到1800年，世界上9.8亿人口中只有不到5%的人居住在城市里。①

城市化是个世界现象、世界潮流。无论是发达国家还是发展中国家，都违背不了这个人类社会发展的必然趋势，迟早都要走上城市化之路。现代意义上的城市化最早出现于英国、西欧，而后扩展到北美，20世纪50年代以后又扩展到亚太地区乃至全世界，其历史进程大体可分为三个阶段:②

1. 世界城市化兴起阶段(1760—1851年)

城市化兴起于18世纪中叶英国的工业革命。以机器大工业取代工厂

---

① 冯奎. 中国城镇化转型研究. 北京：中国发展出版社，2013：105.

② 有学者认为，世界城市化经历了四波浪潮，即第一波城市化浪潮开始于18世纪的英国，历时200多年，此轮城市化主要受第一次工业革命的驱动；第二波城市化浪潮开始于19世纪中后期的北美洲和大洋洲，其中美国最为典型，历时近一个世纪，此轮城市化主要受移民扩张、工业发展和技术扩散等因素驱动；第三波城市化开始于第二次世界大战后的拉美、北欧、亚洲和北非，历时约半个世纪，此轮城市化主要受战后人口剧增和工业化快速发展等因素驱动；第四波城市化开始于21世纪的亚洲和非洲等一些发展中国家，目前仍处于快速发展时期，此轮城市化主要受经济全球化、自由贸易体系和跨国资本在世界范围内寻求投资“洼地”等因素驱动。参见王宏伟，李萍，朱承亮. 中国城镇化速度与质量的协调发展. 河北学刊，2014(6).

手工业的产业革命，不仅极大地促进了工业的发展，而且有力地促进了城市的发展，揭开了城市化序幕。从城市产生到工业革命以前，是人类社会以农业经济和乡村聚落为特征的漫长发展过程。在此过程中，城市的兴衰起伏剧烈，总体发展水平低，远未成为社会发展的主导力量。只是到英国工业革命以后，城市化过程的许多特征才在全世界作为一种普遍规律显现出来。从历史发展进程来看，世界城市人口的比重从公元 100 年到 1800 年，经历了 1700 年，才由 4.7%增加到 5.1%，而工业革命后不到 100 年，即 1850 年，世界城市人口占总人口比重就增加为 6.4%。同年，英国成为世界上第一个城市人口占总人口比重超过 50%的国家。伦敦、巴黎、维也纳、莫斯科、圣彼得堡、加尔各答、东京、芝加哥、费城、纽约等 10 个城市人口超过 100 万。但早期城市化进程仍然是比较缓慢的。①

2. 欧美等发达国家或地区基本实现城市化阶段(1851—1950 年)

1850 年欧洲和北美发达国家城市人口大约 4000 万人，到 1950 年增加到 4.49 亿人。在这 100 年的急剧城市化过程中，大约有 4 亿多人从农村转入城市。美国从 1850—1950 年，城市人口由 14.80%上升到 64.00%；德国从 1870—1950 年，城市人口由 36.00%上升到 71.00%；法国从 1880—1950 年，城市人口由 34.80%上升到 52.90%；英国从 1850—1950 年，城市人口由 50%上升到 77.90%，进入高度发达的城市化阶段。②5000 人以上的城镇总人口占世界总人口的百分比见表 4-1，欧洲部分国家中 5000 人以上的城市总人口占全国人口的百分比见表 4-2，部分国家城市人口占总人口的比重及其变化见表 4-3。

表 4-1 **5000 人以上的城镇总人口占世界总人口的百分比** （单位：百万人）

年度	人口数	百分比
1800	27.40	3.00
1850	74.90	6.40
1900	218.70	13.60
1950	716.70	29.90

资料来源：恩力斯，仲斯. 市和镇. 牛津：牛津大学出版社，1966：32. 转引自朱铁臻. 城市发展研究. 北京：中国统计出版社，1996：41.

① 朱铁臻. 城市发展研究. 北京：中国统计出版社，1996：40.
② 朱铁臻. 城市发展研究. 北京：中国统计出版社，1996：40-42.

表 4-2　**欧洲部分国家中 5000 人以上的城市总人口占全国人口的百分比**

年度	法国	德国	瑞典	西班牙	保加利亚
1900	44.00	56.10	21.50	32.20	9.80
1910	44.20	61.70	24.80	34.80	19.10
1920	46.70	64.60	29.50	38.40	19.90
1930	51.20	69.80	38.40	42.60	21.40
1950	52.90	71.00	56.30	60.50	24.60

资料来源：恩力斯，仲斯. 市和镇. 牛津：牛津大学出版社，1966：32. 转引自朱铁臻. 城市发展研究. 北京：中国统计出版社，1996：41.

表 4-3　**部分国家城市人口占总人口的比重及其变化**

国名	年度	百分比	年度	百分比
英　国	1880	67.70	1980	91.00
比利时	1880	43.00	1980	72.00
新西兰	1881	40.00	1980	85.00
联邦德国	1880	29.10	1980	85.00
民主德国	1880	29.10	1980	77.00
美　国	1880	23.60	1980	73.00
加拿大	1880	15.90	1980	80.00
法　国	1880	34.80	1980	78.00
丹　麦	1880	28.00	1980	84.00
瑞　典	1880	15.00	1980	87.00
瑞　士	1880	13.30	1980	58.00
苏　联	1897	15.00	1980	65.00
挪　威	1875	18.30	1980	53.00
印　度	1881	9.30	1980	22.00

资料来源：世界银行. 1981 年世界发展报告. 北京：中国财政经济出版社，1983：172-173.

从总体上看，到 1950 年，世界上有或 14 个国家或地区城市人口比重已达 50%～60%的临界完成型城市化阶段，有 17 个国家或地区城市人口比重已达 60%～75%的基本完成型城市化阶段，有 17 个国家或地区城市人口比重已达75%以上的发达型城市化阶段。此外，还有新加坡(100%)、直布罗陀(100%)、梵蒂冈(100%)、开曼群岛(100%)、瑙鲁(100%)、摩纳哥(100%)、百慕大(100%)7个完全城市国家或地区以及中国香港(82.5%)、中国澳门(96.9%)等准完全城市地区。① 同期，特别是第二次世界大战以后，发展中国家和地区的城市也有了一定发展，城市人口有所增加。1850年，发展中国家城市人口只有4000万，到1950年增加到2.68亿人。这样，全世界的城市人口在1850—1950年的100年间，由8000万人增加到7.17亿人，世界城市人口占总人口的比重达29.8%。

3. 世界城市化加速发展阶段(1950年至今)

这个时期是全世界基本实现城市化阶段。1950年，欧洲、澳大利亚/新西兰、北美是世界上城市化水平最高的地区，它们通常拥有较多的城市人口。然而，尽管发展中地区城市化水平较低，由于其人口众多，发展中地区也拥有大量的城市人口。比如，1950年，东亚的城市化率只有18%，它却是世界上拥有城市人口最多的地区；同期，南亚的城市化率只有16.6%，但在拥有城市人口数的地区排序中名列第五。此外，1950年，南美洲的城市化率超过同期的东欧，达42.8%，在拥有城市人口数的地区排序中位居第七。尽管如此，1950年世界上拥有较多城市人口的地区主要还是分布在城市化水平较高的北美和欧洲。1950年，北美的城市化率最高，达63.9%，大洋洲和欧洲的城市化率紧随其后，分别为61.6%和52.4%，拉美及加勒比、亚洲和非洲的城市化率较低，分别只有41.9%、17.4%和14.7%。到2000年，北美的城市化率仍然高居首位，为77.4%，拉美及加勒比、大洋洲和欧洲则紧随其后，其城市化率分别为75.4%、74.1%和73.4%，亚洲和非洲的城市化率仍然位居世界六大地区之尾，分别为37.5%和37.2%。但是，从城市化速度看，非洲和亚洲则是这一时期(1950—2000年)城市化发展最快的地区，其城市化增长率分别为1.86%和1.53%。位居第三的是拉美及加勒比，为1.18%，欧洲、北美和大洋洲的城市化增长率分别只有0.68%、0.38%和0.37%(见表4-4)。表4-5中的数据更详尽地表明了1950—2000年是世界，尤其是发展中国家或地区城市化快速发展的期间。在这一时期，非洲(南部非洲除外)、西亚、东南亚和美拉尼西亚是城市化速度最快的地区，其中，东

① 刘传江. 中国城市化的制度安排与创新. 武汉：武汉大学出版社，1999：63.

非、西非和美拉尼西亚的城市化年均增长率高达5%以上，东非更是以5.88%的城市化年均增长率高居榜首。东南亚和西亚也是自1950年以来世界城市化速度较快的地区，1950—2000年这两个地区的城市化年均增长率分别为3.94%和4.57%。同期，东南亚的城市人口从2700万增加到1.93亿，增长了6倍多；西亚的城市人口从1300万增加到1.32亿，增长了9倍多。1950—2000年，中美洲和南美洲的城市化年均增长率也都在3%以上，使得这两个地区的城市人口在2000年分别增长到9100万和2.76亿。中南亚、波利尼西亚和东亚是其他三个城市化发展较快的地区。1950—2000年，东亚和中南亚的城市化年均增长率分别为3.11%和3.41%，到2000年，其城市人口分别增加到5.72亿和4.55亿，使东亚和中南亚成为世界上两个拥有城市人口最多的地区。①

表4-4 **1950—2030年世界主要地区城乡人口分布**

主要地区	人口(百万人)				增长率(%)		翻番时间(年)	
	1950	1975	2000	2030	1950—2000	2000—2030	1950—2000	2000—2030
A. 人口及其增长								
总人口								
北美	172	243	314	396	1.21	0.77	57	89
拉美及加勒比	167	322	519	723	2.27	1.11	31	63
大洋洲	13	21	31	42	1.77	1.05	39	66
欧洲	548	676	727	670	0.57	-0.27	123	…
亚洲	1399	2397	3672	4950	1.93	0.99	36	70
非洲	221	406	794	1489	2.56	2.10	27	33
城市人口								
北美	110	180	243	335	1.59	1.07	44	65
拉美及加勒比	70	198	391	608	3.44	1.47	20	47
大洋洲	8	15	23	32	2.14	1.19	32	58
欧洲	287	455	634	540	1.24	0.04	56	1947
亚洲	244	592	1376	2679	3.46	2.22	20	31
非洲	32	102	295	787	4.42	3.27	16	21

① United Nations, Department of Economic and Social Affairs, Population Division. World urbanization prospects: the 1999 revision. New York: United Nations, 1999: 38-42.

续表

主要地区	人口(百万人)				增长率(%)		翻番时间(年)	
	1950	1975	2000	2030	1950—2000	2000—2030	1950—2000	2000—2030
农村人口								
北美	62	64	71	61	0.28	-0.49	251	…
拉美及加勒比	97	124	127	116	0.55	-0.33	127	…
大洋洲	5	6	8	10	0.98	0.61	71	114
欧洲	261	221	193	131	-0.60	-1.31	…	…
亚洲	1155	1805	2296	2271	1.37	-0.04	50	…
非洲	188	304	498	702	1.94	1.14	36	61
B. 城市化指标								
北美	63.90	73.80	77.40	84.50	0.38	0.30	…	…
拉美及加勒比	41.90	61.40	75.40	84.00	1.18	0.36	…	…
大洋洲	61.60	72.20	74.10	77.30	0.37	0.14	…	…
欧洲	52.40	67.30	73.40	80.50	0.68	0.31	…	…
亚洲	17.40	24.70	37.50	54.10	1.53	1.23	45	57
非洲	14.70	25.20	37.20	52.90	1.86	1.17	37	59

注：主要地区以2000年城市化水平高低顺序排列。

资料来源：United Nations，Department of Economic and Social Affairs，Population Division. World urbanization prospects：the 2001 revision. New York：United Nations，2001：5.

表4-5 1950—2000年、2000—2030年世界主要地区年均城市化增长率

排序	地区	城市化增长率(%) 1950—2000	排序	地区	城市化增长率(%) 2000—2030
1	东非	5.88	1	中非	3.90
2	西非	5.31	2	东非	3.86
3	美拉尼西亚	5.11	3	西非	3.36
4	西亚	4.57	4	美拉尼西亚	3.29
5	中非	4.41	5	密克罗尼西亚	3.22
6	东南亚	3.94	6	中南亚	2.71

续表

排序	地区	城市化增长率(%) 1950—2000	排序	地区	城市化增长率(%) 2000—2030
7	北非	3.80	7	东南亚	2.41
8	密克罗尼西亚	3.68	8	波利尼西亚	2.36
9	中美洲	3.65	9	北非	2.27
10	南美洲	3.48	10	西亚	2.10
11	中南亚	3.41	11	中美洲	1.66
12	波利尼西亚	3.25	12	东亚	1.63
13	东亚	3.11	13	南非	1.57
14	加勒比	2.76	14	南美洲	1.39
15	南非	2.66	15	加勒比	1.33
16	澳大利亚/新西兰	1.88	16	澳大利亚/新西兰	0.91
17	东欧	1.86	17	北美洲	0.91
18	北美洲	1.56	18	北欧	0.21
19	南欧	1.37	19	西欧	0.19
20	西欧	0.92	20	南欧	0.16
21	北欧	0.66	21	东欧	0.11

资料来源：United Nations，Department of Economic and Social Affairs，Population Division. World urbanization prospects：the 1999 revision. New York：United Nations，1999：40.

(二)世界城市化发展现状

目前，全世界城市人口已超过农村人口。2007 年，全世界城市人口首次历史性地超过农村人口，而且此后这一状况始终未变。60 多年以来，全世界经历了快速的城市化过程。1950 年，全世界超过 2/3(70%)的人口还是农村居民，不到 1/3(30%)的人口是城市(镇)居民。到 2014 年，全世界已有 54%的人口成为城市(镇)人口。世界城市人口还将继续增长，到 2050 年，全世界只有约 1/3(34%)的人口是农村人口，约 2/3(66%)的人口将会是城市人口，2050 年的这一世界乡—城人口分布正好与 1950 年的乡—城人口分布相颠倒。

从世界各大洲城市化水平来看，城市化水平较高的地区包括北美(2014 年的城市化率为 82%)、拉美及加勒比(80%)和欧洲(73%)。非洲和亚洲则是城市化水平较低的地区，2014 年的城市化率分别只有 40%和 48%。未来几十年，所有地区的城市化水平都将进一步提高，非洲和亚洲将是城市化水平提高较快的地区，到 2050 年，这两地区的城市化率将分别达到56%和64%。①

从国别或者地区来看，2014年，城市化率排名前10位的国家或地区分别是中国香港(100%)、中国澳门(100%)、新加坡(100%)、卡塔尔(99.2%)、瓜德罗普(98.4%)、科威特(98.3%)、比利时(97.8%)、马耳他(95.3%)、美属维尔京群岛(95.2%)、乌拉圭(95.2%)(见表4-6)；城市化率排名后10位的国家分别是特立尼达和多巴哥(8.6%)、布隆迪(11.8%)、巴布亚新几内亚(13.0%)、乌干达(15.8%)、马拉维(16.1%)、尼泊尔(18.2%)、斯里兰卡(18.3%)、尼日尔(18.5%)、圣卢西亚(18.5%)、南苏丹(18.6%)(见表4-7)。

表4-6　**2014年全世界城市化率排名前10位的国家或地区**

排名	国家或地区	城市化率(%)
1	中国香港	100
2	中国澳门	100
3	新加坡	100
4	卡塔尔	99.2
5	瓜德罗普	98.4
6	科威特	98.3
7	比利时	97.8
8	马耳他	95.3
9	美属维尔京群岛	95.2
10	乌拉圭	95.2

资料来源：United Nation, Department of Economic and Social Affairs, Population Division. World urbanization prospects: the 2014 revision. New York: United Nations, 2014: 9.

表4-7　**2014年全世界城市化率排名后10位的国家**

排名(由低到高)	国家或地区	城市化率(%)
1	特立尼达和多巴哥	8.6
2	布隆迪	11.8
3	巴布亚新几内亚	13.0
4	乌干达	15.8
5	马拉维	16.1
6	尼泊尔	18.2

① United Nations, Department of Economic and Social Affairs, Population Division. World urbanization prospects: the 2014 revision. New York: United Nations, 2014.

续表

排名(由低到高)	国家或地区	城市化率(%)
7	斯里兰卡	18.3
8	尼日尔	18.5
9	圣卢西亚	18.5
10	南苏丹	18.6

资料来源：United Nations, Department of Economic and Social Affairs, Population Division. World urbanization prospects: the 2014 revision. New York: United Nations, 2014: 9.

从城市化发展速度来看，1950—1990 年年均城市化速度排名前 10 位的国家或地区分别是博茨瓦纳(6.8%)、毛里塔尼亚(6.5%)、斯威士兰(6.1%)、巴布亚新几内亚(5.4%)、莱索托(5.2%)、不丹(5.1%)、阿曼(5.1%)、莫桑比克(4.9%)、贝宁(4.8%)和多哥(4.7%)。其中，7 个国家来自非洲，且有 3 个非洲国家的年均城市化增长率都超过 6%。另外 3 个国家分别是来自大洋洲的巴布亚新几内亚和来自亚洲的不丹和阿曼。而 1990—2014 年年均城市化速度排名前 10 位的国家或地区分别是卢旺达(6.8%)、老挝(3.7%)、不丹(3.5%)、布基纳法索(3.1%)、尼泊尔(3.0%)、中国(3.0%)、海地(2.9%)、莱索托(2.7%)布隆迪(2.6%)和印度尼西亚(2.3%)。其中有 5 个国家来自亚洲，中国在这一时期的城市化速度与其邻国尼泊尔相当，年均城市化增长率都为 3%，并列世界第 5。2014—2050 年年均城市化速度排名前 10 位的国家或地区将分别是布隆迪(2.2%)、乌干达(2.0%)、埃塞俄比亚(1.9%)、尼泊尔(1.9%)、尼日尔(1.8%)、厄立特里亚(1.8%)、卢旺达(1.8%)、马拉维(1.7%)、南苏丹(1.7%)和布基纳法索(1.6%)(见表 4-8)。

表 4-8　1950—1990 年、1990—2014 年、2014—2050 年城市化速度排名前 10 位的国家或地区

排名	国家或地区	1950—1990 年年均城市化增长率(%)	国家或地区	1990—2014 年年均城市化增长率(%)	国家或地区	2014—2050 年年均城市化增长率(%)
1	博茨瓦纳	6.8	卢旺达	6.8	布隆迪	2.2
2	毛里塔尼亚	6.5	老挝	3.7	乌干达	2.0
3	斯威士兰	6.1	不丹	3.5	埃塞俄比亚	1.9
4	巴布亚新几内亚	5.4	布基纳法索	3.1	尼泊尔	1.9

续表

排名	国家或地区	1950—1990 年年均城市化增长率(%)	国家或地区	1990—2014 年年均城市化增长率(%)	国家或地区	2014—2050 年年均城市化增长率(%)
5	莱索托	5.2	尼泊尔	3.0	尼日尔	1.8
6	不丹	5.1	中国	3.0	厄立特里亚	1.8
7	阿曼	5.1	海地	2.9	卢旺达	1.8
8	莫桑比克	4.9	莱索托	2.7	马拉维	1.7
9	贝宁	4.8	布隆迪	2.6	南苏丹	1.7
10	多哥	4.7	印度尼西亚	2.3	布基纳法索	1.6

资料来源：United Nations, Department of Economic and Social Affairs, Population Division. World urbanization prospects: the 2014 revision. New York: United Nations, 2014: 68.

从特大城市的发展来看，2014 年，人口超过 1000 万的 28 个特大城市分布在 18 个国家。中国和印度分别拥有 6 个和 3 个特大城市，巴西、日本和美国各拥有 2 个特大城市，剩余的特大城市则分布在另外 13 个国家。东京以拥有大约 3800 万人口位居首位，紧随其后的是德里(约 2500 万人)、上海(约 2300 万人)以及拥有人口均接近 2100 万的墨西哥城、孟买和圣保罗。

到 2030 年，全世界人口超过 1000 万的特大城市将达到 41 个。东京仍将以拥有 3700 万人口位居首位，德里以拥有 3600 万人口位居次席(见表 4-9)。几十年以前，世界特大城市主要分布在发达地区，如今的特大城市主要集中在发展中地区，而发展速度最快的城市群则主要是位于非洲及亚洲的一些中型城市和人口在 1000 万以下的城市。①

表 4-9 **41 个世界特大城市人口规模及年均增长率**

2030 年排名	国家	特大城市	人口(千人)				年均增长率(%)			2014 年排名
			1970	1990	2014	2030	1970—1990	1990—2014	2014—2030	
1	日本	东京	23298	32530	37833	37190	1.67	0.63	-0.11	1
2	印度	德里	3531	9726	24953	36060	5.07	3.93	2.30	2
3	中国	上海	6036	7823	22991	30751	1.30	4.49	1.82	3

① United Nations, Department of Economic and Social Affairs, Population Division. World urbanization prospects: the 2014 revision. New York: United Nations, 2014: 1.

续表

2030年排名	国家	特大城市	人口(千人)				年均增长率(%)			2014年排名
			1970	1990	2014	2030	1970—1990	1990—2014	2014—2030	
4	印度	孟买	5811	12436	20741	27797	3. 80	2. 13	1. 83	6
5	中国	北京	4426	6788	19520	27706	2. 14	4. 40	2. 19	8
6	孟加拉国	达卡	11374	6621	16982	27374	7. 86	3. 92	2. 98	11
7	巴基斯坦	卡拉奇	3119	7147	16126	24838	4. 15	3. 39	2. 70	12
8	埃及	开罗	5585	9892	18419	24502	2. 86	2. 59	1. 78	10
9	尼日利亚	拉各斯	1414	4764	12614	24239	6. 08	4. 06	4. 08	19
10	墨西哥	墨西哥城	8831	15642	20843	23865	2. 86	1. 20	0. 85	4
11	巴西	圣保罗	7620	14776	20831	23444	3. 31	1. 43	0. 74	5
12	刚果(金)	金沙萨	1070	3683	11116	19996	6. 18	4. 60	3. 67	23
13	日本	大阪	15272	18389	20123	19976	0. 93	0. 38	-0. 05	7
14	美国	纽约	16191	16086	18591	19885	-0. 03	0. 60	0. 42	9
15	印度	加尔各答	6926	10890	14766	19092	2. 26	1. 27	1. 61	14
16	中国	广州	1542	3072	11843	17574	3. 45	5. 62	2. 47	22
17	中国	重庆	2237	4011	12916	17380	2. 92	4. 87	1. 86	16
18	阿根廷	布宜诺斯艾利斯	8105	10513	15024	16956	1. 30	1. 49	0. 76	13
19	菲律宾	马尼拉	3534	7973	12764	16756	4. 07	1. 96	1. 70	18
20	土耳其	伊斯坦布尔	2772	6552	13954	16694	4. 3	3. 15	1. 12	15
21	印度	班加罗尔	1615	4036	9718	14762	4. 58	3. 66	2. 61	
22	中国	天津	3318	4558	10860	14665	1. 59	3. 62	1. 87	24
23	巴西	里约热内卢	6791	9697	12825	14174	1. 78	1. 16	0. 62	17
24	印度	金奈	3057	5338	9620	13921	2. 79	2. 45	2. 31	
25	印度尼西亚	雅加达	3915	8175	10176	13812	3. 68	0. 91	1. 91	28
26	美国	洛杉矶	8378	10883	12308	13257	1. 31	0. 51	0. 46	20
27	巴基斯坦	拉合尔	1964	3970	8500	13033	3. 52	3. 17	2. 67	
28	印度	海得拉巴	1748	4193	8670	12774	4. 37	3. 03	2. 42	
29	中国	深圳	22	875	10680	12673	18. 44	10. 42	1. 07	26
30	秘鲁	利马	2980	5873	9722	12221	3. 36	2. 13	1. 43	
31	俄罗斯	莫斯科	7106	8987	12063	12200	1. 17	1. 23	0. 07	21

续表

2030年排名	国家	特大城市	人口(千人)				年均增长率(%)			2014年排名
			1970	1990	2014	2030	1970—1990	1990—2014	2014—2030	
32	哥伦比亚	波哥大	2383	4740	9558	11966	3. 44	2. 92	1. 40	
33	法国	巴黎	8208	9330	10764	11803	0. 64	0. 60	0. 58	25
34	南非	约翰内斯堡	2764	3709	9176	11573	1. 47	3. 77	1. 45	
35	泰国	曼谷	3110	5888	9098	11528	3. 19	1. 81	1. 48	
36	英国	伦敦	7509	8054	10189	11467	0. 35	0. 98	0. 74	27
37	坦赞利亚	达累斯萨拉姆	357	1474	4838	10760	7. 09	4. 95	5. 00	
38	印度	艾哈迈达巴德	1695	3255	7116	10527	3. 26	3. 26	2. 45	
39	安哥拉	罗安达	459	1390	5288	10429	5. 54	5. 57	4. 24	
40	越南	胡志明市	1970	3038	7100	10200	2. 17	3. 54	2. 26	
41	中国	成都	1750	2955	7289	10104	2. 62	3. 76	2. 04	

注：特大城市按2030年人口规模排序。

资料来源：United Nations，Department of Economic and Social Affairs，Population Division. World urbanization prospects：the 2014 revision. New York：United Nations，2014：93.

二、世界城市化发展特征及趋势

(一)世界城市化发展特征

从上述分析可以发现，自20世纪50年代以来，世界城市化发展体现出如下几个特征：

第一，总的来看，世界城市化水平在不断提高。至2014年，超过一半的世界人口居住在城市(2014年世界平均城市化率为54%)，发达国家和地区在城市居住的人口已经高达2/3以上，其中日本的城市化水平已高达93%，英国和美国的城市化水平都超过80%，法国和德国的城市化水平均超过75%，表明上述主要发达国家都已迈入高度城市化阶段；发展中国家的城市化水平尽管总体上要低于发达国家，但巴西和墨西哥的城市化水平在2014年分别为85%和79%，① 已达到或基本接近发达国家的水

① United Nations，Department of Economic and Social Affairs，Population Division. World urbanization prospects：the 2014 revision. New York：United Nations，2014：197-201.

平；中国、印度、印度尼西亚和尼日利亚等发展中人口大国的城市化水平虽然不高，但这些国家基本上处于城市化加速发展阶段，城市化发展潜力巨大。可见，无论是在发达国家和地区，还是在发展中国家和地区，人口城市化这一过程依然没有停止。

第二，发展中国家的城市化水平与发达国家存在着较大差距，但发展中国家的城市化发展速度要快于发达国家。1950 年至 2001 年的 51 年间，发展中国家与发达国家城市化水平的差距由 37.1%下降到 34.6%。①1950—2000 年，发达地区城市人口年均增长率为 1.40%，一直呈下滑趋势，而发展中地区城市人口年均增长率为 3.73%，高于发达地区 2.33%。发展中地区的城市人口年均增长率虽然也在下降，但下降的速度明显低于发达地区(见表 4-10)。由于 80%以上的世界人口在发展中国家和地区，所以发展中国家和地区每年仍然有大量的农村人口迁移到城市。

表 4-10　**1950—2030 年世界城乡人口分布**

地区	人口(十亿人)				年均增长率(%)		翻番时间(年)	
	1950	1975	2000	2030	1950—2000	2000—2030	1950—2000	2000—2030
A. 人口及其增长								
总人口								
全世界	2.52	4.07	6.06	8.27	1.75	1.04	40	67
发达地区	0.81	1.05	1.19	1.22	0.76	0.07	91	998
发展中地区	1.71	3.02	4.87	7.05	2.10	1.24	33	56
城市人口								
全世界	0.75	1.54	2.86	4.98	2.68	1.85	26	38
发达地区	0.45	0.37	0.90	1.00	1.40	0.38	50	185
发展中地区	0.30	0.81	1.96	3.98	3.73	2.35	19	29
农村人口								
全世界	1.77	2.52	3.19	3.29	1.18	0.10	59	714
发达地区	0.37	0.31	0.29	0.21	−0.45	−0.19	…	…
发展中地区	1.40	2.21	2.90	3.08	1.46	0.20	48	352

① United Nations, Department of Economic and Social Affairs, Population Division. World urbanization prospects: the 2014 revision. New York: United Nations, 2014: 33.

续表

地区	人口(十亿人)				年均增长率(%)		翻番时间(年)	
	1950	1975	2000	2030	1950—2000	2000—2030	1950—2000	2000—2030
B. 城市化指标								
全世界	29.80	37.90	47.20	60.20	0.92	0.81	75	86
发达地区	54.90	70.00	75.40	82.60	0.63	0.31	…	…
发展中地区	17.80	26.80	40.40	56.40	1.63	1.11	42	62

资料来源：United Nations，Department of Economic and Social Affairs，Population Division. World urbanization prospects：the 2001 revision. New York：United Nations，2001：4.

第三，世界城市人口分布的地区差异较大。到 2015 年，如果按照城市化水平把世界各大洲进行分类，那么北美洲、欧洲、大洋洲和拉美及加勒比可归为一类，它们的城市化率都超过了 70%；而亚洲和非洲可归为另一类，其城市化率刚刚超过 40%(见表 4-11)。这两类城市化区域基本上反映了发达地区与发展中地区的差别，但拉美及加勒比是一个例外。从表 4-10 还可以发现，到 2015 年，拉美及加勒比的城市化率只比北美洲低 1.8 个百分点，比亚洲高 31.6 个百分点，比非洲高 39.4 个百分点，比欧洲和大洋洲分别高 6.2 个百分点和 9 个百分点。可见，60 多年来拉美及加勒比的城市化发展速度非常迅猛，其城市化水平于 1990 年和 1995 年分别超过欧洲和大洋洲，目前仅次于北美洲。

表 4-11 **1950—2015 年世界及各主要地区城市人口比重的变化(%)**

年份	世界平均	亚洲	非洲	拉美及加勒比	北美洲	欧洲	大洋洲
1950	29.60	17.50	14.00	41.30	63.90	51.50	62.40
1955	31.30	19.30	16.10	45.20	67.00	54.30	64.80
1960	33.70	21.10	18.60	49.30	69.90	57.20	67.10
1965	35.60	22.90	20.60	53.30	72.00	60.20	69.10
1970	36.60	23.70	22.60	57.10	73.80	63.00	71.30
1975	37.70	25.00	24.70	60.70	73.80	65.40	71.90
1980	39.30	27.10	26.70	64.30	73.90	67.40	71.30
1985	41.20	29.80	28.90	67.60	74.70	68.80	70.70

续表

年份	世界平均	亚洲	非洲	拉美及加勒比	北美洲	欧洲	大洋洲
1990	42.90	32.30	31.30	70.50	75.40	70.00	70.70
1995	44.70	34.80	33.10	73.00	77.30	70.50	70.60
2000	46.60	37.50	34.50	75.30	79.10	70.90	70.50
2005	41.90	41.10	36.30	76.90	80.00	71.70	70.50
2010	51.60	44.80	38.30	78.40	80.80	72.70	70.70
2015	54.00	48.20	40.40	79.80	81.60	73.60	70.80

资料来源：United Nations, Department of Economic and Social Affairs, Population Division. World urbanization prospects：the 2014 revision. New York：United Nations, 2014：204-214.

第四，全球的特大城市主要分布在发展中国家。从表4-9可以发现，到2014年，人口超过1000万的特大城市已达到28个之多，它们分布在18个国家。其中中国和印度分别拥有6个和3个特大城市，巴西、日本和美国各拥有2个特大城市，剩余的13个特大城市则分布在另外13个国家中。日本的东京以拥有大约3800万人口位居首位，紧随其后的是印度的德里(约2500万人)、中国的上海(约2300万人)以及墨西哥的墨西哥城、巴西的圣保罗和印度的孟买，后3个城市都拥有近2100万的人口。

到2030年，全世界人口超过1000万的特大城市将达到41个。东京仍然以拥有约3700万的人口位居首位，德里则以拥有约3600万的人口位居次席(见表4-9)。

(二)世界城市化的发展趋势

根据联合国提供的有关资料，世界城市化的发展会出现以下一些趋势。

1. 世界城市人口仍将以较快速度增长

世界城市人口在2000年约29亿，2030年将接近50亿。1950年全世界只有约30%的人口居住在城市，到2000年已有47.2%的人口是城市居民，2030年这一比例将增至60.20%(见表4-10)。2000—2030年世界人口增长将主要集中在城市地区(见图4-1)，同期城市人口将增长约21亿，与同期世界总人口的增长数(约22亿)相差无几(见表4-10)。2000—2030年世界城市人口将以年均1.85%的速度增长，几乎比世界总人口的增长速度快一倍(同期世界总人口年均增长 1.04%)。以这一速度增长，世界城市人口将在 38 年内翻一番(见表 4-10)。

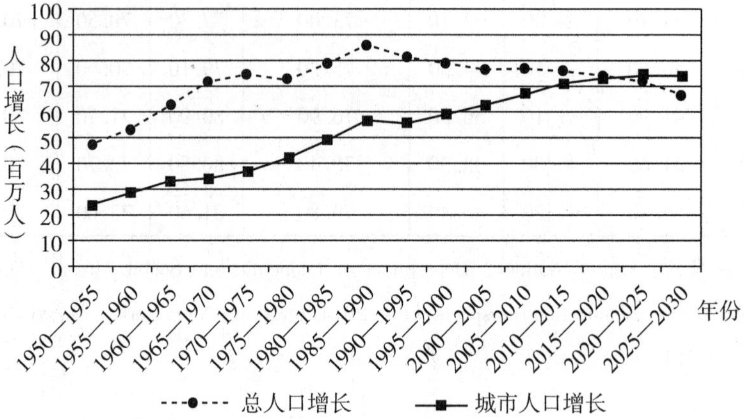

图 4-1 1950—2030 年世界人口及世界城市人口年度增长

资料来源：United Nations, Department of Economic and Social Affairs, Population Division. World urbanization prospects: the 2001 revision. New York: United Nations, 2001: 10.

2. 世界城市化进程仍将快速推进

世界城市人口从 1950 年的大约 7 亿增长到 2014 年的大约 39 亿，64 年间增长了 4 倍多。1950—2014 年，世界城市人口以年均 2.58%的速度增长，世界城市化率则从 1950 年的约 30%上升至 2014 年的 54%，以年均 0.93%的速度增长，说明这一时期是全球城市化迅猛发展的时期。① 未来几十年世界城市化进程还将快速推进，世界城市人口在 2030 年将接近 50 亿，2050 年将达到 63.4 亿，② 届时世界上绝大部分人口将生活在城市区域里。

3. 发展中地区和发达地区之间的城市化水平差距依然显著，但发展中地区的城市化进程将是世界城市化的主流

2000—2030 年几乎所有的世界人口增长都被发展中地区的城市区域

① United Nations, Department of Economic and Social Affairs, Population Division. World urbanization prospects: the 2014 revision. New York: United Nations, 2014: 21.

② United Nations, Department of Economic and Social Affairs, Population Division. World urbanization prospects: the 2014 revision. New York: United Nations, 2014: 21.

所吸纳，使世界发展中地区的城市人口由2000年的大约20亿增长到2030年的近40亿，而同期发达地区的城市人口增长却十分缓慢，由2000年的9亿增长到2030年的10亿。发展中地区的城市人口增长尤其迅速，2000—2030年年均增长率为2.35%，以该速度增长，发展中地区城市人口只需29年就会增加一倍。而同期发展中地区的农村人口仅以每年0.20%的增长率缓慢地增长。乡村—城镇人口流动是发展中地区城市人口迅速增长的重要决定因素，再加上未来生育水平的普遍下降，导致发展中地区农村人口最终趋于下降，并在2025—2030年期间首次出现负增长。因此发展中地区的农村人口在2025年左右将达到顶峰，然后开始下降，发达地区的农村人口自1950年就开始了这一变化。2000年发达地区的城市化率已高达75.40%，到2030年将增至82.6%。发展中地区的城市化水平仍然相当低，2000年只有40.40%的人口居住在城市地区。尽管如此，这一比例仍显著高于1950的17.80%。到2030年，发展中地区的城市化率将增至56.40%，约相当于发达地区1950年时的城市化水平(见表4-10)。

4. 世界城市化进程的地区差异依然显著

发展中地区的城市化水平和城市化步伐具有明显差异。拉美及加勒比地区作为一个整体，其城市化水平相当高，2000年已达75.4%，高于欧洲，比非洲和亚洲的城市化水平约高一倍。2000年非洲和亚洲的城市化水平都只有约37%，是全球城市化水平最低的地区，因此这两个洲在2000—2030年将经历迅速的城市化进程。2030年非洲和亚洲将分别有52.90%和54.10%的人口居住在城市地区，而此时拉美及加勒比地区总人口的84.00%将是城市居民，这一比例与2030年全球城市化水平最高的北美相当(见表4-4)。2000年欧洲和北美的城市化率分别为73.40%和77.40%，2030年将分别增至80.50%和84.5%。大洋洲的城市化率将由2000年的74.10%增至2030年的77.30%。尽管欧洲、拉美及加勒比地区、北美以及大洋洲具有较高的城市化水平，但2000年这些地区的城市人口之和(约13亿)仍少于城市化水平较低的亚洲城市人口(约14亿)。到2030年，亚洲和非洲各自的城市人口都将超过世界上其他任何地区的城市人口，而且亚洲的城市人口将占全球城市人口的53.78%，2000年这一比例只有46.46%(见表4-4)。

亚洲在2000—2030年仍将是拥有农村人口最多的地区，2000年和2030年，亚洲都将拥有约23亿的农村人口。非洲的农村人口将由2000

年的4.98亿增加到2030年的7.02亿，使非洲成为同期全球拥有农村人口仅次于亚洲的地区。除了非洲和大洋洲外，2000—2030年世界其他主要地区的农村人口都会减少(见表4-4)，但在2014—2050年，中国的农村人口将减少约3亿，约为2014年农村人口的一半。同期印度的农村人口也将减少大约5200万，约相当于2014年农村人口的6.0%(见表4-12)。

表4-12　**2014—2050年农村人口下降数量排名前10位的国家**

排名	国家	农村人口数量变化(千人)	农村人口数量相对变化(%)
1	中国	-300394	-47.3
2	印度	-51546	-6.0
3	印度尼西亚	-25207	-21.2
4	泰国	-16761	-49.1
5	孟加拉国	-15881	-15.1
6	俄罗斯	-14293	-38.5
7	越南	-14095	-22.7
8	美国	-9334	-15.6
9	缅甸	-9257	-25.9
10	巴西	-8548	-29.0

资料来源：United Nations，Department of Economic and Social Affairs，Population Division. World urbanization prospects：the 2014 revision. New York：United Nations，2014：15.

5. 大城市仍将迅猛发展，但中小城市和小城镇将在世界城市化进程中起着越来越重要的作用

2001年，东京以2600万人口位居全球特大城市之冠，紧随其后的依次是圣保罗(1830万)、墨西哥城(1830万)、纽约(1680万)、孟买(1650万)(见表4-13)。到2014年，东京仍以3783万人口位居榜首，其后依次为德里、上海、墨西哥城、圣保罗、孟买、大阪和北京，所有这些城市的人口都超过1900万，到2030年，全世界人口超过1000万的特大城市将达到41个(见表4-9)。在过去的几十年里，世界特大城市主要分布在发达地区，而发展速度最快的城市群则主要是位于非洲及亚洲的一些中型城市和人口在1000万以下的城市，这些城市将在世界城市化进程中发挥越

来越重要的作用。

表 4-13 **世界 1000 万人口以上的特大城市**

（1950 年、1975 年、2001 年、2015 年） 单位：百万人

1950		1975		2001		2015	
城市	人口	城市	人口	城市	人口	城市	人口
1 纽约	12.3	1 东京	19.8	1 东京	26.5	1 东京	27.2
		2 纽约	15.9	2 圣保罗	18.3	2 达卡	22.8
		3 上海	11.4	3 墨西哥城	18.3	3 孟买	22.6
		4 墨西哥城	10.7	4 纽约	16.8	4 圣保罗	21.2
		5 圣保罗	10.3	5 孟买	16.5	5 德里	20.9
				6 洛杉矶	13.3	6 墨西哥城	20.4
				7 加尔各答	13.3	7 纽约	17.9
				8 达卡	13.2	8 雅加达	17.3
				9 德里	13.0	9 加尔各答	16.7
				10 上海	12.8	10 卡拉奇	16.2
				11 布宜诺斯艾利斯	12.1	11 拉各斯	16.0
				12 雅加达	11.4	12 洛杉矶	14.5
				13 大阪	11.0	13 上海	13.6
				14 北京	10.8	14 布宜诺斯艾利斯	13.2
				15 里约热内卢	10.8	15 大马士革	12.6
				16 卡拉奇	10.4	16 北京	11.7
				17 大马士革	10.1	17 里约热内卢	11.5
						18 开罗	11.5
						19 伊斯坦布尔	11.4
						20 大阪	11.0
						21 天津	10.3

资料来源：United Nations，Department of Economic and Social Affairs，Population Division. World urbanization prospects：the 2001 revision. New York：United Nations，2001：8.

大都市未必都经历了快速的人口增长。实际上，一些人口增长最快的城市都是中小城市，而且随着城市人口的增多，城市人口增长速度趋于下降。然而，当今一些巨型城市在过去 25 年经历了高速的人口增长。比如，孟加拉国的达卡在 1975—2000 年的人口年均增长率为 7.0%，印度的德里

同期人口年均增长率为4.13%。但是，这是两个例外。2001年世界17个特大城市，只有5个人口年均增长率超过了3%，8个城市人口适度增长或低速增长(人口年均增长率低于2%)。2000—2015年只有4个特大城市的人口年均增长率达3%及以上(达卡、德里、雅加达、卡拉奇)，9个城市人口增长率极低，人口年均增长率不足1%(见表4-14)。尽管全球城市人口在世界总人口中的份额在不断增加，但居住在特大城市或巨型城市的人口比例却依然较小。2000年只有3.70%的世界人口居住在人口1000万以上的特大城市，2015年，这一比例增至4.70%。此外，2000年，2.80%的世界人口居住在人口500万~1000万的大城市，2015年这一比例是3.70%。总体上看，到2015年只有8.40%的世界人口居住在人口500万及以上的城市(见表4-15)。无论是发展中地区还是发达地区，居住在人口500万及以上的城市的人口比例都较低，2000年这一比例分别只有5.90%和9.00%。到2015年，发展中地区居住在人口500万及以上的城市的人口增长较快，这一比例为8.10%，更加接近发达地区9.50%的水平。居住在小城镇的人口比例仍然占世界人口的相当份额，尽管这一比例增长较缓慢。2000年，24.8%的世界人口居住在人口不足50万的聚集区，到2015年，这一比例将增至27.10%(见表4-15)。2000年，52.52%的世界城市人口居住在人口不足50万的聚集区，到2015年，这一比例会有所下降，但仍然超过50%。因此，人口向大城市的集中并没有带来居住在小城镇的人口比例或人口数量的显著下降。发达地区居住在小城镇的人口比重显著地高于世界平均水平。2000年，41.80%的发达地区人口居住在人口不足50万的聚居地，到2015年，这一比重增至43.00%。而发展中地区的绝大部分人口仍然居住在乡村，2000年发展中地区居住在人口不足50万的聚集区的人口比重只有20.70%，到2015年这一比重增至23.80%(见表4-15)。大城市不仅拥有世界人口的相对较低份额，而且它们对世界城市人口年均增长的贡献也只处于中等水平。在2000—2015年，人口500万及以上的城市只能吸纳20.90%的城市增长人口，而人口不足50万的聚集区将吸纳44.40%的城市增长人口(见表4-16)。发展中地区的城市将吸纳大部分的城市增长人口，发展中地区的大城市和小城市将分别吸纳19.90%和42.00%的世界城市增长人口。总体上看，人口不足50万以及人口100万~500万的城市将吸纳世界城市人口增长的大部分。①

① United Nations, Department of Economic and Social Affairs, Population Division. World urbanization prospects: the 2001 revision. New York: United Nations, 2001: 1-3.

表 4-14　**世界 1000 万人口以上特大城市的人口及其增长状况(1975—2015 年)**

特大城市	人口(百万)				增长率(%)	
	1975	2000	2001	2015	1975—2000	2000—2015
1 东京	19.80	26.40	26.50	27.10	1.16	0.19
2 圣保罗	10.30	18.00	18.30	21.20	2.21	1.11
3 墨西哥城	10.70	18.10	18.30	20.40	2.10	0.82
4 纽约	15.90	16.70	16.80	17.90	0.21	0.47
5 孟买	7.30	16.10	16.50	22.60	3.13	2.26
6 洛杉矶	8.90	13.20	13.30	14.50	1.57	0.62
7 加尔各答	7.90	13.10	13.30	16.70	2.02	1.66
8 达卡	2.20	12.50	13.20	22.80	7.00	3.99
9 德里	4.40	12.40	13.00	20.90	4.13	3.45
10 上海	11.40	12.90	12.80	13.60	0.48	0.36
11 布宜诺斯艾利斯	9.10	12.00	12.10	13.20	1.10	0.61
12 雅加达	4.80	11.00	11.40	17.30	3.31	3.00
13 大阪	9.80	11.00	11.00	11.00	0.45	0.00
14 北京	8.50	10.80	10.80	11.70	0.95	0.49
15 里约热内卢	8.00	10.70	10.80	11.50	1.16	0.54
16 卡拉奇	4.00	10.00	10.40	16.20	3.69	3.19
17 大马尼拉	5.00	10.00	10.10	12.60	2.75	1.56

资料来源：United Nations, Department of Economic and Social Affairs, Population Division. World urbanization prospects: the 2001 revision. New York: United Nations, 2001: 9.

表 4-15　**1975 年、2000 年、2015 年世界及发达和发展中地区人口分布**
(按聚集区及城市规模分类)

地区	城市聚落规模(居民数)	人口(百万)			所占比重(%)		
		1975	2000	2015	1975	2000	2015
全世界	总人口	4066	6057	7207	100.00	100.00	100.00
	城市地区	1543	2862	3869	37.90	47.20	53.70
	1000 万及以上	68	225	340	1.70	3.70	4.70
	500 万～1000 万	122	169	264	3.00	2.80	3.70
	100 万～500 万	332	675	960	8.20	11.10	13.30
	50 万～100 万	176	290	54	4.30	4.80	4.90
	50 万以下	844	1503	1950	20.80	24.80	27.10
	农村地区	2523	3195	3338	62.10	52.80	46.30

续表

地区	城市聚落规模（居民数）	人口（百万）			所占比重（%）		
		1975	2000	2015	1975	2000	2015
发达地区	总人口	1048	1191	1214	100.00	100.00	100.00
	城市地区	734	898	954	70.00	75.40	78.60
	1000万及以上	36	67	71	3.40	5.70	5.80
	500万～1000万	62	39	45	5.90	3.30	3.70
	100万～500万	145	216	243	13.90	18.10	20.00
	50万～100万	69	77	74	6.50	6.50	6.10
	50万以下	422	498	522	40.30	41.80	43.00
	农村地区	314	294	259	30.00	24.60	21.40
发展中地区	总人口	3017	4865	5994	100.00	100.00	100.00
	城市地区	809	1964	2915	26.80	40.40	48.60
	1000万及以上	32	158	270	1.10	3.20	4.50
	500万～1000万	60	130	218	2.00	2.70	3.60
	100万～500万	186	258	718	6.20	9.40	12.00
	50万～100万	108	213	280	3.60	4.40	4.70
	50万以下	422	1005	1429	14.00	20.70	23.80
	农村地区	2209	2901	3078	73.20	59.60	51.40

资料来源：United Nations，Department of Economic and Social Affairs，Population Division. World urbanization prospects：the 2001 revision. New York：United Nations，2001：6.

表4-16 **1975—2000年、2000—2015年不同规模城市和地区年均人口增长状况**

地区	城市聚落规模（居民数）	年均人口增长（百万）		城市增长所占比重（%）	
		1975—2000	2000—2015	1975—2000	2000—2015
全世界	总人口	79.60	76.70	…	…
	城市地区	52.80	67.20	100.00	100.00
	1000万及以上	6.30	7.70	11.90	11.50
	500万～1000万	1.90	6.30	3.60	9.40
	100万～500万	13.70	19.10	26.00	28.40
	50万～100万	4.50	4.30	8.60	6.40
	50万以下	26.30	29.80	49.90	44.40

续表

地区	城市聚落规模（居民数）	年均人口增长(百万)		城市增长所占比重(%)	
		1975—2000	2000—2015	1975—2000	2000—2015
发达地区	总人口	5.70	1.50	…	…
	城市地区	6.60	3.80	12.40	5.60
	1000万及以上	1.30	0.20	2.40	0.30
	500万~1000万	-0.90	0.40	-1.70	0.60
	100万~500万	2.80	1.80	5.40	2.60
	50万~100万	0.40	-0.20	0.70	-0.30
	50万以下	3.00	1.60	5.70	2.40
欠发达地区	总人口	73.90	75.20	…	…
	城市地区	46.20	63.70	87.60	94.40
	1000万及以上	5.00	7.50	9.50	11.10
	500万~1000万	2.80	5.90	5.30	8.80
	100万~500万	10.90	17.30	20.60	25.70
	50万~100万	4.20	4.50	7.90	6.70
	50万以下	23.30	28.20	44.20	42.00

资料来源：United Nations, Department of Economic and Social Affairs, Population Division. World urbanization prospects: the 2001 revision. New York: United Nations, 2001: 7.

三、世界城市化典型模式①

城市化模式主要体现的是以什么样的动力、机制、方式实现城市化。世界各国都是依据各自不同的政治经济制度、经济发展水平、人口状况、自然资源条件以及历史文化传统等选择了不同的城市化发展模式。纵观世界各国的城市化历程，可以发现，各国的城市化发展模式不尽相同，有市场型城市化或计划型城市化，发达型城市化或发展型城市化，也有同步城市化、过度城市化、滞后城市化或逆城市化，② 还有聚集型城市化或扩散

① 参见新玉言. 国外城镇化：比较研究与经验启示. 北京：国家行政学院出版社，2013：14-18.

② 简新华，刘传江. 世界城市化的发展模式. 世界经济，1998(4).

型城市化等。① 这些都是依据不同标准或从不同角度划分的不同的城市化类型。但从市场和政府的作用以及城市化与工业化和经济发展的相互关系角度而言，世界各国的城市化可概括为三种典型模式：政府调控下的市场主导型城市化、自由放任式城市化和受殖民地经济制约的发展中国家城市化。②

(一)政府调控下的市场主导型城市化

这种城市化模式以西欧为代表，其基本特征是：市场机制在城市化进程中发挥着主导作用，也就是说，人口、资本、土地、技术、信息等与城市化相关的基本经济资源都能自由流动，由市场配置，但政府在城市化进程中也不是毫不作为，而是以行政、财税、规划等手段来弥补市场机制的不足，从而实现城市化与市场化、工业化基本协调发展。总的来说，这是一种城市化与工业化和经济发展水平适度同步的城市化发展模式。

(二)自由放任式城市化

这种城市化模式以美国为典型代表，其基本特征是：市场在城市化进程中发挥着至关重要的作用，但政府宏观调控手段较弱，对以资本为导向的城市化发展缺乏有效引导，从而造成了城市化发展的自由放任，带来诸如过度郊区化、城市建设无序、土地资源浪费严重、经济成本居高不下、生态环境破坏愈演愈烈、资源能源消耗量大、贫富差距加剧等一系列社会问题。这种城市化发展模式虽然也实现了城市化与工业化和经济发展水平的同步发展，但其付出的代价是巨大的。

(三)受殖民地经济制约的发展中国家城市化

这种城市化模式以拉美和非洲部分国家为典型代表，其基本特征是：城市化发展具有典型的殖民地烙印，外来资本主导下的工业化与落后的传统农业长期并存，城市化超前于工业化，政府调控乏力，城市化大起大落，出现城市人口急剧膨胀、基础设施严重短缺、交通拥堵、环境恶化、大规模贫民窟等严重的“城市病”。这是一种典型的“过度城市化”，其根源在于：一是城市发展与经济发展阶段严重脱节；二是忽视传统农业的改造和广大农村地区的发展。

---

① 郝世绵，胡月英. 国际城镇化发展模式对我国城镇化发展的启示. 安徽技术师范学院学报，2002(3).

② 仇保兴. 国外模式与中国城镇化道路选择. 人民论坛，2005(6)；郭晓鸣，廖祖君. 中国城郊农村新型城市化模式探析——来自成都市温江区的个案. 中国农村经济，2012(6).

四、世界城市化进程的基本规律

城市化是一个受多种因素影响的复杂的社会经济结构变迁过程，世界各国的城市化进程尽管千差万别，但作为一个客观历史过程，城市化在各国所表现出来的基本规律是一致的。① 已有研究表明，城市化发展一般具有以下基本规律：②

（一）城市化与工业化水平和经济发展程度密切相关

一般来说，一个国家工业化水平低、经济发展落后时，经济活动以农业为主，人口主要集中在农村；随着经济的发展，工业化水平逐渐提高，产业结构不断调整，产业结构的重心由传统制造业向高新技术产业、服务业转变。劳动力的需求，带动人口由农村向城市转移，城市化水平不断提高。钱纳里对 1965 年常态发展下不同发展阶段国家平均的城市化水平进行分析后得出，人均国民产值为 100 美元时，国家的城市化水平为 22.0%；人均产值为 200 美元时，城市化水平为 36.2%；人均产值为 500 美元时，城市化水平为 52.7%；人均产值为 1000 美元时，城市化水平为 63.4%。③ 另一项比较权威的研究也得出了城市化水平与人均国民生产总值(GNP)呈正相关关系的结论(见表 4-17)。

表 4-17　**城市化率与人均 GNP 的关系(1977 年世界 158 个国家和地区统计)**

城市化率	国家(地区)个数	人均 GNP(美元)
60%以上	34	3858
40%~59%	43	2155
20%~39%	39	700
19%以下	42	310

资料来源：高珮义. 中外城市化比较研究：增订版. 天津：南开大学出版社，2004：136-158.

① 陈甬军. 中国城市化发展实践的若干理论和政策问题. 经济学动态，2010(1).

② 相关研究参见：高珮义. 中外城市化比较研究. 增订版. 天津：南开大学出版社，2004：136-158；陈甬军，景普秋，陈爱民. 中国城市化道路新论. 北京：商务印书馆，2009：32-34；王桂新. 城市化基本理论与中国城市化的问题及对策. 人口研究，2013(6).

③ 陈甬军，景普秋，陈爱民. 中国城市化道路新论. 北京：商务印书馆，2009：33.

表4-18比较了世界168个国家和地区的城市化率与人均GNP的相关关系，可以发现，城市化率与人均GNP具有高度的正相关性。表中第八组的城市人口比重为80%~89%，人均GNP为8569美元，第七组城市人口比重为70%~79%，其人均GNP为9960美元。显然，第八组的城市人口比重高于第七组，但人均GNP却低于第七组，而其余各组均是人均GNP随城市化率的提高而相应增长，这表明城市化率与人均GNP呈正相关关系的结论具有普遍性。

表4-18 **城市化与人均GNP的相关关系**

城市人口比重(%)	5~19	20~29	30~39	40~49	50~59	60~69	70~79	80~89	90~100
人均GNP(美元)	372	374	820	1087	3621	6424	9960	8569	10757

资料来源：高珮义. 中外城市化比较研究. 增订版. 天津：南开大学出版社，2004：155.

上述城市化与人均GNP的正相关关系，说明城市化水平与工业化和经济发展水平密切相关。

(二)城市化进程具有明显的阶段性

任何国家的城市化通常都要经历几个不同的发展阶段。美国学者R. M. 诺瑟姆研究了世界上不同国家和地区的城市化进程，发现各国的城市化发展轨迹就像一条被拉平的S形曲线，故而把城市化进程划分为三个发展阶段：城市化初期阶段、城市化中期阶段和城市化后期阶段。在城市化初期阶段，城市化发展速度慢、水平较低，城市化率在30%以下，处于S形曲线的左下段；在城市化中期阶段，城市化加速发展，城市化率在30%~70%，处于S形曲线的中间段；在城市化后期阶段，城市人口比重的增长趋于缓慢甚至停滞，城市化率在70%以上，处于S形曲线的右上段(见图4-2)。①

上述城市化发展的三个阶段，也可以分别称为城市化起步阶段、城市化加速阶段和城市化完善阶段(高度城市化阶段)。

① Ray M. Northam. Urban geography. New York：John Wiley & Sons，1975：66.

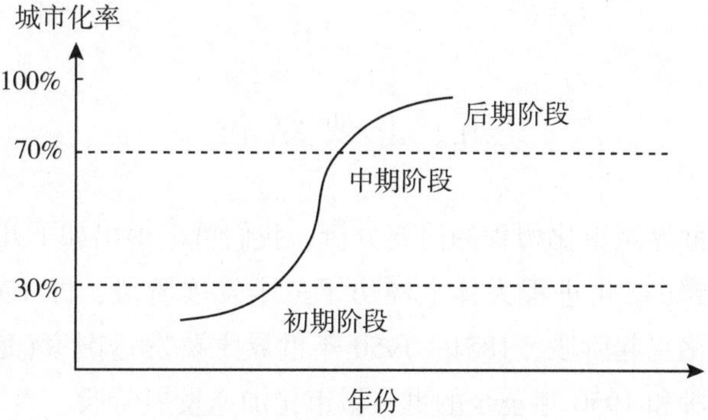

图 4-2　城市化的发展阶段

(三)城市化进程中存在大城市超前增长规律

聚集经济是城市化最明显的特征，城市规模越大，聚集效应越强，发展动力越大。虽然随着城市规模的增大，会带来负的聚集效应，但从目前的情况来看，还没有出现大城市规模过大，聚集效应为负的情况。18 世纪至今的城市发展过程显示，大城市比一般城市具有更高的聚集效应，大城市的发展快于一般城市。以 100 万人口以上的城市为例，1850 年全世界只有 3 座，占城市人口的 6%；1900 年为 13 座，占城市人口的 13%；1950 年为 115 座，占城市人口的 31.6%；1980 年达到 234 座，占城市人口的 40%。从 1900 年到 1980 年，大城市人口增加的速度等于全世界人口增加的 3 倍，等于城市人口增加的 1.5 倍。①

大城市超前增长规律主要包括以下四个方面的内容：一是城市人口增长使中小城市(镇)成长为大城市，或者使大城市的人口规模进一步增长，这是一种内涵式的增长；二是因城市地域的扩大使原有城市人口增加，并逐步形成大都市带或大城市群，这是一种外延式增长；三是大城市数量的增加，这是机械式增长。四是以上三个方面的原因引起的大城市人口在城市总人口中的比重增加。② 需要特别强调的是，并不是整个城市化进程自始至终都会体现大城市超前增长规律，只是在城市化快速发展阶段该规律才有显著体现。所以绝不能依据该规律去人为地建造大城市，忽视甚至否

① 包宗华. 中国城市化道路与城市建设. 北京：中国城市出版社，1995：38.
② 高珮义. 中外城市化比较研究. 增订版. 天津：南开大学出版社，2004：142.

定中小城市的发展和作用。①

五、主要结论

通过对世界城市化历程的简要分析，我们可以得出如下几点结论：

(1)世界城市化进程大体上经历了三个发展阶段，即1760—1851年的世界城市化兴起阶段、1851—1950年世界主要发达国家(地区)基本实现城市化阶段和1950年至今的世界城市化加速发展阶段。

(2)总体上看，世界城市化表现出以下主要特征：一是世界城市化水平仍在不断提高，或者说人口城市化这一过程依然没有停止；二是发展中国家与发达国家的城市化水平存在较大差距，但前者的城市化发展速度超过后者；三是世界城市人口的地区分布存在较大差异；四是世界特大城市主要集中在发展中国家。至2014年，人口超过1000万的28个特大城市分布在18个国家，其中中国和印度分别拥有6个和3个，巴西、日本和美国各拥有2个，剩余的13个特大城市则分布在另外13个国家中。

(3)世界城市化发展将会出现如下趋势：一是世界城市人口仍将快速度增长。1950年全世界只有29.80%的人口住居在城市，到2000年已有47.20%的人口是城市居民，2030年这一比例将增至60.20%(见表4-10)。二是未来几十年世界城市化进程还将快速推进，世界城市人口在2030年将达到49.8亿(见表4-10)，2050年将达到60亿，②届时世界上绝大部分人口将生活在城市里。三是发展中国家与发达国家城市化水平的差距依然显著，但前者的城市化发展将是世界城市化的主流。四是世界城市化发展的地区差异依然显著。从城市化水平看，北美的城市化率将依然位居榜首，其次是拉美及加勒比，然后依次为欧洲、大洋洲、亚洲和非洲；从人口分布来看，亚洲城市人口将超过北美、拉美及加勒比、欧洲、大洋洲和非洲的城市人口之和。五是大城市仍将迅猛发展，但中小城市和小城镇将在世界城市化进程中起越来越重要的作用。

(4)按照城市化与工业化和经济发展的相互关系以及市场和政府在城市化进程中所起的作用不同，世界各国的城市化大致可分为三种典型模

---

① 高珮义. 中外城市化比较研究. 增订版. 天津：南开大学出版社，2004：148-149.

② United Nations, Department of Economic and Social Affairs, Population Division. World urbanization prospects: the 2001 revision. New York: United Nation, 2014: 21.

式：政府调控下的市场主导型城市化、自由放任式城市化和受殖民地经济制约的发展中国家城市化。

(5)各国的城市化进程都会受到多种因素的影响，但作为一个客观历史过程，各国的城市化发展都具有以下基本规律：一是城市化与工业化水平和经济发展程度密切相关；二是城市化发展会经历起步(初期)、加速(中期)和完善(后期)三个阶段；三是城市化进程中存在大城市超前增长规律。

第五章　发达国家的城市化与城市化道路

目前，世界上主要发达国家普遍具有高度的城市化水平，拥有发达繁荣的城市，形成了城市群、城市网、城市带。发达国家由以农业和农村为主的传统社会成功地转变为以工业和城市为主导的现代社会，率先实现了人类历史上的城市化。发达国家在18世纪中叶工业革命的推动下，实现了城市化的加速发展，早发展中国家大约200年。尽管发达国家的城市化不可避免地出现过这样或那样的问题，但总体上看它们走过的城市化道路是一条较为成功的道路。所以，通过对发达国家城市化道路的分析比较，总结其优缺点，有助于我们把握城市化的一般规律，吸取一些有益的经验和教训，更好地实现我国的城市化。

本章主要研究英国、法国、德国、美国、加拿大和日本等6个发达国家的城市化与城市化道路。笔者之所以选择上述6个发达国家作为研究对象，主要是因为它们都是当今世界上发达的国家，① 其工业化和城市化进程以及所走过的城市化道路，对后发国家具有十分重要的借鉴意义。

一、英国的城市化与城市化道路

（一）英国的城市化进程

英国是最早的资本主义国家，也是世界上最早开始近代城市化的国

① 在2017年GDP世界排名中，英国、法国、德国、美国、加拿大、日本等6个发达国家的排名分别是第6、第5、第4、第1、第10、第3位（数据来源：http：//www.8pu.com/gdp/ranking_2017.html，2018年11月24日），即它们都是世界上GDP排名前10位的国家，再考虑到世界各国工业化、城市化发展进程的先后顺序，即先西欧，后北美，最后才是亚非，所以在研究上述6个发达国家的城市化及城市化道路时，笔者将按照先英国、法国、德国，然后是美国、加拿大，最后是日本这样的顺序，逐一展开研究。

家。首都为伦敦(London)，人口890.8万(2018年)。2019年，英国总人口为6643万人，国土面积为24.41万平方公里(包括内陆水域)，① 人口密度为278.4人/平方公里(2018年)，② 城市人口超过总人口的80%，在发达国家中城市化程度位居前列。作为工业革命的发源地，英国不仅是第一个实现工业化和城市化的西方发达国家，而且诸多创新成为世界城市化进程中的典型范例，比如：英国的《城市规划法》与“城市社会保障体系”的制定与实行、“卫星城”及“田园城市”的建设与建立，郊区城市化的实现等，③ 都是全球首创。

在1750—1850年的100年里，英国的城市化水平从17%上升到54%，初步实现了城市化。1851—1901年的50年间，城市化水平上升到77%，达到了较高的城市化水平。以此为分界点，我们可以把英国的城市化划分为以下三个阶段。④

1. 18世纪中叶—19世纪中叶：从启动到基本实现城市化阶段

1775年，英国出现了纺织和蒸汽机，标志着工业化和城市化的开始。在几个世纪的农业和商业革命的基础上，工业革命于18世纪中叶在英国爆发。早在16世纪中期，羊毛纺织业就已经是英国的民族工业，羊毛出口占所有出口的80%。到17世纪初，棉纺织、采煤、炼铁、玻璃、造船等新兴产业也有了发展，而英国的集中手工工场和分散的手工工场也极为普遍。18世纪60年代，英国工业革命开始于新兴的棉纺织工业的技术革命，然后，从轻工业到重工业，从工作机器到发动机，形成了一个完整的机器生产体系。19世纪40年代，整个英国轻工业基本实现了机械化，工厂制度在工业生产中占据主导地位。1801年至1841年，工业占国民生产总值的比重由23.4%升至28.7%，国民生产总值中工业产值超过农业。

18世纪上半叶，英国农业生产力低下，农产品价格低廉，税收沉重，农民流动的范围和规模很小。圈地运动后，许多农民因生活所迫而卖掉土地，许多被圈占的土地变成了牧场，耕地的减少，导致失地农民逐渐向城市迁移。工业革命前，英国农业人口占总人口的比重为75%，1801年至1851年该比重由35%下降到16%。工业革命后，城市人口迅速增长，对粮食等农业副产品

① 中华人民共和国外交部．英国国家概况．https：//www.fmprc.gov.cn/web/.

② https：//data.worldbank.org.cn/country/GB.

③ 纪晓岚．英国城市化历史过程分析与启示．华东理工大学学报：社会科学版，2004(2).

④ 简新华，何志扬，黄锟．中国城镇化与特色城镇化道路．济南：山东人民出版社，2009：91-97.

的需求大幅度增加，粮食价格上涨，促进了农业的改革和发展。1821 年，英国从事农业的人口占总人口的 33%，从事工商业的却占 48%，到 1841 年，从事农业的人口只有 25%，而从事工商业的比例增至 43%。①

工业革命和圈地运动引起了经济社会的迅速变革，改变了英国经济和人口的分布。工业革命前，英国经济最发达和人口最密集的地区是以伦敦为中心的东南部。工业革命开始以后，西北部一些自然资源丰富、交通运输便捷的村庄，逐渐崛起为新兴的工业中心和城市，如曼彻斯特、兰开夏、伯明翰、利物浦等。经济中心由东南向西北转移。随着工业和城市的繁荣和发展，农村人口大量转入城市。城市数量和城市规模也迅速扩大。1801 年到 1851 年的半个世纪里，英国 5000 人以上的城镇由 106 座增加到 265 座。1750 年英国城市人口约 130. 3 万，城市化率达到 17%。1801 年英国的城市人口增长到 354. 9 万，城市化率达到 33. 8%，表明英国已进入城市化加速发展阶段。1851 年英国的城市人口达到了 1124. 1 万，城市化率达 54%，城市化已基本实现。至 1901 年，城镇人口占总人口的比重上升到 77%。②

工业革命使一大批各具功能和特色的城市在英国迅速成长起来。与传统城市独自发展不同，一些基础条件好、具备优势资源、有利于发展工业和商业贸易的地区与城市，逐渐形成了城市密集地区，成长为区域中心的城市。在英国城市化进程中，城市网络系统、区域城市化和城市群也逐渐出现。与此同时，城市的形态和功能也发生了重大改变，英国城市早期的作用局限于政治、行政、文化和宗教等方面，而工业化时代的城市功能更加多样化，城市成为国家生产、生活、娱乐、教育、培训和社会互动的中心。

2. 19 世纪中叶—20 世纪初：实现高度城市化阶段

1870 年以来，英国工业发展速度开始放缓，经济进入相对衰落和绝对发展的时期。首先，英国的纺织业由于大量原料依靠进口，产品成本增高，影响其在国际市场上的竞争力。其次，传统工业部门发展缓慢。冶铁、煤炭等工业劳动生产率明显下降。1883—1911 年，南威尔士每名矿工的年产量由 314 吨下降到 211 吨。1873—1913 英国国内产值年平均增长率从 1. 2%下降到 0. 5%，同期，工业占国内生产总值的比重由 24. 6%

① 黄润中. 英国经济发展之路析示. 国际关系学院学报，2000(2).

② 简新华，何志扬，黄锟. 中国城镇化与特色城镇化道路. 济南：山东人民出版社，2009：92-93.

增长为26.5%。1870—1913年英国在世界工业生产中所占的比例由32%下降为9%。传统工业生产下降的同时，新兴工业及服务业却逐年增长。1890—1913年英国新兴工业仅占制造业的8.8%，产量却占18.6%，年均增长率为3.8%。同时，造船业、塑料制造业等的产量都居世界前列。

19世纪五六十年代，英国农业开始采用收割机、切草机、打夯机等耕作土地，粮食产量迅速大幅度地提高。1855年，英国每公顷小麦产量高达1840公斤，比法国高1倍，到了1870年，已增加到2020公斤。随后，工业社会的发展对农业造成冲击，英国农业开始进入较长的萧条时期。小麦和谷物的种植面积不断减少，价格不断下跌，1856年至1913年，农业收入在国内生产总值中所占的比例由22.5%下降为6.4%。不过，农业萧条仅仅发生在种植业，而畜牧业发展速度则逐年增长。1874年至1914年牧场占耕地面积的比例由42.1%增加为55.2%。

19世纪五六十年代以后，在工业趋向于规模化、集中化的过程中，小工业繁荣的农村开始衰落，工业集中的趋势越来越明显。劳动力随着职业的变化由农业农村向工业城市迁移，实现了职业、地域、身份的转变。1870—1900年约30万农业劳动力离开农村，而畜牧业、园艺业、棉纺、煤炭、钢铁业的从业人口明显增加。1841—1911年，英国共创造了600万个新的就业机会，其中的52.2%分布在服务业及建筑业。英国城市人口比重不断提高，城市化进程加快。1901年城市人口增加到2540万，城市化水平迅速上升到77%，在西方发达国家中率先实现了高度城市化。与此同时，英国六大城市群逐渐形成，它们的人口规模分别为：大伦敦市658.6万、兰开夏东南部211.7万、西米德兰148.3万、西约克152.4万、莫西地带103万、泰因地带67.8万，总计1341.8万，占英国城市人口的比重为52.8%。①

3. 20世纪至今：城市化稳定发展与完善阶段

两次世界大战给英国带来了极大的损失，大大削弱了其在世界经济中的地位。1960年制造业产值占国内生产总值的36.5%。由于经济多年处入低迷状态，1979年英国政府实行调整产业结构等措施，刺激经济增长，当年经济增长率为3.1%。从产业结构来看，1950年至1997年，农业占国内生产总值的比重由5.7%降为1.4%；工业占比由48%降为22%；服

① 丁建定. 1870—1914年英国经济结构的调整与社会生活的变化. 南都学坛：哲学社会科学版，2000(3).

务业占比由46.6%升为76.6%。1998年经济增长率为2.2%，制造业占国内生产总值的22%；[①] 就业人数约400万人，占总就业人数的18%。传统的工业部门包括冶金、纺织、造船等发展缓慢，而化工、电子、仪表、航空、汽车等新兴工业发展较快。2003年工程机械及同类行业占制造业总产值的30.8%，交通设备贡献最大。英国制造业自1957年来一直处入增长状态，2007年达到峰值。近些年来，在英国的先进制造业领域里出现了一套新型多功能、拥有一定制造应用范围的平台技术。这些技术涵盖塑料电子、硅设计、可再生化学和用以替代各类金属的碳纤维复合材料等领域。而且英国建立了全新的技术教育系统，使得科学技术、数字技术和计算技术蓬勃发展，并大力发展清洁能源，以此刺激经济增长。2013年对可再生能源产业的投资超过135亿美元，2017年可再生能源发电量已经增加了一倍以上。

英国自第二次世界大战结束以来，农业收入及农业在全球的地位有了不同程度的提高。英国1947年出台了第一部关于农业发展的法案，保障农产品的市场稳定，制定合理的价格，提高农业的回报率。1957年颁布了新的农业法案，调整了政府对农产品市场的干预程度。1965年政府白皮书中，明确鼓励小型农场的合并和农产品市场的扩大。20世纪70年代至今，是农业的振兴阶段，增加从事农业生产和加工的劳动力，进而促进英国农业的发展。

目前，英国农业高度发达，步入了先进的现代化阶段。英国的农业技术水平、单位面积产量位于欧洲国家前列。英国的农业劳动生产率仅次于美国，领先其他发达国家。多年来英国的农业在国民经济中的比重不断下降。1996年，英国农业产值占GDP的比重下降到1.5%，1999年又下降到1%以下，2010年后则降到了0.5%。但较低的农业比重，并没有降低农业的基础作用。相反，农业所占的比重越低，说明单位农业产值所承载的国民经济份额就越大，农业的基础作用也越显著。大农业的发展也提供了更多的就业岗位，2014年，英国的大农业提供超过376万个工作岗位，占英国全社会就业劳动力的13.4%，其中，从事农业生产的为42.9万人，约占从事大农业工作人数的11.4%。[②] 2015年，全英总人口为6578.9万人，农村人口1111.4万。农业劳动力47.6万，占全国劳动力总数的1.5%，远低于欧盟国家5%的平均水平。农业产值239.4亿英镑，占全国

---

① 黄润中. 英国经济发展之路析示. 国际关系学院学报，2000(2).

② 吴海峰. 英国现代农业发展的经验及借鉴. 经济研究参考，2016(63).

总产值的 0.6%。①

总之，英国政府对不合理的经济结构进行了大胆的调整和改革，使得它能够及时从经济全球化进程的加快和高科技产业的迅速崛起中获益，从而带动了包括金融业、商业、旅游、保险在内的所有服务业的发展，使服务业居国民经济的主导地位。

英国在 20 世纪已经是高度城市化的国家了。1901—1970 年英国城市化水平从 77%增长为 77.1%，其间城市化水平在 77.86%上下波动，变化不大，这主要是两次世界大战等因素造成的。从 1975 年开始至 2005 年，英国城市化水平由 82.7%提高到 89.7%，30 年提高了 7%，城市人口由 3934.5 万增加到 5453.4 万，增加了 38.6%，农业人口则从 1047.1 万下降到 613.4 万，下降了 41.4%，② 城市人口比重重新进入上升通道。

20 世纪下半叶英国的城市化出现明显的分散特征，表现为：如果从总体水平看，城市化比重是上升的，但从大城市人口数量看，其比重则是下降的，而中小城市人口数量和比重都趋于上升。比如：英国七大城市中，除了伯明翰和伦敦，其他五个大城市 2005 年的人口数量比 1950 年的少，城市人口的比重从 1950 年的 37.7%下降到 2005 年的 29.1%(见表 5-1)。

表 5-1 **英国七大城市的人口数量及城市人口比重**

城市 年份	伯明翰	格拉斯哥	利物浦	伦敦	曼彻斯特	纽卡斯尔	西约克	合计
	人口 (万人) 占比(%)	人口 (万人) 占比(%)	人口 (万人) 占比(%)	人口 (万人) 占比(%)	人口 (万人) 占比(%)	人口 (万人) 占比(%)	人口 (万人) 占比(%)	人口 (万人) 占比(%)
1950	222.9 4.5	175.5 3.5	138.2 2.8	836.1 16.8	242.2 4.9	90.9 1.8	169.2 3.4	37.7
1970	237.0 4.2	173.4 3.2	127.6 2.3	750.9 13.7	239.6 4.4	88.6 1.6	172.6 3.1	32.6
1990	230.1 4.1	121.7 2.1	83.1 1.5	165.4 13.5	228.2 4.0	87.7 1.5	144.9 2.6	29.3
2005	228.0 3.8	115.9 1.9	81.0 1.4	850.5 14.3	222.8 3.7	87.9 1.5	151.9 2.5	29.1

资料来源：United Nations, Department of Economic and Social Affairs, Population Division. World urbanization prospects: the 2005 revision. New York: United Nations, 2005.

① 周应华，等. 英国农村区域协调发展的经验与启示. 中国农业资源与区划，2018(8).
② 简新华，何志扬，黄锟. 中国城镇化与特色城镇化道路. 济南：山东人民出版社，2009：95-96.

英国在实现高度城市化的过程中，城乡差别逐渐消失，其城市发展的内涵不仅仅是城市人口的集中和增长，更是城市人口分布的优化和调整、城市管理体制的完善、城市文明的发展与建设。比如：1975 年自来水、电视已经全面覆盖英国城市和农村，自来水和电视家庭使用率分别达到 100%和 93.6%；1991 年至 2004 年高等学校的入学率由 31.04%上升到 60.13%；1975 年到 2005 年每千人电话主线的数量由 235 条上升到 528 条。[①] 除基础设施和教育之外，更完善更平等的社会保障制度在英国城乡人口中全面铺开，城市和农村基本上都实现了现代文明。

（二）英国的城市化道路及其特征

英国是世界上第一个启动工业化和城市化进程的发达国家，其城市化进程是在一种毫无先例的情况下进行的，它没有别国经验可供借鉴，因此其城市化道路对其他国家具有明显的先行示范作用。总体上看，英国走了一条渐进的、城市化与工业化、人口流动同步进行的、大中小城市基本协调发展的、以市场为主导、政府为辅助的城市化道路。英国城市化道路的基本特征表现在以下几个方面：

第一，城市化速度较快，城市化率高。据相关资料，英国城市人口的比重：1801 年为 33.8%，1841 年为 48.3%，1851 年为 54%，1861 年为 58.7%，1871 年为 65.2%，1881 年为 70%，1891 年为 74.1%，1901 年为 78%。[②] 英国仅用了七八十年时间就实现了城市化，成为世界上第一个实现城市化的国家。其快速发展的原因有以下几点：一方面，早期的英国在圈地运动之后，农业是一种混合型结构，畜牧业比农耕业发达，由于畜牧业所需的劳动力较少，大批劳动力向城市转移，城市化水平得以提高。另一方面，英国是近代海洋霸权和殖民霸权的最后赢家，殖民掠夺给英国带来了巨大的财富，亚洲、非洲和拉丁美洲地区源源不断地给英国城市化提供所需的资源，英国优越的国际地位对其近代城市化进程产生了巨大影响。

第二，英国城市化是世界城市化的先驱者，在没有任何规律可循的情况下，它基本上是社会、经济规律自发作用的演进过程。英国自由资本主义时期，政府奉行自由放任政策，而城市化的发展正处于这一阶段，因

---

① The World Bank. World development indicators 2007. Washington: The World Bank, 2008.

② F. Bedarida. A social history of England 1851-1975. 梅休因出版有限公司 1979 年版。转引自廖跃文. 英国维多利亚时期城市化的发展特点. 世界历史，1997(5).

此，当时的城市化进程避免了政府人为的干预，具有自然和健康的一面。但同时，也为城市化的发展带来一些问题。由于缺乏政府统一的规划和管理，城市内部规划混乱、杂乱无章，造成环境污染、住房短缺、交通堵塞等传统的“城市疾病”，城市的许多优势因此而被忽视。

第三，城市化与工业化、人口流动并行发展。工业革命打破了英国起源于城市工业的传统物质生产结构，促进了区域分工、区域产业集聚，同时也极大地促进了商品交换和城市的发展。工业发展吸引和聚集了大量的人口，城市的形态越来越明显，城市功能也不断得到完善，城市密集地区的城市之间的商贸联系相当紧密，出现了一大批以工业和商业经济职能为主的新城市。所以在英国，工业化过程也就是城市化过程，两者互为因果、同步进行。

工业革命开始后，由于资源布局的影响，英国经济中心由南向北转移，新的工业城市在北部和西部兴起，人口也发生了相应的流动。18 世纪初，英格兰南部的米德尔塞克斯等七个郡的人口占全英格兰人口的1/3。随着工业革命的开始，英格兰中部的纺织业和西北地区的煤炭工业得到了迅速的发展。苏格兰人和爱尔兰人从南方涌入北部矿区，周围的农村地区迅速成为人口稠密的城市地区。“1801 年至 1870 年，英国总人口增长了 1. 54 倍，但工业集中的西北部地区，人口增长了 2. 58 倍，非工业集中地区的西南部，人口增长不到 1 倍。”①由于工业化的迅速发展和比较优势不断扩大，一些专业城市的人口激增。1801—1851 年，英国以纺织业著称的城市人口增长 2. 29 倍，居第一位，其他港口城市、制造业城市人口增长了 2. 14 倍和 1. 86 倍；1811—1861 年，布莱顿人口增长了 7 倍，毛纺织中心布莱福德人口增长了 8 倍。② 1811 年农村人口占总人口的 35%，到 1870 年，农村人口仅占 14. 2%，城镇人口则增加到 85. 8%。③ 总的看来，英国的人口流动主要是地区间的人口流动、农村劳动力向城市短距离和波浪式的流动以及农村剩余劳动力向国外流动，特别是美国。仅 19 世纪的 100 年中，爱尔兰向美洲的移民就达 500 万之多，以致“美国的爱尔兰人要比爱尔兰的爱尔兰人还多”。这样，英国的农村剩余劳动力不仅为本国的城市化提供了前提，也加速了他国的城市化。④

第四，各具功能和特色的城市在城市化进程中不断成长壮大。工业革

① James Walvin. English urban life, 1776-1851. London: Hutchinson, 1984: 154.

② 廖跃文. 英国维多利亚时期城市化的发展特点. 世界历史，1997(5).

③ 钟水映. 人口流动与社会经济发展. 武汉：武汉大学出版社，2000: 54.

④ 辜胜阻，简新华. 当代中国人口流动与城镇化. 武汉：武汉大学出版社，1994: 133.

命使一大批各具功能和特色的城市在英国迅速成长起来，如以制造业为主的制造业城市和以矿产资源开发为主的矿业城市、以河海贸易为主的港口城市、以运输为特色的铁路和运河城市、内陆矿泉和海滨休养城市、郡城和地方城市以及综合性城市等六大类型城市。① 以下简要阐述这六大类型的城市。

其一是以制造业为主的制造业城市和以矿产资源开发为主的矿业城市。最具代表性的是曼彻斯特、伯明翰、利兹、格拉斯哥等城市，它们快速向周边农村地区扩张，使城市的范围不断扩大。人们在公路、铁路和运河边兴建了许多城市建筑物，形成了连续不断的建筑带，建筑带相互连接，聚集成城市集合体。②

13 世纪初，曼彻斯特逐渐由乡村向城市过渡，至 16 世纪已成为繁荣的集镇，在羊毛贸易中地位重要，经伦敦向欧洲输出布匹。18 世纪 60 年代随工业革命兴起而发展加快，1771 年曼彻斯特拥有人口 1 万，20 世纪 80 年代增加到 4 万，1801 年超过 7 万，1851 年已达 30 万。20 世纪 80 年代曼彻斯特出现了第一家真正的棉纺厂，至 1800 年，曼彻斯特已成为诞生以蒸汽机为动力的各种工厂的狂热之地。③ 到 1830 年，曼彻斯特已建有棉纺厂、骨粉厂、煤气厂、印刷厂、鞣革厂等各种工厂 99 家。1762 年通运河，至 1850 年形成现有铁路系统的大部分。1792 年建立了自己的警察队伍和市议会。曼彻斯特因拥有自己的运河和码头、商会、股票交易所、主教职位(管区)、博物馆、足球队、大学、机场以及众多的各具特色的机构而全面超越其先前所依附的城市索尔福德(Salford)。④ 随着城市的发展，以曼彻斯特为中心，周围的城镇，如奥尔德姆、阿什顿安德莱恩、海德、杜肯菲尔德等逐渐被连接起来了。

伯明翰在 16 世纪仅是一个人口不满 500 人的小村镇，旅游家利兰说这里只有一条街道。17 世纪西米德兰兹“黑乡”铁工业区兴起，使伯明翰成为最大的生产中心。这里制造的枪支和金属纽扣闻名英格兰。它的产品畅销国外市场。伯明翰的商人不仅控制着周围乡村的制铁工业生产，而且

---

① 李其荣. 对立与统一：城市发展历史逻辑新论. 南京：东南大学出版社，2000：121.

② 王章辉. 近代英国城市化初探. 历史研究，1992(4). 转引自李其荣. 对立与统一：城市发展历史逻辑新论. 南京：东南大学出版社，2000：121.

③ Aidan Southall. The city in time and space. Cambridge：Cambridge University Press，1998：315.

④ Aidan Southall. The city in time and space. Cambridge：Cambridge University Press，1998：316.

支配着邻近中小城镇的制铁工业。[①] 18世纪的伯明翰培育了一大批才华横溢的发明家，如詹姆斯·瓦特、马修·布尔顿、威廉·默多克等，他们发明和改进了蒸汽机，[②] 对伯明翰和英国的技术进步有深刻影响。伯明翰1838年设市，同年与利物浦和伦敦通铁路。19世纪末以高效和开明的市政管理闻名。[③]

其二是以河海贸易为主的港口城市。工业的发展和贸易的繁荣带动了伦敦、利物浦、朴次茅斯以及“黑乡镇”伯明翰和沃尔夫安普顿等港口城市的兴起和发展。此外，“18世纪的英美战争与英法战争也为英国港口城市的兴起和发展提供了主要的推动力”。[④] 伦敦在16世纪已成为全国经济中心；17世纪中叶，它是国际性的商港；18世纪末至整个19世纪，伦敦已经发展成为世界上最大的城市以及最重要的贸易和金融中心。[⑤] 1760年利物浦还是一个只有3万多居民的偏僻小村庄，到1851年取代布里斯托尔成为西部拥有37.6万人的繁荣港口城市。19世纪，利物浦港已经发展成为英国南部沿海工业区的主要供应港，是英国第二大商业港口，它出口煤炭、盐和工业产品，并进口棉花等工业原料。其他港口城市，如纽卡斯尔、赫尔等，随着国家对煤炭需求的增加和参与沿海煤炭贸易而迅速发展。

其三是以运输为特色的铁路和运河城市。铁路的修筑和运河的开凿直接推动了城市化。英国的古尔原是一个小小的村庄，由于诺廷利-古尔运河的开通，加上它又与铁路相连，在20年内便成了一座城市。与古尔这样的新兴城市相比，运河西端的利物浦不是一个由运河或铁路驱动的城市，而是一个历史悠久的大海港。但这条运河连接了北海，形成了英格兰中部最短的东西通道。利物浦的城市发展也因此进入了一个新阶段。铁路城市的兴起更有代表性。1838年英国在原是农场的伯金汉郡的沃尔弗顿、纽克鲁、艾什福德和达林顿等，建造了机车制造厂，与此同时，铁路枢纽和整洁的城市迅速平地崛起。[⑥] 19世纪40年代，英国就出现了铁路建设的热潮，1848年，英国全国通车的铁路线已长达4646英里。到了19世纪五六十年代，英国的铁路建设进入了大发展时期。1870年全英铁路长

① 刘景华. 城市转型与英国的勃兴. 北京：中国纺织出版社，1994：159-160.

② Aidan Southall. The city in time and space. Cambridge：Cambridge University Press，1998：316.

③ 李其荣. 对立与统一：城市发展历史逻辑新论. 南京：东南大学出版社，2000：122.

④ James Walvin. English urban life 1776-1851. London：Hutchinson & Co. Ltd.，1984：12.

⑤ 李其荣. 对立与统一：城市发展历史逻辑新论. 南京：东南大学出版社，2000：122.

⑥ 李其荣. 对立与统一：城市发展历史逻辑新论. 南京：东南大学出版社，2000：123.

度已达13500多英里，比1845年增加了2倍多，英国已建成了密布全国的铁路网。在航运业方面，英国是最早使用金属造船的国家。在1850—1870年，英国垄断了国际航运，拥有世界上最大的商船队和造船厂。①

其四是内陆矿泉和海滨休养城市。主要的内陆矿泉城市有：巴思、利明顿、切尔滕纳姆、坦布里奇、威尔斯。海滨修养城市有：布赖顿、马盖特、惠特比、多佛等。城里有大量旅馆、餐厅、公园和娱乐设施，城市建筑布局比较合理。这类城市发展的原因是：财富大量增加，工商业和其他中产阶级群体数量增多，社会时尚和消费观念转变，人们开始追求更多的享受，交通条件改善，出行时间缩短，出行成本降低。②

其五是郡城和地方城市。郡城是各郡的首府，是郡的行政、司法和宗教活动中心。这类城市发展要缓慢一些，居民人数不多，一般只有几千人，交通比较落后，城镇工业多半面向农村。这类城市有：诺里奇、约克、埃克塞特、林肯、伍斯特、兰开斯特、格洛斯特、莱斯特、赫里福德等。有些城市由于注重了工业发展，逐渐演变成了新型工业城市，但有的城市因与工业革命疏远而发展缓慢。例如，诺里奇在工业革命前还是英国的第三大城市，到1801年降为第十位。③

其六是综合性城市。伦敦是这类城市的典型代表。伦敦是英国最大的城市、交通枢纽及外贸配送中心，是全国政治、经济和文化中心，拥有大量的行政管理机构、先进的工厂、金融和保险服务机构、宗教团体、俱乐部、博物馆、艺术和高级服务设施。它的人口迅速增长：16世纪初，伦敦的人口还不过5万，到1600年人口增至20万，到1700年人口增加到70万，到19世纪40年代伦敦已是拥有250万人口的特大城市了。19世纪60年代伦敦的人口已达300万，而到1900年伦敦的人口扩大到450万。伦敦都市区域扩大速度很快，伦敦城外的12个市区，称内伦敦；内伦敦之外的20个市区称外伦敦。伦敦城加上内外伦敦称为大伦敦市。④英国主要大城市人口的增长见表5-2。

---

① 李其荣. 对立与统一：城市发展历史逻辑新论. 南京：东南大学出版社，2000：123.

② 王章辉. 近代英国城市化初探. 历史研究，1992(4). 转引自李其荣. 对立与统一：城市发展历史逻辑新论. 南京：东南大学出版社，2000：124.

③ 李其荣. 对立与统一：城市发展历史逻辑新论. 南京：东南大学出版社，2000：124.

④ Aidan Southall. The city in time and space. Cambridge：Cambridge University Press，1998：320；李其荣. 对立与统一：城市发展历史逻辑新论. 南京：东南大学出版社，2000：124.

表 5-2 英国主要大城市人口的增长 (单位：千人)

城市	年份					
	1801	1811	1821	1831	1841	1851
大伦敦	1117	1327	1600	1907	2239	2635
伯明翰	71	83	102	144	183	233
曼彻斯特	75	89	126	132	235	303
利物浦	82	104	138	202	285	376
格拉斯哥	77	101	147	202	275	343
布拉德福德	13	16	26	44	67	104
利兹	53	63	84	123	152	172
谢菲尔德	46	53	65	92	111	135

资料来源：K. J. 巴顿. 城市经济学. 北京：商务印书馆，1984：18.

第五，较早形成城市网络系统，确立了区域城市化和城市群的发展态势。英国城市化进程中的一个非常显著的特征是城市群的形成和发展。英国国土面积小，是三个小岛组成的岛国，地理差别不大，但是交通运输十分便捷。河流和运河纵横，公路和铁路交叉密集，交通便利，全国大中小各类城市连接畅通。由于每个区域都有不同的地理、历史、经济、文化和政治环境，因此区域的发展趋势也不同，即区域城市化。农村人口大转移，某一地区城市发展相对集中，形成城市密集性地区，使城市由小变大，由少变多，促使新城市的诞生，导致城市群的出现。① 随着大城市的扩张和周边中小城市的快速发展，当时世界一些地区形成了罕见的城市群。例如：由纽卡斯尔、加兹黑德、北谢菲尔德、沃尔索德和雅诺组成的新兴城市复合体，由伦敦周围的一些城市汇集而成的超大都市区大伦敦市区。早在 1841 年大伦敦市的城市人口就达到 223.9 万人，占英国城市总人口的 29%。到了 1861 年大伦敦市人口增长为 322.7 万，占城市总人口的 27.3%。② 1871 年、1881 年、1891 年、1901 年，英国的大伦敦市、兰开夏东南部、西米德兰兹、西约克、莫西地带、泰因地带六大城市的人口占城市总人口的比重分别为 56.4%、55.5%、54%、52.8%，均在 52%以上。1901 年，六大城市群的总人口超过 1341 万，其中大伦敦市的人口超

① 李其荣. 对立与统一：城市发展历史逻辑新论. 南京：东南大学出版社，2000：127.

② P. Ogden. Migration and geographical change. Cambridge：Cambridge University Press，1984：54.

过658万，是当时世界上最大的城市群。①

第六，英国的城市化不是建立在农业高速发展的基础上的，而在某种意义上是以牺牲农业为代价的。② 英国城市化高速发展的同时，农业生产量停滞不前，粮食、肉类和农业原料的消费越来越靠外国满足。1852—1859年，国内靠进口供应的小麦消费量是26.5%，到了1868—1875年，进口供给量已上升到48%以上。与欧美其他大国相比，英国农业发展过早衰退，占国民收入的比重不高。1870年，英国农业占国民收入的15%，法国占45%，德国为30%，意大利为57%，美国为30%。1891—1896年，农业产值占国民收入的比例，英国为8%，意大利为28%，德国为20%，美国为16%。③ 1910年，棉花全部靠进口，粮食的自给率只有35.6%。英国以前是羊毛出口大国，而1850—1854年，平均每年进口羊毛达4322.08万公斤，1870—1874年，更增至13937.8万公斤。④

第七，英国城市化初始阶段所需要的资金，主要是依靠对其他农业国的掠夺，而不是来自本国农业。例如，东印度公司在印度经常采用掠夺手段获得相当于商品价值20倍的暴利。1600—1708年，该公司的股本增加了50倍。1757—1815年，英国仅从印度搜刮的财富就达10亿英镑之巨。18世纪80年代，利物浦每年从奴隶贸易中获得的纯利高达30万英镑。⑤

二、法国的城市化与城市化道路

（一）法国的城市化进程

法国，首都巴黎，市区人口224万，是法国政治、经济、文化、商业中心。法国国土面积为55万平方公里（不含海外领地），是欧盟面积最大的国家。全国总人口为6719万（2018年1月），其中本土人口6502万，⑥人口密度为122.3人/平方公里（2019年）。⑦

---

① 廖跃文．英国维多利亚时期城市化的发展特点．世界历史，1997（5）．
② 辜胜阻，简新华．当代中国人口流动与城镇化．武汉：武汉大学出版社，1994：133．
③ 李其荣．对立与统一：城市发展历史逻辑新论．南京：东南大学出版社，2000：125-126．
④ 樊亢，宋则行．外国经济史：第1册．北京：人民出版社，1982：94-95．转引自辜胜阻，简新华．当代中国人口流动与城镇化．武汉：武汉大学出版社，1994：134．
⑤ 辜胜阻，简新华．当代中国人口流动与城镇化．武汉：武汉大学出版社，1994：134．
⑥ 中华人民共和国外交部．法国国家概况．https：//www.fmprc.gov.cn/web/．
⑦ https：//data.worldbank.org.cn/country/FR．

法国工业化进程自 19 世纪初已经开始，仅次于英国。与英国不同的是法国城市化与工业化和经济发展的关系更加均衡、协调。法国的工业化与城市化进程都起步较早，但由于重点发展中小城市，小农经济特征突出，因此，法国城市化进程发展缓慢，到 1931 年城市化率才达到 50.8%。

早在罗马时代，法国就形成了一批城市，17 世纪就有一个密集的城市网，但是，城市化进程却止步于大革命和拿破仑战争。由于 180 万人在拿破仑战争中丧生，加之大革命时期的小农经济使农民故步自封，随后的政治风暴又破坏了市场规则，致使金融家投资保守。人口与资金的长期匮乏，不仅阻碍着工业化，也延误了城市化进程的启动。直到 1830 年法国的城市人口才占总人口的 10%，其城市化起步比英国晚了半个多世纪。[①] 据此，可以将法国城市化进程分为三个阶段。

1. 从城市化起步到基本实现阶段(19 世纪 30 年代—20 世纪 30 年代)

法国大革命强化了小土地所有制，19 世纪 20 年代法国小土地所有者达 600 多万，农业产值在 19 世纪 10—40 年代的 30 年间占全国总产值的 66.5%,[②] 法国成为典型的小农经济占主体地位的国家。法国农村保守、闭塞，农民非常依赖土地，向城市流动的人口非常少，1806—1846 年法国农村人口增加了 306 万，占总人口的 75.6%。1806 年法国城市化水平为 17.3%，到 1906 年城市化水平达到 42.5%，100 年间城市化水平年均提高 0.25%，1931 年城市化水平首次达到 50.8%，基本实现城市化。

法国城市工业增长相对缓慢，因此不能像同期的英国城市那样，吸引和吸收大批农业人口。1824—1859 年其年均工业增长率为 2.3%,[③] 直到 19 世纪后半期，城市发展相对加快，乡村向城市迁移的人口数量才相对增加，1851—1911 年间出现过四次移民高峰，其中，1876—1881 年为移民最高峰，平均每年乡村向城市的移民人数为 16.43 万。1945 年第二次世界大战结束前，法国仍有 1000 万人在从事农业活动，跟其他发达国家相比人口迁徙速度较慢。

---

① 杨澜，等. 法国城市化历程对当今中国城市化的启示. 法国研究，2008(4).

② 布罗代尔，拉布鲁斯. 法国经济与社会史：第 3 卷(下册)，巴黎：法国大学出版社，1976：735.

③ Roger Price. A social history of nineteenth-century france. London：Hutchinson Education，1987：735.

2. 从城市化加速到高度城市化阶段(第二次世界大战后—20 世纪 60 年代末期)

第二次世界大战给法国经济带来灭顶之灾。战后，法国一方面进行土地改革，在集中经营的土地上广泛使用农业先进技术，农业生产率快速提高，农业生产人口急剧下降。1950—1970 年间农村人口增长率均为负增长，1960—1970 年负增长率超过 1.6%。另一方面“马歇尔计划”援助下的法国投入战后重建，大力发展基本建设、基础工业，对劳动力的需求吸引农村人口大量涌入城市就业，由此，法国从一个农业人口占很大比例的国家向以工业生产为主的社会转变。据统计，1946 法国的城市化水平为 53.2%，到 1968 年上升为 71.3%，城市化水平年均提高 0.82%。法国城市人口增长最快的 10 年间(1955—1965 年)，年均增长率超过 2.2%，城市化水平的年均增长率超过 1.2%，法国城市化真正进入快速发展时期。

第二次世界大战后，农村人口大量涌入城市，随着工业化、城市化的进一步发展，人口流动越来越频繁，法国几个重要城市，如巴黎、马赛、波尔多、里昂、尼斯、图卢兹等，人口增幅均超过 50%，占全国城市人口比重超过 35%，其中，巴黎人口增幅最低，但城市人口依然一枝独秀，1970 年超过 841 万人，马赛居第二位，拥有人口 112.7 万。显然，法国只有巴黎一个特大城市的状况依旧。

3. 从高度城市化到城市化调整完善阶段(20 世纪 70 年代至今)

工业化、农业现代化的发展，加速了农村人口的流动。迈入高度城市化发展阶段后，法国城市人口、农村人口及城市结构进入调整完善阶段，出现了一些新特点。

1975 年法国城市化率为 72.9%，1982 年达 73.4%，1990 年是 72.7%，2005 年城市化水平已达 76.7%，实现了高度城市化。1975—2005 年的 30 年间，城市化水平提高了 3.8 个百分点，很明显，跟上个阶段相比，城市化速度放缓了。

法国农业结构改革后，小农经济消失的速度加快了。1975 年乡村人口占总人口的比重为 27.1%，到 20 世纪 80 年代末，从事农业劳动的人口只有 200 万左右，1982 年农业劳动力占全国劳动力总数的比重下降到 8.2%，1997 年下降到 4.8%，2011 年从事农业生产的人口不到 100 万，法国进入高度城市化阶段。

城市人口特别是巴黎人口在经济的快速发展中剧增，中心城市不堪重负，政府最初从城市内部进行改建，发展一系列设施完备、人口、就业、服务就地平衡的“新城”为城市减负。但是，老城区落后的城市结构、基础设施与人口密度暴涨的不均衡问题越来越严重。20世纪60年代末，巴黎将人口密集型产业和城市建筑向周边迁移扩张，郊区和周围的中小城市快速建立起来了，巴黎居民大规模向这些区域搬迁，其他重要城市如马赛、里昂等紧随其后，一些大城市人口居住密度下降。据有关资料，1968—1999年，法国城市空间扩大了5倍左右，而同期城市中心人口的年增长率逐渐负增长，如1975—1982年城市中心人口的年增长率为-0.44%，城市郊区人口的年增长率为0.94%。随着城市空间的扩大，城市人口逐渐从大城市向中小城市分散，城市人口增速放缓，城市化速度趋于平稳。

(二)法国的城市化道路及其特征

法国是世界上第一个提出卫星城市和绿色城市化理念的国家。第二次世界大战前法国城市化处于加速状态，但城市化率达到30%左右后，城市化速度同其他发达国家相比明显缓慢，而第二次世界大战后法国城市化发展迅速，增长速度高于其他国家。20世纪末至21世纪初法国进入高度城市化阶段，城市由非均衡发展向均衡发展转变。纵观法国城市化进程，法国城市化道路的主要特征是：工业化、城市化进程缓慢；农业现代化成为城市化的推力；各级城市政府拥有高度的自主自治权；中小城市、绿色城市协调发展等。具体分析如下：

第一，工业化、城市化进程缓慢。第二次世界大战前，工业农业处于同等重要地位的法国，19世纪下半叶，工业化和城市化水平均被德国、美国赶超，第二次世界大战后才接近或赶上。与欧洲各国相比，法国的工业化与城市化发展相对迟缓。造成这一现象的原因大致有以下几点。重视中小企业、轻视现代企业；重视传统手工业，轻视规模机械化；小农经济也限制了法国城市化进程的速度。

首先，重视中小企业、轻视现代企业。19世纪的法国，产业结构与城乡结构之间存在着严重的偏差。工业效益的提高不是依靠建立资本和技术密集型的大型工厂，而是依靠建立更多的以纺织、食品、服装等传统产业为主的中小企业。大量劳动力集中在遍布农村各地的这些企业里就业，这种流动性小的就地职业转换模式，限制了劳动力的空间转移。1866年法国企业主总计133.4万人，工人为289.8万人，每个企业主平均雇佣工人2.17名。1906年，59%的企业是10人以下的小企业，25%的企业是超过百人的企业。

其次，重视传统手工业，轻视规模机械化。手工业在法国工业化开始后的一个世纪里仍然占重要地位，大量手工作坊式的工厂在广大农村地区普遍存在，其产业的特殊性决定了这种生产方式的低生产率和对农村剩余劳动力的羁绊。这种手工产业的分散特点导致法国工业机械化等现代先进生产方式难以普及，工业化、城市化进程缓慢。19 世纪末，法国使用蒸汽机的总功率只有英国的 1/12，工业和服务业的劳动力勉强超过劳动力总数的 1/2。20 世纪初期，法国在自家劳动生产的手工业者占工人总数的 28%，在 1~10 人的企业中劳动的有 32%。①

最后，小农经济制约了法国城市化进程的速度。法国大革命没有使农业发展为规模经营，却使大批农民成为小土地所有者，巩固了小农经济的主导地位。19 世纪 20 年代，法国小土地所有者达 600 多万，耕地面积在 5 公顷以下的土地所有者占 71%，至 20 世纪初，小农户占农户总数的比重只下降了 6%，而小农户土地占耕地总面积的比重也只下降了 10%，这表明，小农户数量相对稳定，小农土地经营模式变化不大。因此法国小农经济，在很大程度上限制了有地农村人口向城市的迁移，却使无地的农村贫困人口成为城市化的主流，制约了法国城市化的发展速度。

第二，农业现代化成为城市化的推力。第二次世界大战后，法国政府以农业机械化、规模化为发展目标。20 世纪 50 年代中期，为了促使大量农村剩余劳动力向城市转移，政府决定将农业土地集中流转并进行大型机械化规模经营。一方面，政府鼓励小农经营者以土地入股进行联合经营，防止土地分散；另一方面，将贫瘠低产的土地整改后连片集中规范，以较低价格出售，促进农场规模的扩大。1955 年，法国 10 公顷以下的农场有 127 万个；1975 年，10 公顷以下的农场只有 53 万个，50 公顷以上的大农场增加了 4 万多个。法国 1970 年基本实现农业机械化，20 世纪 80 年代进入农业现代化，农业用地也越来越集中。据相关数据，到 2010 年，1/4 的农户耕地面积超过 82 公顷，10%的农户耕地面积超过 143 公顷，大农户的数目和耕地面积远远超过了 20 年前的数据。农业机械化的发展和农业人口下降，促进了城市轻工业与重工业的协调发展，推动了城市化进程。

第三，各级城市政府拥有高度的自主自治权。在法国，行政管理以市

① E. Ackerman, F. Braudel, E. Labrousse. Histoire économique et sociale de la France. Paris: Presses Universitaries de France, 1977: 465.

镇为基本管理单位，各级城市政府拥有按具体情况制定实施战略的自治权。如：地方政府在卫生、社会保障、教育、城市化建设、交通等方面的政策制定上具有优先权。与中央政府分享的行政权包括道路、引水工程、排污、电煤照明等。因此，在城市化进程中，法国没有实施赶超战略，而是根据各城市的具体情况，从城市规模的扩大和城市化程度的提高等方面，与积极参与的市民一起，制订了渐进规划和建设方案。除去巴黎、马赛、里昂等大城市，法国实际上从行政管理上并不区分城市和农村，城乡一体化程度非常高。

第四，中小城市、绿色城市协调发展。法国大城市不多且增长缓慢，巴黎人口 2005 年达到 928 万，人口超过百万的城市也只有马赛、里昂和里尔，更多城市是规模较小的中小城市，在城市体系中中小城市占重要地位。法国中小城市的发展与繁荣，主要是因为法国政府为了疏解和平衡巴黎大区的过渡负荷，通过全国性的工业分散政策，将产业、人口向巴黎周边中小城市延伸，1955—1974 年在这些城市新建了 3000 多座劳动密集型工厂。这些中小型城市由于具有与大都市距离近、产业发展快、生活环境好等特点，城市人口迅速增长，很快成为重要的行政和商业中心。

法国城市化以中小城市为主的模式具有两面性，一方面中小城市吸纳农村劳动力的规模有限，导致城市化发展缓慢，另一方面正是这种慢，避免了大城市发展过快过速带来的城市病。与此同时，为了大中小城市的平衡发展，法国政府在 2008 年提出建设各具特色的、可持续发展的生态城市，以降低城市运营成本，提升城市吸纳和包容能力。城市的可持续发展要求城市规划、设计、建筑改造和管理必须尊重可持续发展的理念，利用资源自然融入现有的城市环境，为当地的经济发展注入活力。小城市以农业为主体，打造成农业现代化、农业社会服务化、城乡一体化的可持续发展的新型农业发展模式。中型城市以交通枢纽为主体，打造成工业、行政、教育等环保型宜居城市。大城市则是通过历史、文化、金融等国际化定位，打造各具特色的生态社区。以大巴黎改造为例，城市规划不再是简单的城市扩张，而是强调在同一区域的工作、购物、住房、休闲和交通的功能转换，降低出行成本，减少废气排放，使城市回归自然。

法国城市化两三百年的经验教训表明，城市的发展要突破唯发展的资本逻辑，以实现经济、社会、环境均衡发展，走高效与可持续发展的城乡一体化的绿色城市化道路。

三、德国的城市化与城市化道路

（一）德国的城市化进程

德意志联邦共和国，简称德国，是位于中欧的联邦议会共和制国家。德国由16个联邦州组成，首都为柏林，人口约为364.4万。德国领土面积为35.7582万平方公里，居欧盟第四。总人口为8315万人，是欧盟中人口最多的国家，人口密度为232人/平方公里，是欧洲人口最稠密的国家之一。①

德国工业革命始于19世纪三四十年代，与英国、法国、美国等国家相比，德国的工业革命起步较晚，但是伴随着产业结构的迅速调整，德国工业化出现跨越式发展。工业革命中电力逐渐应用于城市公用事业，农业的技术变革减少了农业所需人口，德国农村人口比重在下降，城市人口比重在上升，德国的城市化进程全面启动并迅速发展。至1910年，德国的城市化率已达60%，已初步实现了城市化，到1970年，德国的城市化率已上升到71.4%，表明德国已步入高度城市化阶段。根据城市人口变迁的历史，德国的城市化进程可分为以下几个阶段。

1. 城市化启动阶段(1815—1840年)

1830年前，德国依然是农村人口多于城市人口的以农业和农村为主的国家，农业产值在整个国民经济中占绝对的支配地位。1840年前，德国有些地区如柏林、慕尼黑等，人口在3万~17万人，当时已然是粗具规模的大中城市。这些城市是德国少数有传统的比较发达的工场手工业以及有少量的文化和商业设施的地区，它们成为吸引农村剩余劳动力逐渐向城市转移的主要城市，其人口增长的同时，城市的经济也迅速提高，为德国城市化的发展奠定了基础。与此同时，在第一次工业革命的热潮中，分布广泛的德国小城市也开始了一定的发展。

2. 城市化迅速发展阶段(1840—1871年)

19世纪40年代以后，随着工业化的启动，德国城市化进程也随之兴

---

① 中华人民共和国外交部．德国国家概况．https：//www.fmprc.gov.cn/web/.

起，一些工业和矿业城市已经出现。这些城市具有煤矿、铁矿资源优势，交通便捷，吸引了大量的投资和劳动力就业。城市数量和城市人口迅速增加，城市规模不断扩大。一些工业革命前的手工业较为发达的中小城镇或村庄，在这一时期得到迅猛发展，工业、商业集中，城市范围不断向外扩展，很快成为具一定人口规模的大城市。如：1847 年西门子电器、1852 年施华蔻机械等纷纷在柏林涌现，1850 年柏林人口已增至 41.9 万，1871 年柏林及郊区人口已达百万。同期，德国城市化率达到 36.1%，尽管农村人口占总人口的绝大部分，但不可否认的是，德国城市化已步入加速发展阶段。

3. 城市化加速发展与基本实现阶段(1871—1910 年)

第二次工业革命时期，德国纺织等传统产业结构及传统生产方式，被新兴产业与机器生产工业所取代，经济发展迅速，与此同时，商业、服务性行业也不断增速。19 世纪 70 年代，德国出现煤炭、钢铁重工业城市，工业和服务业占国内生产总值的 68%，20 世纪 80—90 年代，德国出现商业与服务性城市。农村劳动力迁移速度加快，城市化发展迅猛。1871 年德国城市人口 1482 万人，农村人口与城市人口占总人口的比重分别为 69.1%和 36.1%，农村人口是主体。到 1910 年城市人口增加到 3896 万人，农村人口和城市人口占总人口的比重分别为 40%和 60%，已经是城市人口为主体，表明德国城市化基本实现。

城市人口增长速度与城市规模成正比，与城市管理相匹配。德国在 1871—1901 年，城市空间按行政区划不断向外围扩张，合并周围的地区和人口。这段时期，城市人口在 0.5 万人以上的城市，人口数量从 970 万增长到 3170 万，占全国总人口的比重从 23.7%增长到 48.8%；人口增长最迅猛的是 10 万人以上的城镇，占全国总人口的比重从 4.8%增长到 21.3%。1875—1901 年，德国 1 万人以上的城市增加了 305 座，达到 576 座，26 年平均每年增加近 12 座。城市管理也越来越规范合理，将工作、生活、商业划分到不同区域进行管理，避免了城市杂乱无章，保证了城市健康发展。

4. 实现高度发展的城市化阶段(第二次世界大战以后)

两次世界大战，使德国经济日益恶化、人口锐减。1905—1925 年出生的女性，前 10 年出生的 50%终身未婚，后 10 年出生的只有 1/3 找到了丈夫。德国经济、人口、城市遭受重创，城市化进程停滞。第二次世界大战后，联邦德国在接受美国金融、技术、设备等各种形式的援助的同时，重新建立教育科研体系，为经济发展奠定了基础。人口方面，自 20 世纪

50年代起出现婴儿潮，60年代中期达到高潮，之后，德国本土的青壮年人口占比日趋合理。1950—2017年，德国的城市化率由64.7%提高到77.26%，德国城市化达到高度与完善阶段。

第二次工业革命以来，德国人口主要集聚在工业城市，为了防止农村劳动力转移和过度集中带来的一系列问题，20世纪中期，德国城市化发展开始大、中、小城市齐头并进，人口流动的方式和流向由集中转向分散，城市结构、规模、布局等逐渐合理，全国中小城市、城镇迅速发展。1965—1985年，德国人口规模不同等级市镇的增减情况见表5-3，从该表中可以看出，发展最快的是1万~5万人口的小城镇，增加了458座。城市化高度均衡发展，有效避免了大中小城市、城乡经济两极分化的问题。

表5-3　**1965—1985年德国人口规模不同等级市镇的数量增减情况**

市镇人口规模	100万以上	50万~100万	20万~50万	10万~20万	5万~10万	2万~5万	1万~2万	总计
增加数(座)	0	1	3	3	32	157	301	496

资料来源：根据董黎明. 联邦德国城市发展趋势. 城市规划，1989(2)资料总结编制。

(二)德国的城市化道路及其特征

德国作为世界城市化过程中的几个榜样国家之一，其城市化的发展有其鲜明的特色，例如城市化发展中以中小城市为主、城市基础设施完善、城乡协调发展等。可以说，德国在城市化过程中注重提升城市功能，注意保护人文景观，重视城市建设与自然的协调，走出了一条符合国情的以中小城市为主的城市化道路。以下几点是德国城市化道路的主要特征。

第一，工业化、科技革命推动城市化快速发展。德国工业化、城市化与英国、法国等国家相比，启动较迟，但发展很快，是一个典型的工业化和城市化齐头并进、后来居上的国家。第一次工业革命期间，德国是以纺织业为主的手工业生产占主导地位的国家。19世纪40年代中期，一些矿井已经运用机器采煤，少数机器制造厂开始制造纺织机、蒸汽机等，工业以工场手工业和分散小手工业为主。19世纪50—70年代，德国从大量出口农产品、进口工业产品转变为出口工业金属制品等，进口农产品，工业进入高速增长时期，在世界工业生产中所占比重达到13%，超过占10%的法国，德国工业进入世界先进行列。第二次工业革命后，德国开始兴建铁路，钢铁冶炼、煤炭及机器制造业得到发展。与此同时，19 世纪中期至 20 世纪初，德国在科技革新和发明创造方面获得了 202 重大成果，科技发明居世界第二位。随着工业和科技的迅速发展，产业结构与体系也发生了改变，城市功能也从单一向多功能转变，成为集工、商、贸易为一体的综合型城市。1871—1910 年，德国城市化水平从 36.1%增长到 60%，提高了 23.9 个百分点，城市化发展迅猛。

第二，大中小城市同步发展，形成均衡发展的城市圈。德国的中小城市数量多、规模小，城市的发展、规划合理均衡。这种具有鲜明特色的城市发展模式与其工业发展相关。工业发展造成地区差异，德国西部是工业最发达的地区，城市化速度也是西部高于东、南部。20 世纪初德国东部的柏林、勃兰登堡、汉堡人口增加了 97.7 万人，东部等其他地方人口基本是迁出的多。西部工业发达地区人口迁入多，但农业地区人口迁出的多。大规模人口流动改变了东西部人口结构。19 世纪初至 20 世纪初东部人口流失，城市化率负增长 4.3%；西部城市化率增加了 4.1%。1875—1901 年，东部布雷斯劳人口增加了 28.2 万；西部科隆人口增加了 38 万。农村人口流动在相互邻近的小城镇之间此消彼长，相对平衡。

德国城市依据各自的产业特点，各司其职，其城市格局是典型的中心分散模式。首都柏林拥有 340 万人口，第二位的汉堡只有 170 万人口，第三位的慕尼黑只有 120 万人口。到 2005 年，前 4 位的城市人口占全国人口的比重基本维持不变甚至下降（见图 5-1）。截至 2010 年，德国共有 2065 座城市，其中 10 万人口以上的城市 82 个，聚集了全国 30%的人口，其余人口分布在规模为 2000 至 1 万人的小城镇，没有出现特大、超大规模的城市。而且各个城市定位明确，主导产业突出，一个城市不承担多项职能，表现出很强的专业化分工。如：法兰克福、慕尼黑是规模较大的综合性城市；柏林、波恩是文化城市；杜赛尔多夫、纽伦堡则是以机器制造为主的工业城市；海德堡、弗莱堡是著名的大学城或旅游文化之都，汉堡是海港城市和贸易中心，鲁尔工业区是重工业基地。

中小城市的产业差异，容易打破城市间的平衡。德国自 20 世纪 60 年代开始，整合各产业区域，在这些规划区域内，以大城市为领头羊，将其周围分布的中小城市串联起来，形成互补性城市圈。德国拥有 11 个城市圈，①

① 德国的 11 个城市圈分别是：莱茵—鲁尔区、柏林—勃兰登堡区、法兰克福—莱茵—美茵区、斯图加特区、慕尼黑区、大汉堡区、纽伦堡区、不来梅—奥登堡区、莱茵—内卡区、汉诺威—布伦瑞克—哥廷根—沃尔斯堡区和德国中部城市圈。

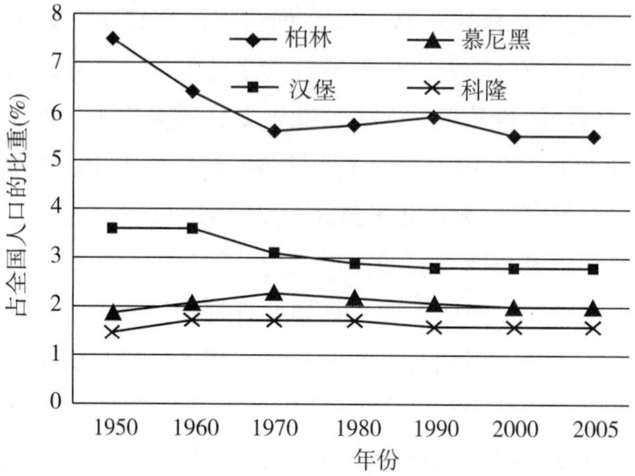

图 5-1 德国四大城市 1950—2005 年占全国人口的比重

资料来源：The World Bank. World development indicators 2007. 转引自肖辉英. 德国的城市化、人口流动与经济发展. 世界历史，1997(5).

各区域都具有商业、文化和政治中心，产业结构的变化和资源配置紧密相连，集聚了全德 70%的就业人口，其辐射力、竞争力能与其他国家大城市抗衡。

第三，财政政策在实现城乡平衡发展中发挥引导作用。德国大城市人口趋于稳定，但农村人口流失严重，为了实现城乡均衡发展，德国政府从立法、规划、配置等方面制定了相关政策进行调控。首先从各地方财政平衡入手，通过高财政收入的富州去补贴低财政收入的穷州，进行帮扶。如：慕尼黑所在的巴伐利亚在 20 世纪六七十年代前是一个落后的农业州，靠这种补贴的财政收入通往富裕之路，如今的巴伐利亚是德国最富有的州，每年反哺其他州的财政收入也最多。其次在基础设施方面，良好的交通、通信，水电供给等，城乡基本无差异。最后在生活配套方面，有关电视、电话、网络等通信设施、购物餐饮等衣食住行、休闲娱乐乡村和规模各异的城镇一样配套齐全。当地发展良好的中小企业，为人口就业提供了保障，医疗、教育等基本需求，也可以就地满足。中小城市较高的生活质量，缓解了中心城市资源和人口的集中现象。1985 年有 3750 万人生活在 0.2 万～10 万人的小市镇，占总人口的 61.4%。实现了城乡地区的平衡发展。

第四，城市管理注重文化特色，城市布局与自然融合。德国的城市规划、建设、管理等都十分严谨、严格。在城乡规划中无论是土地使用还是环保、交通等重要情况，严格按照相关法律法规执行，同时将使用权限交给各州，让地方政府在建设管理中能充分结合当地的实际情况，做出合法、合理的决定，避免资源浪费。在城市建设方面，德国历来重视对历史文化和古建筑的保护，重视城市特色的建设。在维持城市的文化特征方面，德国也经历了迂回，20 世纪 50 年代，旧城区曾发生大规模的改造，城市因改变而现代化，但失去了原有的建筑风貌与韵味。20 世纪 70 年代和 80 年代，德国政府及民众认识到保护文化特征的重要性，制定了相关城市建设补贴法规，各地一部分有价值的传统建筑和特色文化得以保存和传承。慕尼黑、法兰克福以及莱茵河谷地区，作为核心城市具有很强的吸引力。海德堡、弗赖堡、曼海姆这些中小城市都各具文化特色，历史与现实相得益彰。城市建筑与自然保护方面，德国政府将自然保护放在首位，城乡生活的污染严格按相关法规处理，资源的节约利用，环保科学。城市建筑与自然融合，每座城市都有独自的特点与身份，蓝天白云、青山绿水、森林环绕城乡，处处体现出人和自然的和谐共处。

第五，再城市化是城市化进程面临的新问题。20 世纪 90 年代，由于城市人口、交通拥挤等原因，城市居民大量迁移至郊区居住，出现逆城市化现象。近几十年，随着农村青年人口流向城市，发达城市开始了“再城市化”。进入 21 世纪后的第一个 10 年，德国 14 个大城市中除了 2 个工业城市，12 个大城市人口有不同程度的增长，但总体上德国人口呈下降趋势(见表 5-4、图 5-2)，城市化进程面临新课题。一方面，欠发达地区出现财政收入降低、出生人口下降、老人空巢等现象。随着人口减少，地方税收下降，财政压力巨大，维持交通、水电、学校等基础设施以及小村镇老年人的就医和护理越来越难，欠发达地区政府面临挑战。另一方面，城市交通、住房、就业、环境及居民的福利和社会保障问题也格外突出，城市政府未来如何吸引高水平人才、给年轻人提供更多的就业机会，适应时代发展的需求，任重而道远。

表 5-4 **德国 14 个 50 万人口以上的大都市 2000—2010 年的人口变化率(%)**

城市	2000—2010 年人口变化率	城市	2000—2010 年人口变化率
柏林	2.32	多特蒙德	-1.45
汉堡	4.14	埃森	-3.64
慕尼黑	11.81	不来梅	1.47
科隆	4.59	莱比锡	6.02

续表

城市	2000—2010 年人口变化率	城市	2000—2010 年人口变化率
法兰克福	5.12	德累斯顿	9.47
斯图加特	3.89	汉诺威	1.49
杜塞尔多夫	3.40	纽伦堡	1.54

资料来源：郑春荣，夏晓文. 德国的再城市化. 城市问题，2013(9).

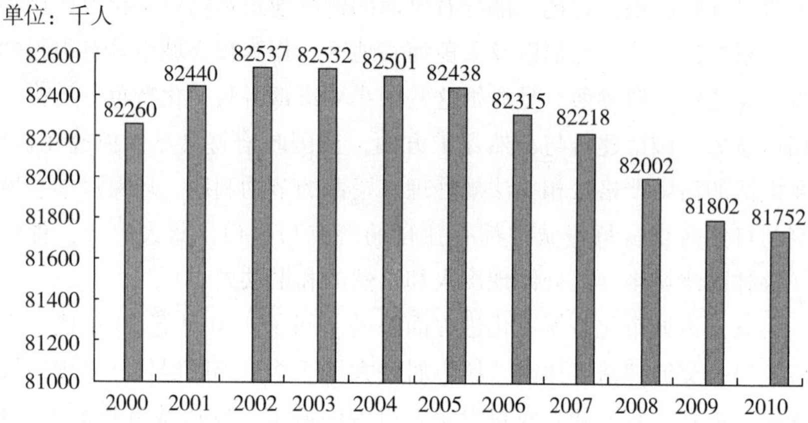

图 5-2 2000—2010 年德国人口变动趋势

资料来源：郑春荣，夏晓文. 德国的再城市化. 城市问题，2013(9).

四、美国的城市化与城市化道路

(一)美国的城市化进程

美国主体部分位于北美洲中部，首都为华盛顿哥伦比亚特区(Washington D. C.)，人口约71万。国土总面积937万平方公里，本土东西长4500公里，南北宽2700公里，海岸线长22680公里。人口约3.30亿(截至2019年12月)，人口密度为35.6人/平方公里(2017年)，① 是典型的地广人稀的国家。

美国工业革命的开端始于1790年罗德岛建立的第一座使用阿克莱特纺纱机的棉纺厂，它预示着资本主义生产方式从工场手工业阶段转向机器工业阶

① 中华人民共和国外交部. 美国国家概况. https://www.fmprc.gov.cn/web/.

段，商业资本主义向工业资本主义过渡的新时期的到来。城市化是近代工业化的产物，美国城市化开始于工业革命初期，完成于20世纪20年代。美国城市化始终呈直线上升的趋势，其步伐是欧洲望尘莫及的(见表5-5)。

表5-5 **1790—1980年美国城市数目和城市化水平**

年份	城市数目/个(≥2500)	城市人口占全国人口的百分比				
		全国	东北部	南部	中央北部	西部
1790	24	5.1	8.1	2.1		—
1800	33	6.1	9.3	3.0		—
1810	46	7.3	10.9	4.1	0.9	—
1820	61	7.2	11.0	4.6	1.1	—
1830	90	8.8	14.2	5.3	2.6	—
1840	131	10.8	18.5	6.7	3.9	—
1850	236	15.3	26.5	8.3	9.2	6.4
1860	392	19.8	35.7	9.6	13.9	16.0
1870	663	25.7	44.3	12.2	20.8	25.8
1880	939	28.2	50.8	12.2	24.2	30.2
1890	1348	35.1	59.0	16.3	33.1	37.0
1900	1740	39.6	61.1	18.0	38.6	39.9
1910	2262	45.6	71.8	22.5	45.1	47.9
1920	2722	51.2	75.5	28.1	52.3	51.8
1930	3165	56.1	77.6	34.1	57.9	58.4
1940	3464	56.5	76.6	36.7	58.4	58.5
1950	4284	64.0	79.5	48.6	64.1	69.5
1960	5445	69.9	80.2	58.5	68.7	77.7
1970	6435	73.5	80.4	64.6	71.6	82.9
1980	8765	73.7	—	—	—	—

资料来源：李其荣. 对立与统一：城市发展历史逻辑新论. 南京：东南大学出版社，2000：134.

美国的经济发展同工业革命一样始于东北部，随后向西部推进，城市化水平也呈现出由东向西逐步升高的发展态势，据此可将美国城市化的进程分为起步阶段、加速发展与初步实现阶段、迈向城市化高度发展阶段以及城市化调整完善阶段。具体分析如下：

1. 城市化进入起步阶段(1690—1830年)

美国17世纪90年代，城市数量少，只有波士顿1个大城市，城市人口超过0.7万人，此外有4个城市，人口超过0.25万人。由于主要的运输工具为牲畜、风、帆船等，城市人口流动的范围非常有限。至美国建国初期(1776年)，传统垦殖农业向工业化发展，交通工具开始向以天然河流、人工运河和铁路为基础的现代方式转变。但乡村人口的流动还非常缓慢，13个州的总人口不到400万，农村人口就有370万之多，城市人口的比重仅为5%，只有纽约和费城人口达到3万左右，农业人口占主导地位。至18世纪90年代，只有24个人口超过0.25万人的城市。

19世纪初是美国经济的第一个高涨时期，工厂、铁路的兴建，让城镇涌入大量的农村人口和国外移民，城市数量随着城市人口的增长迅速增加。19世纪20年代人口超过0.25万人的城市达到61个，城市人口比重上升到7.2%，美国城市化进入启动阶段。

虽然这一时期城市化刚刚启动，但美国东部沿海城市的港口、河流不仅为内陆农业产品出口欧洲提供了贸易中转站，而且为商人交换信息提供了活动场所，也为工业化和城市化的加速奠定了基础。

2. 城市化进入加速发展及初步实现阶段(1830—1920年)

19世纪50年代，美国城市化率大约为15%，城市开始发展。随着交通技术的进步和西部金矿的发现和开采，许多矿业城镇应运而生，劳动力的需求，带动农村人口向城镇加速转移。19世纪60年代，人口超过0.25万人的城市增至392个，城市总人口为620万，城市化率为19.8%，标志着美国城市化进入快速发展阶段。其间，制造业集中的美国东北部，与其他地区相比出现较大的差异，其城市化率为35.7%，高于全国平均水平15.9个百分点。

内战后至20世纪初，美国大量新兴工业性城市涌现出来，公路通畅，城市人口大幅增长。19世纪70年代，城市数量增加到663个，城市总人口达到990万，城市化率达到25.7%，至此美国实现了初步城市化。① 随着工业化向西部转移，东北部和中西部地区逐渐形成了产业带，城市数量和规模均以空前的速度增长，至20世纪20年代，美国的城市数量达到了一个新的高峰，有2700个城市以及58个大都市区，城市总人口增加到5430万，城市化率达到51.2%，标志着美国已成为一个城市化国家。

3. 迈向城市化高度发展阶段(1920—1945年)

第二次世界大战期间，战争红利使美国经济得到迅速发展，城市化进

---

① 林玲. 城市化与经济发展. 武汉：湖北人民出版社，1995：66.

程也加速推进，随着新移民的大规模涌入，美国大城市人口密度大增。到20世纪40年代末，美国有140个都市区，城市总人口为9650万，城市化率上升到63.6%，向城市化高度发展迈进。

20世纪20年代后，随着产业结构由基础结构向技术结构的转变，技术革命不仅改变了传统的交通和通信技术，也改变了经营者获得商业利益的思维方式和人们的消费偏好。与此同时，美国政府的州际公路计划和住房补贴政策的推出，加快了产业和人口迁徙的地域范围，城市产业活动与人口居住在空间上逐渐扩展到了较远的郊区，缓解了市区产业和人口的高度集中，缩小了城乡差距，使城市呈分散型发展态势。

4. 城市化调整完善阶段(1945至今)

20世纪中叶，随着服务业的迅速发展，美国的城市化发展进入新的阶段。城市人口比例进一步上升，城市区域也日益扩张，构成所谓大都市区(metropolitan district)。① 1940年，美国几乎有一半人口居住在大都市区内，1990年全国城市体系中有11000个城市，268个大都市区，一半以上的人口居住在百万人口以上的大型大都市区里。对于美国来说，"城"与"乡"这两个传统的地域概念已不能准确地概括其人口的分布趋向，取而代之的是大都市区和非大都市区。此后，美国城市化水平仍在不断上升，至2005年，城市人口比例上升到80.8%，城市人口增长率下降到1.5%左右，农村人口数量波动不大，已基本处于平衡状态。②

20世纪50年代，美国开始城市郊区化，也称为"逆城市化"，它并不是指城市人口向农村回归，也不是指城市文明和生活方式的农村化，而是指城市市区人口向郊区迁移或大城市的人口向卫星城市迁移的倾向。郊区化不仅缓解了中心城市高度集中的人口、交通、住房、环境等问题，而且使中心城市完成了产业结构的转变与升级。这一时期，第三产业产值占总产值的95%左右，从业人员超过80%，现代服务业和高新技术产业占国民经济的主导地位。从1950年到2000年，美国城市人口增加了1.3亿，其中约77%居住在郊区。③

---

① 这一美国城市统计中的重要区划标准最早是在1910年的美国人口统计中首次使用，其内涵后来几经变化，目前大体是指在一定范围内，人口超过10万，其中5万以上生活在城市的区域。这一标准在实践中已经取代了美国建国以来一直沿用的以2500人为底线的城市标准。现在美国以大都市区和非大都市区，而非城乡作为划分人口的标准。

② World Bank. World development indicators 2007. World Bank Publications, 2007.

③ 白国强. 美国郊区城市化及其衍生的区域问题. 城市问题, 2004(4).

20 世纪 60 年代初，美国提出打造大都市连绵带，使城市和郊区的经济资源得到整合与优化，从而发挥综合性和整体性优势。郊区化过程与都市区化过程是一致的，郊区化的加速缩小了城郊差别，促进了大都市区的形成，导致都市区数量以及规模不断扩大。20 世纪 70 年代，美国 10 万～20 万人口的城市有 131 个，3 万～10 万的城市有 878 个，3 万以下的小城市 34000 个，10 万人以下的小城市约占城市总数的 99%左右。20 世纪末，美国形成了以大纽约区、五大湖区和大洛杉矶区为代表的都市连绵带，其中三大都市带的 GDP 占全美国的 76%。

(二)美国的城市化道路及其特征

美国的城市化率已超过 80%，成为城市化程度最高的国家之一。在城市化进程中，存在着一系列的社会问题，如发展放任自流、土地资源浪费严重、生态环境破坏加剧、贫富差距拉大等，① 但纵观美国城市化过程，与世界其他国家的城市化道路比较而言，美国的城市化道路具有如下显著特征：

第一，城市化与工业化、农业现代化基本同步发展。美国的城市化发展与工业化和经济结构的变化具有很高的关联性。与英国的城市化一样，美国的城市化也是工业化的必然结果。与英国城市化最大的差异是，美国在实现工业化和城市化的同时，也实现了农业现代化。17 世纪后期至 18 世纪，城市的经济活动主要是贸易，城市周围的经济活动主要是农业；19 世纪初，城市的经济活动主要是制造业；至 20 世纪中期，制造业在城市经济中的作用开始下降，取而代之的是服务业，到 2000 年，服务业就业人口已占总就业人口的 74.5%。农业的发展不仅为工业化和城市化发展提供了充足的粮食、原料和广阔的国内市场，而且农业劳动生产率的迅速提高释放出大量的剩余劳动力，满足了城市工业生产对劳动力的需求。因此可以说，农业现代化是美国城市化的基础，没有农业的现代化，便没有美国的城市化。②

美国的城市化是在工业化的带动下快速发展起来的，美国的工业化始于 18 世纪末，19 世纪初工业化推动城市化迅速发展。19 世纪中期，美国工业化发展迅速，钢产量居世界首位，造船、机车、农机三项产值达 3600 万美元。东北部成为美国制造业和财政中心，制造业占比 5%左右，

---

① 仇保兴. 国外模式与中国城镇化道路选择. 人民论坛，2005(6).

② 董继民. 农业现代化与美国城市化. 山东师范大学学报，1998(1).

城市人口占比约4%。进入20世纪，中西部地区脱颖而出，成为新的重工业区。汽车引擎取代了蒸汽机和动物动力，全国铁路总长近25.3万英里，是世界铁路里程总长的1/3。交通运输网络、电报、电话系统等遍布全国，美国工业化和城市化进入高峰。20世纪50年代，科技革命推进产业结构升级，工业化的速度开始下降，服务业的就业增长带动城市化的速度继续上升，20世纪末服务业的就业比例是制造业就业的3倍。20世纪60年代以来，随着高新技术产业和第三产业的迅速发展，太平洋沿岸已成为一个高科技集聚区，落后的南方也随之异军突起。城市规模由小到大，形成了比较合理的城市体系，并不断扩大。

第二，以市场和经济一体化为导向的城市化道路。美国经济是以市场经济作为导向，城市化的发展则以市场竞争作为推力。比如：美国东北部、中西部和南部地区，由于所处地理位置适合农业发展，所以，城市化进程经历了传统的农业社会发展阶段，走的是农业垦殖先行，而后工业化和城市化的循序渐进式道路。而西部地区的城市化，基于特定环境，矿业开采先行，形成城镇的雏形，呈现了城市文明的初级阶段。随着矿源枯竭少数采矿营地发展成为固定的城镇，这种跨越式城市化超越了传统农业的发展阶段，没有包袱和历史负担，特定的地理位置和自然条件，使美国西部地区城市化水平迅速超越东部地区，进而成为全国城市化水平最高的地区。凡是经过激烈生存竞争而得以立足的城市，其生命力更强，而那些在市场竞争中失去各种优势的城市则变得无足轻重。因此，无论是东北部的早期城镇发展时期，还是中西部城市的兴起及跳跃性发展时期；无论是交通网形成的“运河时代”“汽船时代”“铁路时代”，还是新技术、新发明、新工艺层出不穷的“科技发明时代”“知识经济时代”“信息时代”，优胜劣汰、适者生存的市场竞争法则一直处于主导地位。竞争还使得美国东西部之间的市场逐渐一体化，逐步缩小了东西部之间的经济差距，促进了区域经济的协调发展，强化了全国各地区间、各城市间的联系，形成国内经济专业化和市场经济一体化。

第三，从城市化到大都市区化的城市化道路。① 1920年，美国有51.2%的人口居住在城市里，美国已基本实现城市化。20世纪20年代后

① 关于美国城市化和大都市区化的分期界限问题，学术界还未取得一致看法。比如美国城市史研究专家、东北师范大学教授王旭认为，应该以20世纪20年代为界来划分美国的城市化和大都市区化，而南京大学教授任东来认为，20世纪40年代是一个更容易理解的分期界限。参见王旭. 美国城市史. 北京：中国社会科学出版社，2000；任东来. 从城市化到都市区化——评王旭的《美国城市史》. 美国研究，2001(4)：133-141.

美国开始进入大都市区化阶段。美国大都市区化的主要特点是：城市区域不断扩大，而中心区城市人口比重下降，向郊区迁移，大型的大都市区发展尤为迅速。美国大都市区的发展可分为两个时期：第一个时期为1920年至1940年，在这个时期，人口以及制造业的区位在市中心附近集中的态势已经发生改变，距离中心比较远的区位越来越受到人口和产业的青睐，大都市区的规模和数量普遍增长。1920年，美国有58个大都市区，其人口占美国总人口的33.9%，1940年，大都市区增加到140个，占全国总人口的比例为47.6%，即接近全国总人口的一半。第二个时期为1940年至1990年，主要表现为大型大都市区的优先增长。在这50年中，大都市区数量增加到268个，其人口达2亿，占全国总人口的79.6%。其中，人口在百万以上的大型大都市区发展更加迅速，其数量由11个增加到40个，人口由3490万增加到1.329亿，占当时大都市区总人口的比例达68%，占美国总人口的比例由25%上升到53.4%。①

20世纪60年代以来，美国出现了大都市连绵带(megalopolis)。大都市连绵带是发达国家城市化进程中出现的一种新的城市地域空间组织形式，是大都市区化进入高级阶段的标志。美国的大都市连绵带主要有：①波士顿—华盛顿大都市连绵带，即北起波士顿，南至华盛顿，以波士顿、纽约、费城、巴尔的摩、华盛顿等一系列大城市为中心城市，其间分布的萨默尔维尔、伍斯特、普罗维登斯、新贝德福德、哈特福德、纽黑文、帕特森、特伦顿、维明尔顿等城市将这些中心城市连成一体，在沿大西洋海岸600多公里长、100多公里宽的地带上形成的一个由5大都市和近200多个中小城市组成的巨大城市带，拥有20%左右的美国人口。②芝加哥—匹兹堡大都市连绵带，即分布于中部东北地区的大都市连绵带，它东起大西洋沿岸的纽约，西沿五大湖，南至芝加哥，其间分布有匹兹堡、托利多、克利夫兰、底特律等大中城市。该连绵带与东部大西洋沿岸大都市连绵带相连呈“丁”字形格局，北部与加拿大的多伦多—蒙特利尔大都市集聚区相邻。③圣地亚哥—旧金山大都市连绵带，即位于西南部太平洋沿岸的美国第三个大都市连绵带，南起加利福尼亚的圣迭戈，向北经洛杉矶、圣巴巴拉、圣何塞到旧金山海湾地区和萨克拉门托。波士顿—华盛顿、芝加哥—匹兹堡两大都市连绵带集中了20多个100万人口以上的大都市区和美国70%以上的制造业，构成一个特大工业化区域，被称为制

① 国家统计局城市社会经济调查总队，中国统计学会城市统计委员会. 2001年中国城市发展报告. 北京：中国统计出版社，2002：265.

造业带。这一地带是美国工业化和城市化水平最高、人口最稠密的地区。[①] 此外，在美国南部的墨西哥湾地区，形成了以特大城市休斯敦为主体的大都市连绵带。大都市区化突出了大都市区在城市化中的地位和作用，也突出了城市化在地域上的整体特征，是发达国家城市化进程中的一个带有规律性的现象，只不过它首先发生于美国，成为20世纪以来美国城市化的一个主要特点。

第四，东、西部有着明显差异的城市化道路。东北海岸城市化起步最早，尚在十七八世纪英国殖民者统治时就开始早期开发，经历了从农业到手工业、商业，再到工业的英国式传统城市化发展道路，工业革命后发展迅速。西部、中西部海岸到了19世纪50年代西进运动以后才开始开发，主要是先依靠矿产资源的开采，再兴建城市，直接以城市为先导，带动西部大开发，这些城市是典型的"速成"式城市，到了20世纪才迅猛发展，是第三次科技革命的产物。美国东北部和中西部、西部的城市化道路差异明显，主要表现在：一是东部大西洋沿岸地区与中西部的城市化并不是同步而行的，而是有一个自东而西梯度推移的过程；二是西部地区的城市化在发展的背景条件、环境条件及政策条件等方面与东部地区有着明显不同。就城市化背景而言，美国西部城市化正值美国工业化迅猛发展时期，它以东部地区强大的工业化实力为依托，加上后来联邦政府投入巨资直接扶持，因而起点高、速度快，带有跳跃性的特征。这与美国东部先农业化后工业化和城市化的逐步城市化有着很大的不同。在环境和自然条件方面，美国西部城市化道路也显示出其不同于东部的特点。美国西部矿藏丰富，矿产的开发开启了西部城市化的大门。始于1848年的淘金热，使加利福尼亚和太平洋山脉贫瘠的萨克门托夫、奥克兰等城镇逐渐繁荣，旧金山、丹佛、洛杉矶、普布韦洛等地方发展成为商业贸易和为矿区服务的综合城镇。在政策方面，美国国会1862年通过了《太平洋铁路法案》，美国开始了横贯大陆的铁路建设时代。交通运输的发展，公路、铁路的铺设和扩建，铁路网遍布西部各州，使城市的空间快速向外拓展，原来的洛杉矶、旧金山和西雅图等城市，迅速发展为中心城市，一些沿主要铁路线建立的中小城市也蓬勃发展。在西部开发过程中，美国政府在1862年和1877年分别制定了《宅地法》《荒地法》等土地政策。之后以优惠的价格将大片土地出售给商人和公司，从而获取大量资金用于开发西部，同时一些投机者对土地进行操纵，在西部出现了一个又一个新市镇，像匹兹堡、辛

① 顾朝林. 经济全球化与中国城市发展. 北京：商务印书馆，1999：80-81.

辛那提、路易斯维尔、马里塔、克利夫兰等诸多中西部城市，都是以土地投机为契机而建立起来的。因此，中西部城市的起源、发展和所走的城市化道路与东北不同。

五、加拿大的城市化与城市化道路

(一) 加拿大的城市化进程

加拿大，位于北美洲，首都为渥太华(Ottawa)，人口132.4万。全国土地面积为998万平方公里，居世界第二位，其中陆地面积909万平方公里，淡水覆盖面积89万平方公里。人口总量为3789万人(2020年1月),① 人口密度为4人/平方公里，地形总体西高东低，与美国一样是典型的地广人稀的国家，是世界上最大最重要的钻石生产国之一。

加拿大全国分为十个省和三个地区，分别是：不列颠哥伦比亚省、阿尔伯塔省、萨斯卡切温省、马尼托巴省、安大略省、魁北克省、新不伦瑞克省、新斯科舍省、纽芬兰省、爱德华王子岛省和西北地区、努纳瓦特地区、育空地区。省和地区下设市、县、镇、村等，十省三地区共辖2000多个城镇。首都是渥太华。主要城市有温哥华、埃德蒙顿、卡尔加里、里加纳、温尼伯、魁北克、多伦多等(见表5-6)。②

表5-6　**加拿大各省(地区)人口与面积(2013年)**

省/地区	人口(万人)	面积(万 km^2)	所辖主要城市
魁北克省	815.5	154	魁北克、蒙特利尔
安大略省	1353.8	107.6	多伦多、渥太华、哈密尔顿
新斯科舍省	94.0	5.53	哈利法克斯、达特茅斯、格莱斯贝
新不伦瑞克省	75.5	7.29	弗雷德里克顿、雪迪克
马尼托巴省	127.5	64.8	温尼伯
不列颠哥伦比亚省	462.4	94.47	温哥华、维多利亚
爱德华王子岛省	14.5	0.566	夏洛特敦
阿尔伯塔省	411.5	66.18	埃德蒙顿、卡尔加里、莱斯布里奇

① 中华人民共和国外交部．加拿大国家概况．https：//www.fmprc.gov.cn/web/.

② 刘军．加拿大．北京：社会科学文献出版社，2015：12-13.

续表

省/地区	人口(万人)	面积(万 km²)	所辖主要城市
萨斯卡切温省	112.0	65.1	里贾纳
纽芬兰省	52.5	40.52	圣约翰斯
育空地区	3.7	48.24	怀特霍斯
西北地区	4.3	134.6	耶洛奈夫
努纳瓦特地区	3.64	209.3	伊卡卢伊特

资料来源：根据刘军. 加拿大. 北京：社会科学文献出版社，2015：12-27 相关资料整理。

加拿大城市的起源不同于其他发达国家。17 世纪初最早的城市是由大批移民组成的，虽然历史较短，但城市化进程相对较快。从 1851 年到 1931 年，城市化水平从 13.1%上升到 52.5%。但是 1929 年的大萧条，导致 1931 年至 1941 年城市人口的增长停滞不前，十年间仅增长 0.2 个百分点。① 第二次世界大战后，城市化的快速发展进入以质为核心的新阶段，到 2005 年超过 80%的加拿大人口成为城市居民(见表 5-7)，② 加拿大已经是高度城市化的国家。

表 5-7　**加拿大的城市化进程(1851—2018 年)**

年份	城市化率(%)	年份	城市化率(%)	年份	城市化率(%)
1851	13.1	1960	69.1	2000	79.5
1876	20.0	1965	72.9	2005	80.1
1901	34.9	1970	75.7	2010	80.9
1921	48.0	1975	75.6	2015	81.3
1931	52.2	1980	75.7	2016	81.3
1945	54.0	1985	76.4	2017	81.4
1950	60.0	1990	76.6	2018	81.4
1955	65.7	1995	77.7		

资料来源：1851—1945 年的数据来源于①高鉴国. 加拿大城市化的历史进程与特点. 文史哲，2000(6)；②韩笋生，迟顺芝. 加拿大城市化发展概况. 国外城市规划，1995(3)。1950—2018 年的数据来源于 United Nations，Department of Economic and Social Affairs，Population Division. World urbanization prospects：the 2018 revision. New York：United Nations，2018.

① Trudi Bunting，Pierre Filion. Canadian cities in transition. Toronto：Oxford University Press，1991：76.

② United Nations，Department of Economic and Social Affairs，Population Division. World urbanization prospects：the 2018 revision. New York：United Nations，2018.

关于加拿大城市化进程阶段的划分，学界有几种不同的观点，有“三阶段论”,① 也有“四阶段论”,② 还有“六阶段论”。③ 笔者采用加拿大城市学界最流行的四分法，将加拿大城市化进程分为如下四个阶段：

1. 殖民地或贸易时代(1608—1820 年)

加拿大是两个法国人最早探寻的，他们建造了殖民定居点。这两个法国人因在这一过程中贡献突出而被视为法属殖民地的奠基者。他们一个是法国探险家 J. 卡蒂埃(1491—1557 年)，他的最大贡献是发现了圣劳伦斯河这条通往加拿大内陆的主要水路，确立了法国在圣劳伦斯湾地区的权力，为后来法国的殖民活动奠定了基础；另一个是法国人萨缪尔·德·尚普兰(1567—1635 年)，1603 年他在今新斯科舍建立了北美的第一个殖民地“阿卡迪亚”，但是在 1607 年又放弃了。“阿卡迪亚”意为“葱郁美丽的地方”，以今天加拿大新斯科舍省为中心，包括其他沿海省和魁北克省的部分地区。1608 年，尚普兰在今魁北克市建立了第一个永久性殖民地，开始同土著居民交往，做皮毛生意。尚普兰因对法国在北美开发殖民地有“重大贡献”而被后人称为“新法兰西之父”。此后法国殖民者开始从大西洋沿岸向内地逐步深入，在圣劳伦斯河流域建立首府魁北克、三河镇和蒙特利尔镇，并向西呈扇形扩张。④

1627 年，法国殖民者成立新法兰西公司，并获得法国国王的特许状，该公司获准每年可向该地移民 200～300 人。1627 年新法兰西居民还不足 100 人，1641 年达 240 人，1663 年有 2500 人，1763 年增加到 6 万多人。在整个法兰西殖民地时期，法国先后有 1 万多移民来到这里，其余增加的人口，都是自然繁衍的。

17 世纪 80 年代，英法战争爆发。法军战败求和，将阿卡迪亚割让给英国，并放弃对哈德孙湾(Hudson Bay)和纽芬兰等属地的一切要求。18 世纪中后期英法在北美又发生了一系列武装冲突。1759 年，英法在魁北克决战，法军战败，丢失魁北克和蒙特利尔。1763 年，英法签订《巴黎和约》，法国被迫放弃加拿大和密西西比河以东除圣皮埃尔岛和米丘林岛以

---

① 韩笋生，迟顺芝. 加拿大城市化发展概况. 国外城市规划，1995(3).

② 高鉴国. 加拿大城市化的历史进程与特点. 文史哲，2000(6)；林玲. 加拿大城市化与城市经济的特点. 世界经济与政治，1993(7).

③ https：//thecanadianencyclopedia. ca/en/article/urbanization/.

④ 刘军. 加拿大. 北京：社会科学文献出版社，2015：56-57.

外的全部领土。加拿大从此成为英国殖民地。① 英国夺得法国殖民地后，在大西洋海岸逐渐建立起城镇，如1784年建造了圣约翰城市、1793年建成伦敦城等。②

在法国和英国殖民时期，加拿大城市主要是港口城市。因此，城市具有商业贸易、行政或军事职能的特点。一些城市成为殖民地产品供给中心和商品贸易的中转站，而另一些城市，如魁北克、蒙特利尔、哈利法克斯、圣约翰等，则逐渐成为殖民者帝国主义扩张的行政或军事中心。③

2. 商业时代(1820—1870年)

19世纪初至70年代，是加拿大经济发展的商品化时期，即商业阶段向工业阶段的转型期。④ 这一阶段的特点是当地商业利益集团对发展的控制日益增强。对木材和毛皮等资源出口的完全依赖有所减少，取而代之的是当地或地区市场对手工生产的新重视。一些城市开始承担起大城市的职能，主导着它们所在的地区。新的运输技术开始使用，特别是蒸汽动力运输、铁路和生产设备在工厂和工场广泛使用。银行、邮政、公共马车和其他定居点之间的联系有所增加。

随着帝国的方向变得不那么重要，城市的形式也发生了变化。土地调查和相关城镇规划促进了更有序的发展。运输路线、供水和污水处理服务开始决定了长远的发展方向。城市的功能开始分为住宅、商业和工业类别，也出现了以阶层等划分的城市区域。⑤

这一时期城镇人口在全部人口中的比例较低，但城市人口的增长率高于总人口的增长率。1851年加拿大总人口为243.5万人，城市居住的人口占总人口的13.1%。城市人口为0.7万~3万人的城市有多伦多等5座城市，占总人口的5.42%，0.1万~0.7万人的城镇人口占6.5%。⑥ 从19世纪20年代开始，一些村庄随着农业的开发而建立起来。

3. 工业时代(1870—1920年)

加拿大城市化进程的第三阶段始于19世纪70年代，由总理约翰·

① 刘军. 加拿大. 北京：社会科学文献出版社，2015：59.
② 李巍. 略论加拿大城市的起源. 史林，2008(2).
③ https://thecanadianencyclopedia.ca/en/article/urbanization.
④ 林玲. 加拿大城市化与城市经济的特点. 世界经济与政治，1993(7).
⑤ https://thecanadianencyclopedia.ca/en/article/urbanization.
⑥ A. R. McCormack, Ian Macpherson. City in the west. Winnipeg：University of Winnipeg，1974：276.

A. 麦克唐纳的国家政策和西部定居战略而推动的工业扩张，启动了加拿大的工业化进程。这一进程一直持续到20世纪20年代末，并实现了由铁路、电报、运河、邮局和电话系统连接的全加拿大城市系统的发展。新的西方城市开始出现。然而，在加拿大中部城市，特别是蒙特利尔和多伦多，经济实力集中，发达的工业资本主义及其对应的工业工人阶级出现了。正如1919年温尼伯大罢工(Winnipeg General Strike)所表明的那样，国家政治开始受到这两个集团之间的冲突的影响。城市发展比以往任何时候都更依赖于技术能力的重大改进。科学和工程被系统地应用于运输、电信、建筑方法和生产。沿着有轨电车线路快速扩张的郊区与中央核心的高楼结合在一起。城市化的各个方面都发展了：如郊区的面积、市中心建筑物的高度增加了，伴随着巨大工厂的商业企业组织变多了。土地利用日益专业化。曾应用于美国和英国的分区制度也从20世纪20年代末开始在加拿大得到广泛应用。①

总之，加拿大的工业化是从19世纪70年代才真正开始，也就是加拿大由英国殖民地上升为自治领之后。在随后的50年里，加拿大经历了第一次经济发展高潮(1896—1913年)，国家经济从几乎完全依赖原材料出口到世界市场来维持转变为以日益发展的加工和制造业为主，也就是开始了工业化进程。工业化又使加拿大城市化发展到上两个阶段所不可比拟的程度。1921年加拿大人口增加到880万人，城市化水平达到48.0%，这一水平与美国1920年的城市化水平大体相当(美国当年的城市化率为51%)。这一时期最令人注目的变化是加拿大西部城市的发展。② 1881年至1885年太平洋铁路的建造，带动了西部城市的发展，除了1862年建市的维多利亚城市和1873年建市的温尼伯城市外，其他主要城镇都是在这一时期出现的。③ 从1901年至1911年，加拿大草原地区的人口增加了90.32万人，达到132.3万人，增加了215.15%。城市数量在1901至1916年由3个增加到17个，城镇从25个增加到150个。④ 一些地区已经发展成为西部的中心城市，成为交通枢纽和工业产品交易的商业中心。

---

① https：//thecanadianencyclopedia. ca/en/article/urbanization.

② 林玲. 加拿大城市化与城市经济的特点. 世界经济与政治，1993(7).

③ 李巍. 略论加拿大城市的起源. 史林，2008(2).

④ Gilbert A. Stelter & Alan F. J. Aritibise. The Canadian city. Ottawa：Carleton Unoversity Press，1984：152.

4. 现代阶段(1920 至今)

加拿大城市化进程的第四阶段即现代阶段又可细分为以下三个发展阶段:①

(1)1920—1970 年：基本实现城市化阶段

加拿大城市化进程的第四阶段始于 20 世纪 20 年代，第二次世界大战期间，工业被动员用于国防生产。这种情况一直延续到 70 年代。新的"企业"城市的时代特点是大量使用汽车和卡车，分别取代电车和铁路运输。城市经济从以制造业为主转变为日益依赖于服务业。人口和经济活动开始不断扩散。

由于大量移民和战后国内"婴儿潮"，在这一阶段加拿大人口迅速增长。加拿大于 1871 年组织了第一次人口普查，人口为 370 万人。1901 年第四次人口普查时，全国总人口为 537.1 万人，在 1951 年第九次人口普查时，人口增加到 1400.9 万人，50 年总人口增加了 1.61 倍，年均递增 1.94%，年均增长人口 17.28 万人(见表 5-8)。

表 5-8　**1901—2001 年加拿大人口变动**

年份	总人口(万人)	10 年增长量(万人)	每 10 年的年均增速(%)	年份	总人口(万人)	5 年增长量(万人)	每 5 年的年均增速(%)
1901	537.1	—	—	1956	1608.1	207.2	2.80
1911	720.7	183.6	2.98	1961	1823.8	215.7	2.55
1921	878.8	158.0	2.00	1966	2001.5	177.7	1.88
1931	1037.7	158.9	1.68	1971	2156.8	155.3	1.51
1941	1150.7	113.0	1.04	1976	2299.3	142.5	1.29
1951	1400.9	250.2	1.99	1981	2434.3	135.0	1.15
				1986	2530.9	96.6	0.78
				1991	2729.7	198.8	1.52
				1996	2884.7	155.0	1.11
				2001	3000.7	116.0	0.79

资料来源：转引自张桂霞，李玲. 加拿大人口发展的空间差异及其变化. 世界地理研究，2004(2).

加拿大是一个移民国家。由于两次世界大战的原因，美国、英国、法

① https://thecanadianencyclopedia.ca/en/article/urbanization.

国、南美、欧洲及爱尔兰等国家的移民越来越频繁地向加拿大迁移。至1951年，加拿大的人口结构为：英裔及爱尔兰裔占总人口的43.8%，法裔占30%，印第安人和因纽特人占1.6%，其他民族占24.6%。2001年第十九次人口普查显示，全国总人口在1951年的基础上增加了1599.8万人，达到3000.7万人，50年增加了1.14倍，年均递增1.54%，年均增长人口32万人，是前50年的1.85倍。也就是说，20世纪后半期，加拿大人口增长速度渐缓，但增长量大。① 在这一阶段，加拿大的城市化水平从1921年的48.0%增长到1970年的75.7%，标志着加拿大已基本实现了城市化。

(2)1970—1990年：城市化稳定发展阶段

到20世纪60年代末，加拿大城市化进程迈入稳定发展阶段。主要特征是：旧城区核心区域的人口趋于平稳甚至下降。城市周边的郊区和区域大大扩张。历史悠久的、以前对农村移民有吸引力的城市，开始失去人口，而郊区人口在不断增长。然而，加拿大城市人口向郊区转移并不是像美国城市人口郊区化那样受到民族或种族因素的巨大影响。中等城市和郊区也发展壮大，其城市中心越来越大。农业的就业比例仍在下降。20世纪80年代，大城市吞并了毗邻的土地和市镇，以增加其税基。例如，通过兼并，埃德蒙顿的土地面积实际上翻了一番，到1986年，这一进程使该市人口增加了约10万新居民。②

总之，在这个阶段，前十年加拿大的城市化水平虽然没有大幅度提高，但在稳定中不断增长，城市化发展呈现出中小城市人口规模不断扩大，大城市数量越来越多的特点。后十年，城市人口与规模趋于平稳。1980年加拿大总人口为2550万，城市化水平达76%。大城市数量增加的情况是，人口超过10万的大城市有15个，人口超过百万的国家级大城市3个。随着人口不断向大中城市集聚，1986年加拿大总人口为2530.9万，城市化水平达76.4%，人口超过10万的大城市数量为28个(见表5-9)，到了1990年全国人口又增加到2779.1万，城市化水平达76.6%，大城市数量增加情况与1986年相同，这些城市的人口占全国人口的1/3。三个百万级城市人口占全国人口的31.6%，而600多个万人以下的小城镇里只有14.1%的居民。③

---

① 张桂霞，李玲. 加拿大人口发展的空间差异及其变化. 世界地理研究，2004(2).

② https：//thecanadianencyclopedia.ca/en/article/urbanization.

③ 韩笋生，迟顺芝. 加拿大城市化发展概况. 国外城市规划，1995(3).

表 5-9　**1986 年加拿大城市数量及规模**

城市规模(万人)	> 100	30~99.9	10~29.9	3~9.9	1~2.99	合计
城市数(个)	3	9	16	51	60	139
居住人口数(万人)	772.9	505.9	271.2	268.8	102.6	1921.4
占城市总人口比例(%)	40.2	26.3	14.2	14.0	5.3	100

资料来源：韩笋生，迟顺芝. 加拿大城市化发展概况. 国外城市规划，1995(3).

(3)1990 年至今：高度城市化阶段

20 世纪 90 年代以后，生活在城市地区的加拿大人口比例稳定在 80%左右。2010 年全国人口为 3415 万人，由占 42%的英裔，约占 26.7%的法裔，占 13%的其他欧洲人后裔，占 3%的土著，占 15.3%的亚、非、拉裔等构成。作为一个移民国家，加拿大的人口已经老龄化。人口自然增长率有效地减缓到零净增长。特别是多伦多和温哥华的高移民水平促进了这些城市的扩张，增加了它们的文化和种族多样性。退休和休闲社区开始在全国范围内蓬勃发展。较大的大都市社区继续增长。除了大都市的通勤棚(commuter-sheds)和有吸引力的休闲区，许多较小城市的人口减少了。

随着郊区吸引新的工业并比中部地区增长更快，分散城市化趋势仍在继续。然而，与此同时，较大的城市化地区正在扩大市中心或开发新的市中心。这种趋势的例子包括：温哥华市的伯纳比(Burnaby)、大多伦多的米西索加镇(Mississauga)中心和马卡姆镇(Markham)中心、蒙特利尔大都会的拉瓦尔(Laval)。这些趋势促使多中心城市地区的出现成为常态。

由一些世界上最高的建筑所主导的人口密集的城市核心，居住着大量的金融和其他服务业从业人员，他们通过互联网和手机系统连接全球。加拿大的城市一直有国际联系，最初联系的重点区域是欧洲，而现在许多加拿大城市不仅与其邻近的农村地区有联系，而且还与世界各地的城市同行建立了联系。例如：伦敦和上海金融市场、好莱坞和孟买娱乐中心、俄罗斯和哈萨克石油企业、拉丁美洲和澳大利亚矿业企业等。①

总之，自 1921 年以来，加拿大的经济发展经历了一个从工业化、城市化到现代化的全新的发展阶段。特别是第二次世界大战后，由于加工业、制造业和服务业的发展以及矿产资源的开发，加拿大的经济结构呈现出多元化的格局。经济的增长加速了人口的聚集，一些城市由于产业需求

① https：//thecanadianencyclopedia.ca/en/article/urbanization.

而成为具有经济特色的城市。人口迁移的空间范围更加分散，城市和都市圈的发展和郊区化已成为一种趋势。

(二)加拿大的城市化道路及其特征

加拿大从一个人口稀少、分散的农业国发展为一个发达的现代工业化国家，其城市化水平与世界发达国家一样，保持在较高水平。加拿大工业化、城市化起步较晚，与其他发达国家城市化发展历程相比，加拿大的城市化道路具有以下几个特征。

第一，工业化、城市化启动晚，但发展较快。加拿大是一个农业国家，其工业化发展比美国晚半个世纪。19 世纪上半叶，加拿大的制造业主要是传统农业产品的加工服务，如：面粉加工、木材加工和造船业等。产业单一、规模小，这些产业占当时工业总产值的一半。这期间，传统农业占主导地位，大多数人从事农业劳动，经济处于自然状态，人口分散，城市化还在萌芽阶段。19 世纪中叶，制造业进入快速发展时期，随着纺织工业的兴起，农业机械化的推广，钢铁、汽车、机械农具等制造业也被带动起来了，到了 1870 年，制造业产值达到 2.22 亿加元。不过，这一时期制造业存在区域差异，大量工厂的生产力水平还较低，吸收劳动力的能力在 5 人以下，因此，人口流动的范围有限。19 世纪后半叶，太平洋铁路的修建和海洋运输能力的提高，为制造业的腾飞打下了基础。农业产品的规模种植，促使相关产业的发展进入高潮，西部矿产的开采，加上加拿大政府大量吸收当时发达国家的科技创新成果，推动了钢铁、化工工业的技术进步，工厂规模、产业规模迅速扩大。至 1900 年，传统产业占比降至 30%以下，制造业产值达到 4.26 亿加元，较 1870 年增加了近一倍，钢铁、化工工业迈入工业初级发展阶段。这一时期，农业开始使用机械农具，劳动密集型的纺织业、钢铁铸造业等吸引了大量劳动力，人口开始向工业城镇迁移。20 世纪初期，铁矿资源的开发带动钢铁、铝业工业崛起，1913 年，铸铁产量达到 100 万吨。随着工业的发展，城市人口从分散转向集聚，人口流动加速，1921 年城市化水平达到 48.0%，初步实现城市化。第二次世界大战后，加拿大的炼铝工业、造纸、化工、滚动轴、光学玻璃等都大规模地发展起来了。1950 年，加拿大国民生产总值达到 144 亿加元，其中制造业占 31%，农业占 11%，已经实现了工业化。同年，城市化水平达到 60.0%，基本实现城市化。到 20 世纪 60 年代末，所有经济领域的生产力都达到了高度发展水平，加拿大进入了发达国家行列。20 世纪 70 年代以后，加拿大与美国成为全球最大的双边贸易伙伴。进入 21

世纪，制造业和高科技产业发达，在航空航天、有色冶金、信息通信、动力装备、电力水利、纸浆造纸、微电子软件、新能源新材料等产业方面拥有世界领先水平。城市化进程也达到高度城市化水平，并形成大都市和都市圈。

第二，高度发达的农业现代化推动城市化发展。加拿大是一个农业高度发达的国家，几个世纪以来，加拿大的农业一直是国民经济的重要组成部分，是世界第七大粮食生产国。加拿大农业生产水平经历了由低到高的发展过程，城市化的快速发展在很大程度上得益于农业现代化的发展。19世纪末，是加拿大农业发展的第一个时期。早期农业发展缓慢，移民的食物远远不能自给自足。随着西部拓殖和人口的增加，大片土地被开垦，矿业资源的采掘，推动了钢铁与铸造业的发展，农具也从传统型向半机械化转变。农业技术的提高，使农业产量翻番，加拿大从粮食净进口国跃升为粮食出口国。20 世纪 20 年代后，是加拿大农业发展的第二个时期，工业化的实现，一方面吸收了大量的农业劳动力，使农业生产由分散经营转变为大规模集约化生产，另一方面农业机械和养殖业、加工工业的发展迅速，收割机等机械化农具的大量使用，使农业生产率大幅增加，至 1950 年，农业基本实现机械化。20 世纪 50 年代以来，机械化农场占农场总数的比例提高，随着农业生产逐步向规模化、集约化、规范化的联合作业方向发展。21 世纪初，加拿大的农场总数约为 24.6 万个，每个农业劳动力配备两台拖拉机，承担 120 公顷耕地任务，大量农业、牧业、养殖业的生产过程通过大型农业机械和现代化设备在田间一次操作完成，提高了农民的农业劳动生产技能和生产效率，至此加拿大已成为世界上农业机械化高度发达的国家之一。

加拿大现代农业的高科技水平是农业经济的保证。一方面，通过开发和创新技术的引进，现代化农业设备种类齐全，谷物类的耕、种、排到收、储和加工，牲畜养殖到奶类生产加工，园艺和特产作物等全部机械化操作，大幅度提高了农、畜产品的产量。谷物总产量 1950 年为 2496.5 万吨，到 1986 年提高到 5696.6 万吨，36 年增加了 1.28 倍。1987 年，谷物净出口 2845.8 万吨，名列世界第二。1999 年，农产品出口总值超过 217 亿加元，占世界农产品贸易总值的 3.51%。其谷物、油菜籽、蔬菜、肉类及奶制品闻名于世。另一方面，农业生产高度机械化，使农业劳动力逐渐减少。1994 年和 2002 年加拿大农业劳动力分别为 39.2 万人、33 万人，占全国劳动力总数的 2.7%、2.14%。与此同时，农业及食品加工则成为第三大就业领域。1999 年该产业提供了 40.69 万个就业岗位，占全国总劳动力的2.8%。2002年提供就业岗位33万个，另外有150万人在食品加工的相关行业就业，占总就业人口的10.6%。① 农业现代化，提高了农业劳动生产率，促使农业劳动力转移，推动了城市化发展。

第三，城市化进程中人口增长的地域差异明显。首先，加拿大城市化发展过程中人口地域分布极不均衡，主要集中在中部省份魁北克、安大略和西部省份阿尔伯塔、不列颠哥伦比亚地区。除了阿尔伯塔省，其他三省早在1921年城市居民就超过50%。这四省中人口分布多的城市大多集中在南部一代，东南部与西南部自然资源、气候、交通条件优越，经济发达，人口聚集多，城市化水平较高。仅魁北克和安大略省南部就集中了全国人口的2/5，东南部的爱德华王子岛省，是加拿大最小的省份，面积只有55.56平方公里，大多数人一直居住在农村地区，1986年只有39%的人居住在城市地区。2001年安大略、魁北克和不列颠哥伦比亚、阿尔伯塔四省面积合计占国土面积的42.52%，人口合计占全国总人口的85%，其中，安大略省人口占比最高。②

其次，加拿大城市化进程中人口增长地域不均匀。人口的增长，除了自然禀赋外，主要依靠经济的发展。安大略是加拿大第二大省，是一个有着发达的工商业和银行业、汽车和钢铁工业、农业和旅游业的发达地区，人口超过1000万，创造了加拿大40%的收入。魁北克省是加拿大最大的省，占加拿大国土总面积的1/5，是造纸业、电力、纺织、食品加工等行业的中心，也是全国铁路、航空总站所在地。不列颠哥伦比亚省，占加拿大国土面积的10%，是加拿大第三大省，是铁路、水运、科技和文化中心。阿尔伯塔省城市化水平居全国第三位，全省有10个城市，占全国城市人口的13.0%，占全省总人口的67.2%。阿尔伯塔省拥有大量的石油、天然气、煤等资源，是石油工业与日化工业的集中地。20世纪后半期，上述4省经济发达，人口增长率较高(见表5-10)。③

表5-10　**1951—2001年加拿大分省(地区)人口增长率(%)**

省(地区) \ 时期	1951—1956	1956—1961	1961—1966	1966—1971	1971—1976	1976—1981	1981—1986	1986—1991	1991—1996	1996—2001
加拿大	14.8	13.4	9.7	7.8	6.6	5.9	4.0	7.9	5.7	4.0

① 吴纪先，赵德演，高玉芳. 加拿大经济. 北京：人民出版社，1980：27.
② 高鉴国. 加拿大城市化的历史进程与特点. 文史哲，2000(6).
③ 张桂霞，李玲. 加拿大人口发展的空间差异及其变化. 世界地理研究，2004(2).

续表

省(地区) \ 时期	1951—1956	1956—1961	1961—1966	1966—1971	1971—1976	1976—1981	1981—1986	1986—1991	1991—1996	1996—2001
纽芬兰省	14.8	10.3	7.8	5.8	6.8	1.8	0.1	0.0	-2.9	-7.0
爱德华王子岛省	0.9	5.4	3.7	2.9	5.9	3.6	3.4	2.5	3.7	0.5
新斯科舍省	8.1	6.1	2.6	4.4	5.0	2.3	3.0	3.1	1.0	-0.1
新布伦瑞克省	7.5	7.8	3.2	2.9	6.7	2.8	1.9	2.0	2.0	-1.2
安大略省	17.6	15.4	11.6	10.7	7.3	4.4	5.5	10.8	6.6	6.1
魁北克省	14.1	13.6	9.9	4.3	3.4	3.3	1.5	5.6	3.5	1.4
马尼托巴省	9.5	8.4	4.5	2.6	3.4	0.5	3.6	2.7	2.0	0.5
萨斯卡切温省	5.9	5.1	3.3	-3.0	-0.5	5.1	4.3	-2.0	0.1	-1.1
阿尔伯塔省	19.5	18.6	9.9	11.3	12.9	21.7	5.7	7.6	5.9	10.3
不列颠哥伦比亚省	20.0	16.5	15.0	16.6	12.9	11.3	5.1	13.8	13.5	4.9
育空地区	34.0	20.0	-1.7	27.9	18.7	6.0	1.5	18.3	10.7	-6.8
西北地区	20.7	19.1	25.0	21.1	22.4	7.3	14.2	10.4	9.0	-5.8
努纳瓦特地区									16.4	8.1

资料来源：转引自张桂霞，李玲. 加拿大人口发展的空间差异及其变化. 世界地理研究，2004(2).

最后，加拿大城市分布也存在地域差异。受自然条件的影响，加拿大多数城市由东向西分布于南部加美边界的狭长地带，这些城市因为发达的工业基础和四通八达的交通，人口增长速度快。北部地区自然条件恶劣，人口和城市分布稀少(见表 5-11)。

表 5-11　　**1986 年加拿大 139 个万人以上城市的分布情况**

城市规模组 \ 地区	不列颠哥伦比亚省	渥太华地区	魁北克省	草原地区	大西洋地区
百万人以上	1/138.1	1/342.7	1/292.1	0/0	0/0
30 万~99.9 万	0/0	5/237.5	1/60.1	3/208.1	0/0
10 万~29.9 万	1/25.6	5/85.1	3/41.9	2/33.8	5/80.0
3 万~9.9 万	10/57.1	14/89.2	14/62.6	7/32.9	6/27.0
1 万~2.99 万	13/23.9	17/27.7	13/23.6	10/15.7	7/11.7
合计	25/244.7	42/782.2	32/480.3	22/290.5	18/118

资料来源：Source Statistics Canada 1986；单位表示：城市数/人口数(万人). 转引自韩笋生，迟顺芝. 加拿大城市化发展概况. 国外城市规划，1995(3).

城市规模和城市面积关系不大，与经济发展密切相关，加拿大6个现代大都市都分布在南部人口众多的4个省份，而北部地区占国土总面积的39.29%，人口却只占总人口的0.31%。从表5-12可以看出，1986年最大的25个城市虽然只占国土面积的0.8%，但人口占59.9%，国民收入占66.5%，[①] 在国民经济中占有绝对重要的地位。

表5-12　**1986年加拿大各城市规模组概况**

	人口（万人）	占总人口（%）	面积（km^2）	占全国（%）	国民收入（亿）	占全国（%）
最大的25个城市	1515.5	59.9	71104	0.8	2049.9	66.5
其次的25个城市	187.2	7.3	24753	0.3	193.2	6.3
再其次的25个城市	165.8	6.6	197153	2.1	181.5	5.9
以上75个城市合计	1868.5	73.8	293010	3.2	2424.6	78.7
其余城市及地区	662.4	26.2	8927965	96.8	656.0	21.3
总计	2530.9	100	9220974	100	3080.6	100

资料来源：Statistics Canada 1986. 转引自韩笋生，迟顺芝. 加拿大城市化发展概况. 国外城市规划，1995(3).

第四，大城市圈是加拿大城市化后续发展的动力。加拿大大都市圈的形成始于20世纪70年代以后，基于资源产业的小城市，人口规模趋于稳中有降，而以高科技和服务业为主导经济的大都市，人口继续增长。大都市圈位于经济体系的核心，具有突出的贸易、制造、运输和金融功能，通过资本的持续发展，形成对周边城市和村庄的辐射与控制。1971—1994年，多伦多、蒙特利尔和温哥华地区的居民合计占全国总人口的比重从21%增加到32%，[②] 上升了11个百分点。2016年加拿大人口突破3500万人，而三大城市圈集聚的人口为1250万，占总人口的35.7%。此外，距三大城市圈2小时车程的中小城市，居住着1620万人，占总人口的46.3%，这些城市紧紧依附在三大城市圈的经济动脉上。

多伦多是加拿大第一大都市圈，大约600万人，具有丰富的煤、铁等矿产资源，水运价格低廉，它与美国东北部的大西洋沿岸城市一起在北美

① 韩笋生，迟顺芝. 加拿大城市化发展概况. 国外城市规划，1995(3).

② The Canada year book 1997. Statistics Canada，1997. 转引自高鉴国. 加拿大城市化的历史进程与特点. 文史哲，2000(6).

形成了一个制造业带，成为一个巨型工业区、全球汽车制造中心和机械制造中心。蒙特利尔是加拿大第二大城市和海港，也是加拿大历史最悠久的城市之一，人口 343 万。这里是金融机构总部、全国铁路、航空总站所在地，还是加拿大主要的文化中心。以温哥华为代表的西部城市，人口是全国总人口的 1/3，其中卡尔加里矿资源丰富，石油产业发展迅速，人口增速达到 31%，已经超过渥太华成为加拿大第四大都市圈。大都市圈的人口增长也不是平均分布的，都市圈边缘的增长速度明显高于其他地区，这说明城市在持续扩张中。

六、日本的城市化与城市化道路

（一）日本的城市化进程

日本国（Japan），简称日本，首都为东京（Tokyo），人口约 1392 万（2019 年 10 月）。日本全国陆地面积约 37.8 万平方公里，包括北海道、本州、四国、九州四个大岛和其他 6800 多个小岛屿，总人口约 1 亿 2616 万（2019 年 11 月），① 人口密度 347.8 人/平方公里（2017 年）。②

在亚洲的 40 多个国家和地区中，绝大多数是发展中国家和地区，日本是亚洲为数不多的发达国家之一。日本是典型的国土面积狭小和资源贫乏的国家，但在处理城市和乡村、城市人口和农村人口的关系方面有其独特的经验，其城市化道路也显示出自身的特点。

日本的城市化起源于明治维新时期（1868—1912 年），并且与工业化相伴而平行发展。明治维新给日本经济发展带来新的活力，其工业发展急剧膨胀，从 19 世纪后期纺织工业的崛起到战后重工业的迅速发展，使日本逐步形成了著名的太平洋沿岸工业地带，同时带来了人口向这些地区的聚集，导致城市化迅速发展（见图 5-3）。

图 5-3 显示日本城市化进程呈现出与其他国家相类似的“S”形曲线，且表现为明显的阶段性特征。根据日本历史上不同时期的特征，可将整个日本城市化进程大体上划分为四个阶段。③

---

① 中华人民共和国外交部．日本国家概况．https：//www.fmprc.gov.cn/web/.

② https：//data.worldbank.org.cn/country/JP.

③ 参见简新华，何志扬，黄锟．中国城镇化与特色城镇化道路．济南：山东人民出版社，2009：119-123.

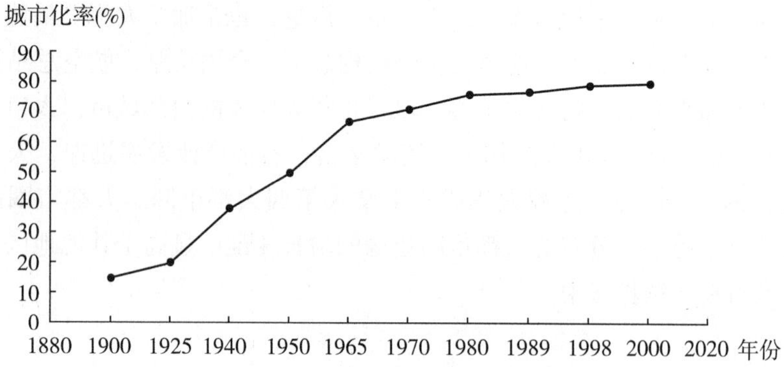

图 5-3　日本的城市化进程

资料来源：国家统计局城市社会经济调查总队，中国统计学会城市统计委员会. 2001 年中国城市发展报告. 北京：中国统计出版社，2002：256.

1. 城市化起步阶段(1868—1920 年)

1868 年明治维新前，日本是农业生产为主导的国家，当时农业劳动就业人数占总就业人数的 87.9%，工业就业人数仅占 4.1%，城市只有为数不多的几个。明治维新时期，日本天皇迁都东京，提出"富国强兵""殖产兴业""文明开化"的目标。1868—1885 年，日本在接收幕府和各藩经营的军工厂和矿山的基础上，引进英国等西方先进国家的技术设备，聘用外国专家和技术人员，建设了一批兵工厂、采矿场，以及以生产纺织品、水泥、玻璃、火柴为主的民用"模范工厂"，开始了工业化和城市化进程。

日本在明治维新后进行的一系列政治经济体制变革和城市改革，推动了城市化的发展。日本城市化初期，开始对城市进行扩展，推行了改造旧城、建立新城的举措。并且在 1871 年废藩置县，1889 年设立市町村制，当时一共建了 39 个市，这些新旧城市都一样，建筑密度大，道路偏窄，但路网密集。其中东京、大阪、名古屋由于建立了大机器工业，集聚了大量涌入城市寻找工作的农村、小城镇、小城市的人口，商业较兴旺，促进了经济的繁荣。这 3 个城市的城市人口分别从 1913 年的 99 万人、32 万人、39 万人猛增到 1920 年的 125 万人、43 万人、60 万人。一些偏内陆的城市或工业基础薄弱的城市，由于没有建立适应资本主义发展的大型企业，则发展缓慢。例如，原本是日本 5 大城市之一，位于日本海一侧的金泽，人口从 10 万人下降到 8.2 万人。①

第一次世界大战期间，日本的工业产值增长了 3 倍，快速完成了工业资本积累，工业产出首次超过农业产出。日本工业的持续增长导致对工人需求的增加，城市迅速集聚了大量迁移人口，城市数量和城市人口迅速上升。1889 年，城市数量为 37 个，城市人口与农村人口相比为 11.75：88.25，至 20 世纪 20 年代，城市数量上升到 85 个，城市人口与农村人口相比为 18.04：81.96，而村的数量从 5.8433 万个减少到 1.0796 万个，农村人口仍占绝大部分。

2. 城市化迂回停滞阶段(20 世纪 20 年代—20 世纪 50 年代)

1920—1930 年，超过半数的日本就业者到第二、第三产业就业，城市人口达到了 1544 万人，占全国总人数的 24%，有近 1/4 的人口居住在城市，人口和经济向城市区域集中，城市化开始进入启动阶段。1938 年日本城市化水平上升到 38%，与 1930 年相比增加了 12 个百分点。日本《国势调查》统计显示，人口增幅最明显的是 1920 年至 1935 年，城市人口超过 10 万人的城市 15 年间，人口增长了 1000 多万，年均增长 73 万。同期，城市总人口中新增人口 7 成以上。②《国势调查》资料还显示出战前人口集中流向东京一极的现象，1920 年、1930 年和 1940 年东京府的外地出生人口分别为 173 万人、264 万人、343 万人，分别占东京府人口的 46.8%、48.9%、47.4%。集中在城市的人口中有 65%是异地出生的，而这部分人口中，又有 46%的人口集中在东京、大阪、京都等 6 大城市中。20 世纪 30 年代的 4 大产业带——京滨、阪神、中京和北九州工业带促进了劳动力向重工业城市集中，随着新兴产业的发展，城市人口继续增长，到 1940 年日本城市化水平为 37.72%。

第二次世界大战期间，日本大量城市居民为躲避轰炸而迁居农村，1945 年日本城市化率降至 27.8%，与 5 年前相比下降了 9.92%。战争遏制了日本城市人口的增长趋势，中断了日本的城市化进程。战争结束后，大批退伍军人解甲归田，以前滞留海外的归国人员和城市遣散人员等返回农村，致使农村人口急剧增加，与此同时，城市人口有所下降，但城市的

---

① 满颖之. 日本城市化的历史演进及其发展趋势. 烟台师范学院学报，1986(2).

② 本多竜雄. 日本人口问题の史的解析. 农村人口问题研究：第 6 卷，1952，6：30. 转引自简新华，何志扬，黄锟. 中国城镇化与特色城镇化道路. 济南：山东人民出版社，2009：121.

数量仍在持续增长。战后重建激活了日本经济，再次引发大量日本国民移居城市以寻求工作，城市人口开始恢复性上升，到1947年日本城市化水平恢复到33.11%，但与1938年相比，还低6.89个百分点。

3. 实现高度城市化阶段(20世纪50年代—20世纪70年代)

这期间，由于战后初期通货膨胀的影响，日本经济的重建计划受阻。1950年爆发的朝鲜战争使日本的经济获得转机，工业产值急剧增长，城市人口又开始大量增加，1950年日本城市化水平迅速恢复到37.5%，日本城市化进入快速发展阶段。1955年，日本经济开始稳定增长，工业产量上升，市场商品逐渐充裕，城市人口占总人口的比重达到56.1%。1956—1973年日本经济高速发展，工业产值增长了8.6倍。这期间，日本城市区域的移民数量大幅度增长，城市空间也随之向外围扩张，由此形成了东京、大阪、名古屋3大城市圈。在移民高峰时期的1960—1964年，超过300万人口从欠发达的农村、集镇和小城市进入大城市圈。此后的20年，3大城市圈人口年均增长75万人，至1975年总计新增人口1500万人。2011年3大城市圈的人口近7000万，占全国总人口的61%，劳动就业人口占全国就业人口的2/3。此外，日本2/3的企业集中在3大城市圈内，其工业产值占全国总产值的3/4，是名副其实的政治、经济、文化中心。

这一时期，日本经济的快速发展，促进了产业结构的调整升级，产业发展的重点转向知识密集型产业，劳动力就业的产业需求也随之改变。1963—1973年，日本的农外部门年均向农民提供80万个就业岗位，其中近60%的岗位是第二和第三产业。产业的升级创造了更多的高质量的就业机会，劳动人口素质的提高，使城市化的发展在量和质的方面得以提升。1950—1970年，城市数量从254个增加到644个，增加了1.5倍多，而村的数量则从8357个减少到637个，减少了92.4%。① 1960—1970年，城市化水平以年均2.51%的速度增长，至1975年城市人口为8392.5万人，城市化率达到75.9%，日本已经实现高度城市化。

① 简新华，何志扬，黄锟. 中国城镇化与特色城镇化道路. 济南：山东人民出版社，2009：122.

4. 城市化的继续发展与完善阶段(20世纪70年代以来)

1996年日本城市化率为78%，比20年前仅仅高2%。21世纪初，城市化率为78.68%，4年只提高了0.68%，到了2014年，城市化速度有所提升，高达93%，① 日本城市化到了完善阶段。城市化进程从调整发展到完善，要从以下两个方面来分析。

一方面是由于20世纪70年代末的石油危机和90年代的亚洲金融危机，日本的经济遭受严重打击，经济增长率大幅下滑。企业在承受重创之时，纷纷寻找出路，将企业搬至劳动力成本、土地成本、原材料成本等较低的国家或地区。企业的迁移导致就业岗位锐减，城市工业吸收新劳动力的能力减弱，城市化速度明显放缓。另一方面是由于"大城市病"问题日渐突出，再加上农村地区的低廉房价和优美环境，出现了人口从大都市向外迁移的"逆城市化"现象。20世纪70年代中期后城市的移民总量迅速下降，大都市人口保持在相对稳定的水平上。在这一阶段，由于大城市的过度开发，城市的各种配套资源严重不足，环境破坏严重，日本城市人口开始从他们定居的大都市中迁出，搬迁至一些地方性的中心城市和小城市(镇)，致使一些小城市(镇)出现人口上升的现象。而大阪、名古屋等大都市区人口则出现负增长的局面。东京在1993年首次出现人口负增长，早在1990年人口就开始下降，当时总人口为816万，到了1992年底降至799万，减少了17万人。这一时期日本出现城市人口郊区化的特点，大城市人口的迁移，意味着人口城市化在日本大都市区域外的更大范围内实现。

城市化的高度集中所带来的城市病，迫使日本政府在20世纪70年代中后期，对过度集中的大城市开始实施分散性措施。通过将东京等各大城市的部分城市功能逐渐分散到周围的各县，建设区域多层次的城市化空间，大都市区的发展趋势越来越明显。20世纪80年代末，日本开始向全球化和信息化社会过渡，同时，加快了一些具有生产功能的工厂向周边地区甚至海外的迁移、扩散。而都市圈作为新一代信息技术及其相关产业发展的核心，其中枢的职能得到进一步强化。在都市圈的辐射带动下，周边的圈层由近到远发展成为具有特色的城市，如具有科技含量的专业性新城，远郊工业疏散、文化、娱乐城市

① United Nations, Department of Economic and Social Affairs, Population Division. World urbanization prospects: the 2014 revision. New York: United Nations, 2014: 198.

等。人口在大都市区周边集聚靠拢，城乡差别的界限越来越模糊，都市圈的辐射范围越来越广泛，尤其是东京圈，它最终形成了太平洋海岸的巨型城市带。

(二)日本的城市化道路及其特征

日本在明治维新时期还是一个农业国家，进入20世纪后半叶，日本城市化进程开始快速推进，只用了几十年时间城市化水平就达到西方发达国家的水平。日本城市化道路与其他发达国家城市化道路相比，具有的主要特征是：工业化、城市化和经济适度同步发展；工业化与技术革命是城市化的强大推动力；以大都市圈为主要城市化空间、大中小城市均衡发展；城乡协调发展。具体分析如下。

第一，工业化、城市化及经济适度同步发展。日本从工业原始积累发展到规模工业经历了100多年，这也是城市化发展的100多年，工业增长最快的时期也是城市化水平迅速提高的时期。因此，日本和其他大多数发达国家一样，走的是一条城市化与工业化及经济适度同步发展的城市化道路。经济快速增长，城市化水平也迅速提高。在城市化加速发展阶段(1940—1970年)，日本的国民生产总值每年都至少增长7%以上，从1960—1970年则以惊人的超过10%的速度增长，并于1967年跃居资本主义国家第二位。

第二，工业化与技术革命是城市化的强大动力。早在明治维新时代，日本的纺织、造船、水泥等传统产业就已经很先进了，当时劳动人口向城市聚集，就是在"产业革命"带动下进行的。20世纪40年代后期至50年代末，重工业的发展成为日本工业发展的重点，在政府的大力支持下，钢铁、煤炭、电力和造船四大产业发展迅速。到了60年代，日本的产业经济方向由重工业转向出口导向型经济，钢铁、合成纤维、炼油、石化、造纸等行业成为支柱产业。出口产品的需求，促使日本工业对劳动力的大量吸纳，加快了人口转移的速度，对城市化水平的提高起到了关键作用。第二次世界大战后，日本制造业的比重有所下降，但同时第三产业开始迅速发展。日本在完成城市化初级阶段后，从事第二产业和第三产业的劳动力比重都同时在增加，但后者增加的速度较快。从1950年到1970年的20年间，从事第二产业的劳动力比重增加了13.3个百分点，而第三产业增加了17.6个百分点(见表5-13)。可见，第三产业的发展在推动城市化进一步发展过程中的作用越来越大。从20世纪70年代开始，日本政府将更多的注意力转向知识密集型产业的发展，大幅增加科技投入，加强重点领域科技研究，由政府牵头，企业与大学等科研机构参与，形成三位一体的“移动科研体系”，让知识密集型产业稳步发展。同时积极引进、消化、吸收和改造国外技术，带动了日本技术革命。新技术的推广使用和技术改进大大提高了生产效率，进一步促进了工业的发展和经济结构的变革，第二产业比重开始不断下降，第三产业的发展更为成熟，成为城市化向高级阶段发展的后续动力。

表 5-13　　**1950—1980 年日本城市化水平和就业结构(%)**

年　份	城市化水平	第一产业	第二产业	第三产业
1950	37.5	48.3	21.9	29.7
1960	63.5	30.2	28.0	41.8
1970	72.2	17.4	35.2	47.3
1980	76.2	10.4	34.8	54.6

资料来源：王琥生，赵军山. 战后日本经济社会统计. 北京：航空工业出版社，1988. 转引自国家统计局城市社会经济调查总队，中国统计学会城市统计委员会. 2001 年中国城市发展报告. 北京：中国统计出版社，2002：259.

第三，大都市圈是城市化的主要空间特征。日本是世界上人口密度很高的国家，人口密度达 348 人/平方公里(2016 年)，比中国人口密度(143 人/平方公里，2013 年)高得多。在城市化过程中，由于日本地形复杂以及空间资源有限，经济发展又是外向型模式，工业化也是政府主导型等原因，在日本太平洋东北向西南延伸的一侧高度集中了城市、人口，这一带也是高经济增长地区。以东京为中心的日本东海道大都市带，从东京，经横滨、名古屋、大阪、神户、长崎，形成城市连绵区，三大都市圈，占地面积 10 万平方公里，约占国土总面积的 1/5。2011 年，该区域人口达到 7000 万左右，占总人口的 61%，同时集聚了日本工业企业和工业就业人数的 2/3，工业产值的 3/4 和 80%的经济总量，是日本政治、经济、文化活动的中枢地带。可见，城市圈(带)的形成和发展对日本城市化进程起到了至关重要的作用。

第四，注重建立和发展城市体系，走大、中、小城市共同发展的城市化道路。日本在城市化进程中，不仅注重发展有条件的大城市和特大城市，而且还积极发展中小城市。日本的城市发展经历了三次跳跃式的城市增长阶段，并带来城市化水平的较快提高。第一次是在 1935—1945 年的第二次世界大战期间，城市增加79个，由于战争原因，城市化水平下降；第二次是1945—1955年战后恢复时期，城市大幅度增加285个，城市化水平提高了28.5个百分点；第三次是1965—1975年经济飞速发展时期，城市增加83个，城市化水平提高了10.9个百分点(见表5-14)。表5-15显示，1995年，日本20万人口以下的城市为559座，占全部城市数的84%，人口占城市总人口的39.6%，而100万人口以上的城市虽只有11个，却占城市人口的25.8%。

表5-14　　**日本城市增长状况**

年份	城市数(座)	城市增加数(座)	城市人口(千人)	城市人口比重(%)
1920	83		10097	18
1925	101	18	12897	21.6
1930	109	8	15444	24
1935	127	18	22666	32.7
1940	168	41	27578	37.7
1945	206	38	20022	27.8
1950	248	42	31203	37.5
1955	491	243	50288	56.3
1960	556	65	59333	63.5
1965	561	5	66919	65
1970	579	18	74853	72.2
1975	644	65	84967	75.9
1980	647	3	89187	76.2
1985	652	5	92889	76.7
1990	656	4	95644	77.4
1995	665	9	98009	78.1

资料来源：国家统计局城市社会经济调查总队，中国统计学会城市统计委员会. 2001年中国城市发展报告. 北京：中国统计出版社，2002：261.

表5-15　　**1995年日本不同规模等级的城市及其人口**　　(座，千人)

20万以下		20万~50万		50万~100万		100万以上	
城市数	人口	城市数	人口	城市数	人口	城市数	人口
559	38770	84	26812	11	7137	11	25290

资料来源：国家统计局城市社会经济调查总队，中国统计学会城市统计委员会. 2001年中国城市发展报告. 北京：中国统计出版社，2002：261.

第五，城乡协调发展的城市化道路。日本在城市化起步阶段，农民占日本总人口的绝大部分，基本处于无地状态。当时明治政府废除了封建领主土地所有制，确立资本主义的土地私有制。通过土地改革，部分农民的土地要求得到了满足，阶级矛盾也在一定程度上得到了缓和。土地改革提高了农民的生产积极性和农业生产率，为工业化和城市化的快速发展创造了条件。随着城市化、工业化的快速发展，地主土地所有制和土地租佃制为主的封建制度已经成为障碍。为此，日本政府先后进行了两次以确定私有产权，落实“耕者有其田”为主旨的农地改革，制定了一系列涉及农地的所有、利用、开发、交易、转用、管制、规划与保护等各个方面的法律，形成了内容极为丰富、规范对象明确、规范条款翔实、可操作性强的日本当代农地制度。为工业化、城市化的发展奠定了坚实的基础。在城市化高度发达阶段，日本工业化发展迅速，经济高增长的同时，城市化也快速扩张，挤占了大量的农业用地，致使耕地面积逐渐减少。同时，离农人口剧增，农业生产者高龄化，农地抛荒现象严重。为此，日本政府一方面通过制定大量政策、法规以及采取有关措施来促进农业的发展，实现耕地的规模化经营，另一方面采取一系列有效措施，不断完善耕地保护与经营制度。① 总之，在城市化进程中，日本政府不仅制定了相应的城市发展政策，而且十分注重采取城乡均衡发展的方针，既完成了城市化进程，又实现了农业现代化。

七、主要结论与启示

(一)主要结论

本章通过对英国、法国、德国、美国、加拿大、日本这世界上六个主要发达国家的城市化与城市化道路的研究，可以得出如下主要结论：

1. 发达国家城市化的启动比发展中国家早得多

18 世纪以前，发达国家与发展中国家的城市化处于同一起跑线上。随着 18 世纪中叶英国工业革命的爆发，英国大量的农村人口迁移到城市，

① 曾宪明. 城市化进程中的农地制度变迁：国际比较研究. 武汉：武汉大学出版社，2016：176-177.

启动了英国的城市化进程，随后法国、德国、美国、加拿大、日本也先后启动了工业化和城市化进程。伴随着资本主义市场经济体制的逐步确立，发达国家纷纷实施对外扩张和殖民主义政策，掠夺资源、垄断世界市场，使许多发展中国家沦为殖民地或半殖民地，成为发达国家的原材料供应地和商品倾销地，延缓了发展中国家工业化和城市化进程。

2. 发达国家的城市化具有地区差异

发达国家由于国情、政策以及工业革命的启动时代不同，每个国家的城市化进程也存在较大的差异，这些差异表现在以下几个方面：第一，启动时间上的差异。工业化是城市化的发动机，因此各国城市化的启动时间取决于其工业化启动的时间。据此，发达国家城市化进程的启动时间分别是：英国始于18世纪中叶，法国始于20世纪30年代，德国始于20世纪40年代，而美国则始于18世纪末至19世纪初，加拿大开始于18世纪末，日本启动于19世纪末至20世纪初。第二，城市化速度上的差异。从城市化水平达到一定阶段所用的时间不同，可以比较各发达国家城市化速度的差异。英国城市化率从1801年的33.8%上升到1891年的72.0%，用了90年；法国从1851年的25.5%上升到1970的72.0%，用了119年；德国从1871年的36.1%上升到1970年的71.4%，用了99年；美国从1870年的25.0%上升到1965年的71.9%，用了95年；加拿大从1876年的20.0%上升到1965年的72.9%，用了89年；日本从1930的23.96%上升到1970年的72.17%，用了40年。因而，从城市化速度看，日本最快，法国最慢。第三，城市化模式的差异。城市化模式如果从不同角度分析的话，也存在差异。一种是将城市化模式分为三种：集中模式、分散模式以及介入两者之间的中间模式。其分析角度是以人口城市化和土地城市化的发展方式来划分的，就发达国家的城市化进程而言，可以将英国、法国、德国、日本划分为人口和土地城市化的集中模式，而美国、加拿大、澳大利亚和新西兰属于人口和土地城市化的分散模式，北欧和南欧则属于介于人口和土地城市化集中和分散之间的中间模式。另一种是将城市化模式分为两种：市场主导型城市化和自由放任式城市化。这是以城市化进程中政府和市场机制的作用以及城市化与工业化、经济发展的关系作为划分标准的，像西欧就是典型的政府调控下的市场主导型城市化模式，而美国则是自由放任式城市化模式的代表。

3. 发达国家城市化的进程与经济发展周期同步

首先，当发达国家处于经济高增长阶段时，人均收入也随之增高，此时其城市化率也提高，反之亦然。其次，当发达国家的工业化发展迅猛时，工业化率提升的同时，城市化率同样升高。最后，当发达国家农村人口向城市流动加速时，城市人口比重的提高与非农就业人数比重的增加比例同步。

4. 发达国家城市化进程是"六化"同步的过程

从发达国家城市化的历史过程可以看出，人口城市化的速度、规模决定土地城市化的速度、规模，土地城市化要与人口城市化相适应，工业化是城市化的发展动力，农业现代化助推城市化，工业化、城市化则反哺农业现代化，经济市场化是城市化高速发展的基础，市场全球化是高度城市化的必然结果。因此，城市化进程中的人口城市化、土地城市化、工业化、农业现代化、经济市场化、市场全球化基本上是同步的。

5. 发达国家乡村、城市人口流动自由

发达国家在城市化进程中，城乡的生活配套、交通、教育及资源配置几乎一样，城乡居民的保障体系也一致，没有制定对农村居民有"城市偏见"的政策和"农村歧视"的行为，也没有设置户籍制度等，因此农村人口向城市转移或城市人口的流动都是自由的，没有障碍和限制。

6. 发达国家城市化过程中不可避免的几个问题

一是城市病的问题，人口、土地的过度集中，导致城市住房、交通等资源短缺、环境破坏、社会骚乱、失业、贫困、犯罪等；二是过度郊区化问题，郊区化过度导致人力物力财力分散，城市聚集经济效益功能衰退，城市周围自然景观失去原有风貌；三是人口逐年减少的问题，城市人口出生率日趋下降的同时，老年化社会给发达国家造成劳动力严重不足、社会保障制度遭遇困境等问题。上述这些问题至今依然存在，但随着城市化的进一步发展和完善，情况会逐渐好转。

(二)启　示

基于对主要发达国家城市化进程与城市化道路的分析和比较，可以得到如下启示：

1. 工业化与城市化相互作用

工业化是一个高劳动生产率的产物，能创造出足够的物质基础。工业化进程带动了人口和经济活动的集中，从而推动了发达国家的城市化发展。城市化是工业化的产物，随着工业化的推进，技术变革给工业经济带来了繁荣，人口开始从分散地区流入城市而成为工业生产要素，促进了城市化的发展。城市数量、规模的扩大，提高了劳动生产率，提升了产业结构和城市的规模经济效应。工业化是城市化进程的物质基础，城市化为工业化服务，且制约着工业化的发展，此消彼长互为动力。英国、法国、德国、美国、加拿大、日本等发达国家的发展历程，印证了工业化与城市化的良性循环和相互促进关系。工业革命首先发生在英国，使英国成为世界上率先启动城市化进程的国家。工业化是现代文明的产物，为人们提供较传统农业更高的报酬，人口的流动不仅提高了农业经济的劳动生产率，也促使英国一些小矿业村转变为新兴工业城镇，因此英国城市数量、规模不断增加。法国工业化进程不同于英国，其小农经济导致城市化进程相对迟缓，并以中小城市的发展为主体。德国是工业化和城市化快速发展的代表，通过引进先进技术和提高创新能力，工业效率突飞猛进，使德国的工业发展紧跟英国，迅速占据世界工业的主导地位。产业实力的提高，使城市经济对农业人口的吸收能力增强，进而城市化进程迅速推进。工业化是美国城市化的直接动力，在工业革命的影响下，随着农业对劳动力需求的下降，美国的工业生产技术和生产资料得到改善，农村人口向城市迁移，促进了城市化进程。特别是 19 世纪末 20 世纪初美国出现了科技热潮，农业机械化和电力的应用、交通运输方式的改变对美国的城市化进程产生了重要影响。加拿大的工业化是从 19 世纪 70 年代才真正开始的，但随后 50 年的工业化进程，大大促进了加拿大的城市化发展，到 1921 年，加拿大城市化水平就上升到 48.0%，基本实现了城市化。日本的工业化和城市化起步较晚，到明治维新后才开始。直到第二次世界大战结束，日本的城市化仍落后于当时的欧洲和美国等工业化国家和地区。战后五六十年代，日本进入经济发展的黄金时期，在快速工业化带动下，城市化水平迅速提高，成为高度城市化的国家。

2. 城市化是一个由初期阶段向高级阶段发展的演变过程

发达国家城市化的自然演变通常经历了三个不同的发展阶段：首先是初期萌芽阶段，这一阶段城市化的速度较慢，生产率水平低下，人们获得报酬的途径有限，收入普遍较低，城乡差别不大，贫富矛盾和缓；中期发展阶段，科技进步促使生产效率提高，城市化进入了一个快速发展的时期，农业人口的大规模转移，使处于区位劣势的农业发展更加滞后，再加上国家政策的扶持力度明显偏向工业生产，因此，这一时期，城乡差距扩大，少数人拥有更多的财富资源；后期调整完善阶段，此时，城市化已经发展到了高级阶段，工业化区域人口密集，城市化人口占总人口的大部分，城市经济和产业结构的调整趋于合理。而由于人口的流动，在获得工业化提供的技术后，农业经济得到大的改善，农业生产率的大幅提高，农民收入的增加，缩小了城乡差别。在科学技术和工业背景下，各产业社会劳动生产率趋于平衡状态，城乡达到一体化。与此同时，从发达国家城市化的这些特征可以看出，城市化进程中人口集聚的关键是收入的分配是否对劳动者有吸引力。否则，城市化、工业化进程将面临困境。这就要求政府在城市化进程的不同时期，对出现的问题进行调控修正，比如：城乡收入差别的控制适度，可以避免贫富矛盾带来的社会冲突，避免农村经济遭受损害，避免城市病等。

3. 多元化的城市化道路

首先，从城市结构来看，各国由于历史、地理、经济、文化和自然条件等基本国情不同，有的国家走的是以大城市或大都市圈为主的城市化道路，如美国、日本等，有的则走以中小城市为主的城市化道路，如法国、德国等。① 所以走以大城市或以中小城市为主的城市化道路，还是走大中小城市并举的城市化道路，并没有固定的模式，而必须根据本国国情作出合理选择。其次，城市化的发展形式表明，每个国家的城市化道路不是单一的，而是多元化的。其发展形式体现在集中与分散相结合、内外协调、自下而上的城市化与自上而下的城市化并行。这些对于人口分布广泛，区域经济差距大的中国特别重要。

4. 发展农业现代化，逐步缩小城乡差距

城市化和农业人口减少加速了农业现代化进程，农业现代化推动了城市工业的发展和城市规模的扩展。随着工业化和城市化的完成，现代工业反哺农业生产，先进技术的使用，扩大了农业生产规模，提高了劳动生产

---

① 周牧之. 要小城镇，也要大城市圈：关于我国城市化发展的另一种思考. 中外交流，2002(10).

率和农民的收入，缩小了城乡差别。在发展农业现代化的过程中，发达国家政府一方面通过对土地的合理规划和分配将土地集中起来，发展现代化的农业规模经营。另一方面，关于农村剩余劳动力的转移，一是鼓励部分农村青年转移到城市企业就业；二是在政策的扶持下，促进青年农民创业，进行农业机械化生产，稳定农业经济的发展，避免农村劳动力盲目外流给城市造成压力，与此同时，转移到城市的农村人口，没有因为城市化的深化而降低生活质量。农业现代化的发展，推动了城乡一体化。

5. 以市场机制为主导与政府宏观协调相结合

发达国家的城市化进程中人口、土地、资本等经济要素的流动与配置，是以市场为主导与政府协调相结合的。发达国家城市治理的历史清楚地说明，完全依靠市场机制不能有效地解决诸如基础设施建设、污染治理、社会保障体系建设等问题，这时政府的合理干预和积极管理就显得尤为重要。因此，单靠市场机制或政府计划来推动城市化的单一主体发动方式都是不可取的。如：美国城市化早期奉行市场自由，缺乏政府的干预引导，导致过度的郊区化，致使城市发展规划的结构性失衡、城市的盲目扩散、土地资源的严重浪费和环境破坏等问题出现。由此可见，资本导向型城市化的发展中，自由放任的市场对非营利的"公共产品"的供给存在着"市场失灵"的问题。同样，城市化进程也不能完全依赖政府的力量，同时要发挥市场机制的作用。比如：在城市化和工业发展的过程中，日本政府在把市场行为和市场规律作为主体的基础上，制定了土地可持续发展与保护、基础设施建设、土地空间利用与产业布局的规划，以政府的协调弥补"市场失灵"，从而引导城市化的发展方向。目前，我国城市化进程中存在着政府过度干预和政府缺位的问题，可以借鉴发达国家城市化发展的经验，以市场机制为主导，政府行政、经济和法律调控相结合，以便实现经济发展和社会公平。

第六章　发展中国家的城市化与城市化道路

发展中国家的城市化进程，无论是从启动时间、地理分布、经济发展过程，还是从城市人口和农村人口的增长来看，与发达国家的城市化水平相比，都存在着很大的差异。从城市化的发展水平来看，发达国家城市化一般起步较早，发展较快，1950 年已发展到城市化基本实现的阶段，城市人口占总人口的比例为 54.6%。发展中国家城市化同时期还处于初步阶段，城市人口占总人口的比例仅为 17.6%。进入 21 世纪，发达国家城市化已经达到高度城市化水平，进入完善阶段，2015 年城市人口占总人口的比例为 78.3%，预计 2030 年将达到 81.5%。而发展中国家 2015 年和 2030 年城市人口占总人口的比例分别为 49.0% 和 56.2%，可见，2015—2030 年发达国家与发展中国家城市化水平将分别增长 3.2% 和 7.2%，发展中国家城市化增长速度将快于发达国家，但城市化发展水平还有 25.3 个百分点的差距。据有关预测，到 2050 年发达国家与发展中国家城市人口占总人口的比例将分别达到 85.4% 和 63.4%，差距将缩小至 22 个百分点(见表 6-1)。

表 6-1　　**1950—2050 年世界城市化发展状况**

年份	城市化率(%)			时期	城市化年均增长率(%)		
	世界	发达国家	发展中国家		世界	发达国家	发展中国家
1950	29.6	54.6	17.6	1950—1955	1.33	1.12	2.16
1955	31.6	57.8	19.7	1955—1960	1.29	1.07	2.13
1960	33.7	61.0	21.9	1960—1965	1.08	0.96	1.82
1965	35.6	64.0	24.0	1965—1970	0.57	0.84	1.06
1975	37.7	68.8	26.9	1975—1980	0.84	0.41	1.75
1980	39.3	70.2	29.4	1980—1985	0.92	0.33	1.83
1985	41.2	71.4	32.2	1985—1990	0.84	0.28	1.58
1990	42.9	72.4	34.8	1990—1995	0.81	0.26	1.41

续表

年份	城市化率(%)			时期	城市化年均增长率(%)		
	世界	发达国家	发展中国家		世界	发达国家	发展中国家
1995	44.7	73.3	37.4	1995—2000	0.83	0.24	1.32
2000	46.6	74.2	39.9	2000—2005	1.04	0.42	1.47
2005	49.1	75.8	43.0	2005—2010	1.00	0.35	1.38
2010	51.6	77.1	46.1	2010—2015	0.90	0.30	1.23
2015	54.0	78.3	49.0	2015—2020	0.79	0.27	1.05
2020	56.2	79.3	51.6	2020—2025	0.70	0.27	0.90
2025	58.2	80.4	54.0	2025—2030	0.62	0.26	0.77
2030	60.0	81.5	56.2	2030—2035	0.54	0.26	0.67
2035	61.7	82.5	58.1	2035—2040	0.49	0.25	0.60
2040	63.2	83.5	59.8	2040—2045	0.49	0.23	0.58
2045	64.8	84.5	61.6	2045—2050	0.48	0.22	0.57
2050	66.4	85.4	63.4				

资料来源：United Nations, Department of Economic and Social Affairs, Population Division. World urbanization prospects: the 2014 revision. New York: United Nations, 2014: 33.

从城市人口占世界城市人口的比重来看，发达国家与发展中国家城市化进程中城市人口占世界城市人口的比重在不断变化。1950 年，发达国家的总人口虽然只占世界总人口的 32.2%，但其城市人口达到 4.44 亿，占世界城市人口总数的 59.5%。而发展中国家城市人口只有 3.02 亿，仅占世界城市人口的 40.5%(见表 6-2)。1950 年以后，发展中国家的城市人口增长迅速，年增长率高达 4.68%(1950—1960 年)，这种速度不仅超过了同时期的发达国家，而且比发达国家以往的最高速度还要快，到 1970 年发展中国家城市人口(6.77 亿)超越了发达国家(6.73 亿)，随后两者的差距不断扩大。至 2015 年，发展中国家的城市人口(29.15 亿)几乎是发达国家(9.54 亿)的 3 倍多(见表 4-15)。2014 年发展中国家人口占世界总人口的 82.7%，城市人口占世界城市人口的 74.7%(见表 6-2)，随着发展中国家城市化的进一步发展，这两个数据的差距将逐渐缩小。到 2050 年，发展中国家的城市人口(约 52 亿)将约占世界城市人口的 82.4%，发展中国家的总人口将约占世界总人口的 86.4%。① 届时，发达国家的城市人口

① United Nations, Department of Economic and Social Affairs, Population Division. World urbanization prospects: the 2014 revision. New York: United Nations, 2014: 26.

(约11亿)只占世界城市人口的17.6%，其总人口仅占世界总人口的13.6%(见表6-2)。

表6-2　**1950年以来世界人口分布状况**

地区	占世界人口比重(%)					
	1950	1970	1990	2014	2030	2050
总人口						
发达国家	32.2	27.3	21.6	17.3	15.4	13.6
发展中国家	67.8	72.7	78.4	82.7	84.6	86.4
城市人口						
发达国家	59.5	49.8	36.4	25.3	20.8	17.6
发展中国家	40.5	50.2	63.6	74.7	79.2	82.4
农村人口						
发达国家	20.7	14.3	10.5	8.2	7.1	5.9
发展中国家	79.3	85.7	89.5	91.8	92.9	94.1

资料来源：United Nations, Department of Economic and Social Affairs, Population Division. World urbanization prospects: the 2014 revision. New York: United Nations, 2014: 26.

从发展中国家地域、资源禀赋等方面来看，不仅最不发达国家与欠发达国家城市化水平存在差异，而且各区域城市化水平也存在很大的差别。20世纪50年代，最不发达国家与欠发达国家城市化水平分别为7.3%和19.5%，相差12.2个百分点；2005年，最不发达国家与欠发达国家城市化水平分别为26.7%和45.6%，相差18.9个百分点，差距越来越大。据预测，2030年，最不发达国家与欠发达国家城市化水平的差距将在19%上下波动。而区域的城市化水平也参差不齐，2015年，非洲和东非的城市化水平分别为40.4%和25.6%，相差14.8个百分点；亚洲和西亚的城市化水平分别为48.2%和69.9%，相差21.7个百分点。拉美和加勒比的城市化水平已达到79.8%，高于欧洲和大洋洲；南美城市化水平高达83.3%，高于欧洲和北美(见表6-3)。可见，发展中国家的城市化水平差异很大。

表 6-3　　　**1950—2050 年全球重要地区城市化率(%)**

时间	欧洲	北欧	北美	大洋洲	亚洲	西亚	非洲	南非	东非	拉美及加勒比	南美
1950	51.5	69.7	63.9	62.4	17.5	28.8	14.0	37.7	5.6	41.3	42.8
1965	60.2	72.8	72.0	69.1	22.9	40.4	20.6	42.9	8.9	53.3	55.8
1975	65.4	75.2	73.8	71.9	25.0	49.0	24.7	44.2	12.4	60.7	63.6
1980	67.4	76.4	73.9	71.3	27.1	52.2	26.7	44.7	14.5	64.3	67.4
1985	68.8	76.8	74.7	70.7	29.8	57.5	28.9	46.0	16.1	67.6	70.9
1990	70.0	77.1	75.4	70.7	32.2	61.1	31.3	48.8	17.9	70.5	74.1
2005	71.7	78.9	80.0	70.5	41.1	65.9	36.3	56.5	21.8	76.9	80.9
2010	72.7	80.1	80.8	70.7	44.8	68.1	38.3	59.1	23.5	78.4	82.1
2015	73.6	81.2	81.6	70.8	48.2	69.9	40.4	61.6	25.6	79.8	83.3
2020	74.7	82.3	82.5	70.9	51.2	71.4	42.6	64.0	27.9	81.0	84.3
2025	75.8	83.3	83.4	71.1	53.9	72.8	44.9	66.1	30.3	82.1	85.2
2030	77.0	84.2	84.2	71.3	56.3	74.1	47.1	68.1	32.8	83.0	86.0
2035	78.3	85.1	85.1	71.7	58.4	75.5	49.3	69.9	35.4	83.9	86.8
2040	79.6	85.9	85.9	72.2	60.3	76.7	51.5	71.4	38.1	84.7	87.4
2045	80.8	86.7	86.7	72.8	62.3	78.0	53.7	72.9	40.8	85.4	88.1
2050	82.0	87.5	87.4	73.5	64.2	79.2	55.9	74.3	43.6	86.2	88.7

资料来源：United Nations, Department of Economic and Social Affairs, Population Division. World urbanization prospects: the 2014 revision. New York: United Nations, 2014: 204-214.

从农村人口增长来看，发达国家在城市化进程中农村人口逐渐减少，20 世纪下半叶城市化进入高度发展时期后，农村人口就形成了稳定下降的态势。2000—2005 年，发达国家农村人口年均减少 0.4%，5 年减少了 2%，此后递减态势还在延续。而发展中国家由于城市化进程还处于初级阶段，农村人口不仅基数大，而且有些区域的农村人口还一直保持着增长状态。2000—2005 年，发展中国家农村人口年均增长 0.5%，5 年增加 2.5%，至 2005 年，发展中国家农村人口占全球农村人口的 91%。① 这意

① United Nations, Department of Economic and Social Affairs, Population Division. World urbanization prospects: the 2005 revision. New York: United Nations, 2005.

味着发展中国家在城市化进程中，虽然城市人口在增加，且增速比农村人口快，但农村人口的持续增长将是一个新的困难。

本章主要选择巴西、印度、印度尼西亚、尼日利亚这四个发展中国家的城市化与城市化道路作为研究对象，主要是因为这四个国家都是当今世界上人口过亿的发展中大国，[①] 它们的城市化进程对世界城市化发展具有重大影响，也对世界上其他国家的城市化发展及城市化道路的正确选择具有十分重要的指导作用和借鉴意义。本章基于上述发展中国家城市化进程启动时间的先后，对这些国家的城市化与城市化道路逐一进行研究。由于位于南美的巴西城市化进程启动得最早，亚洲的印度稍后，印度尼西亚晚于印度，最后是非洲的尼日利亚，故本章在研究发展中国家的城市化进程时，也遵循先美洲，后亚洲，最后是非洲的逻辑顺序。

一、巴西的城市化与城市化道路

(一)巴西的城市化进程

巴西联邦共和国，简称巴西，位于南美洲东部，是拉丁美洲最大、人口最多、经济实力强大的国家，属发展中联邦制国家(由联邦、州和市 3 级政府组成)。首都为巴西利亚(Brasília)，人口 279 万(2019 年)，国土面积 851.49 万平方公里，仅次于俄罗斯、加拿大、中国和美国，居世界第五位，人口 2.1 亿(2019 年)，[②] 仅次于中国、印度、美国和印度尼西亚，也居世界第 5 位，人口密度为 25 人/平方公里(2017 年)。巴西不仅是世界第 7 大经济体，GDP 在南美洲排名第 1，而且拥有丰富的自然资源和完整的工业基础，是一个地地道道的地大物博而人口密度小的国家。[③]

巴西城市起源于其最早的土著居民印第安人生活时期，初步发展于葡萄牙殖民统治时期。巴西于 1822 年获得独立，此后数十年经济裹足不前，

---

① 在 2017 年世界人口排名中，巴西、印度、印度尼西亚、尼日利亚等 4 个发展中国家都是人口过亿的发展中大国，它们在各国总人口的排名中，分别排在第 5、第 2、第 4 和第 7 位。资料来源：http：//www.9ku.com/news/wenda/efd6c55f93c66250.htm，2018-12-12.

② 中华人民共和国外交部．巴西国家概况．https：//www.fmprc.gov.cn/web/.

③ 吕银春．经济发展与社会公正：巴西实例研究．北京：世界知识出版社，2003：5.

直到19世纪下半叶，随着咖啡经济的迅速发展和早期的工业发展以及欧洲、北美的资本和大量移民的涌入，经济才呈现出繁荣景象，并启动了巴西城市化进程。① 巴西城市化发展阶段大致可以做如下划分：

1. 20世纪30年代以前的城市化启动阶段

巴西于16世纪30年代沦为葡萄牙的殖民地，殖民经济基于农产品的出口，殖民者将其作为自己国家的农业和原材料的生产供给地。为了方便农作物的收购与运输，巴西最早的城市是与港口和农作物生产地相连的商品集散中心。17世纪末至18世纪，巴西矿产资源的开发，特别是贵金属和钻石的发现刺激了矿业的发展，吸引了大量的劳动力，矿区城市得到发展的同时，大量新市镇随之出现了。19世纪中叶，随着铁路的建成和大量咖啡的出口，铁路沿线出现了一些新城镇。19世纪末，随着进口替代工业和其他相关产业的发展，众多小城镇开始大量涌现，经济政治中心逐渐向东南沿海地区转移，大规模的欧洲移民的迁徙促进了巴西城市化的发展。

该阶段巴西的城市化进程表现出以下几个特点：一是城市数目显著增加。大批新兴城市相继出现。这一时期大约有500个新兴城市建立。二是城市规模明显扩大。例如，圣保罗城市人口从1890年的6.4万迅速增至1920年的57万，1895年后该城市人口每5年增长25%以上。里约热内卢在30年内从一个拥有55万人口的城市发展为115.8万人口的城市，占全国人口的4.2%，成为巴西最大的城市。三是东南部城市带初显端倪。由于早期工业集中于东南部地区，加之迅猛发展的咖啡经济，加快了东南部城市化的步伐，1920年，44.6%的人口集中到东南沿海地区。以里约热内卢、圣保罗、贝洛奥里藏特构成的城市带开始凸显。但是，这一时期二元社会经济结构特征得以呈现。巴西城市化速度较慢，城市人口的比重不大。巴西城市人口从19世纪80年代大约占总人口的10%增加到1920年的25%左右。城市化的范围有限，城市对乡村的吸纳力不强。这种二元社会经济结构是葡萄牙殖民统治的产物，巴西独立后几乎原封不动地秉承下来，且长期未有重大改变，成为巴西城市化进程的重要制约因素。

2. 20世纪30年代至80年代的城市化快速发展阶段

这一时期是巴西工业化和城市化的快速发展阶段。第二次世界大战

---

① 本小节资料除特别说明外主要来源于吴洪英. 巴西现代化进程透视：历史与现实. 北京：时事出版社，2001：246-264.

后，巴西为了改变单一的经济结构，加快了工业化的步伐。优质的铁矿石在产量和出口方面很快位居世界前列，在现代工业领域，将进口替代工业升级为耐用消费品产业，至20世纪50年代，巴西的工业产值10年间增长1.4倍，是拉美其他国家的3倍。20世纪70年代，巴西在钢铁、造船、汽车、石油化工、电力、纺织、建筑等行业建立了较为完整的工业体系。核电、通信、电子、飞机制造业、军工已进入世界先进国家行列。与此同时，巴西的服装、鞋类等劳动密集型基础类产业却大幅减少。随后，机器和设备，化学和汽车等重工业产业也大幅减产，该类产业所占GDP比重随之下降，巴西工业所占国内生产总值的比重也开始下降。

农业方面，由于巴西80%的可耕地集中在15%左右的地产主手中，农业资源利用率低，但增产潜力大。大量可耕地的集中有力推进了农业的大规模发展，加快了由传统农业向现代农业的转变。20世纪70年代，巴西凭借农业优势开始发展绿色能源，46%的可再生能源消耗燃料是从甘蔗、大豆、油棕等作物中提取出来的，成为世界绿色能源发展的典范。

工农业的迅速发展，促进了就业人口的结构性变化和人口向城镇的聚集，从而加快了城市化进程和农村劳动力流动，城市数量迅速增加，城市规模明显扩大。20世纪50至60年代的10年间，巴西城市人口增加了1270万，增加到3150万。城市数量增加了876个，增至2763个，其中，2万~10万人口的中等城市由96个上升到172个，10万~20万人口的大城市由9个增加到19个。1970年人口超过2万人的城市增加到了303个，人口在10万~50万人的城市有49个，人口超过100万人的城市有4个。同时，巴西城市人口的比重不断增加。20世纪40至60年代的20年间，巴西城市人口的比重增加了18.3%，增至44.7%。里约热内卢人口由151.9万增至493万，占全国总人口的比重由3.7%增至6.8%。

1970年，圣保罗人口达到806万，占全国总人口的8.4%。同时，城市人口与农村人口之比为55.8∶44.2，城市人口首次超过农村人口。1950年，在世界排名前30的大城市中，里约热内卢位居第16位，圣保罗排在第23位。1975年圣保罗(1070万)跃居第6位，里约热内卢(890万)上升至第11位。这一时期，城市人口的增长主要是由于乡村迁徙和城市人口的自然增长，它是巴西城市化的关键时期，是巴西从落后的传统乡村社会过渡到先进的现代城市社会、进而逐渐摆脱二元社会经济结构的至关重要的时期。

3. 城市化高速发展阶段(20 世纪 80 年代以来)

第三阶段是巴西城市化高速发展阶段。20 世纪 80 年代，巴西的产业结构进一步升级，向高科技领域发展。1980 年，巴西高科技密集型产业占国内生产总值的 10%左右，达到了最好的状态，同期，工业占国内生产总值的比重达到 21.3%。随后几十年，巴西受外债危机等因素的影响，宏观经济出现不稳定现象，使巴西的工业发展受到阻碍，导致其未能在工业领域成熟壮大。2015 年工业产值占 GDP 的 19.5%，比上年同期下降 6.2%。2016 年，这一比例降至 5.8%。同期，电气、计算机及电子行业占国内生产总值的比重由 1.1%下降至 0.9%。现阶段，巴西制定了完善的产业政策，进一步发展高技术产业，促进工业 4.0 的发展，进而加快整体经济发展。2017 年，巴西的 GDP 约为 2.056 万亿美元，人均 GDP 为 9821.41 美元，经济增长率为 0.98%。据世界银行统计，墨西哥、巴西和阿根廷是拉丁美洲三个经济发达的国家，加上委内瑞拉、哥伦比亚、智利和秘鲁，7 国 GDP 总值占该区域的 90%以上。

20 世纪 80 年代，巴西是糖、咖啡、柑橘、玉米、鸡肉、牛肉、烟草和大豆的主要生产国和出口国。2010 年，巴西在东南沿海一带种植了转基因大豆、玉米和棉花。2012 年，农业和畜牧业产量同比下降 2.3%，粮食总产量为 1.66 亿吨。巴西的转基因作物面积仅次于美国位居世界第二。

产业向高科技行业发展的同时，城市化也进入高速发展阶段。主要表现在以下三个方面：一是全国人口急剧向城市特别是少数几个大城市和特大城市集中。1980 年圣保罗人口达到 1250 万，占全国总人口的 10.3%，1990 年增至 1842 万，占总人口的 12.2%。2001 年，圣保罗以 1829.8 万人口成为仅次于东京(2645.6 万)的世界第二大城市，里约热内卢(1076.3 万)位居第 15 位。[①] 二是城市数量不断增多，相当数量的城市人口增加。1990 年巴西拥有 15 万人口的城市大约有 60 个，其中拥有 100 万人口的城市有 13 个，50 万~100 万人口的城市有 11 个，20 万~50 万人口的城市有 31 个。三是城市化速度放缓，但城市数量增加，城市之间的人口流动加剧，出现了城市化的结构性调整。圣保罗和里约热内卢两个大城市，1980—2017 年，城市人口由 2067.2 万增加到 3151.7 万，但这两个城市的人口占巴西城市人口的比重由 26%下降为 19%。同时，城市

① United Nations, Department of Economic and Social Affairs, Population Division. World urbanization prospects: the 2001 revision. New York: United Nations, 2001: 8.

人口规模在100万~500万人的城市数量增加了10个，增至18个，其城市人口比重增长了8%，增至25%；城市人口规模在50万~100万人的城市数量增加了7个，增至12个，其城市人口比重为5%保持不变；城市人口规模在50万人以下的城市人口增加了3697.5万，城市人口的比重却比减少了4个百分点。大城市数量不断增加，其城市人口占比也随之增加，而中小城市数量增加的同时，其城市人口占比表现出平稳与下降的态势。

(二)巴西的城市化道路及其特征

巴西城市化源自19世纪中叶，进入20世纪30年代后城市化步伐才明显加快，至20世纪80年代已基本完成城市化。纵观巴西城市化发展，可以说巴西走了一条先慢后快、超前过速、非均衡发展、城市病严重的城市化道路。具体分析如下。

第一，先慢后快的城市化道路。巴西城市化起步较早，但城市起点较低。巴西城市人口占总人口的比重不大，1920年城市人口才缓慢达到25%左右。巴西城市化的进程起先比较缓慢，后来不断加快。20世纪60年代末，巴西的城市化水平在超过50%之后提高得越来越快。20世纪70至80年代，城市化水平年均增长率约为1.2%，个别年份超过2%，巴西进入城市化的提速阶段。据有关资料，巴西的城市化增长率在拉美国家中是最快的。从城市人口所占比重看，1980年、1990年和1996年巴西城市人口比重分别达66.8%、75.6%和80.3%，而同期拉丁美洲平均城市人口比重分别为65%、72%和75.7%，巴西的城市化水平超过拉丁美洲平均水平。巴西城市人口比重从25%增长到70%，只用了近70年的时间，而英国用了90年，法国用了120年，美国用了90年，可见其城市化速度快于欧美发达国家，但巴西现代化进程却落后于其人口城市化。

第二，超前过速的城市化道路。从城市化与工业化及经济发展水平的关系来看，巴西城市化速度大大超过工业化速度和经济发展水平。巴西的经济增长从1967年开始步入快速发展阶段，1971年到1980年，巴西GDP年均增长率达到8.7%，人均GDP的年均增长率为6%。受1982年至2002年间的三次债务危机的影响，1981年至1990年，巴西GDP年均增长率只有1.7%，人均GDP出现0.3%的负增长。2003年至2010年，巴西经济年均增速为4.03%。但是，2008—2009年全球金融危机减缓了巴西的经济增长。危机过后，2010年巴西实施经济刺激政策，在国内生产和最终消费需求的持续推动下，国内生产总值快速增长，经济增长率跳跃到 8%(见图 6-1)。[1] 2015 年巴西经济增长率为负 3.8%，2017 年，巴西国内生产总值达到 20555 亿美元，全球排名第 8 位，同比增速 1%，结束了 2015 年和 2016 年连续两年负增长的局面。自 2011 年以来，巴西经历了经济滞胀，人均国内生产总值下降，家庭收入下降。根据世界银行的数据，巴西的人均国内生产总值在 2017 年开始回升，从 2016 年的最低值 8639 美元上升到 9821 美元，但与 2011 年 13167 美元的高点相比仍有差距。

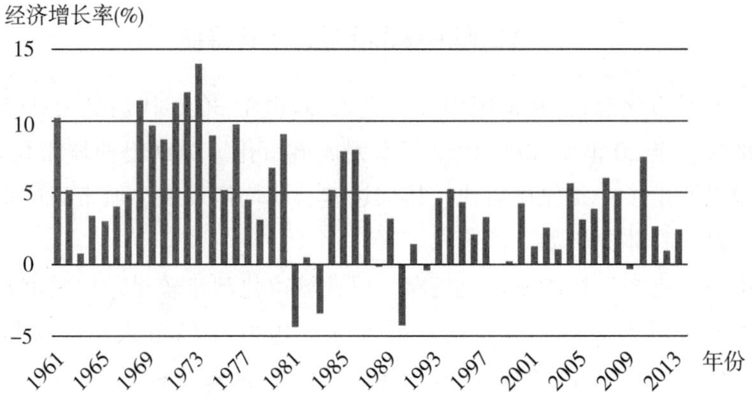

图 6-1　1961—2013 年巴西 GDP 数据图

资料来源：费尔南多·奥古斯都·阿德奥达托·韦洛索，莉亚·瓦尔斯·佩雷拉. 跨越中等收入陷阱：巴西的经验教训. 郑秉文，译. 北京：经济管理出版社，2013.

与经济增长起伏波动不同，巴西城市化率一直处于增长状态。1967 年至 1980 年，城市化水平年均增长率为 1.15%。1981 年至 1990 年，城市化水平年均增长率为 0.66%。巴西经济在 2015 年出现负增长，但城市化率达到 85.7%(见表 6-4)，与发达国家的水平相同。这充分表明，巴西的城市化水平明显超前于经济发展水平，是一种超前过速的城市化。

表 6-4　**巴西城市化率与 GDP 增长率(%)**

年份	1965	1967	1970	1975	1980	1985	1990	1995	2000	2005	2015
城市化率	50.3	52.5	55.8	61.7	67.4	71.3	74.8	77.8	81.2	84.2	85.7

① 费尔南多·奥古斯都·阿德奥达托·韦洛索，莉亚·瓦尔斯·佩雷拉. 跨越中等收入陷阱：巴西的经验教训. 郑秉文，译. 北京：经济管理出版社，2013.

续表

年份	1965	1967	1970	1975	1980	1985	1990	1995	2000	2005	2015
GDP 增长率	3. 05	4. 92	8. 77	5. 21	9. 11	7. 95	-4. 30	4. 2	4. 36	2. 9	-3. 55
人均 GDP 增长率	0. 17	—	6. 11	2. 76	6. 59	5. 69	-5. 92	2. 65	2. 85	1. 5	-3. 2

资料来源：United Nations. Statistical Yearbook for Latin America and Caribbean. New York：United Nations，2004.

从产业就业人口的分布情况看，巴西的城市人口增长远远快于工业化。20 世纪 70 年代以后，工业在整个经济结构中所占的比重逐渐下降，70 年代中期，巴西制造业就业人数占总人口的 20%，而城市人口已占总人口的 61%。与此同时，服务业占比大幅上升(见图 6-2)。[①] 1990 年工业占比下降到 30%以下，服务业占比近 67%。同期，服务业就业的劳动力占总劳动力的 56. 8%，工业领域的就业人口比重为 23. 4%，农业就业人口比重为 19. 8%。1990—2009 年，在巴西就业结构中，农业就业比重由 22. 8%降至 15. 9%，表明农业不可能再大量吸纳新增劳动力，发展相对不足的第二产业也只能吸收 20%左右的劳动人口就业，绝大多数劳动力被驱逐到第三产业就业。巴西服务业就业比重远高于高收入国家，但是服务业所创造的产值却大大低于高收入国家。[②] 这些数据表明，巴西的工业发展不足，城市人口主要受雇于传统服务和商业部门。2017 年巴西工业在 GDP 中的比重已经下降到 21%，服务业占比高达 72. 8%，比日本(68. 78%)、德国(68%)、韩国(52. 84%)等国家还要高。

因此，相对发达国家而言，巴西的城市化发展大大超过了巴西经济所能承受的能力和经济发展水平，走的是一条过度型城市化道路。城市化的超前过速，不仅造成城市化的过度膨胀和虚假现象，引致一系列城市病，而且造成巴西社会经济发展的不协调。

巴西城市发展过度主要是由推力因素而非拉力因素引起的。2009 年巴西农村人口约 3300 万，城市人口与农村人口的比例是 83 : 17，显然，农村人口减少了。但是，基于巴西的特殊土地制度，其农业生产率并没有因此而获得提高。巴西实行封建拉美型土地制度，70%的土地为私人有

---

① 巴西去工业化：丢掉实体经济到底有多可怕？http：// blog. sina. com. cn/s/blog_bec7c50e0102ytdl. html.

② 曹宗平. 巴西城市化“超前”与产业和就业结构“滞后”间失衡性研究. 求索，2014(9).

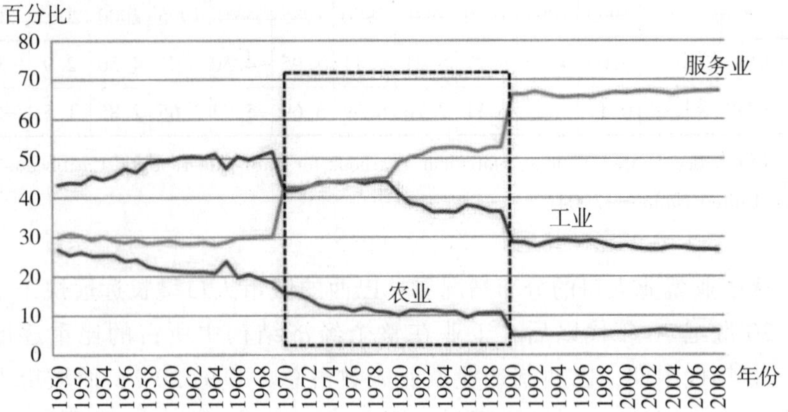

图 6-2 巴西三次产业结构变化(1950—2008 年)

资料来源：巴西去工业化：丢掉实体经济到底有多可怕？http：//blog. sina. com. cn/s/blog_bec7c50e0102ytdl. html.

所，农民只占有极少量的土地。1980 年，巴西 1 公顷以下的微型农户为 47 万户，占全国总农户的 9. 1%，只占有土地 28 万公顷，仅占全国注册土地的 0. 1%，而拥有 1 万公顷以上的农户仅 2345 户，占全国总农户的 0. 04%，却占有土地 6000 万公顷，约占全国注册土地的 16. 4%。此外，巴西全国还有 1500 万农业劳动者完全没有土地。① 从表 6-5 可以看出，在 1940—1985 年的 45 年中，10 公顷以下的小农，其农户数和面积比重有所上升，1985 年其农户数占总农户的一半以上，而持有土地仅占总农牧用地面积的 3%以下；10～100 公顷的小农，数量占 37. 2%，面积占总农牧用地面积的 18. 5%；100～1000 公顷的中等农户，数量占 8. 9%，面积占总农牧用地面积的 35. 0%；而 1000 公顷以上的大庄园和资本主义农场(种植园)，数量占总数的 0. 9%，土地却占总农牧用地的 43. 8%。② 大型庄园农业与小农户农业并存，大型庄园农业是以大豆、甘蔗、咖啡、可可等出口农产品为主的现代商业农场，自给型小农户主要生产劳动生产率和经济收入都很低的木薯、黑豆等。此外，巴西还有 1000 多万无地农民，生活在社会的底层，大部分仍处于赤贫状态。

① 陆国俊，金计初. 拉丁美洲资本主义发展. 北京：人民出版社，1997：204-207.

② 何百根，梁文宇. 拉丁美洲农业地理. 北京：商务印书馆，2003：236.

表 6-5　　巴西土地占有形式的规模分布(%)

年份	10 公顷以下		10~100 公顷		100~1000 公顷		1000 公顷以上	
	农户数量	用地面积	农户数量	用地面积	农户数量	用地面积	农户数量	用地面积
1940	34.3	1.5	51.3	16.7	12.8	33.5	1.5	48.3
1950	34.4	1.3	51.0	15.3	12.9	32.5	1.6	50.9
1960	44.8	2.3	44.7	19.0	9.4	34.4	1.2	44.2
1970	51.3	3.1	39.4	20.4	8.4	37.0	0.9	39.6
1975	52.2	2.8	38.1	18.6	9.0	35.8	0.8	42.9
1980	50.4	2.5	39.1	17.7	9.5	34.8	0.9	45.1
1985	53.0	2.7	37.2	18.5	8.9	35.0	0.9	43.8

资料来源：何百根，梁文宇. 拉丁美洲农业地理. 北京：商务印书馆，2003：236.

与这种土地集中相适应，巴西大规模农业企业广泛采用机械化生产，形成了对农村劳动力的巨大的“推力”，而城市现代部门又没有能力吸纳日益增多的求职者。因此，流入城市的劳动者很难在城市正规部门谋到职位，而不得不在生产率低下的非正规部门找一个仅仅能糊口的工作。结果出现城市人口膨胀，城市贫困与乡村贫困并存的“生计型城市化”(subsistence urbanization)。

第三，非均衡发展的城市化道路。巴西城市化发展的非均衡性主要表现在两方面：一是各类城市地域分布不平衡。人口规模在 10 万人以上的城市，居住了全巴西超过 51%的人口，其中人口规模最大的 9 个城市都集中在东部沿海地区。1980 年，人口超过 2 万人的城市，59%在东南部；仅 4%在北部；19%在东北部；南部占 13%；仅 5%在中西部。从表 6-6 可以看出，1990 年巴西 58 个主要城市有 28 个分布在东南部，① 11 个分布在南部，东南部和南部等经济社会发达地区包揽了全部 58 个主要城市中的 39 个，占 67%，而中西部、东北部和北部等经济社会发展落后地区只有 19 个主要城市，占 33%。此外，1990 年在巴西人口 200 万以上的全国最大 4 个城市中，排前 3 位的圣保罗(人口 1113 万)、里约热内卢(人口 604 万)和贝洛奥里藏特(人口 242 万)都分布在东南部，只有萨尔瓦多(人口 205 万)位于东北部。二是城市化集中程度较高。巴西的主要经济

① 1941 年巴西官方统计机构根据巴西的自然地理、经济发展水平、人文因素将巴西全国划分为五大地区：中西部地区、东北部地区、北部地区、东南部地区和南部地区。前三个地区为经济社会发展落后地区，后两个地区为经济社会发达地区。

区分为北部、东南部、南部和中西部，东南部地区是巴西经济最发达的地区，拥有最好的基础设施和最高的劳动力成本，拥有57%的GDP和近一半的人口。城市人口主要集中在东南部沿海区域的圣保罗、里约热内卢、萨尔瓦多、好景市、巴西利亚等大城市，北部和中西部的内陆地区人口较少。2012年巴西最大的城市圣保罗有2039万人口，占总人口的12%。拥有超过100多万人口的城市组成的城市群，其城市人口合计占总人口的40%。城市的高度集中，主要是巴西经济的发展区域出现较大差异造成的。受殖民经济的影响，巴西的工业化、城市化的发展是从南开启往北延伸，从沿海向内陆进行的，东南沿海经济发展时间长，工业化程度高。20世纪90年代末东南沿海一带的国内生产总值占全国国内生产总值的60%左右，1997年人均产值为8381美元。[①] 而巴西北部地区，基础设施极其缺乏，交通也不发达，经济发展十分缓慢，1997年人均产值为2267美元。在殖民地初期，东北部地区曾一度是巴西经济较繁荣的地区。虽然有许多河流和湖泊，但随着经济中心的转移，没有资金安装灌溉系统，再加上常年干旱，农业基本上是“靠天吃饭”。小农户也只能依靠传统的耕作方式，甚至砍刀和焚烧，资源的破坏十分严重。东北地区在经济上一蹶不振，1997年人均产值为2220美元，成为巴西最贫困的地方。由于工业集聚，2010年面积不到全国1/3的东南海岸几百公里的狭长地带，集中了全国85%以上的人口。东南部、南部地区随着大量的资金投入，现代科学技术和管理方法的运用，迅速成为巴西经济和社会发展最发达的地区。巴西地区与城市化的非均衡发展，也是葡萄牙殖民统治的产物。像圣保罗、里约热内卢、萨尔瓦多等这些世界著名大城市，盛行欧洲文化，排斥印第安人和黑人文化，与周围地区相对疏远，与其他城市发展不同步。这些由葡萄牙殖民者建立和发展起来的港口城市，既是巴西城市化的重要基础，又是巴西城市化的推动力，同时也是影响巴西城市化均衡推进的障碍。[②]

表6-6　　　　巴西主要城市分布情况(1990年)

地区＼人口规模	100万以上	50万～100万	20万～50万	15万～20万	各地区城市数	所占比重(%)
东南部	4	7	14	3	28	48

① 吕银春. 巴西对落后地区经济的开发. 拉丁美洲研究，2000(5).
② 吴洪英. 巴西现代化进程透视：历史与现实. 北京：时事出版社，2001：262.

续表

地区＼人口规模	100万以上	50万～100万	20万～50万	15万～20万	各地区城市数	所占比重（%）
南部	2		8	1	11	19
东北部	3	4	5	—	12	21
北部	2	—	2	—	4	7
中西部	2	—	1	—	3	5
合计	13	11	30	4	58	100

资料来源：根据吴洪英. 巴西现代化进程透视：历史与现实. 北京：时事出版社，2001：252-255的有关数据整理而得。

第四，城市病严重。所谓城市病，是指在城市化过程中，农村人口集中进入大都市，而城市由于在住房、医疗、卫生、就业、教育等方面不能及时满足和适应大量聚集人口的需要，从而引起一系列社会、经济问题。具体表现在以下几个方面：①大城市人口增长过速。城市人口过度集中在少数大城市，导致城市的极端扩张。如：圣保罗、里约热内卢。1950年到1980年，城市居民分别增加了1130.2万和832.3万。②就业岗位严重缺乏。城市人口过度膨胀，劳动人口在增加，但经济萎缩导致工作岗位减少，就业机会不足，失业率自1998年以来一直居高不下。2016年巴西失业人数达到1180万人，与2015年相比增加37%，失业率为11.5%，是2012年来的最高值。2017年，巴西失业率高达13.32%，而大多数其他主要发展中国家的失业率仍低于8%。印度的失业率为3.52%，印度尼西亚的失业率为4.18%，越南的失业率为2.05%，拉丁美洲的墨西哥为3.42%。③贫富差距大。由于殖民时期土地资源掌握在少数人手中，导致居民收入分配的两极分化现象十分严重。至今虽然贫富差距缩小了，但贫困率依然很高。1999年巴西占总人口1%的富人，掌控了53%的国家财富。2010年巴西的人均GDP超过了10000美元，生活在贫困中的人的比例已经减半，基尼系数连续下降了11年。2012年近2500万城市人口生活在贫困线以下，城市贫困率达到15.9%。2017年，巴西有4.2%的人口处于贫困线以下，其中4%为极贫困人口。④城市环境污染严重。城市交通、公路也是经济发展的瓶颈。巴西在基础设施方面投资不足，机场设施落后，铁路覆盖不足，完成的铁路线主要在东南部和北部。港口大多数需要扩大，以提高其基础设施水平和货运能力。城市落后的配套设施和有限的空间，无法满足增速过度的城市人口，导致城市空间拥挤不堪，造成了大量城市贫民，引发各种疾病和暴力犯罪行为，使城市环境遭受严重污染与破坏。圣保罗已成为世界上第四大被污染的城市。①

尽管巴西在短时间内取得了令世人瞩目的城市化成就，但其过度的人口城市化背后的一些问题也令人十分担忧，如城市贫困问题、农业发展滞后问题、城乡差距扩大问题、城市环境问题、失业严重，等等。不解决好这些问题，巴西的现代化进程就难以顺利完成。

二、印度的城市化与城市化道路

印度是南亚地区最大的国家，英联邦的会员国之一，首都为新德里(New Delhi)，人口2500万。土地面积约298万平方公里(不包括中印边境印占区和克什米尔印度实际控制区等)，居世界第7位。人口13.24亿，居世界第2位。② 人口密度为450.4人/平方公里(2017年)。③

印度具有悠久的城市文明，早在17世纪中叶，印度的一些城市已经由简单的易货交易发展成为手工业生产及商品贸易中心，城市人口超过10万人，城市具有一定规模的街道、排水及供水系统。1757年，印度成为英国殖民地，城市的发展在工业经济的停滞中进行，这种畸形的城市化发展模式，致使印度经济的二元结构特征十分显著。

当代印度社会经济发展速度较为迅速。2017年印度GDP达到2.6万亿美元，排名世界第六位，④ 列在美国、中国、日本、德国、英国之后，印度的城市化水平在2017年仅为32.8%，比中国低近26个百分点，低于发展中国家的平均水平。

(一)印度的城市化进程

印度是一个人口较多的农业国家，2015年全国仍然有67.3%的人生活在乡村，⑤ 是世界上城市化水平较低的国家之一，而且其城市化步伐也

① 国家发改委产业发展研究所美国、巴西城镇化考察团. 美国、巴西城市化和小城镇发展的经验及启示. 中国农村经济，2004(1).

② 中华人民共和国外交部．印度国家概况．https：//www. fmprc. gov. cn/web/.

③ https：//data. worldbank. org. cn/country/IN.

④ 印度2017年GDP超越法国　成为世界第六大经济体. https：//news. sina. cn/2018-07-13/detail-ihfhfwmu2895459. d. html? pos=3&vt=4.

⑤ United Nations，Department of Economic and Social Affairs，Population Division. World urbanization prospects：the 2014 revision. New York：United Nations，2014：207.

比较缓慢。① 印度的城市化进程可分为以下三个阶段。

1. 城市化萌动时期(1920 年以前)

在这一阶段，印度的城市化水平极其有限，长期徘徊在 10%左右，其城市化的基本动力来源于商业交易活动而不是工业。殖民统治使印度沿海大城市的商业港口、交通枢纽和原材料集散地被建设成多个商业中心，作为向印度倾销商品和掠夺原料的据点。19 世纪后半叶，英国殖民者在资本市场、铁路建设及电报设施等行业大量投资，以港口为中心，向内地农矿产区等大规模修筑铁路，同时引入现代工业，导致印度农业和手工业密切结合的传统经济被彻底摧毁，一些古老城市也开始向近代城市转变，印度的经济和城市沦为与殖民主义融合的畸形产物。首先，工业停滞导致大量城市人口失业，农业缓慢发展，致使成千上万的贫困农民流入城市，城市人口急速增长。其次，由于殖民者的掠夺，一些区域的城市商品贸易及商业服务快速发展，导致城市人口逐渐增加，然而，城市的发展缺乏工业经济的支撑，因此，印度的城市化发展总体水平不高。1872 年至 1901 年的近 30 年，印度城市人口增加了 796 万，达到 2585 万，城市人口的比重提高了 2. 12 个百分点，达到 10. 84%。1901 年到 1921 年的 20 年间，印度的城市人口增长了 224 万，达到 2809 万，城市化水平上升了 0. 33%，至 11. 7%(见表 6-7)，城市化发展仍处于较低水平。

2. 城市化起步阶段(1920—1947 年)

这一阶段印度的城市化水平一直持续上升。这主要是因为：其一，印度人口开始从高死亡率中得以恢复元气，新增人口也迅速增长；其二，1917 年以后印度实行逐步自治，到 20 世纪 20 年代，印度工业取得了显著的发展。1924 年的《钢铁保护法案》促进了 Tatas 钢铁在国内的市场份额由 17%上升到 30%；纺织机的数量在 1923 年翻了一番。可见，工业化作为城市化进程的引擎作用已经显现。不过，这一时期印度的城市化发展依然相当缓慢，城市化水平从 1921 年的 11. 17%提高到 1951 年的 17. 29%，

① 印度根据以下几点定义城市：①拥有行政区划、法人地位、行政级别及公开宣布的市政委员会的地区；②或能满足下列标准的地区：a. 至少拥有 5000 人口；b. 至少有 75%的男性人口从事非农职业；c. 每平方公里的人口密度至少是 400 人。此外，大型项目集聚地、工业区、铁路枢纽及重要的旅游景区也被视为城市区域。参见鲁达尔 · 达特，K. P. M. 桑达拉姆. 印度经济(上). 雷启淮，等，译. 成都：四川大学出版社，1994：100-101；国家统计局城市社会经济调查总队，中国统计学会城市统计委员会. 2001 年中国城市发展报告. 北京：中国统计出版社，2002：274.

30年仅提高了6.12个百分点，年均增长率仅为0.2%(见表6-7)。

表6-7 印度城市与农村的人口变化

人口普查年份	农村			城市		
	人口(百万)	占总人口比重(%)	10年中增减(%)	人口(百万)	占总人口比重(%)	10年中增减(%)
1901	212.5	89.16	—	25.8	10.84	—
1911	226.2	89.71	6.40	25.9	10.29	0.35
1921	223.2	88.83	-1.29	28.1	11.17	8.26
1931	245.5	88.01	9.98	33.5	11.99	19.12
1941	274.6	86.14	11.81	44.2	13.86	31.97
1951	298.6	82.71	8.79	62.4	17.29	41.43
1961	360.3	82.03	20.64	78.94	17.97	26.41
1971	438.6	80.13	21.73	108.8	19.87	38.20
1981	525.5	76.69	19.81	159.7	23.31	46.23
1991	626.7	74.28	19.73	217.2	25.72	36.09

注：该表中城市与农村人口因四舍五入关系，可能与另外两项数字有所出入。

资料来源：转引自孙士海. 印度的城市化及其特点. 南亚研究，1992(4).

3. 城市化的初期阶段(1947年至今)

1947年到1980年，印度经济与其他亚洲国家相比增长缓慢。独立初期，印巴分治打乱了本已不平衡的工业和农业，导致印度工农业生产急剧下降。印度政府为了发展停滞的经济，从1951年开始实施五年计划，5年内印度的工业生产增长了25%，农业生产增长了22.2%。1956年后的10年里，印度工业以机械制造业为主。国家集中投资电力、冶金、矿业、机械制造、化工原料、石化等重工业和基础产业，形成了比较完整的产业体系。工业生产几乎翻了一番，国有企业从21家增加到74家。同时，兴建了大批新型合作产业。而农业在这个时期却极不稳定，农业生产的停滞和倒退严重影响了工业的发展。从1966年到1980年，农业发展中实施了“绿色革命”，增加了对农业和能源的投资。20世纪80年代至今，印度启动了宏观政策调整和经济改革。经济政策侧重于工业化的发展，强调国家对劳动力市场、金融市场、商业活动等方面的干预，以限制外国经济对其经济的影响，切实保护民族工业。随着工业经济的推进，城市规模迅速扩大，城市结构发生了变化。内陆地区许多新兴工业城市的发展壮大，促使劳动力人口流动的范围更加广泛，改变了城市人口集中在少数沿海地区的局面。同时，许多新兴城镇也诞生了，如行政中心、难民集中地、钢铁城、矿业城镇、卫星城市等。① 与此同时，大城市畸形发展和城市结构不合理等问题也凸显出来。如 1950 年印度城市人口为 6413.4 万，城市人口的比重为 17.0%，而孟买、加尔各答、马德拉斯 3 个城市，城市人口均超过百万，合计达到 793.4 万，占总人口的 12.9%。

20 世纪 80 年代末，印度政府采取了降低企业税费和取消投资、价格管制等一系列措施，以促进经济增长，传统的小型工业和家庭手工业得到较大发展，一些规模较大的纺织、化工、机械、电器和电子工业等企业也陆续建立起来。至 2007 年，印度的小型代工企业吸收了 1/3 的就业劳动力，工业产值占 GDP 的 27.6%，工业领域的就业人口占总劳动力的 17%。经济持续增长，死亡率大幅度下降，教育设施改进，现代技术快速推广，印度经济建设取得了显著的成就。城市化的发展也取得一定成效，城市化水平明显提高。从 1951 年至 2015 年的 64 年间，城市化水平提高了 15.41%，达到 32.70%。同时期，发达国家城市化水平已经超过 80%，可见其城市化发展速度比较缓慢(见表 6-8)。

表 6-8　**1951—2015 年印度城市人口增长情况**

统计年份	城市人口(千人)	前 10 年间城市人口年均增长率(%)	城市化率(%)
1951	62432.1	—	17.29
1961	78930.5	2.64	17.92
1971	109138.6	3.83	19.91
1981	159716.6	4.63	23.31
1991	217000.0	3.59	25.72
2001	286159.4	3.18	27.82
2011	377092.4	—	31.15
2015	419341.5	—	32.70

资料来源：2014 年世界各国人口总数统计. 快易理财网，https：// www.kuaiyilicai.com/stats/global/yearly/g_population_total/2014.html.

① Swapna Bannerjee-Guha. Growth of a twin city：planned urban dispersal in India // Frank J. Costa，Ashok K. Duff，Laurence J. C. Ma，et al. Urbanization in Asia：spatial dimensions and policy issues. Honolulu：University of Hawaii Press，1989：169-188.

(二)印度的城市化道路及其特征

如果说城市人口占总人口的比重超过10%，就意味着进入城市化起步阶段，那么早在1901年印度就已进入城市化起步阶段(当年印度的城市化率已经达到10.84%)。1901年至2015年的114年间，印度的城市化水平才上升到32.70%，只提高了21.86个百分点，年均增长大约0.19个百分点。预计到2050年，印度的城市化水平才会提高到50%以上。① 因此，城市化速度极其缓慢是印度城市化道路的最显著特征。纵观印度一百多年以来的城市化进程，迄今为止，印度走的是一条城市化速度极其缓慢、工业化和城市“拉力”不足、城市体系发育不良、城市化区域差异显著、城市病日趋严重、完全由市场调节的城市化道路。具体分析如下。

第一，城市化发展速度极其缓慢。印度的城市化水平一直较低，1951年，由于印度交通运输部门的扩张性发展促进了制造业和服务业的快速发展，以及印度分裂后大量难民涌入城市，导致城市人口大幅度净增长。1961年统计上对城市定义的重新修订，使城市人口比重有所下降。从1970年至1980年的10年间，城市化进程速度较快，但到了1980年至1993年，城市化速度放慢，年增长率仅为0.3%。② 从国际比较的角度看，印度的城市化速度较慢。1950年到2015年的65年间，印度的总人口由1950年的3763.25万人增长到2015年的12823.9万人，65年间增加了2.4倍，而同期的城市化水平只从1950年的17.0%上升到2015年的32.7%，仅增长了0.92倍，年均增长0.24个百分点(见表6-9)。而同时期的发达国家城市化水平已经超过80%，进入高度完善阶段。印度的城市化水平不仅与发达国家相去甚远，而且远远落后于发展中国家和地区，甚至低于低收入国家的平均水平。1990年以前印度的城市化率高于包括印度在内的低收入国家的平均水平，而印度的城市化率自20世纪90年代以来，与低收入国家的平均水平相比，一直处入较低水平。2005年，包括印度在内的低收入国家的城市化率为29.95%，比印度高出0.75%。不包括印度在内的低收入国家的城市化率为31.05%，比印度高1.85%。这与印度经济低速增长的表现正好相一致。印度城市化的步伐虽然缓慢，但从来没有出现过大的起伏。它的城市化年增长率高的时候从没有超过2%，而低的时候也从未到过负值(见表6-10)。印度常常被一些学者比喻

---

① United Nations, Department of Economic and Social Affairs, Population Division. World urbanization prospects: the 2014 revision. New York: United Nations, 2014: 207.

② 国家统计局城市社会经济调查总队，中国统计学会城市统计委员会. 2001年中国城市发展报告. 北京：中国统计出版社，2002：173-274.

成大象——一个动作迟缓的庞然大物。而“印度教增长率”更一度成为经济学界的一个专有名词，泛指长期低速运行的经济。①

表 6-9　　1950—2015 年印度总人口、农村与城市人口及城市化率

时间	全国总人口（千人）	农村总人口（千人）	城市总人口（千人）	城市人口占全国总人口比重(%)
1950	376325	312191	64134	17.0
1960	449595	369009	80586	17.9
1970	555200	445490	109709	19.8
1980	698966	537520	161446	23.1
1990	868891	646911	221979	25.5
1995	955804	701490	254314	26.6
2000	1042262	753897	288365	27.7
2005	1127144	797627	329517	29.2
2010	1205625	832723	372902	30.9
2015	1282390	862451	419341	32.7

资料来源：United Nations，Department of Economic and Social Affairs，Population Division. World urbanization prospects：the 2014 revision. New York：United Nations，2014：218-243.

表 6-10　　1950—2015 年印度城市化增长率

统计年份	增长率(%)
1950—1955	0.40
1955—1960	0.40
1960—1965	0.92
1965—1970	0.99
1970—1975	1.52
1975—1980	1.58
1980—1985	1.06
1985—1990	0.97

① 刘小雪．中国与印度的城市化比较．http：//www.doc88.com/p-9763182012326.html.

续表

统计年份	增长率(%)
1990—1995	0.96
1995—2000	1.20
2000—2005	1.50
2005—2010	1.70
2010—2015	1.80
65年以来的合计	15.00

资料来源：United Nations, Department of Economic and Social Affairs, Population Division. World urbanization prospects：the 1998 revision. New York：United Nations, 1998. 转引自刘小雪. 中国与印度的城市化比较. http：//www. cass. net. cn/Chinese/s28_yts/word ch-en/ch-lps200202/ch-200202lxx. htm.

第二，印度城市人口的增长主要是农村贫困驱动的。农业是印度最大的经济支柱。自1950年以来，印度一直大力推进五年计划，农业生产与灌溉技术得以迅速发展。2007年，农业和其他相关产业占国内生产总值的16.6%，农业劳动力占劳动力总数的60%。然而，印度的农业基础设施和生产力水平一直不发达，究其原因，主要是独立之后，土地改革进展缓慢、不彻底。一方面，土地集中现象没有得到根本改善，土地不能得到有效利用。另一方面，大量中小农户土地占有量很少，部分土地被过度耕种，导致大量无地农业人口被迫迁移城市。然而，城市规划管理体制的局限与基础设施的短缺，以及大量资本密集型产业，导致它们无法给涌入城市的无文化无技术的农村人口提供就业机会，少数就业农民也只能在低工资、低生产力、低效率的非正规部门工作。这些农村移民没有因为迁移城市而改变现状，只是将农村贫困转变为城市贫困，甚至影响到城市的发展，导致城市的衰落，使城市危机更加严重。正如印度普及福利运动活跃的领导人 J. P. 纳拉杨所说："在印度乡村，触目所及，一片贫困、凄惨、不平、剥削、落后、停滞、烦恼和绝望。"①虽然在"二五"和"三五"时期制定了工业化纲要，计划重点发展重工业和基础工业，然而这些工业吸收农村劳动力向城镇就业的潜力非常有限，工业化促进城市化的作用很小。由于乡村流向城镇的人口，受资金、技术与信息的限制，绝大多数只能在城市传统产业(非正规经济部门)就业。印度经济增长的突出特点是服务

① 陈峰君. 东亚与印度. 北京：经济科学出版社，2000：227-230.

业快速增长，1961—1990 年 GDP 年均增长率为 4.23%；服务业增加值年均增长率为 5.25%。1991 年开始经济自由化进程之后，印度公有部门的就业机会减少，有组织的私人部门就业增长缓慢。新增加的城市人口只能越来越多地在非正规部门就业，在过去的 10 年中印度城市非正规部门就业比例一直保持在 60%左右。① 1991—2005 年 GDP 年均增长率提高到 5.98%；服务业增加值年均增长率提高到 7.92%。从 1990—2005 年产业就业劳动生产率系数可以看出，制造业就业劳动生产率系数有所下降，除现代商业服务业外，其他服务业就业劳动生产率系数有所提升(见表 6-11)。因此，印度较低的经济发展水平难以对城市化水平的提高形成支撑，其城市化的动力主要不是工业化和城市的“拉力”，而是农村状况恶化形成的对乡村人口的“推力”。

表 6-11　　**印度产业就业占比情况(1990—2005 年)**

行业 / 年份	制造业	建筑业	政府相关的服务业	传统服务业	现代商业服务业	社会和家庭服务业
1990—2000	1.53	1.20	0.56	1.41	1.26	1.02
2004—2005	1.46	1.61	0.70	1.56	1.19	1.06

资料来源：帕特里克·海勒. 德里及印度城市治理的困境与挑战. 肖黎春，译. //屠启宇. 国际城市发展报告(2017). 北京：社会科学文献出版社，2017：325-326.

第三，人口不断向大城市集中是印度城市化的一个重要特征。印度的城市化在一定程度上主要是人口的城市化，但不断向大城市集中的人口早已超越了城市的吸纳能力，反过来又阻碍了城市现代化进程。在 1960 年至 1990 年的 30 年间，印度人口规模超过百万的城市人口占全部城市人口的比例增加了 0.78 个百分点。从 1990 年至 2005 年的 15 年间，该比例增加了 2.69 个百分点。城市数量在 1971 年至 1991 年增加了 14 个。可见，人口向大城市迁移的速度越来越快。在人口迅速向大城市集中的同时，中小城市发展的资源严重不足，中小城市的城市化比重和城市数量逐渐下降。表 6-12 中的数字表明，第一类城镇人口(人口超过 10 万)的比重已从 1901 年的 25.7%上升到 1981 年的 60.4%。第二、三类城镇的人口所占比重保持基本不变，但第四、五、六类城镇的人口比重下降很快，即从

① 刘小雪. 中国与印度的城市化比较. http：//www.doc88.com/p-9763182012326.html.

1901 年的 47.2%下降到 1981 年的 13.6%。这说明，印度一直存在着人口向较大城镇集中的趋势。在 1950 年以前，人口不足 1 万人的小城镇的数量和人口都在增加。而在 1951 年至 1991 年期间，小城镇的数量每年减少 19.7 个，城市人口比重年均下降 0.33%。而 1981—1991 年的 10 年间 23 个百万城市人口共增长大约 68%，人口增长率最高的是海德拉巴(67.0%)，勒克瑙(63.0%)、斋浦尔(49.2%)、普拉(47.4%)、德里(46.2%)等也是人口增长较快的城市。① 1990 年至 2014 年人口超过 500 万的城市由 4 个增加到 9 个，人口增加 5359.6 万，2014 年这 9 个城市人口占全部城市人口的比重为 26.01%(见表 6-13)。大城市人口过度膨胀，城市体系发育不良，而中、小城市的发展未能得到足够的重视，小城市受到冷落，没有机会发展，打破了人口与其生存资源之间的平衡，结果必然导致城市病。

表 6-12 **1901—1981 年印度各级城镇人口在城市总人口中所占比重(%)**

年份	Ⅰ (10 万以上)	Ⅱ (5 万~10 万)	Ⅲ (2 万~4.9999 万)	Ⅳ (1 万~1.9999 万)	Ⅴ (5000~9999)	Ⅵ (5000 以下)
1901	25.7	11.3	15.8	20.9	20.1	6.2
1911	27.2	10.5	16.3	19.9	19.3	6.6
1921	29.4	10.4	16.1	18.3	18.7	7.1
1931	30.6	12.0	17.0	18.1	17.1	5.3
1941	37.9	11.4	16.5	15.8	18.1	3.2
1951	44.3	10.3	15.8	13.8	13.0	3.1
1961	50.8	11.0	17.4	13.0	7.0	0.8
1971	56.2	11.2	16.3	11.2	4.6	0.5
1981	60.4	11.7	14.4	9.5	3.6	0.5

资料来源：鲁达尔·达特，K. P. M. 桑达拉姆. 印度经济(上). 雷启淮，等，译. 成都：四川大学出版社，1994：103.

① 鲁达尔·达特，K. P. M. 桑达拉姆. 印度经济(上). 雷启淮，等，译. 成都：四川大学出版社，1994：103-104.

表 6-13 **1990—2014 年印度人口超 500 万的大都市人口情况**

城市	1990 年人口数量(千人)	2014 年人口数量(千人)	1990—2014 年人口增加数(千人)	2014 年城市人口占全部城市人口的比重(%)
德里	9726	24953	15227	6.08
孟买	12436	20741	8305	5.06
加尔各答	10890	14766	3876	3.60
班加罗尔	—	10500	6464	2.40
金奈	5338	9620	4282	2.35
海德拉巴	—	8670	4477	2.11
艾哈迈达巴德	—	7116	3891	1.73
浦那	—	5574	3144	1.36
苏拉特	—	5398	3930	1.32
合计	38390	107338	53596	26.01%

资料来源：一点排行网，http：//www.zswxy.cn/articles/16566.html.

第四，城市化发展的区域差异显著。印度城市化发展的区域差异主要体现在城市布局与城市发展的不平衡上。从城市布局来看，印度的城市主要沿海和交通线半环形分布，城市分布不均匀。由于受地形影响，少数大城市分布在离中小城市较远的区域，随着城市周边农村地区的人口不断向城市集中，城市最后成为人口高度密集的孤城。城市和农村之间没有形成资源的合理分配，城乡差距越来越大，阻碍了区域经济的平衡发展。从城市化发展水平来看，由于各地区城市人口、工业化与农业发展水平存在较大差距，因此城市化程度也参差不齐。首先，印度大城市基本分布在西海岸，各区域城市人口分布差距大，如：德里、马哈拉施特拉邦、西孟加拉邦以及卡拉塔克邦，其城市人口主要集中在德里、孟买、加尔各答、班加罗尔等少数几个特大城市，城市化水平也较高。例如：马哈拉施特拉邦 2011 年的人口为 11237.2 万，其中孟买的城市人口为 1191.4 万，占马哈拉施特拉邦总人口的 10.6%。根据联合国 2014 年发布的《世界城市化前景报告》，德里人口达到 2500 万，位居世界第二，超过人口 2100 万的孟买成为印度人口最多的城市。其次，工业化程度较高的各邦，城市化水平相对也较高。卡拉塔克邦是独立后工业化进程中一个新兴的城市化水平较高的邦，其最大的城市班加罗尔是印度重工业中心，2011 年城市人口为 429.2 万。印度 35%的 IT 人才在此打拼，他们创造的收入在印度 GDP 中占据了很大比重。微软、惠普、

3M 等世界知名企业都在这里设立了办事处，除此之外，生物科技也是它的一个拳头产品。古吉拉特邦、安得拉邦两个最大的城市分别是艾哈迈达巴德和海德拉巴，古吉拉特邦是印度工业化程度最高的邦之一，富有手工业生产的传统。2010 年，只占印度人口总量 5%的古吉拉特邦，其工业产值却占到了全国的 16%，经济发展速度早已超越印度的平均水平。艾哈迈达巴德是古吉拉特邦重要的纺织工业中心及交通枢纽，是仅次于孟买的最大内陆工业中心，2011 年城市人口为 351.5 万，以贸易和各种业务而闻名，是增长最快的经济体之一。位于印度南部安得拉邦的海德拉巴，是印度人口第四多的大城市，2011 年城市人口为 345 万。① 海德拉巴靠传统制造业、教育、制药业、金融机构、电子行业和生物技术产业等吸引农村人口寻找就业机会。随着信息技术的普及和发展，海德拉巴已成为继班加罗尔和金奈之后的印度第三大信息技术较发达的城市。2017 年卡拉塔克邦、古吉拉特邦、安得拉邦人均 GDP 分别为 2793 美元、2897 美元和 2039 美元。最后，农业发展与城市化水平呈正相关关系。马哈拉施特拉邦是印度资本密集型的重化工业中心，早期政府将大量资本投入重工业，导致轻工业与农业发展缓慢，至今仍有大量人口生活在农村，贫富悬殊，至今孟买还有 1/3 的城市贫民。而西北部地区的哈里亚纳邦和旁遮普邦，其工业以中小型企业为主，农业也以机械化为发展目标，是印度粮食生产的大邦。城市化与农业现代化均衡发展，其经济也同步发展，是失业率和贫困线以下的人口比例比较低的两个邦。总之，印度各邦城市化水平有差别，各邦内部的城市也因经济、农业发展水平不同而不同。

第五，城市病日趋严重。如前所述，印度大城市的急剧膨胀，不可避免地导致城市病。印度有 1/3 的城市人口集中在全国 23 个百万人口的城市里，城市人口过度增长的原因主要有农业发展滞后导致农村剩余人口向城市频繁迁移；城市人口本身高增长。随着城市人口的快速增长，失业率居高不下，城市基础设施薄弱，水、电、住房等容量不足，导致拥挤不堪的城市环境进一步恶化。印度城市无序和农村贫困同时并存，使城市活力难以呈现。

首先，城市基础设施短缺。1985 年以前，由于工业化战略强调优先发展重工业，印度城市产业结构发生变化。城市基础设施资金投入不足，导致陈旧的市政设施改造进展缓慢，无法满足大城市越来越大的人

① 李涌平，江维．印度 2011 年人口普查和展望．人口学刊．2013(5)．

口密度，交通堵塞，经常停水、停电，环境污染严重。2004 年有 16% 的城市人口没有自来水，有 54% 的城市居民没有就近的排污系统，54.71% 的城镇贫民窟没有厕所，一些已建的社区厕所由于缺乏维护而无法使用。其次，住房紧张的问题十分突出。城市资本密集型重工业吸收劳动力的数量有限，失业人数增加，致使更多的无业人口流浪街头。像孟买、加尔各答这样的特大城市，房价持续走高，无力支付的人只好栖身于贫民窟或棚户区。据估计，作为印度第一大城市的孟买有 3/4 的人口只住一间房子，2/5的人住在临时搭起的贫民窟里。在孟买达拉维的棚户已达 30 万。在加尔各答，有 20% 的人无家可归，露宿街头。① 再次，城市生态环境日趋恶化。印度城市空气污染严重。污染源主要来自居民生活用燃料、工业废气排放、汽车尾气。仅印度首都新德里每天就有 24 人死于空气污染。对印度所有百万人口的城市进行的空气质量检测表明，竟有半数以上的城市空气质量到了“危险”的级别。最后，城市贫困问题依然严峻。印度城市贫富分化历来有之。1997 年印度计划委员会估计，印度贫困人口 3.5 亿。2009 年印度城市贫困率达到 25%以上，8000 多万城市人口处于贫困状态。在孟买和加尔各答等大城市，50%~60%的城市人口生活水平低下，他们生活在环境恶劣、极度贫困而且人口稠密的阴影之中。正如《政治家报》所报道的那样：“每一个中下阶层的家庭都面临着饥贫交迫、负债累累的暗淡前景，生活毫无改善的希望。”②

第六，印度城市化进程完全由市场调节，政府没有发挥应有的宏观调控作用。印度一直以作为民主自由的国家为荣，人民自主流动的权利不仅没有受到限制，而且还得到法律的保护。城乡人口自由流动的结果就是大城市无限膨胀，而中小城市发展缓慢。印度政府试图采取分散的工业化战略，以达到遏制大城市的膨胀和促进落后地区发展的目的，结果像其他大多数发展中国家一样，分散的工业化战略的实施不仅没有达到预期目的，反而导致城市失业增加、就业更加不足、住房严重短缺、贫民窟增多以及城市环境恶化等一系列问题。这一切表明，印度未来的城市化发展困难重重。仅靠市场调节，难以为日益膨胀的城市人口提供足够的栖身之地，也难以扭转正在恶化的城市经济和社会环境，更难以阻止乡村人口源源不断地甚至是加速地涌入城市特别是大城市。所以印度政府必须制定切实可行

---

① 陈峰君. 东亚与印度. 北京：经济科学出版社，2000：227.

② 陈峰君. 东亚与印度. 北京：经济科学出版社，2000：227.

的经济发展战略和城市化政策，从而控制人口增长、促进农村发展、遏制大城市过度膨胀。①

三、印度尼西亚的城市化与城市化道路

印度尼西亚共和国，通称印度尼西亚，简称印尼，是东南亚最大的国家。首都为雅加达，人口 1420 万(2018 年)，雅加达又名椰城，是印度尼西亚的政治文化中心，也是印度尼西亚最大的城市，位于爪哇岛的西北海岸，是东南亚第一大城市和世界著名的海港。雅加达被划为首都特区，由印度尼西亚政府直接管辖，享有省级地位。印度尼西亚多数居民为爪哇人，少数为华人、华侨、荷兰人，官方语言为英语，印度尼西亚语。②

印度尼西亚与巴布亚新几内亚、东帝汶和马来西亚等国家相接，是一个群岛国家，由不少于 17508 个岛屿组成，绵延 5200 公里，位于澳洲和亚洲大陆之间，横跨赤道，③ 是马来群岛的一部分。面积较大的岛屿有加里曼丹岛、苏门答腊岛、伊里安岛、苏拉威西岛和爪哇岛。印度尼西亚政府将全国分为 34 个省，但根据水域和资源状况，习惯上可把印度尼西亚分为六大地区：苏门答腊、爪哇、努沙登加拉、加里曼丹、苏拉威西、马鲁古/巴布亚，或者更简洁地把整个印度尼西亚分为两大区域：爪哇岛和外岛。④ 据 2000 年 6 月 30 日的人口普查数据，印度尼西亚总人口为 2. 3756 亿，为世界第四人口大国。人口超过 100 万的城市有 10 个，超过 50 万的城市有 8 个。在 2010 年人口普查时，人口超过 100 万的城市数量达到 11 个(见表 6-14)。⑤

---

① V. Nath. Urbanization in India: retrospect and prospect // Frank J. Costa, Askok K. Duff, Laurence J. C. Ma, et al. Urbanization in Asia: spatial dimensions and policy issues. Honolulu: University of Hawaii Press, 1989: 27-46.

② http: // finance. cngold. org/shuju3327. htm.

③ 史蒂文·德拉克雷. 印度尼西亚史. 郭子林，译. 北京：商务印书馆，2009：1.

④ Mustafa Elnagi Elsamani Hassan, Agus Joko Pitoyo. Urbanization and economic development in Indonesia: demographic perspectives analysis. Populasi, 2018, 25(2): 54-69.

⑤ 蔡金城. 印度尼西亚社会文化与投资环境. 广州：世界图书出版广东有限公司，2012：26-29.

表 6-14 印度尼西亚 2000 年、2010 年城市及城市人口情况

编号	省名	首府及主要城市	2000 年城市人口	2010 年城市人口
		苏门答腊		
1	亚齐达鲁萨兰特区	班达亚齐	154767	223446
2	北苏门答腊省	棉兰	1911997	2097610
3	西苏门答腊省	巴东	716283	833562
4	廖内省	北干巴鲁	587842	897767
5	占碑省	占碑	439971	531857
6	南苏门答腊省	巨港	1458664	1455284
7	明古鲁省	明古鲁	281605	308544
8	楠榜省	班达楠榜	742749	881801
9	邦加-勿里洞群岛省	邦加槟港	125835	174758
10	廖内群岛省	丹戎槟榔 巴淡	142929 455103	187359 944285
		爪哇		
11	大雅加达首都特区	雅加达	8389443	9607787
12	西爪哇省	万隆 勿加泗 德波克 茂物	2138066 1663802 1143403	2394873 2334871 1738570 950334
13	中爪哇省	三宝垄	1427207	1555984
14	日惹特区	日惹	397431	388627
15	东爪哇省	泗水	2610477	2765487
16	万丹省	西冷 坦格朗 南坦格朗	294936 1326015	577785 1798601 1290322
		小巽他		
17	巴厘省	登巴萨	533252	788589
18	西努沙登加拉省	马塔兰	317374	402843
19	东努沙登加拉省	古邦	237271	336239
		加里曼丹		

续表

编号	省名	首府及主要城市	2000 年城市人口	2010 年城市人口
20	西加里曼丹省	坤甸	473360	554764
21	中加里曼丹省	帕朗卡拉亚	160572	220962
22	南加里曼丹省	马辰	530908	625481
23	东加里曼丹省	三马林达	523119	727500
24	北加里曼丹省	丹戎塞洛		
		苏拉威西		
25	北苏拉威西省	万鸦老	382451	410481
26	中苏拉威西省	帕卢	263826	336532
27	南苏拉威西省	望加锡	1101933	1338663
28	东南苏拉威西省	肯达里	200474	289966
29	哥伦打洛省	哥伦打洛	135087	180127
30	西苏拉威西省	马穆朱		
		马鲁古和巴布亚		
31	马鲁古省	安汶	205664	331254
32	北马鲁古省	德尔纳特	152097	185705
33	西巴布亚省	马诺夸里		
34	巴布亚省	查亚普拉	166201	256705

资料来源：蔡金城. 印度尼西亚社会文化与投资环境. 广州：世界图书出版广东有限公司，2012：26-29；北加里曼丹省的数据来源于：https：//baike.baidu.com/item/北加里曼丹省/13989593.

印度尼西亚全国有数百个民族，其中爪哇族人口占 45%，巽他族 14%，马都拉族 7.5%，马来族 7.5%，其他 26%。约 87%的人口信奉伊斯兰教，是世界上穆斯林人口最多的国家。6.1%的人口信奉基督教，3.6%的人口信奉天主教，其余信奉印度教、佛教和原始拜物教等。印度尼西亚于 1945 年 8 月 17 日独立后，先后武装抵抗英国、荷兰的入侵，其间曾被迫改为印度尼西亚联邦共和国并加入荷印联邦。1950 年 8 月重新恢复为印度尼西亚共和国，1954 年 8 月脱离荷印联邦。①

① 中华人民共和国外交部．印度尼西亚国家概况．https：//www.fmprc.gov.cn/web/.

(一)印度尼西亚的城市化进程

印度尼西亚的城市化与亚洲大多数发展中国家的城市化一样，起步较晚。印度尼西亚的城市化和工业化水平都比较低。1951—2018 年印度尼西亚人口数量及其增长情况见表 6-15。1950 年，印度尼西亚总人口为 8002 万人，城市人口为 993 万人，城市化水平仅为 12.4%,① 2010 年，印度尼西亚的城市人口达到 11854 万人，城市化水平接近 50%(49.9%)，到 2018 年，印度尼西亚的城市化率达 55.2%(见表 6-16、图 6-3)，与同期全球平均城市化水平(55%)持平。② 总体上看，印度尼西亚的城市化进程可以分为以下三个阶段③。

表 6-15　　1951—2018 年印度尼西亚人口数量及其增长情况

年份	人口数量	人口增长率(%)	年份	人口数量	人口增长率(%)	年份	人口数量	人口增长率(%)
1951	70206464	N/A	1974	125853766	2.61	1997	201390233	1.49
1952	71589755	1.97	1975	129094675	2.58	1998	204303672	1.45
1953	73088211	2.09	1976	132367407	2.54	1999	207198786	1.42
1954	74703129	2.21	1977	135666409	2.49	2000	210092254	1.40
1955	76433769	2.32	1978	138993991	2.45	2001	212994365	1.38
1956	78277293	2.41	1979	142359688	2.42	2002	215908694	1.37
1957	80288768	2.49	1980	145771941	2.40	2003	218838448	1.36
1958	82281402	2.56	1981	149234604	2.38	2004	221788208	1.35
1959	84427018	2.61	1982	152742554	2.35	2005	224761655	1.34
1960	86657247	2.64	1983	156275305	2.31	2006	227759342	1.33
1961	88965374	2.66	1984	159799964	2.26	2007	230780405	1.33
1962	91348121	2.68	1985	163283890	2.18	2008	233828798	1.32
1963	93806838	2.69	1986	166707111	2.10	2009	236912965	1.32
1964	96346848	2.71	1987	170065472	2.01	2010	240039146	1.32
1965	98973462	2.73	1988	173364918	1.94	2011	243210690	1.32
1966	101688124	2.74	1989	176617075	1.88	2012	246423054	1.32
1967	104487378	2.75	1990	179835026	1.82	2013	249653065	1.31
1968	107364484	2.75	1991	183025781	1.77	2014	252861527	1.29

① 孔建勋. 战后东盟四国人口城市化的发展. 东南亚，1998(3).

② WUP2018-KeyFacts.

③ 高强，董启锦. 印度尼西亚农村城市化进程、特点、问题与启示. 世界农业，2006(12).

续表

年份	人口数量	人口增长率(%)	年份	人口数量	人口增长率(%)	年份	人口数量	人口增长率(%)
1969	110310828	2. 74	1992	186188419	1. 73	2015	256009297	1. 24
1970	113317436	2. 73	1993	189317673	1. 68	2016	259281096	1. 28
1971	116378388	2. 70	1994	192406580	1. 63	2017	262594708	1. 28
1972	119490753	2. 67	1995	195448879	1. 58	2018	265950668	1. 28
1973	122650905	2. 64	1996	198442230	1. 53			

资料来源：https：//www. phb123. com/city/renkou/21231. html.

表 6-16 **1950—2018 年印度尼西亚的城市化水平(%)**

年份	城市化率	年份	城市化率	年份	城市化率
1950	12. 4	1980	22. 1	2010	49. 9
1955	13. 5	1985	26. 1	2015	53. 3
1960	14. 6	1990	30. 6	2016	54. 9
1965	15. 8	1995	36. 1	2017	54. 7
1970	17. 1	2000	42. 9	2018	55. 2
1975	19. 3	2005	45. 9		

资料来源：United Nations，Department of Economic and Social Affairs，Population Division，World Urbanization Prospects：The 2018 revision，New York，2018.

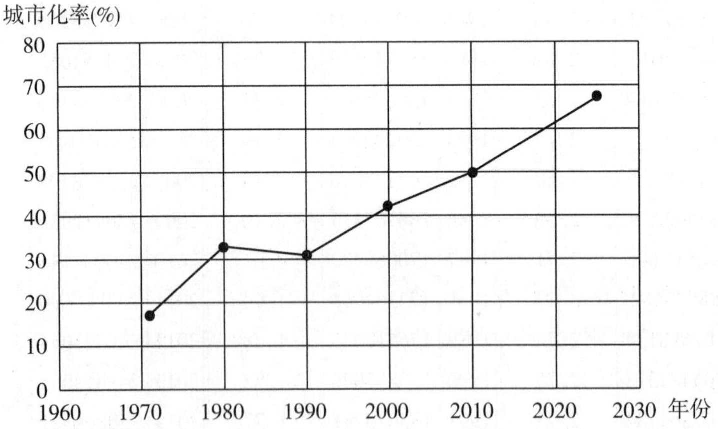

图 6-3 1971—2025 年印度尼西亚的城市化率

资料来源：Mustafa Elnagi Elsamani Hassan，Agus Joko Pitoyo. *Urbanization and Economic Development in Indonesia*：*Demographic Perspectives Analysis*. Populasi，2018，25(2)：54-69. https：//journal. ugm. ac. id/populasi/article/view/36205.

1. 1969年以前的城市化起步与缓慢发展阶段

印度尼西亚独立前，经历了荷兰300多年的殖民统治。在整个殖民时期，印度尼西亚只形成了几个小城市，1920年城市化水平只有5.8%，城市人口161万，[1] 人口规模最大的城市雅加达，只有50万人口。

城市化的发展与工业化进程是同步的。印度尼西亚的工业化始于1945年，独立初期经济薄弱，经济结构是单一的农业经济。1951年，印度尼西亚政府大力发展进口替代产业，建立了一批以轻纺工业为主的劳动密集型企业，以改善产业结构，增加就业。1956年，苏加诺政府开始没收并接管大量外资企业，至1963年，印度尼西亚涉及工业、矿业、农林业、商业、金融保险等领域的国有企业增加到1120家。[2] 1963年至1967年，政府为了缓解通胀而严控进口，导致原材料及部分零配件严重短缺，工业生产停滞不前。1967年印度尼西亚GDP增速仅为1.38%，较上年下降了1.41%。与此同时，人口年增长率较上年增长了2.76%，高于GDP年平均增长率。1968年印度尼西亚政府重新制定了经济政策，工业经济开始复苏，当年GDP增速达到10.92%，比上年提高了9.54%，此后，经济进入快速发展阶段。

剧烈的制度变迁和工业经济的起伏，刺激了城市的快速增长。到1965年，全国城市总数已超过20个，城市人口比重为15.8%，城市人口已达1500万人。大城市人口增长加快，同年，雅加达的人口就超过了300万，泗水和万隆的人口均超过了100万，人口迁移出现向大城市集中的趋势。

总之，1969年以前印度尼西亚的城市化进程表明，其城市化发展缓慢、不平衡，城市朝大型化城市方向发展。

2. 1970—1985年的城市化快速发展阶段

1969—1984年，是印度尼西亚实施“第三个五年计划”时期，政府采取保护国内产业的发展，实行进口替代，鼓励外商投资，开发国内资源等措施。20世纪70年代，印度尼西亚利用石油资源获取大量外汇，建立了

---

① Graeme John Hugo. Population change and development in Indonesia // R. F. Watters, T. G. McGEE. Asia Pacifc: new geographies of the Pacific rim. London: Hurst and Company, 1997.

② 黄光锋，卢泽回. 印度尼西亚独立以来工业化阶段及政策特点分析. 生产力研究，2014(6).

大量的工业国有企业。1967—1985年，先建立了一批消费品和基本原材料进口替代产业的企业；其后建设一批进口替代耐用消费品和资本货物装配产业的企业；80年代中期建了一批钢铁和机械等重工业企业。随着企业的建成和生产，1970—1977年，制造业产值占国民生产总值的比重由9%上升为20%。1985年，制造业年增长率达到11.19%，国有企业有200多家，其中以石油、钢铁、化工、航空等重工业为主。

这一时期，大力发展重工业的同时，印度尼西亚政府加大农业科技改革，并引导一些农业劳动力加快转移，由于重工业吸纳就业人口的能力有限，因此，劳动密集型的传统手工业成为就业人数最多的行业。1976年，印度尼西亚全国人口12610万人，其中从事经济活动的人口5340万人。农业从业者3530万人，制造业从业者360万人，商业从业者630万人，服务业从业者520万人，其他从业者300万人，分别占印度尼西亚总从业人口的66.1%、6.7%，11.8%、9.7%和5.6%。[①] 可见，到70年代中后期，印度尼西亚还是制造业结构单一的农业大国。

经济取得了较快增长的同时，印度尼西亚的城市化也经历了一个快速发展阶段。据有关资料，20世纪80年代初，印度尼西亚的城市化率为22.1%，城市人口达3222万。1980年至1990年，城市数目由3500个增加到6700个。从图6-4可以看出，在1970—2010年的40年间，印度尼西亚城市化年均增长率为4.2%，中国为3.8%，在亚洲六国(中国、印度、印度尼西亚、菲律宾、泰国、越南)中，印度尼西亚年均城市化增长率是最高的。

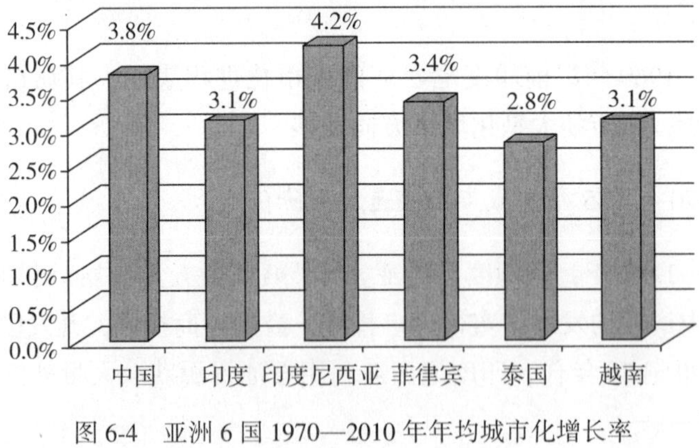

图6-4　亚洲6国1970—2010年年均城市化增长率

资料来源：United Nations，World Urbanization Prospects：The 2009 Revision.

① 彼得·麦克柯莱. 印度尼西亚工业化的发展与前景. 许衍敦，译. 东南亚研究资料，1981(2)：53-75.

3. 1986 年以来的城市化加速与调整发展阶段

20 世纪 80 年代初石油危机后，为了摆脱国民经济对石油工业的严重依赖，印度尼西亚政府将产业结构向出口导向型产业转变，促进了非油气制造业的发展。在这一时期，制造业发展迅速。从 1987 年到 1996 年，制造业的年增长率从 10. 61%上升到 11. 59%，制造业占 GDP 的比重从 16. 59%上升到 22. 21%。制成品在商品出口中所占的比重由 3. 63%提高到 51. 43%。

由于 1997—1998 年的亚洲金融危机，印度尼西亚的制造业遭受严重打击，工业和制造业的增长率同时出现负增长。1998 年国内生产总值增长率和制造业增长率分别下降了 13. 13%和 11. 44%，自此印度尼西亚经济进入低速增长轨道。1996—2000 年农业总产值由约占 GDP 的 15. 2%提高到 16. 9%，2000 年制造业增长逾 7%，占 GDP 的比重达到 26%，至 2014 该比重下降为 21. 56%。随着经济衰退，制造业提供就业机会的能力相对下降，吸纳劳动力数量的速度增长缓慢，从农村地区转移的劳动力只能流向低端的服务部门。1985—1997 年的 12 年间，印度尼西亚制造业就业人口占总就业人口的比重仅提高 3. 6%，服务业就业人口比重则提高了 8. 0%，而农业则下降了 13. 5%。2001—2016 年，印度尼西亚服务业占 GDP 的比重从 38. 25%上升到 43. 66%，农业从 15. 29%下降到 13. 45%。①

城市化的发展自 20 世纪 80 年代中后期进入加速发展阶段。1990 年，印度尼西亚的城市化率已达 30. 6%，比 1985 年增加了 4. 5 个百分点。2000 年城市化率达到 42. 9%，城市人口 9013 万人，人口超过百万的城市增加到 10 个，人口超过 50 万、30 万、20 万的城市数量都为 6 个，人口超过 10 万的城市为 7 个。2010 年，城市化率达到 49. 9%，城市人口达到 11876 万人，人口超过百万的城市增加到 11 个，人口超过 50 万的城市增加到 11 个、人口超过 30 万的城市增加到 7 个、人口超过 20 万和 10 万的城市都降至 4 个。城市人口的增加主要集中于爪哇岛，人口超过百万的城市有 8 个在爪哇。

（二）印度尼西亚的城市化道路及其特征

20 世纪 70 年代前，印度尼西亚的城市化进程缓慢而不均衡。20 世纪 80 年代以来，印度尼西亚推动了农村城市化进程，城市化发展较快。由

① 林梅，那文鹏. 印度尼西亚早熟型去工业化问题探析. 南洋问题研究，2018(1).

于区域资源禀赋，城市发展过度集中在苏门答腊—雅加达—巴厘—班东城市走廊地区。① 纵观印度尼西亚的城市化进程，可以发现其走了一条过度集中型、大型化、城市化的外资产业导向作用明显、产业结构单一、农村发展滞后的城市化道路。印度尼西亚城市化道路的主要特征表现在以下几个方面：

第一，城市化发展中的区域过度集中与失衡。印度尼西亚的城市发展，主要集中在爪哇岛的东西部及中部区域，而其他大多数外岛，城市数量与城市人口都很少。20 世纪 90 年代初，全国城市化率为 32%，这些地区的平均城市化率高达 40%。② 重要城市人口集中的背后是经济活动的集中，城市化发展中的区域失衡，究其原因主要是产业结构的区域布局问题。

纵观世界各国城市化进程，大城市超前发展是一个普遍的规律。发达国家也曾经历了这一阶段，伦敦、巴黎、东京、纽约都是引人注目的特大城市，但与战后发展中国家的大城市发展相比，无论在数量上还是发展速度上发达国家都相形见绌了。在东南亚地区城市化的过程中，人口和经济活动在首都过度集中是最为突出的特点，有的学者认为这个问题比城市化本身更为严重(见表 6-17)。在城市化进程中，大城市可以发挥关键的经济作用，为工业发展提供规模经济和大量就业机会，其超强的辐射力，可以影响和促进周边地区的城市化。战后，东南亚国家渴望实现工业化，政府把重点放在主要城市，特别是首都及其周边城市的工业布局上，大力投资基础设施建设，优先发展工业和第三产业等。因此，大多数国家经济增长集中在大城市或首都。除了经济因素之外，历史和地理因素的作用也不容忽视。东南亚主要国家的首都在殖民时期是殖民政府的所在地，独立后，作为这些国家的政治、经济和文化中心，人口和资本投资的集中加强了它们的地位，使其对移民的吸引力非常大。

表 6-17 东南亚部分国家最大城市人口占城市总人口的比率(%)

城市	国家	1960 年	1970 年	1980 年	1990 年	1995 年	2000 年	2015 年
雅加达	印度尼西亚	19.1	19.1	17.9	16.5	16.4	16.4	15.6
吉隆坡	马来西亚	15.9	12.4	15.9	12.6	11.5	10.8	10.1

① 大林. 印度尼西亚城市化的启示. 中华建筑报，2013-06-04.

② 高强，董启锦. 印度尼西亚农村城市化进程、特点、问题与启示. 世界农业，2006(12).

续表

城市	国家	1960年	1970年	1980年	1990年	1995年	2000年	2015年
马尼拉	菲律宾	27.2	28.6	32.9	26.9	25.3	24.6	77.5
曼谷	泰国	65.1	65.5	59.3	56.6	55.7	54.0	48.8
胡志明市	越南	25.9	25.6	26.5	24.4	23.0	21.7	19.6
仰光	缅甸	22.6	22.9	27.3	31.9	31.6	30.8	28.3

资料来源：Aspects of urban water and sanitation in the context of rapid urbanization in developing Asia. Manila：Asian Developent Bank，1997：9.

印度尼西亚的爪哇—巴厘岛地区，早在殖民时代，已经是资本和工业流入地，促进了当地城市的发展。独立后，也是政府和外资投资的集中地。1967—1982年，外资投资的67%集中在该地区。1987年，爪哇的人均国内生产总值比外岛高出25%。① 2016年全年印度尼西亚落实的投资中爪哇岛占53.6%，爪哇岛外占46.4%。在印度尼西亚城市化进程中，产业集聚对其城市化起着重要的作用。

产业的集聚，必然加速人口的流入，从表6-18的数据可以看出人口在重要城市的聚集状况。印度尼西亚爪哇岛面积只有国土面积的7%，却是人口和工业的集中地。爪哇的人口一直在高速增长，1815年，人口约为500万，1976年人口达8000万，到了1986年人口超过1亿。爪哇的城市发展迅速，主要城市是雅加达、万隆、三宝垄、泗水、苏拉卡尔塔和日惹。其中，雅加达人口增长是全国最快的，1955年城市人口为197万，到2015年城市人口增长到1032万，增加了835万，2018年城市人口达到1086万。2010开始印度尼西亚政府重点推动制造业的复苏和竞争力的提升，优化工业结构，加强爪哇岛外地区的工业发展。印度尼西亚其他岛屿的人口随着产业的调整也迅速增长，20世纪70年代，流入苏门答腊和加里曼丹的人口大幅度增加，从1950年至1970年，苏门答腊和加里曼丹的外来人口分别增加了70万人和37万人，增加到220万人、40万人。至2010年两岛人口分别达到5018万和1500万。加里曼丹的人口增长速度快于其他岛屿，而且总体增长率仍然是最快的。从1970年开始，明古鲁、东加里曼丹、苏拉威西中部和马鲁库、雅加达和南朋也经历了人口大量涌入的浪潮。

① 高强，董启锦. 印度尼西亚农村城市化进程、特点、问题与启示. 世界农业，2006(12).

印度尼西亚大量人口及快速工业化给雅加达等大城市造成了严重的问题。由于人口基数大，城市人口还将继续增加，已经造成基础设施严重短缺、失业率居高不下、空气污染、交通堵塞等城市问题，这对经济的持续稳定发展产生了直接影响。① 表6-18和图6-5都反映了印度尼西亚大城市超前发展的情况。从表6-19可以看出，2005年印度尼西亚8大都市区总人口达53755229人，约占同年印度尼西亚全国总人口(2.26亿)的23.79%，仅雅加达都市区的人口就多大21620162人，约占全国总人口的10%，说明印度尼西亚人口过度集中于少数特大城市。图6-5则反映了印度尼西亚大城市及特大城市的人口快速增长情况。从该图可以看出，1996—2007年，500万~1000万人口的大城市人口年均增长率最高，达到11.61%，是同期印度尼西亚全国城市年均增长率(3.40%)的3倍多；其次为人口1000万以上的特大城市，其年均增长率也高达6.96%，是同期印度尼西亚全国城市年均增长率的2倍多，这也说明了印度尼西亚大城市超前发展的状况。

表6-18 **1995—2005年印度尼西亚8大都市区人口及其增长情况**

大都市区	2005年			1995—2005年年均增长率(%)		
	核心区	外围	大都市区	核心区	外围	大都市区
雅加达	8820603	12799559	21620162	0.44	2.47	1.56
泗水	2611506	5974090	8585596	0.33	1.46	1.10
万隆	2270969	5079430	7350399	0.66	3.13	2.26
三宝垄	1446533	4335017	5781550	0.97	1.15	1.10
棉兰	2029797	1812196	3841993	1.07	0.10	0.59
巨港	1369239	1122731	2491970	1.20	-2.67	-0.85
望加锡	1194583	1106362	2300945	1.58	1.58	1.58
登巴萨	574610	1208004	1782614	3.97	1.07	1.87

资料来源：Indonesia Bureau of Statistics (BPS).

第二，城市化的农村“推力”较大，但劳动力向制造业转移缓慢。印度尼西亚自独立后进行土地改革，农村土地占有关系发生了巨大变化。一方面，地方政府为了增加收入而促进土地投资，许多村民出于金钱的诱惑而选择出售他们的土地。土地的流转带来了巨大增值的同时，失地农民并

① 费昭珣. 东南亚国家的城市化进程及其特征. 东南亚研究，1999(4).

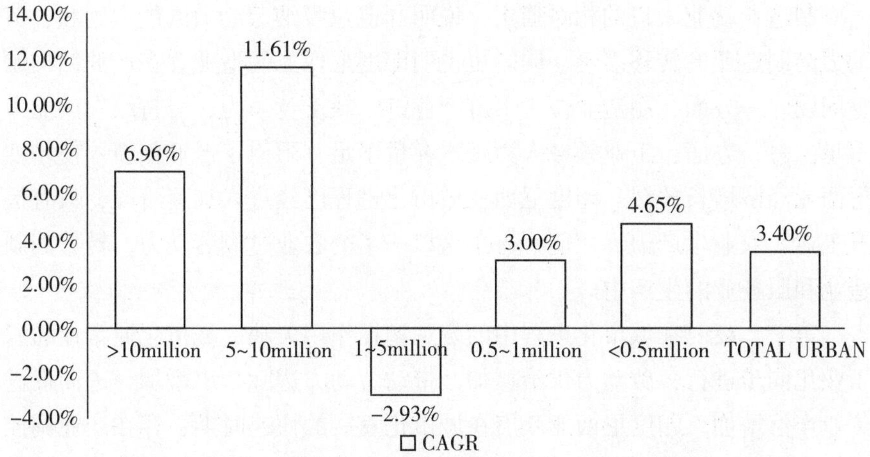

图 6-5 1996—2007 年印度尼西亚不同规模城市人口年均增长情况

注：CAGR：Compound Annual Growth Rate（复合年均增长率）。

资料来源：Peter D. Ellis. Indonesia's urban development. https：// siteresources. worldbank. org/inturbandevelopment/resources/336387-1296405826983/Ellis. pdf.

没有改变贫穷的生活，却越来越被边缘化。另一方面，印度尼西亚没有管制土地持有和防止土地囤积、垄断的法律制度，加之政府没有发挥应有的管理作用，导致农村土地逐渐集中在少数人手中，使村民陷入贫困，加剧了经济的不平衡。2013 年有关资料显示，印度尼西亚 2614 万户农民家庭平均每户拥有土地仅 0. 89 公顷，1425 万户家庭平均每户拥有土地不足 0. 5 公顷，而全国约 56%的土地、房地产、种植园和其他形式的资产掌握在仅占人口 0. 2%的富人手中。

随着农业占 GDP 的比重逐年下降，农产品的比较优势减弱，失地农民开始向城市和乡村非传统产业流动。1985 年至 1997 年，印度尼西亚制造业就业人口占总就业人口的比重仅上升 3. 6%，服务业就业人口占总就业人口的比重上升了 8. 0%，而农业就业人口占总就业人口的则下降了 13. 5%。2001 年至 2015 年间，在贸易、餐饮和住宿行业的就业比例从 25. 38%上升到 32. 88%。2012—2013 年，印度尼西亚的农村人口占比下降了 5. 9%，从事农业生产的人口占比上升了 1. 5%。[①] 这表明一部分农村劳动力从农业转移到低端服务业，另一部分农村劳动力则集中在农业生产

① 吉香伊. 印度尼西亚工业化的进程和发展策略. 东南亚纵横，2017(3).

部门，难以进入工业化生产中。

制造业就业人口的相对稳定，说明制造业吸纳劳动力的能力饱和，劳动力向制造业的转移缓慢。同时也说明印度尼西亚制造业存在产业结构调整问题。一方面，制造业位于下游产业链，缺乏竞争力，可持续发展能力不足；另一方面，工业领域人力资本存量不足，阻碍了产业创新，使印度尼西亚经济增长放缓。印度尼西亚城市化进程已经进入加速阶段，只有提升工业、农业生产力，才能将占总人口一半的农业过剩劳动力，转移到制造业和服务业的生产中。

第三，政府在城市化进程中的宏观调控作用欠缺。城市化通常伴随着工业化同步进行，劳动力供给增加，带动劳动力边际产出增加，进而促进工业产值增加。印度尼西亚政府在城市化发展的快速时期，存在产业调控不力的问题。20 世纪 80 年代，政府在产业布局方面，在没有考虑区域发展平衡和城市化合理发展的情况下，不断放宽对外商投资的限制，导致具有综合经济优势的爪哇—巴厘岛地区集中了 80%的外商投资和大中型工业项目。印度尼西亚把最好的资源集中在雅加达，该国的优先发展政策和外国资本的流入刺激了城市经济的迅速发展，到 20 世纪 90 年代，印度尼西亚近 1/3 的出口和一半以上的进口，不得不通过雅加达的丹戎不碌港进行贸易。与此同时，经济的快速增长创造了大量工作岗位，雅加达的新增人口中有 30%是在大都市地区寻找工作的农村人口。

大量劳工源源不绝地涌入，给就业带来巨大压力，区域经济发展的不平衡，造成贫富差距扩大。为解决这些问题，20 世纪 90 年代后，政府也曾努力鼓励外商投资企业投资外岛产业，但严重滞后且分布失衡的基础设施成为外岛发展的瓶颈。目前，印度尼西亚政府调整了城市发展体系，制定了经济建设目标。其一，继续完善劳动法、土地法等法律建设，为政策的实施提供法律保障。其二，由于全国 73.6%的铁路里程，近 80%的电力生产和消费集中在爪哇岛，其他地区基础设施落后，全国公路约 31%有损坏，49%的道路状况恶劣，城市管道用水覆盖面为 39%，农村仅为 8%,① 缺电缺水。所以，合理分配资源给中型城市，发展当地交通等基础设施，打造各岛经济上互联互通的平台基础，刺激当地经济，是印度尼西亚政府的当务之急。其三，为了促进全国经济平衡发展，根据印度尼西亚五大岛的不同特点，印度尼西亚政府制订了发展投资计划，将龙目岛的

---

① 印尼雅加达的城镇化发展之路. http://money.163.com/14/0210/07/9KN424D600253B0H.html，人民网-人民日报，2014-02-10.

曼达利加、中苏拉威西省的巴鲁、勿里洞岛的丹绒格拉洋等确定为经济特区，通过发展爪哇以外的经济特区来促进当地经济的发展。同时，与企业和外国投资者合作，并改善全国各地的物流供应系统。以后，还将成立25个爪哇以外的经济特区以吸引更多投资者，预计到2030年将吸引至少726万亿印度尼西亚盾的资金，为至少65万人创造就业机会。与此同时，政府还为每个村庄提供了10亿至14亿印度尼西亚盾的发展基金，计划在农村地区发展农业项目，以促进当地就业。

第四，城市贫困与农村贫困并存的城市化。印度尼西亚工业的发展借鉴了东南亚国家的工业发展模式，将农业、农村放在第二位，把发展、投资重点放在城市和工业发展上，形成了以制造业为支柱产业、以服务业为主导的产业结构发展方向。这种模式的优势是能快速使资本积累达到最大化，劣势是城市发展以牺牲农村为代价。印度尼西亚是世界第三农业大国，全国耕地面积约8000万公顷，从事农业的人口约4200万人。早期土地改革的失败，使失地农民在农业缓慢发展中盲目涌向城市，由农村贫民沦为城市贫民。城市人口的增长和真正的城市化日益脱节，这种城市化有人称为"虚假城市化"。①

印度尼西亚的贫困人口主要集中在农村地区，农民贫困的原因是多方面的。主要原因有两点：

一是农村人口过剩，土地贫瘠，农产品缺乏竞争，收入来源不足。二是大多数农民无土地，或拥有极少量的土地，由于农产品的大量进口，靠种地无法改善生活，农民将仅有的一点土地出售，越来越多的农民成为无地耕种的贫困农民。如：从1976年到1996年，印度尼西亚人口增加了0.65亿，达到2亿人，贫困人口下降了315万，降至225万。由于金融危机的严重损害，1996年至1999年，印尼贫困人口比例上升了7%，升至24.3%。2011年有3102万人生活在贫困线以下，占全国总人口的13.33%，生活在农村的贫困人口占总贫困人口的75%。2014年9月，万坦省生活在贫困中的人数为64.92万人。2015年9月，生活在贫困中的人数增加到69万人，其中，农村贫困人口从26.8万人增加到27.17万人。巴布亚和马鲁古是大多数贫困人口集中的地方，占贫困人口总数的20%以上。贫穷造成的营养不良问题也很突出，东南苏拉威西省布瓦杜镇一共有1060户家庭，有540户家庭的孩子大部分营养不良。全国5岁以

① 王小民. 东南亚国家的城市化：原因与可持续发展. 东南亚研究，2002(4).

下儿童中有8.3%的人患有严重的营养不良疾病。①

与农村相比，城市贫困问题同样突出，甚至比农村更为严重。一方面，印度尼西亚经济复苏缓慢，外国投资减少，大量工厂关闭，造成大量人口失业，导致新增贫困人口和返贫人口规模扩大。另一方面，一大批外来低学历无技术的穷人，只能做一些技术含量低或没有技术含量的工作，如：按摩、洗衣、日间杂务、守卫、看车和上街指挥车辆等。这些工作大多是按日结算的临时工作。他们没有本钱，也没有信心或技能去做小生意，只能挤在城市角落的贫民窟里。根据印度尼西亚政府统计，在2002年，印度尼西亚城市的失业率为12%，农村为7%，全国平均约为9.5%。2010年失业率达7.1%，2012—2015年的失业率都在6%以上。

在严峻的减贫形势下，印度尼西亚政府采取了一系列措施。在解决农村失业与贫困问题方面，政府从农业用地、基础设施等入手，支持农业现代化发展，为农产品加工业的发展创造环境，为农业人口创造就业机会。在城市失业与贫困问题方面，政府为贫困家庭提供直接补助、廉租房或免租房等扶贫政策，减少贫困人口数量；修建基础设施，向贫困人口提供培训和工作机会。2014年出台的医疗保险计划覆盖率达72%，为劳工提供了福利保障；② 在企业层面，为了促进中小企业的发展，提高社会整体就业水平，政府给予中小企业各种形式的支持，包括融资、市场准入援助等。2018年3月至9月底期间，印度尼西亚的贫穷人口比率有所下降，这证明印度尼西亚均衡发展全国经济的政策获得良好成果。

四、尼日利亚的城市化与城市化道路

尼日利亚是非洲古国，也是民族最多的非洲国家，2018年人口约1.96亿(见表6-19)，是全球第七人口大国。国土面积92.38万平方公里，人口密度212.04/平方公里(2018年)，首都是阿布贾，人口约244.2万(2015年)，最大城市是拉各斯，人口约1223.9万(2015年，见表6-20)。

---

① 曹云华. 印度尼西亚贫困问题研究. 东南亚研究，2005(6).

② 刘慧. 国外城镇化：印度尼西亚多举措促区域均衡发展. 人民日报，2014-02-10.

表 6-19　　**1950—2018 年尼日利亚人口数量及其增长率**

年份	人口	男性比例（%）	女性比例（%）	人口密度（千米^2）	世界排名	增长率（%）
2018	195875237	50. 68	49. 32	212. 04	7	2. 61
2017	190886311	50. 67	49. 33	206. 64	7	2. 63
2016	185989640	50. 66	49. 34	201. 34	7	2. 65
2015	181181744	50. 65	49. 35	196. 13	7	2. 70
2010	158578261	50. 58	49. 42	171. 66	7	2. 68
2005	138939478	50. 50	49. 50	150. 41	9	2. 58
2000	122352009	50. 42	49. 58	132. 45	10	2. 52
1995	108011465	50. 35	49. 65	116. 92	10	2. 54
1990	95269988	50. 31	49. 69	103. 13	10	2. 64
1985	83613300	50. 26	49. 74	90. 51	10	2. 62
1980	73460724	50. 27	49. 73	79. 52	11	3. 00
1975	63373572	50. 07	49. 93	68. 60	11	2. 51
1970	55981400	50. 01	49. 99	60. 60	11	2. 23
1965	50127214	49. 96	50. 04	54. 26	13	2. 12
1960	45137812	49. 91	50. 09	48. 86	13	1. 90
1955	41085563	49. 89	50. 11	44. 48	13	1. 65
1950	37859744	49. 89	50. 11	40. 98	13	0. 00

资料来源：尼日利亚历年人口数量. https：// www. phb123. com/city/renkou/country_7. html.

表 6-20　　**2015 年尼日利亚人口超过 30 万的城市(单位：千人)**

城市	人口	城市	人口	城市	人口
拉各斯	12239	伊科罗杜	706	奥凯内	407
卡诺	3583	扎里亚	702	阿多埃基蒂	402
伊巴丹	3157	埃努古	680	伊戈比杜	402
阿布贾	2442	瓦里	663	卡齐纳	395
哈尔科特港	2344	奥绍博	649	米纳	385
贝宁城	1495	乌穆阿希亚	580	博科	380
奥尼沙	1109	阿库雷	556	奥约	371
卡杜拉	1046	索科托	552	哦克坡古	343

续表

城市	人口	城市	人口	城市	人口
阿巴	943	包奇	496	马库尔迪	342
伊洛林	856	阿比库塔	494	伊费	331
乌约	848	洛可加	473	埃丰阿莱耶	328
乔斯	809	卡拉巴尔	467	伊科特埃佩内	312
奈威	770	阿巴卡利基	439	比尔宁凯比	301
迈杜古里	727	奥博莫绍	439		
奥韦里	716	贡贝	417		

资料来源：United Nations, Department of Economic and Social Affairs, Population Division. World urbanization prospects: the 2018 revision. New York: United Nations, 2018.

（一）尼日利亚的城市化进程

尼日利亚是非洲第一大经济体，也是非洲人口最多的国家，约占非洲总人口（2018 年非洲总人口为 1285692503 人）的 15.23%。过去半个多世纪以来，尼日利亚城市人口年均增长率为 6.5%，城市人口占总人口的比例由 1960 年的 15.4%提高到 2017 年的 49.5%（见表 6-21、图 6-6）。根据“世界人口展望”预测，到 2050 年，尼日利亚将成为世界第三人口大国，仅次于印度和中国，其城市化率将达到 70%。① 尼日利亚的城市发展可分为前殖民时期、殖民时期和后殖民时期三个历史时期。② 考虑到尼日利亚的城市化发展是从 1960 年尼日利亚独立后才开始起步的，所以我们可以尼日利亚获得独立为分界线，将尼日利亚城市化进程分为两大历史阶段：1960 年独立以前的城市化缓慢发展阶段和 1960 年独立以来的城市化快速发展阶段。

表 6-21　**1950—2018 年尼日利亚的城市化水平（%）**

年份	城市化率	年份	城市化率	年份	城市化率
1950	9.4	1980	22.0	2010	43.5

① http://www.sohu.com/a/229271405_100104392.

② 埃金·L. 马波根耶. 尼日利亚的城市社区组织. 国际社会科学杂志：中文版，1991(3).

续表

年份	城市化率	年份	城市化率	年份	城市化率
1955	12.1	1985	25.6	2015	47.8
1960	15.4	1990	29.7	2016	48.7
1965	16.6	1995	32.2	2017	49.5
1970	17.8	2000	34.8	2018	50.3
1975	19.8	2005	39.1		

资料来源：United Nations, Department of Economic and Social Affairs, Population Division. World urbanization prospects: the 2018 revision. New York: United Nations, 2018.

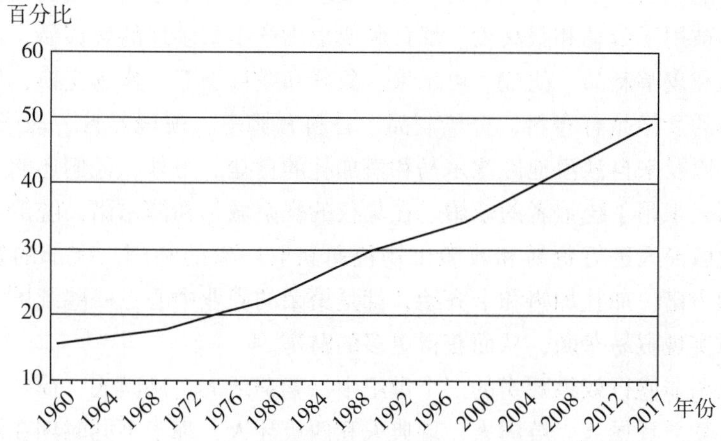

图 6-6 1960—2017 年尼日利亚的城市化率

资料来源：https：//knoema.es/atlas/Nigeria/Población-urbana-percent-del-total.

1. 城市化缓慢发展阶段(1960 年以前)

尼日利亚是一个有发达文化、多民族、多语言的非洲古国。它在 15 世纪下半叶和 16 世纪中叶被葡萄牙和英国入侵。1914 年成为英国殖民地，被称为“尼日利亚殖民地和保护国”。①

早在西方殖民者踏入尼日利亚之前，拥有 200 多个民族的尼日利亚

① 詹木思. 尼日利亚农村可持续发展与减贫机制：对农业新发展的启示. 杭州：浙江大学博士学位论文，2009.

人,[①] 讲着250多种不同语言、信奉不同宗教、有着不同风俗习惯的尼日利亚大小部落,[②] 就在尼日利亚这片广袤的大地上繁衍生息了数千年，如南部的约鲁巴人和比尼人(或埃多人)、北部的豪萨人、富拉尼人、卡努里人和阿拉伯人等，他们都建有自己的定居地或城邦，如约鲁巴人建立的伊费、伊巴丹、拉各斯、奥格博莫朔、奥朔博、伊沃、阿贝奥库塔、伊累沙和奥约等；豪萨人建立的豪萨七邦：卡诺、腊诺、泽格泽格(扎里亚)、道腊、戈比尔、卡齐纳、赞法腊。[③] 有些定居地逐渐发展为城镇，或成为商业、贸易和宗教中心，如拉各斯、卡诺、卡齐纳、扎里亚、索科托等。穿越撒哈拉的贸易是几个世纪以来重要的对外贸易，它得以进行的主要因素是：使用骆驼穿越撒哈拉(骆驼能经受住白天的酷热和夜晚的寒冷，以及克服水和食物的缺乏)；欧洲、中东和北非对西非黄金的需求以及主要参与者能从贸易中获取巨额的利润。奴隶是仅次于黄金的值钱商品，他们基本上被用于劳动和服兵役。尼日利亚也出产丰富多样的奢侈品，特别是纺织品和皮革制品、胡椒、可乐果、象牙和鸵鸟羽毛。作为交换，尼日利亚获得的奢侈品有布料、金属制品、香料和椰枣、玻璃器具、珠子、书、纸张，以及来自沙漠地区比尔马和塔加扎的食盐。另外，他们还购买马匹装备骑兵来用于统治者的炫耀。在集权的豪萨城邦和博尔诺，统治者通过扮演地区商人进行贸易和收缴市场税而获取巨额的利润。南部的贸易终点，如卡诺、加扎加姆和卡齐纳，都是繁荣的商业中心。一些统治者对盐和奴隶实现贸易垄断，从而获得更多的财富。[④]

在西非盛行奴隶贩卖的三个世纪中，葡萄牙人、法国人、荷兰人、丹麦人、勃兰登堡人、英国人、瑞典人和西班牙人，都于不同时期在沿海经商，并以几乎令人难以置信的残酷手段，掠捕和贩卖不幸的非洲人以获取巨额的利润。尽管奴隶制是非洲自古以来就有的一种制度，早在第一批欧洲人到达西非沿海之前，那里已有奴隶买卖，可是，由于美洲开辟种植园而需要大量奴隶，奴隶贩卖在欧洲人的经营下获得了突飞猛进的增长。[⑤] 欧洲商人的经商和贸易活动，促进了尼日利亚城镇的发展，尤其是沿海城

① 托因·法拉格. 尼日利亚史. 沐涛，译. 上海：东方出版中心，2010：6.

② 艾伦·伯恩斯. 尼日利亚史. 上海师范大学《尼日利亚史》翻译组，译. 上海：上海人民出版社，1974：14.

③ 艾伦·伯恩斯. 尼日利亚史. 上海师范大学《尼日利亚史》翻译组，译. 上海：上海人民出版社，1974：34、49.

④ 托因·法拉格. 尼日利亚史. 沐涛，译. 上海：东方出版中心，2010：29.

⑤ 艾伦·伯恩斯. 尼日利亚史. 上海师范大学《尼日利亚史》翻译组. 译. 上海：上海人民出版社，1974：90-91.

市的发展，如拉各斯、巴达格里、布拉斯等城市。[①] 这些城市聚集了大量的人口，他们或来自邻近的乡村，或来自遥远的地区，小城镇逐渐发展成为大城市，单一中心城市发展成为多中心城市。

殖民政府不仅扩建了现有的城市，像伊巴丹和拉各斯这样的古老城市都得到了大规模的扩建，同时还在现有城市的基础上创建了许多新的城市或城市中心，比较著名的如北尼日利亚保护国的首府卡杜拉、位于中部高地的乔斯——高原锡矿业中心和著名的娱乐城市。这些新建的城市没有城墙，但在城市中心建有大量的政府机构，宽阔的公路和铁路直达城内，沿着交通线各种商业市场应运而生。公路和铁路交通的发展也带动了城市的增长，使这些新建的城市凸显“带形城市”或“长形城市”(linear city)的特征，有别于尼日利亚早期本土城市以防御为主要功能的圆形城市特征。新建的城市中，比较著名的还有作为行政中心的埃努古、哈尔科特港。像卡凡钱这样的火车站点，因为吸引了成百上千的商人、顾客和定居者而发展成城市。港口城市(像拉各斯)或矿业地区(像乔斯和伊努古)发展迅猛。在东部，1931 年时还没有一个人口超过 26000 的大城市，到了 1952 年，4 个城市的人口超过了 5 万，1921—1952 年间城镇的人口增长速度接近 70%。[②]

殖民政府所建城市的另一个普遍特征是建有政府保护区(government reserve areas，GRAs)。这些政府保护区通常建有欧式住宅，一家医院或护理站，以及为英国殖民者或其他显赫的欧洲贸易商提供服务的教育、娱乐和宗教设施。这些政府保护区的建立，表面上是为了控制卫生条件以及防止诸如疟疾等疾病的传播，实际上它们已成为一个个精心设计的、与土著尼日利亚人完全隔离的“侨民飞地”(expatriate enclave)。这些侨民飞地在尼日利亚独立后逐渐成为高收入郊区，它们或向外扩张，侵入周围的农地，或向内蔓延，填满先前政府保护区与城市其余部分之间的隔离带。到 20 世纪 80 年代，在这些城市的外部或边缘，大量的建筑物——大学校园、政府办公大楼、医院、酒店等，拔地而起，[③] 使得现有城市不断向外扩张，规模不断扩大。

城市的扩张反过来又吸引人口从农村向城市迁移，人们主要是希望到城市中殖民政府和商业机构中寻求就业机会。自谋职业在城市非正规部门

① http：//countrystudies. us/nigeria/48. htm.

② 托因·法拉格. 尼日利亚史. 沐涛，译. 上海：东方出版中心，2010：75.

③ http：//countrystudies. us/nigeria/48. htm.

中也大量存在，如手工艺者、理发师、食品小贩和修理工。与农村中又苦又累的活相比，做雇工和商贩提供了更快的赚钱手段。农村地区失去了吸引力。城市作为多元文化的汇集地，使不同种族的人出于经济和社会原因相互交往。但城市也是冲突的温床，由于原住民可以将属于自己的土地出售或捐赠给外来者，使得当地人与外来者之间常常因土地问题产生冲突。工作岗位的不足产生了一支失业大军，其中有些人走上了犯罪的道路。在城市及其他地区，殖民时代的人们感受到了急速的变迁和生活中的矛盾。许多人对强迫劳动制，将年轻人推出农村或使其陷入犯罪的关于金钱的恶念，以及日益上升的离婚率、快节奏的生活和税收感到极为愤怒。但是，他们同时代的人也对各种新的生活设施，如自来水、电力、现代医院和学校等印象深刻。他们想得到更多这样的设施，当然还包括掌权的机会，这种渴望点燃了民族主义的火焰，① 并最终使尼日利亚于 1960 年赢得了独立。

2. 城市化快速发展阶段(1960 年以来)

1960 年 10 月 1 日是尼日利亚的独立日，自独立后，尼日利亚的经济经历了 20 世纪 60 年代的经济起步、70 年代的石油经济繁荣和 80—90 年代的经济衰退等发展阶段。② 尤其是 20 世纪 70 年代的石油经济繁荣以及道路和交通工具的改善，使尼日利亚成为 20 世纪 70 年代全球城市化增长最快的国家。大量的人口流入城市区域，据估计，1986 年尼日利亚城市人口增长率接近 6%，是同期农村人口增长率的 2 倍多。从 1970 年到 1980 年，尼日利亚的城市化率从 17.8% 增长到 22.0%，1990 年达到 29.7%，进入城市化加速发展阶段，2010 年达到 43.5%。至 2018 年，尼日利亚的城市化率上升到 50.3%(见表 6-21)，超过一半的尼日利亚人口成为城市人口。尼日利亚只用了不到 70 年的时间，其城市化率就从 1950 年的 9.4% 上升到 2018 年的 50.3%，而美国的城市化率从 1830 年的 8.8%，上升到 1920 年的 51.2% 则花了 90 年的时间，可见尼日利亚城市化进程的步伐之快。

尼日利亚独立以来的城镇数量及城镇人口的增长，也反映了尼日利亚 1960 年以来快速的城市化进程。1996 年 10 月尼日利亚政府对联邦、州和地方三级政府的行政区域进行重新规划，划分了 1 个联邦首府区、36 个

---

① 托因·法拉格. 尼日利亚史. 沐涛，译. 上海：东方出版中心，2010：75-76.
② 沈冰鹤. 尼日利亚百年经济发展历程述评. 非洲研究，2015(6).

州和774个地方政府。由于新设立了很多州府和地方政府，这些政府的首府所在的中小城市，因此而成为城市中心，导致城市的人口和数量增加。①

根据1952—1963年的人口普查数据，尼日利亚人口数量超过2万的城市增加到262个。至1963年，有24个城市的人口超过10万人，55个城市人口在5万~10万人，183个城市人口在2万~5万人。在人口2万~5万人的183个城市中，有70个位于北部，78个位于西部，29个在东部，6个在中西部区域。在广阔的中部区域和遥远的北部区域，城市系统服务水平非常低下。20世纪60年代，随着城市的集中出现了区域性增长，如西南方的拉各斯/伊凯贾—伊巴丹地区，东部的哈尔科特港—阿巴—奥尼查—埃努古城市区域，北部的卡诺—卡杜拉—扎里亚轴线，以及贝宁湾—萨佩莱—瓦里地区的城市中心带，进口替代工业化政策使城市化的不均衡状况进一步恶化。从1985年到1995年，国家城市总人口从2143.43万(占国家总人口的25.6%)增长到3478.5万(占国家总人口的32.2%)。至1995年，有7个城市的人口超过100万人，18个城市人口在50万~100万，36个城市人口在20万~50万，78个城市人口在10万~20万。② 1963至1995年人口在10万~20万的城市增加了54个，其他人口等级的城市数量见表6-22。

表6-22 **1963—1995年尼日利亚不同规模等级的城市**

年份	100万人以上城市数	50万~100万人城市数	20万~50万人城市数	10万~20万人城市数	5万~10万人城市数	2万~5万人城市数
1963	—	—	—	24	55	183
1995	7	18	36	78	—	—

资料来源：Paul Okunlola. Nigeria：an urban explosion. Human Settlment，2001(4)：43.

尼日利亚城市化快速发展的典型例子就是其最重要的商业中心拉各斯的增长。拉各斯的开发始于1670年，1670—1850年，葡萄牙、英国等殖民者在该地贩运奴隶；从1861年开始，拉各斯归属英国；20世纪初，拉

① 资料来源：https：//baike. sogou. com/v43342. htm? fromTitle=尼日利亚.

② Geoffry I. Nwaka. 尼日利亚分散化的城市化和农村发展：促进中小城镇发展. 吴斐琼，译. http：//www. doc88. com/p-9973540134688. html，2019-03-28.

各斯始建港口和连接内陆的铁路；1914 年，拉各斯成为尼日利亚首府；1960 年，尼日利亚独立，拉各斯成为首都(1960—1991 年)。拉各斯总面积 74 平方公里，人口约 900 万(截至 2018 年)。在 20 世纪 60 年代，拉各斯的城市规模急剧扩大。伴随着 70 年代的石油经济繁荣，大量的人口被吸引到拉各斯，致使拉各斯人口年均增长率在 70 年代高达 14%。作为撒哈拉以南的非洲地区最大的城市，拉各斯也以交通拥堵等城市问题而著名。新建住宅大量涌现，但似乎很难赶上城市居民对住房需求的步伐。到 20 世纪 90 年代，拉各斯的交通问题随着城市道路和桥梁的建设以及交通管理条例的实施而有所缓解。

除了拉各斯以外，20 世纪 80 年代尼日利亚城市化发展最快的城市就是位于尼日尔三角洲地区的哈尔科特港。尼日尔三角洲是石油经济繁荣的中心区域，覆盖整个伊博地区及东南部其他区域。在这一地区原本没有几个大城市，但随着 20 世纪 70 年代石油经济的繁荣，一些大城市迅速成长为商业和行政管理中心，如奥尼查、奥韦里、埃努古、阿巴、卡拉巴尔等。到 1990 年，约鲁巴西南部仍然是尼日利亚城市化水平最高的地区，而尼日利亚中部则是城市化率最低的地区。首都拉各斯位于尼日利亚的西部，往来各地区的交通十分不便。作为全国最大的港口和工商业中心的首都人口稠密，城市交通拥堵，环境卫生问题日益严重，扩张所需空间不足。因此，尼日利亚政府在 1975 年决定将首都从拉各斯迁往阿布贾。阿布贾位于国家的地理中心，是世界上独一无二的没有围墙的城市，所有高耸的办公大楼、精致的私人住宅、别墅等都没有围墙，一目了然。1991 年，尼日利亚宣布迁都于阿布贾。新首都的位置可以均衡内地与沿海的经济发展，更贴近各少数民族；同时阿布贾海拔略高，周围绿荫环绕，对于热带地区的人们而言已是非常清凉。近 30 年过去，全国人民涌向新首都，从开辟丛林开始建城的年轻都市阿布贾已经成为全国第二拥挤的城市。

(二)尼日利亚的城市化道路及其特征

纵观尼日利亚的城市化进程，它走了一条城市化起步晚、起点低、发展速度快，城乡发展不均衡且城市内部二元结构突出，城市化水平地区差异大，城乡贫困并存的城市化道路。尼日利亚城市化道路的主要特征分析如下：

第一，城市化起步晚，起点低，发展速度快。在获得独立以前，尼日利亚城市化进程比较缓慢，直到 1950 年，其城市化率仅为 9.4%，刚刚接近10%的城市化起步水平。1950年之后，尼日利亚的城市化进程逐渐加快，经过68年的发展，至2018年就提高到50.3%，基本实现了城市化。从城市化率大约10%的起步阶段，到城市化率超过50%的城市化基本实现阶段，英国用了101年，法国用了101年，美国用了80年，加拿大用了80年，巴西用了85年，发展中国家作为一个整体也用了70多年。可见，尼日利亚城市化发展速度快于大多数发达国家和部分发展中国家(见表6-23)。

表6-23　　世界主要国家城市化进程速度比较

国家/地区	城市化起步年份	城市化率(%)	城市化基本实现年份	城市化率(%)	所用时间(年)
英国	1750	17.0	1851	54.0	101
法国	1830	10.0	1931	50.8	101
美国	1840	10.0	1920	51.2	80
日本	1898	11.75	1955	56.33	57
加拿大	1851	13.1	1931	52.2	80
巴西	1880	10.0	1965	50.3	85
尼日利亚	1950	9.4	2018	50.3	68
印度尼西亚	1950	12.4	2015	53.3	65
中国	1949	10.64	2011	51.27	62
墨西哥	1900	10.55	1960	50.8	60
印度	1901	10.84	2050	50.3	149
发展中国家	1950	17.6	2020	51.6	70

资料来源：笔者根据各国城市化发展历史数据及联合国预测数据整理而得。

尼日利亚自20世纪50年代开始，从农村涌入城市的人流如潮。全国城市人口从1951年的3040万增长到1963年的7726.9万，l982年又激增至18120万，记录表明，从1952年起的30年间，尼日利亚大多数城市中心人口增长了5倍。国内人口移民趋势表明，全国性城市化的速度在1996年达5.5%，大约是全国人口增长率(2.9%)的两倍。到2018年城市人口的增长率平均为4.1%，全国人口增长率平均为2.6%，城市人口的平均增速大约是全国人口平均增速的1.58(见表6-24)。在城市人口增长的同时，城市数量也增加了。2003年尼日利亚人口超过100万的城市6

个，人口在 50 万~100 万的城市有 12 个，人口在 30 万~50 万的城市有 7 个，人口在 20 万~30 万的城市有 19 个，人口在 10 万~20 万的城市有 7 个。1995 年至 2018 年尼日利亚城市人口占总人口的比例由 32. 2%提高到 50. 3%，城市人口年均增长 7. 87%。从当前的趋势看来，预计在 2025 年末，城市人口将占总人口的 2/3，仅以拉各斯为例，目前人口为 1000 万，到 2025 年将达 2400 万。①

表 6-24　　**1960—2018 年尼日利亚城市人口及增长率**

年份	城市总人口（千人）	年均增长率（%）	年份	城市总人口（千人）	年均增长率（%）
1950	3558. 8	—	1995	34779. 7	4. 58
1955	5094. 6	8. 63	2000	42578. 5	4. 49
1960	6951. 2	7. 29	2005	54325. 3	5. 52
1965	8321. 1	3. 94	2010	68981. 5	5. 40
1970	9964. 7	3. 95	2015	86604. 9	5. 10
1975	12548. 0	5. 19	2016	90577. 0	9. 17
1980	16163. 6	5. 76	2017	94488. 7	8. 64
1985	21405. 0	6. 50	2018	98525. 2	8. 54
1990	28295. 2	6. 44			

资料来源：笔者根据 www. phb123. com 的数据整理所得。

第二，城乡发展不均衡，城市内部二元结构突出。20 世纪 60 年代初，尼日利亚经济发展比较稳定，以农业为主。1960 年农业产值占 GDP 的比重为 65%，农产品出口收入占出口总收入的 70%，粮食自产自给，出口居世界前列的产品有棉花、花生、可可、棕榈油等。工业体系虽然薄弱，但大型国有和私营企业仍能提供较多的就业机会，年均国内生产总值的增长率约 3. 1%，具一定工业基础。20 世纪 60 年代末，尼日利亚政府采取轻农业重矿业、轻农村重城市的发展战略，导致农业、工业产品产量一落千丈。农业方面，1976 年花生停止出口，1980 年国内粮食欠缺 1700 万吨。② 农业产值占 GDP 中的比重降至 14%，农产品出口收入降至出口

① Paul Okunlola. Nigeria：an urban explosion. Human Settlment，2001(4)：43.
② 王春蕾. 1960—1979 年尼日利亚工业化历程初探. 上海师范大学学报：哲学社会科学版，2003(6).

总收入的2.6%。工业方面，20世纪70年代末，随着石油的大规模开采，至2004年每天的原油生产量约268万桶，石油出口占出口总额的85%，创汇占外汇总收入的95%。石油经济的繁荣，使政府对石油的依赖程度越来越高，逐渐忽视其他产业经济的发展，造成经济结构的严重畸形。国内尚处于萌芽状态的各产业与民族企业遭受毁灭性打击，纷纷倒闭，造成大量人口失业，1998年失业率达14%。城市发展方面，国家采取了有利于城市的发展政策。1970年至1974年，国家发展计划总投资的82.1%投向城市，而农村仅投入17.9%。造成这种不切实际的决策，有两个方面的因素。一方面，政府官员认为，只要借鉴发达国家的城市模式，用有限的资本建设现代办公中心、欧洲别墅和现代工业，将城市发展起来，那么整个国家就会繁荣。① 另一方面，与农村相比，城市在基础设施、劳动力素质、信息、市场等方面条件较好，将相对丰富的资金，先进的技术设备，充足的人力资源等投入城市，可以获得较高的综合经济效益。然而，缺乏工业灵魂支撑的城市，由于无法提供满足城市人口需求的就业机会，大量劳动力不得不赋闲在家。农业发展也是长期投入不足，传统农业萎缩，大批农村青年逃向城市，城市的高物价低就业，使这些农民更加艰难。城乡发展的不平衡，导致城乡间差距拉大，形成城乡二元结构。

尼日利亚不仅城乡差别大，而且城市内部同样贫富悬殊。由于殖民的原因，尼日利亚沿海的城市非常小，而且不远处就是半村庄化的居民点。其城市大致可以分为两类：一是殖民者入侵前建立的城市，如伊费、伊巴丹、拉各斯、卡诺、卡齐纳、扎里亚、索科托、库卡等，这些城市有着悠久的发展历史，古老城墙内的中心区域居住着非洲土著居民，外围则居住着一些欧洲人，该区域内基础设施落后，经济水平较低，外围生活条件发达。另一类是殖民时期扩建或新建的城市，如巴达格里、布拉斯、邦尼、卡拉巴尔、哈尔科特港、卡杜拉、乔斯等，这些城市地理位置优越，生活配套齐全，经济发展水平很高。其中心地区是欧洲人的生活区域，周围是非洲人居住的地方。虽然尼日利亚独立后在欧洲人居住区内也有少数非洲人居住，但城市与城市之间、城市内部的双重结构仍然很明显，二元结构在城市内部也存在着。②

---

① 李肇忠. 当代西非国家城市化的社会经济影响. 广西民族学院学报：哲学社会科学版，1995(3).

② 姜忠尽，王婵婵，朱丽娜. 非洲城市化特征与驱动力因素浅析. 西亚非洲，2007(1).

第三，城市化水平地区差异大。如前文所述，在尼日利亚183个人口在2万~5万人的城市中，有70个分布在北部地区，78个位于西部地区，29个在东部地区，6个在中西部区域。在广阔的中部区域和遥远的北部区域，城市系统服务水平非常低下。20世纪60年代，随着城市的集中出现了区域性增长。进口替代工业化政策使城市化的不均衡状况进一步恶化。这些大规模的城市集聚区占有大部分的国家工业投资、现代基础设施和生产资源，以及商业、行政和教育设施。到1990年，约鲁巴西南部仍然是尼日利亚城市化水平最高的地区，而城市化率最低的地区则是尼日利亚中部地区。

第四，城乡贫困并存。尽管尼日利亚与一些非洲国家相比因石油而相对富裕，但是占有相当比例的人口却身处贫困之中。全国大约有7000万人每天生活费用少于1美元(世界银行和英国国际发展部，2005年)，54%的尼日利亚人生活在贫困线以下(联合国开发计划署，2006年)，超过1/3的人生活在极端贫困中(定义为那些每天无法获取2900卡路里的人)。近几十年来，尼日利亚已经成为一个主要的石油输出国，而与此同时，忍受贫穷的人口比例也在增加。2003年，其人均收入跌到了约350美元(远低于撒哈拉以南非洲地区的平均值450美元)。尼日利亚的贫困程度恶化，可归因于数十年来的军人统治，以及石油经济负面效应带来的脆弱的经济和善治。尼日利亚代表了一种受“资源诅咒”支配的国家：石油收入是重要的，这一从国家最重要的经济资产中获得的收入，对于精英分子来说，已经成为一种促使财政收入管理不善制度的激励。这种对石油的过分重视抑制了其他经济领域的活动(特别是农业和制造业)，减少了非石油部门的经济成长，加剧了失业、贫穷和冲突。①

尼日利亚的城市贫困从其最大城市拉各斯的贫民窟可窥见一斑。拉各斯是尼日利亚的旧都和最大港口，位于尼日利亚西南部沿海，由奥贡河河口的六个小岛和大陆部分组成，总面积74平方千米，市区人口约900万(2018年)，联邦区人口约1750万(2015年)。拉各斯是西非第一大城市，也是尼日利亚全国的航运中心和著名的海滨疗养地、旅游中心。但是，在拉各斯繁华的背后，还隐藏着很多贫民窟，其中马可可贫民窟就是世界上最大的水上贫民窟。由于拉各斯市区位于岛屿上，随着人口增长，土地资源有限，很多贫民只能选择在水上居住。拉各斯马可可贫民窟中究竟居住

① Bhavna Sharma，等. 尼日利亚和坦桑尼亚的贫穷与减贫：国家方案研究. https：//www.taodocs.com/p-3005190.html.

着多少人一直是个问题，有的数据显示是4万，也有的说是30万。一名马可可非政府组织工作人员说："没有人知道到底有多少人，数据都不可靠。"自然条件对农村生计的不利导致人们把移民至城市当作了生计战略的一部分，但城市的工作机会是很难获得的，从农村移民而来的穷人又导致了城市贫困人口的增加。比如说，拉各斯城正在快速地扩张(人口接近1000万)，尼日利亚1/25的贫困人口现在居住在那里，超过40%的城市人口居住在贫民窟。马可可贫民窟由于人口密集，排污系统不完善，水污染极其严重，但是油腻腻的水反而能够吸引鱼类，让人们以打鱼为生，但污水同样隐藏着巨大的威胁，那就是病毒和细菌，它们使得当地经常疟疾肆虐。①

尼日利亚农村的贫困问题更加突出。以下一些区域性和农村的度量数据，可以显示尼日利亚的贫困所带来的影响。贫穷在北部地区更加普遍。比起有着1/3贫困人口的东南方，东北地区有2/3的人口被认为是贫困的。毫不奇怪，西部地区的婴儿死亡率(每1000个活产婴儿中有269名)与东南部地区(每1000个活产婴儿中有103名)相比起来更加糟糕。这些地区性的差异可部分地归因于经济、社会政策的偏向以及投资向南方的过度集中，北方则被抛开了。而生态和气候、匮乏的基础设施、较低的人口密度以及分散的市场也导致了北方地区的不发达。

五、主要结论与启示

(一)主要结论

通过对世界上典型的发展中人口大国的城市化与城市化道路的分析，可以得出以下几点结论：

1. 发展中国家城市化启动晚、水平低、潜力大

在发达国家纷纷启动工业化和城市化进程的时候，广大发展中国家还基本上处于自然经济占统治地位的发展阶段，城市只是统治者的统治枢纽和享受之地，是西方殖民者的货物集散地或中转站。所以大部分发展中国

① 世界十大贫民窟之尼日利亚拉各斯. http：// www.360doc.com/content/18/0815/16/46982778_778495260.shtml.

家直到第二次世界大战后才真正启动城市化进程。至1950年，发展中国家的城市化率只有17.8%，比发达国家约低37个百分点。发展中国家尽管城市化起步晚、起点低，但20世纪中后期以来发展却十分迅猛，潜力巨大。一些国家城市化水平开始迈向发达国家的行列，一些国家城市化水平达到了发达国家标准。到2015年，发展中国家已有一半的人口生活在城市里。尽管发达国家目前有约80%的人口是城市居民，但发展中国家的城市人口却以更快的速度在增长，因而发展中国家城市人口占世界城市人口的比重也在不断增加。1950年以后，发展中国家城市人口增长逐渐加快，而发达国家城市人口增长却在减缓，到2014年，发展中国家的城市人口已达29亿，几乎是发达国家约10亿城市人口的3倍。

2. 发展中国家的城市化具有被殖民特征

发展中国家有着举世闻名的大城市，但这些城市的建立没有遵循当地城镇自然发展的规律，而是殖民者根据其殖民统治的需要发展或建立起来的。像巴西的圣保罗、里约热内卢、萨尔瓦多，印度的德里、孟买、加尔各答，印度尼西亚的雅加达，尼日利亚的拉各斯等，这些城市在文化上与周围地区存在较大差异，经济上与其他城市发展不同步，既是本国城市化的重要基础和推动力，又成为影响本国城市化均衡推进的障碍和负担。

3. 发展中国家城市化的动力不足

由于大部分发展中国家工业基础较弱，工业化进程缓慢，所以推动城市化发展的动力不足，出现政府过多干预市场的现象。城市发展主要依靠政府推动，目的是保障现有城市居民的就业和生活。面对大量的农村人口向城市迁移，发展中国家的政府一般会实施阻止农民进城的政策，因为大量人口迁入，会对城市管理形成很大的冲击，也会给政府带来很大的负担。

4. 发展中国家城市化的发展具有不均衡性

其表现有以下几点：第一，城市规模大、首位度高、城市数量少，空间分布不均衡。第二，城市的吸引力很强，但从农村向城市的转变存在许多障碍，城市人对农村人的偏见和歧视现象十分严重。第三，城市缺乏对乡村人口的吸收能力，但由于土地制度的不合理，农村的“推力”往往大于城市的“拉力”。不是城市需要农民，而是农民需要城市。第四，不仅城乡差别大，而且城市内部也存在严重的二元结构。第五，城市病严重。

第六，大城市贫民窟现象严重，城乡贫困并存。

(二)主要启示

通过对发展中国家一些典型的城市化与城市化道路的研究和分析，可以得出如下启示：

1. 提高城市化水平和城市化质量的关键是提高工业化和经济发展水平

世界各国城市化发展的历程无不证明，工业化是城市化的发动机，城市化是工业化的促进器。集聚是城市的基本特征，城市化能够满足工业化的要求，产生聚集效益和规模效益，形成发达的城市文明，极大地促进工业化和整个社会经济的发展。发达国家较高的城市化水平是建立在较高经济发展水平基础之上的，而以巴西为代表的南美国家有着与发达国家相同甚至更高的人口城市化水平，但其经济发展水平却比发达国家要低得多，结果巴西等南美国家出现了过度城市化，导致城市发展与人口发展相脱节，城市病蔓延。印度的城市化水平较低是因为其赖以发展的基础——印度的工业化水平和经济发展水平较低，印度走的是一条无工业化的城市化道路。相对于印度的工业化和经济发展水平来说，印度的人口城市化已经过度，即城市经济难以支撑现有的城市人口。印度尼西亚城市化的外资产业导向作用明显、产业结构单一，而且外商直接投资的67%左右集中在爪哇—巴厘地区，致使印度尼西亚的城市发展主要集中在苏门答腊—雅加达—巴厘—班东城市走廊地区。与印度尼西亚相似，尼日利亚的大多数制造业也集中在主要城市，中部各州往往只有少数几家小型制造工厂。① 制造业的过度集中，不可避免地带来城市化的非均衡发展。所以，发展中国家要提高城市化水平和城市化质量，决不能仅仅强调人口的城市化。

2. 城市化的健康发展有赖于农业和农村的发展

农业现代化的发展，有利于提高农业生产力，农业产品的剩余和积累是城市化的前提和基础，许多发展中国家过度城市化和城市人口过度集中的问题，根源在于农业落后和农村地区的衰落。没有农业、工业支撑的城市化道路，无法解决农民以及迁移到城市的农民的就业问题，只能是赤贫的农民在实现地域转移后成为城市贫民。因此，必须调整过去以工业和城

---

① 王春蕾. 1960—1979年尼日利亚工业化历程初探. 上海师范大学学报：哲学社会科学版，2003(6).

市经济发展为重点，通过各种形式吸收和转移农业和农村大量的剩余价值,[①] 以便为工业和城市经济发展提供积累的城市化发展战略，着力解决农民的就业、社会保障等问题，实现以农业和农村的发展为基础和前提、可持续、健康的城市化。

3. 经济社会的协调发展是城市化健康发展的基本要求

纵观巴西、印度、印度尼西亚以及尼日利亚等国家的大城市中规模庞大的贫民窟现象，其实质是经济和社会发展的不平衡。在发展中国家的城市化进程中，普遍存在城市化过速、城乡差距过大、城市人口贫富分化严重等问题。健康的城市化需要不同地区、不同城市、不同阶层、不同行业之间和谐、平衡、互利。只有这样，规模和集聚的经济效益才能得到有效发挥，大城市才能成为现代经济发展的中心和动力。

4. 提高政府的治理效率和规范市场的运行机制是城市化健康发展的根本保证

从发达国家与发展中国家的城市化水平差异可以看出，高效廉洁的政府与完善的市场规则是城市化发展的前提。就发展中国家的城市化而言，高效的政府管理在维护市场秩序中起着不可或缺的作用，具体体现为以下几点：一是政府治理的低效，难以确保市场的有效运行。重叠和繁杂的政策条例，导致投资者和生产者不知所措。政府为公众服务的能力不足，使城市企业和居民的权益得不到有效保护。二是政府管理部门的官僚作风，导致经济效率降低。烦琐的行政程序和冗长的审批制度降低了城市对投资者的吸引力，直接影响城市运营效率。三是政府问责机制不健全，导致市场秩序混乱。权力部门职责不明确，相互推诿，这不仅加剧了企业的成本压力，而且加大了企业的违约风险。因此，透明、高效的政府在维护市场秩序中起着不可或缺的作用，建立健全简洁的审批机制，有利于提高经济运行效率，满足企业生产需要。资源的公平配置，市场的自由竞争，不仅可以杜绝政府与企业之间的腐败行为，避免贫富分化，而且还可以降低企业的生产和贸易风险，维护企业之间的信用。总之，城市化的健康发展离不开规范、完善的市场机制和有效的政府治理。

---

① 韩俊，崔传义，赵阳. 巴西贫民窟对中国城市化的启示. 瞭望新闻周刊，2005(28).

第七章　中国城市化发展现状、问题及原因分析

一、中国的城市化进程

中国的城市化是在中华人民共和国成立之后才开始起步的。[①] 1949 年中华人民共和国成立时，中国的城市数量只有 132 个，城市化水平刚刚达到起步阶段的 10.64%，而同期世界城市化的平均水平为 29%，发达国家的城市化水平都已在 60%以上。自中华人民共和国成立以来，中国的城市化经历了计划经济体制与经济市场化改革两个时期，不同的历程决定了与各个时期经济社会发展状况密切相关的城市化发展的不同特征和问题。中国特殊的城市化发展阶段和国情，使中国的城市化水平、人口的变化也具有一定的发展阶段性和中国特色。有关中国城市化问题的研究文献如汗牛充栋，综合有关研究成果，[②] 可将中华人民共和国成立以来的中国城市化进程分为两大阶段：1949—1978 年城市化的缓慢发展阶段和 1979 年以来城市化的加速发展阶段。

---

① 本书有关中国城市化问题的研究范围未包含中国港澳台地区。

② 有关文献参见：高珮义. 中外城市化比较研究. 天津：南开大学出版社，1991；朱铁臻. 城市发展研究. 北京：中国统计出版社，1996；刘传江. 中国城市化的制度安排与创新. 武汉：武汉大学出版社，1999；王放. 中国城市化与可持续发展. 北京：科学出版社，2000；成德宁. 城市化与经济发展：理论、模式与政策. 北京：科学出版社，2004；王春光，孙晖. 中国城市化之路. 昆明：云南人民出版社，1997；杨立勋. 城市化与城市发展战略. 广州：广东高等教育出版社，1999；林广，张鸿雁. 成功与代价——中外城市化比较新论. 南京：东南大学出版社，2000；薛凤旋. 中国城市与城市发展理论的历史. 地理学报，2002(6)；白南生. 关于中国的城市化. 中国城市经济. 2003(4)；简新华，何志扬，黄锟. 中国城镇化与特色城镇化道路. 济南：山东人民出版社，2009；李浩，王婷琳. 新中国城镇化发展的历史分期问题研究. 城市规划学刊，2012(6)；古杰，等. 新中国城镇化的发展阶段及政策分析. 规划师，2015(10).

(一)中国城市化的缓慢发展阶段(1949—1978年)

1949—1978年，中国的城市化道路绝非一帆风顺，而是与中国的经济、社会发展一样，经历了一个艰难、曲折和复杂的过程，呈现出曲折、反复以及总体缓慢上升的状态。根据这一发展态势，可以把中华人民共和国成立以来的城市化缓慢发展阶段细分为以下三个阶段：城市化起步发展阶段(1949—1957年)、城市化剧烈波动阶段(1958—1965年)、城市化停滞发展阶段(1966—1978年)。

1. 城市化起步发展阶段(1949—1957年)

中华人民共和国成立后，我国重工业基础非常薄弱，鉴于当时的国际环境和国内经济状况，为了尽快恢复国民经济，国家实行了重工业优先发展的工业化战略。1952年至1957年完成了私营工商业的公私合营与改造，从体制上保障了国家工业化建设。这一时期，工业总产值增加了265.5亿元，增加到535.6亿元，年均增长率高达14.7%。同时，重工业得到快速发展，1957年重工业占工农业总产值的比重为25.5%，工农业劳动者之比为6.8∶93.2，工农产值之比为56.7：43.3，工业产值超过农业产值跃居主导地位。

城市发展工业的同时，农村成立了互助小组，随着农业合作化的加速，至1956年底，全国96.3%的农民加入合作社，我国已基本完成了农业社会主义的改造。1952年至1957年，农业及副业的总产值增加了112.7亿元，增加到596.6亿元，年均增长4.3%，农业总产值占工农业总产值的比重比1952年下降了13.6%。①

这一时期，强调城市建设为工业服务的同时，实行国家计划分配与自由流动相结合的人口流动政策，不管是新建的工业城市，还是改建和扩建的工业城市，城乡关系相对和谐，发展十分迅速。城市数量与城市人口得到大幅度提升，到1957年，中国城市数量达到176座，比1949年增长了33.33%，平均每年增长4.17%；城镇人口数量为9949万人，比1949年增长了72.58%；城市化率为15.39%，比1949年提高4.75个百分点，年均提高0.59个百分点。② 这一阶段城市化水平得到稳步提高，城市化与

---

① 董辅礽. 中华人民共和国经济史：上卷. 北京：经济科学出版社，1999：32.

② 简新华，何志扬，黄锟. 中国城镇化与特色城镇化道路. 济南：山东人民出版社，2009：199.

经济发展相对协调。

2. 城市化剧烈波动阶段(1958—1965 年)

三年“大跃进”(1958—1960 年)致使中国经济发展产生了较大的起伏波动，在“大跃进”思想的影响下，我国盲目追求工业的高速增长，而严重忽视了农业作为基础产业的相应发展，导致了轻工业、重工业和农业比重的失衡。钢铁工业盲目增长，导致 1960 年的工业产值是 1957 年的 1.3 倍，职工总数增长了 67.5%，轻重工业总产值比例为 33.4 : 66.6，严重失衡。1961 年，中央开始纠错，并调整经济政策。1965 年调整结束，同年，工业总产值达到 1402 亿元，同 1957 年相比增长了 99%。轻重工业总产值比例调整为 51.6 : 48.4，基本均衡。

工业增长的同时，农业产值一直下降。1960 年的农业产值为 415 亿元，比 1957 年下降了 122 亿元，下降 22.7%，工农业产值比为 8 : 2。1965 年，农业总产值回升到 833 亿元，同 1957 年相比增长了 55.1%。工农业总产值之比为 62.7 : 37.3，相对适合工农业生产发展的需求。1958 年，工农业劳动者之比为 77.8 : 22.2，农村劳动力减少。农业经济的衰退导致国民经济的全面困难。

城市化发展也随之出现大起大落，城市工业的高速发展，吸引大批农村人口蜂拥至城市，致使 1958—1960 年间中国的城市数量、城市人口和城市化水平都达到整个阶段的最高水平。期间，中国城市数量由 1957 年的 176 座增加到 1960 年的 208 座，城市人口由 1957 年的 9949 万人增加到 1960 年的 13073 万人，城市化率由 1957 年的 15.39%提高到 1960 年的 19.75%，提高了 4.36 个百分点，年均提高 1.45 个百分点，成为城市化率提升最快的阶段之一。① 城市工业迅猛单兵推进，随后大规模农村人口向城市涌入，与此同时，中国国民经济进入困难时期，导致城市基础设施和食品等供给严重不足。这促使我国城市化政策逐渐改变，严格的城乡二元制度开始形成。1958 年颁布了《户口管理条例》，对农业人口向城市流动进行严格管控，自此中国走上了一条限制城市化发展的道路。1961—1963 年我国进入城乡经济衰退和调整方针的实施时期，大量的工业项目被推迟或暂停，一些职工和城镇人口被劝退回农村，各级新成立的行政区划分别降级，使城市数量和城市化水平均有所下降。1961—1963 年中国

① 简新华，何志扬，黄锟．中国城镇化与特色城镇化道路．济南：山东人民出版社，2009：199-200.

城市数量从208座减少到174座，减少了34座，城市化水平从19.29%下降到16.84%，下降了2.45个百分点。在随后的1964—1965年，伴随着经济形势的好转，中国城市人口数量和城市化水平开始逐渐回升，全国城市人口在1965年底增加到13045万，城市化水平也回升到17.98%。总之，1961—1965年期间，中国城市化处于大起大落的剧烈波动阶段，城市数量呈减少的状态，城市人口和城市化率增长缓慢。

3. 城市化停滞发展阶段(1966—1978年)

文化大革命以及国家在政治经济领域的一系列重大失误，导致国民经济的发展震荡起伏。1967—1969年，前两年工业总产值出现负增长，后一年开始调整回升。农业总产值增长率分别为1.6%、-2.5%、1.1%,[①]而人口的增长却高达2.55%、2.74%、2.61%，出现粮食等农作物赶不上人口增长的情况。1970—1976年，国民经济极不稳定，随着政策波动，生产结构进一步失调。1977—1978年，经过对各行各业的经济秩序进行调整，国民经济迅速恢复发展。

整个文化大革命十年以及受其影响的随后两年中，城市化进程陷于徘徊停滞阶段。20世纪60年代中期，由于“三线”建设与原有城市脱节，城市建设严重滞后，许多小城镇日益衰败。1965年建制镇有3146座，至1978年为2174座，13年减少了972座。而城市数量则有所增长，1966—1972年的6年间，从175座增加到181座，增加了6座。1973—1978年的5年间，城市数量缓慢增加到193座。从1966年至1978年的12年间，中国城市数量仅增加了18座。城市人口同经济发展状况一样出现波动，据不完全统计，从1968年开始，全国有约2000万知识青年到农村插队，约1000万城镇干部、职工及其家属被下放农村，共计约3000万城镇居民落户农村。1970—1972年，由于政策要求支持工业建设，又从农村招收783万人进厂，成为城镇居民。1966—1978年，城市总人口从13313万人增加到17245万人，仅仅增加了3932万人。城市化水平从17.86%增长到17.92%，仅增长0.06%。也就是说，直到1978年城市化才慢慢恢复到1966年的水平。

这一时期，政府成为主导城市化发展的唯一动因。首先，政府通过制定严格的控制人口流动的政策，抑制了城市人口的增长，导致城市化的发

① 董辅礽. 中华人民共和国经济史：上卷. 北京：经济科学出版社，1999：32，274，378，380，406，528.

展滞后于工业化。其次，政府通过行政区划将城市划分为不同的行政级别，在计划体制下据此进行资源配置与基础设施、生活服务业建设的投资。大企业、大中城市是投资发展的重点，而中小企业和小城镇的投资发展被忽略。这种高度集中的计划体制，束缚了小城市(城镇)的发展活力，使城市人口过度集中于特大城市和大城市，造成城市规模结构“头重脚轻”。

总之，这个阶段的国民经济发展极不平衡，产业结构和资源配置严重失衡，重工业的过度投资，导致轻工业和农业的发展被挤压，消耗了农业的积累，致使农业生产率、农民的收入长期滞后。经济的二元化与城乡隔离，导致城市化水平低下。

(二)中国城市化的加速发展阶段(1979 年以来)

1978 年底召开的党的十一届三中全会为中国的改革开放拉开了序幕，也标志着中国城市化发展进入了一个全新的时期。改革首先从农村开始，至 1984 年改革的重点由农村转移到城市，城市经济体制改革全面启动。在经历 20 世纪 80 年代中后期的价格改革和 1988—1991 年三年治理整顿之后，中国改革开放逐渐向纵深发展，尤其是 1993 年初邓小平同志的南方谈话引发了中国改革开放的又一个高潮。同年 11 月召开的党的十四届三中全会标志着中国已确立了经济体制改革的基本目标——建立社会主义市场经济体制。到 1996 年，中国的城市化水平已上升到 30.48%，表明中国已经进入城市化加速发展阶段。与这一改革进程相对应，1979 年以来的中国城市化进程可细分为以下三个阶段。

1. 1979—1984 年城市化恢复发展阶段

1978 年底召开的党的十一届三中全会作出了将全党的工作重心转移到社会主义现代化建设上来的战略决策。中国调整了产业结构，工业生产也进行了战略性转变，优先发展轻工业。经过 1979 年至 1981 年的调整后，经济开始回升，1982—1984 年，工业增长速度分别为 5.8%、9.7%、14.9%。1978—1984 年农业劳动生产率不断提高，农业总产值年均增长 7.6%。同期，第三产业的发展水平基本平稳，略有下降。不过，这一时期，第三产业以劳动密集型行业为主，产值低，劳动力的增长相对较高，年均增长 6.79%。说明我国经济发展与社会生活的市场化水平还很低，城市化与工业化发展不同步。

中国农村经济体制改革的主要成就是家庭联产承包责任制逐步推行，以及因此而带来的连续六年农业的高速增长。连年的农业大丰收和农民收入的不断增加，使农村释放出大量的剩余劳动力，他们纷纷进入城市(镇)寻求各种非农就业机会。农村经济体制改革的深化促进了农业的大发展和乡镇企业的异军突起，随后乡镇企业迅猛发展，农村城镇化步伐加快。加上对外开放的梯度战略的实施和沿海经济特区的创办，中国城市化获得了迅速发展，无论是城市数量、建制镇数量，还是城镇人口都有大幅度增长。1979—1984 年中国的城市数量由 193 个增加到 300 个，建制镇数量由 2851 个增加到 7186 个，城镇人口由 17245 万人增加到 24017 万人。城市化水平由 1978 年的 17.92%上升到 1984 年的 23.01%，年均提高 0.85 个百分点，比改革开放之前的任何一个时期都要快。

2. 1985—1995 年城市化稳步发展阶段

1984 年 1 月《中共中央关于 1984 年农村工作的通知》的发布，10 月召开的党的十二届三中全会通过的《中共中央关于经济体制改革的决定》及《国务院关于农民进集镇落户的通知》的发布，加快了我国经济体制由单一的公有制向以公有制为主、多种所有制结构并存的转变，农村工业、城市工业和乡镇企业齐头并进。至此，与乡镇企业发展相匹配的城镇化战略进入人们的视野，中国经济体制改革的重点由农村转移到城市，中国城市化进入了由乡镇企业和城市改革双重推动的阶段。

这一阶段，是中国经济增长速度最快的时期，经济在波动中增长与发展。1985 年国内生产总值为 8527.4 亿元，其中，第一产业的总值为 2541.6 亿元，第二产业中工业的总值为 3448.7 亿元，第三产业的总值为 2119.2 亿元。到了 1995 年，国内生产总值为 58478.1 亿元，其中，第一产业的总值为 11993 亿元，第二产业中工业的总值为 24718.3 亿元，第三产业的总值为 17947.2 亿元。10 年间，国内生产总值增加了 49950.7 亿元，其中，第一产业增加 9451.4 亿元，第二产业中工业增加 21269.6 亿元，第三产业增加 15828 亿元。工业生产持续高速增长，其中，由于消费升级推动产业升级，导致 1994—1995 年电子信息产业高速增长。但是，在 1993 年至 1995 年，工业产值的增长速度由 43.2%降到 7%，这以后的增速基本在 10%上下波动。与此同时，第三产业不仅产值增速快，而且劳动就业增速也最快。1985 年第一、二、三产业劳动力占比为 62.4%、20.8%、16.8%，1995 年该比值为 52.2%、23%、24.8%。① 第一产业吸纳劳动力的能力下降明显，第二产业劳动力增长缓慢，第三产业劳动力提高的速度显著，10 年间其劳动力占总劳动力的比重提高了 8 个百分点。

随着大量农村人口向城市(镇)的涌入以及乡镇企业的蓬勃发展，中国的城市化政策在这一阶段也有了新变化：对大城市的发展规模采取严格控制的政策；中等城市可合理发展；对小城市尤其是农村集镇的发展则采取鼓励和支持的政策。中国城市化发展政策的这种变化，主要是基于以下考虑：一是在潜意识里还是担心如果大量农村人口一下子涌入大城市，会造成大城市在公共基础设施、交通、住房、城市管理、治安等多方面的紧张状态，甚至会产生部分发展中国家所出现过的“贫民窟”现象，不利于社会的稳定发展；二是认为农村剩余劳动力进入小城市特别是小城镇不仅具有成本优势，而且又能反过来带动地方中小企业的发展。1984—1986 年的“撤社建乡”和建制镇标准的降低，使中国的建制镇数量大大增加，1984—1986 年中国的建制镇数量增加了 7750 个。小城镇的快速发展对中国的城市化做出了重要贡献。此外，这一时期中国政府还实施了一系列有利于社会经济和城市化发展的重大举措：经济特区的设立、沿海城市的开放、价格闯关的成功、关于“土地使用权可以依照法律的规定转让”的宪法修正案的通过，以及 20 世纪 90 年代初期近 30 个国家级经济技术开发区的获批建立、1992 年初邓小平同志的南方谈话、1993 年党的十四届三中全会关于建立社会主义市场经济体制这一改革目标的确立等，所有这些改革举措，都推动着中国经济和城市化稳步发展。这一时期，中国城镇总人口由 1985 年的 25094 万人增长到 1995 年的 35174 万人，净增 10080 万人；城市化水平由 23.71%上升到 29.04%，增长了 5.33 个百分点，年均增长 0.53 个百分点；城市数量和建制镇数量分别净增了 316 个和 8392 个(见表 7-1)。但这一阶段的城市化只是上一阶段城市化发展惯性的延续，中国城市化还没有迈入加速发展阶段。随着市场化改革进程的加快和 20 世纪 90 年代中后期改革政策的实施，中国城市化的加速发展阶段随之到来。

---

① 董辅礽. 中华人民共和国经济史：下卷. 北京：经济科学出版社，1999：119，297，609.

表 7-1 **中国的城市化进程(1985—1995 年)**

年份	全国总人口（万人）	城镇人口（万人）	城市化率（%）	城市数量（个）	建制镇数量（个）
1985	105851	25094	23.71	324	9140
1986	107474	26333	24.52	353	10718
1987	109300	27674	25.32	381	11103
1988	111026	28661	25.81	434	11418
1989	112704	29540	26.21	450	11873
1990	114333	30191	26.41	467	12084
1991	115823	31203	26.37	479	12455
1992	117171	32175	27.63	517	14539
1993	118517	33173	28.14	570	15805
1994	119850	34169	28.62	622	16702
1995	121121	35174	29.04	640	17532

资料来源：国家统计局. 中国统计年鉴. 北京：中国统计出版社，1986-1996.

3. 1996 年至今的城市化加速发展阶段

随着改革开放向全方位、多层次、宽领域的推进以及社会主义市场经济体制的建立和逐步完善，中国的工业化和城市化进程获得了长期的发展动力，20 世纪 90 年代中期以来的一系列重大改革举措更是为工业化、城市化发展提供了巨大动力。比如 1994 年的分税制改革使土地出让收入成为地方政府城市财政的主要来源，这成为地方政府推进城镇化的重要动力；1994 年国家颁布的《关于深化城镇住房制度改革的决定》，以及 1998 年之后的住房分配货币化政策的实施，成为房地产异军突起和城市基础设施建设长盛不衰的巨大推动力；1994 年国家颁布的《汽车工业产业政策》对个人购买汽车的鼓励，大大拓展了城市空间，加快了区域化和郊区化发展的步伐。此外，开始于 1994 年的国有企业改革、商业银行改革、汇率的并轨以及建立现代企业制度的试点等市场化改革的推进，使新一轮的工业化、城市化进程在中国全面展开。

随着新工业化战略的实施，住宅、汽车、交通和城市基础设施建设率先成为我国新兴的高增长产业，促进了钢铁、机械、建材、化工等行业的快速发展。1996 年至 2017 年，国民生产总值分别为 71813.6 亿元、

827121.7 亿元，年增长 4.35%。其中，第一产业产值分别为 13878.3 亿元、65467.6 亿元，年增长 3.75%，占总产值的比重由 19.3%下降到 7.9%，下降了 11.4%；第二产业产值分别为 33828.1 亿元、334622.6 亿元，年增长 4.28%，占总产值的比重由 47.1%下降到 40.5%，下降了 6.6%；第三产业产值为 24107.2 亿元、427031.5 亿元，年增长 4.36%，占总产值的比重由 33.6%上升到 57.6%，提高了 24%。第三产业不仅占总产值的比重越来越高，而且对就业的贡献也最大。1996 年，劳动力在第一、二、三产业中的就业人数占总人数的比重分别为：50.5%、23.5%、26%，到 2017 年，三次产业就业比重分别为 27%、28.1%、44.9%。经过 21 年，三次产业就业比重的变化如下：第一产业下降了 23.5%，第二产业增长了 4.6%，第三产业增长了 18.9%①。产业结构的不断优化，高新技术产业与劳动密集型产业及自主创新产业的深化以及工业化与城市化的互动，推动了第三产业进一步发展，人力资源的优势将得到充分的发挥。

在市场化改革继续深化的背景下，中国乡镇企业的发展步伐不断加快，到 1998 年，全国乡镇企业从业人员达到 1.25 亿人，占当年城乡非农就业总数的 35.7%，乡镇企业的增加值已占全国国内生产总值的 27.9%。但随着技术的进步和产业的升级，乡镇企业对农村剩余劳动力的吸纳能力开始下降。随着户籍管理制度与各项歧视性政策的改革，政府因势利导地开展各种技能服务与培训，并积极引导，加强管理，大量农村剩余劳动力实现了向城市的自由流动，且其规模日趋扩大，成为中国城市化水平提高的重要推动力。总之，自 1996 年以来，中国城市化发展的速度明显加快，尽管城市数量基本维持在 660 个左右，但建制镇数量、城镇人口总数和城市化水平都有显著增长。中国城市数量由 1995 年的 640 个增加到 2017 年的 661 个，建制镇数量由 1995 年的 17532 个增加到 2017 年的 21116 个，城镇人口由 1995 年的 35174 万人增加到 2017 年的 81347 万人，城市化水平由 1995 年的 29.04%增长到 2017 年的 58.52%，年均增长 1.34 个百分点，比前两个阶段都高得多(见表 7-1、表 7-2)。尽管 2000 年统计口径的变化对城市化水平造成了一定的影响，但不可否认的是，自 1996 年以来，中国城市化已经进入加速发展阶段，且中国已启动了对中国特色城市化道路的全面探索。

---

① 国家统计局. 中国统计年鉴. 北京：中国统计出版社，1997—2018.

表 7-2　　中国的城市化进程(1996—2017 年)

年份	全国总人口(万人)	城镇人口(万人)	城市化率(%)	城市数量(个)	建制镇数量(个)
1996	122389	35950	29.37	666	18171
1997	123626	36989	29.92	668	18260
1998	124810	37942	30.40	671	19216
1999	125909	38892	30.89	663	19756
2000	126583	45844	36.22	663	20312
2001	127627	48064	37.66	662	20534
2002	128453	50212	39.09	660	20601
2003	129227	52376	40.53	660	20226
2004	129988	54283	41.76	661	19883
2005	130756	56212	42.99	661	19522
2006	131448	58288	44.34	656	19369
2007	132129	60633	45.89	655	19249
2008	132802	62403	46.99	655	19234
2009	133450	64512	48.34	654	19322
2010	134091	66978	49.95	657	19410
2011	134735	69079	51.27	657	19683
2012	135404	71182	52.57	657	19881
2013	136072	73111	53.73	658	20117
2014	136782	74916	54.77	653	20401
2015	137462	77116	56.10	656	20515
2016	138271	79298	57.35	657	20883
2017	139008	81347	58.52	661	21116

资料来源：国家统计局. 中国统计年鉴. 北京：中国统计出版社，1997—2018.

进入 21 世纪以来，我国在中国共产党的带领下，总结城市化的实践经验并吸取世界各国城市化的经验与教训，积极探索中国特色新型城市化道路。2012 年 12 月中央经济工作会议首次明确提出了新型城镇化道路，次年 11 月党的十八届三中全会提出要“坚持走中国特色新型城镇化道路”。① 这就为我国加快推进中国特色新型城市化指明了方向。在此基础

① 中共中央关于全面深化改革若干重大问题的决定. 新华网，2013-11-15. http：//news. xinhuanet. com/policies/2013-11/15c_118164235. htm.

上，2014年3月国务院发布的《国家新型城镇化规划(2014—2020年)》对新型城镇化的目标和战略做了进一步的明确，从宏观和战略上为中国特色新型城市化的健康发展做出了谋划。① 2014年4月，国家发改委会同有关部门发布的《国家新型城镇化综合试点总体实施方案》决定分3批将2个省和246个城市(镇)列为国家新型城镇化综合试点，开启了全国范围内中国特色新型城市化的实践探索。到目前为止，中国特色新型城市化的区域探索已取得了丰硕成果和宝贵经验，② 成为中国特色新型城市化进一步发展和完善的重要基础。

二、中国城市化发展现状

虽然城市化已经被列入我国经济和社会发展战略，但是在对中国城市化问题的认识上还存在较大差异。如：如何正确认识中国城市化发展状况、水平、速度及城镇的数量、规模结构和空间布局，城市化是否滞后于工业化，人口城市化与土地城市化是否协调发展，是健康城市化还是病态城市化等，如果对这些问题没有清醒的认识，对中国城市化发展现状不能做出正确的判断，那么想要更好地推进中国的城市化进程就是不可能的。

(一)中国城市化的水平和速度

1. 中国城市化水平的现状

中国正在经历快速的城市化过程。据《中国统计年鉴2018》，截至2017年年末，中国城市常住人口占总人口的比重，已经快速增长到58.52%。1996年以来，中国城市化开始加速发展，当年，中国的城市化率达到30.48%，标志着中国城市化进入加速发展阶段。③ 自1996—2017年的21年间，中国城市化水平年均增长了约1.34个百分点。“九五”至“十二五”期间的年均城市化水平远远高于“六五”至“八五”期间(见表7-3)。统筹城乡发展、加快城市化进程被确认为我国下一阶段改革的主导

① 中共中央. 国家新型城镇化规划(2014—2020年). 中华人民共和国中央人民政府网站, 2014-03-06. http://www.gov.cn/gongbao/content/2014/content_2644805.htm.

② 关于中国特色新型城市化的实践经验可参见本书第十章。

③ 美国学者R.M.诺瑟姆把城市化全过程划分为初期、中期和后期三个阶段，而中期阶段即为城市化的加速阶段(城市化率为30%~70%)。

战略之一。但我们应当清醒地认识到，中国当下这样一个快速的城市化过程，是在绝对程度较低的城市化水平的基础之上启动的。

表 7-3　　　　中国城市化水平变化情况(%)

	六五(1981—1985)	七五(1986—1990)	八五(1991—1995)	九五(1996—2000)	十五(2001—2005)	十一五(2006—2010)	十二五(2011—2015)
期初城市化率	19.39	23.41	26.41	29.04	36.22	42.99	49.95
期末城市化率	23.41	26.41	29.04	36.22	42.99	49.95	56.10
年均城市化率增长水平	0.80	0.60	0.53	1.44	1.35	1.39	1.23

资料来源：国家统计局. 中国统计年鉴. 北京：中国统计出版社，1981—2016.

对目前中国城市化水平的认识，理论界存在着较大分歧，[①] 总的看来有三种具有代表性的观点。第一种观点认为，从城市化与工业化及经济发展水平看，由于政府人为制定限制城市发展的制度和政策，造成中国城市化严重滞后。第二种观点认为中国的城市化水平基本适中，只是稍微滞后，因为中国的实际城市化水平要比统计数据高。[②] 造成这一现象的原因是，我国在统计城市人口时，没有计入进城务工经商的近郊农民和外地农民。第三种观点认为中国不是城市化滞后，而是隐性超城市化。理由是如果将外出打工超过6个月的2亿多的农村进城务工人员及其供养的3亿多的人口全部算入城市人口的话，中国的真实城市化率将超过60%，与国际水平相比已经是超城市化了。[③]

对于上述三种观点，笔者赞同第一种观点，即中国的城市化水平在相当长时间内一直滞后于工业化和经济发展水平，本章第三节将做具体分析。对第二、三种观点，笔者有以下的见解。这两种意见的焦点是如何计算城市总人口，目前我国是依据居住地来统计城市总人口的，具体的统计标准是，在城镇居住半年以上的常住人口就是城镇人口，在乡村居住半年

---

① 白南生. 关于中国的城市化. 中国城市经济，2003(10).

② 国家计委宏观经济研究院课题组. 关于“十五”时期实施城市化战略的几个问题. 宏观经济管理，2000(4).

③ 邓宇鹏. 中国的隐性超城市化. 当代财经，1999(6).

以上的常住人口就是农村人口。根据该统计标准，外出打工超过6个月的劳动力已经被算入城市人口，而不应该将其供养的家属与居住在城市郊区的农村人口等同于城市人口，否则，城市化水平就会被高估。

用居住在城市的人口占总人口的比重来衡量城市化水平是国际通用标准，依据这一标准，中国目前的城市化水平是偏低的。从国际比较来看，中国的城市化水平偏低。根据世行的统计资料，在1998—2005年间，中国、低收入国家、中等收入国家和高收入国家的城市化率分别是34%~40%、30%~33%、57%~60%、79%~80%，不难发现，中国的城市化水平不仅大大落后于高收入国家，也落后于中等收入国家；从效率角度看，中国许多城市的规模偏小，没有达到足够的集聚效果；从城市化率和工业化角度看，中国城市化水平比工业化水平落后10个百分点，表明中国城市化水平确实偏低。

此外，中国城市化水平的统计值被认为高估了，理由是这个统计数里面包含在所在城市居住满半年的常住人口，其中有2亿多户籍不在本地的农村进城务工人员，但他们大多数并不能真正享受市民的各种权利和社会福利。所以，总体上看中国城市化水平仍然滞后于工业化和经济发展水平。

2. 中国城市化速度的现状

对于中国城市化发展速度快慢的讨论，理论界也存在着较大分歧。①其中有两种有代表性的观点。一种观点认为中国城市化的速度太快，需要适当控制。② 这种观点的持有者严厉批评了中国快速城市化发展中出现的许多不良现象：对农民土地的大量剥夺，对公共资源的严重浪费，对形象工程和豪华城市建设的盲目追求等，这种冒进式的城市化发展模式后患无穷。另一种观点则认为中国城市化是滞后的，应该加快城市化发展步伐，③ 大多数学者持有这种观点。他们普遍认为，从国际比较来看，中国

---

① 崔传义，等. 城市化是快了？还是慢了？——专家谈中国城市化进程. 小康，2007(12).

② 相关文献参见：周一星. 城镇化速度不是越快越好. 科学决策，2005(8)；陆大道，宋林飞，任平. 中国城镇化发展模式：如何走向科学发展之路. 苏州大学学报：哲学社会科学版，2007(3)；周迪. 城市化过快导致诸多问题. 上海证券报，2007-01-16.

③ 相关文献参见：蔡昉. 加快城市化，培养新的消费群体. 领导决策信息，2000(43)；杜鹰. 我国城镇化战略及相关政策研究. 中国农村经济，2001(9)；蔡继明，等. 解决"三农"问题的根本途径是加快城市化进程. 经济纵横，2007(7)；李杨，燕志华. 金融危机下推进城市化"物美价廉". 新华日报，2008-12-03；王建. 加快城市化是下一轮宏观刺激的方向. 华夏时报，2009-04-18.

城市化水平不仅低于世界平均水平，甚至比许多经济发展水平不如我国的发展中国家还低。许多国际上的经济学家也认为中国城市化水平滞后于经济发展水平。尽管近几年中国城市化发展较快，但总体上看，中国城市化的发展速度还是比较慢。

中国城市化速度到底是快了还是慢了？有比较才有鉴别，我们可以通过把中国城市化的发展速度与发达国家加以比较，来判断中国城市化速度的快慢。下面我们分四个时期来衡量中国城市化的发展速度。首先，从一个较长的发展时期来看，1949—2017 年的 68 年间，中国城市化率从 10.64%提高到 58.52%，共提高了 47.88 个百分点，年均提高 0.70 个百分点；其次，从改革开放以来城市化快速发展时期来看，1978—2017 年的 39 年间，中国的城市化水平从 17.92%上升到 58.52%，共提高了 40.60 个百分点，年均提高了 1.04 个百分点；再次，从 1996 年以来城市化加速发展时期来看，1996—2017 年的 21 年间，中国城市化水平由 30.48%上升到 58.52%，共提高了 28.04 个百分点，年均提高了 1.34 个百分点。最后，据世界银行预测，到 2050 年，中国城市化率将达到 75.80%，[①] 也就是说，从 2017 年到 2050 年的 33 年间，城市化水平将提高 17.28 个百分点，年均增长 0.52 个百分点。

发达国家城市化快速推进的时期也往往是其工业化较快推进的时期，这一点在德国和日本表现得尤其显著。先看德国的情况，德国的城市化水平从 1871 的 36.1%增长到 1910 年的 60.0%，39 年间共增长了 23.9 个百分点，年均增长 0.6 个百分点，其中，1890—1900 年的 10 年间，城市化水平由 42.5%增长到 54.4%，增长了 11.9 个百分点，年均增长近 1.2 个百分点。再看日本的城市化速度，1950 年日本的城市化率是 37.5%，至 1955 年就猛增到 56.3%，短短 5 年时间日本城市化率就提高了 18.8 个百分点，年均增长近 3.8 个百分点，其速度之快，可见一斑。如果我们从一个更长的时间跨度来看日本的城市化进程，其速度也比较快。例如，从 1950—1980 年的 30 年间，日本城市化率从 37.5%提高到 76.2%，年均增长近 1.3 个百分点，日本的城市化速度不可谓不快。

可见，相比于德国和日本曾经出现过的快速城市化，无论是从中华人民共和国成立以来的较长时期来看，还是从改革开放以来城市化快速发展时期来看，抑或是从 1996 年以来的城市化加速发展时期来看，中国城市

---

① United Nations, Department of Economic and Social Affairs, Population Division. World urbanization prospects: the 2014 revision. New York: United Nations, 2014: 207.

化的高速度并不是特有的，也不是最高的，更不能认定为不合理。与中国工业化加速发展的进程相适应，中国城市化的速度是基本合适的，而且至少在未来十多年的时间内，中国城市化仍将保持较快的发展态势。①

（二）中国城市化进程中的城镇数量、规模结构和空间布局

1949年以来，中国城市化发展虽历经曲折，但总体上看取得了巨大成就，城镇数量快

速增长，城市规模逐步扩大，城市体系和空间布局趋于合理。主要表现在：

（1）城镇数量增长较快，城市规模不断扩大。中华人民共和国成立后，我国新建、改建、扩建了一大批工业城市，以支持工业和整个国民经济的发展。到1978年，中国的城市数量达到193个，其中，有13个100万人口以上的特大城市，27个50万~100万人口以上的大城市，它们共占城市总数的20.7%。改革开放以来，中国城市数量增长加快，城市规模进一步扩大。到1998年中国的城市数量发展到668个，以后稳定在660个左右。2017年中国有城市661个，比1978年净增468个，年均增加12个，是1949—1978年年均增加量的近6倍。2017年，在全国298个地级及以上城市中，人口400万以上的有19个，200万~400万的有42个，100万~200万的有100个，50万~100万的有86个，20万~50万的有42个，20万以下有9个。② 2014年，在世界28个人口1000万以上的特大城市中，中国以拥有6座城市位居榜首，印度以拥有3座位居次席，并列第三的是日本、美国和巴西，它们都各自拥有2座人口过千万的特大城市。从世界特大城市人口年均增长率来看，1990—2014年，在年均增长率超过4%的7个特大城市中，有5个是来自中国的城市，它们分别是深圳（10.42%）、广州（5.62%）、重庆（4.87%）、上海（4.49%）、北京（4.40%）。其中深圳、广州和重庆也是这一时期年均增长率最高的三个城市（见表7-4）。可见中国城市数量增加之快，规模扩大之迅速。与此同时，中国建制镇的数量也不断增加，1978年，中国有建制镇2174个，到2017年发展到21116个，净增18942个，年均增加485.69个。

中国城市规模也随着城市数量的快速增加而不断扩大。1949—2017

---

① 简新华，何志扬，黄锟. 中国城镇化与特色城镇化道路. 济南：山东人民出版社，2009：243.

② 国家统计局. 中国统计年鉴2018. 北京：中国统计出版社，2018.

年，100 万人口以上的城市由 5 个增加到 161 个，全国城镇总人口也从 5765 万人增加到 81347 万人，年均增长约 1111.5 万人。从地域规模看，城市建设用地自 1949 年的大约 458 万亩增加到 2017 年的大约 8273.3 万亩，增长了大约 17.06 倍。①

(2)城镇人口迅速增加，城市化进程加快发展。中华人民共和国成立初期，中国城镇人口增长迅速，从 1949 年到 1960 年，中国城镇人口由 5765 万人增加到 13073 万人，共增加了 7308 万人，增长了约 1.3 倍，平均每年增长约 664 万人，年均增长率达 11.52%。尽管中国城市化水平在 1961 年之后有所下降，但城镇人口依然在稳定增长。在 1978 年至 2017 年的 39 年间，中国城镇人口由 17245 万人增加到 81347 万人，净增 64102 万人，年均增加约 1643 万人，是 1949—1978 年间城镇人口年均增加量的 4 倍多。

表 7-4　　**2014 年人口超过 1000 万的世界特大城市**

2014 年排名	国家	特大城市	人口(千人)			年均增长率(%)	
			1970 年	1990 年	2014 年	1970—1990 年	1990—2014 年
1	日本	东京	23298	32530	37833	1.67	0.63
2	印度	德里	3531	9726	24953	5.07	3.93
3	中国	上海	6036	7823	22991	1.30	4.49
4	墨西哥	墨西哥城	8831	15642	20843	2.86	1.20
5	巴西	圣保罗	7620	14776	20831	3.31	1.43
6	印度	孟买	5811	12436	20741	3.80	2.13
7	日本	大阪	15272	18389	20123	0.93	0.38
8	中国	北京	4426	6788	19520	2.14	4.40
9	美国	纽约	16191	16086	18591	-0.03	0.60
10	埃及	开罗	5585	9892	18419	2.86	2.59
11	孟加拉国	达卡	11374	6621	16982	7.86	3.92
12	巴基斯坦	卡拉奇	3119	7147	16126	4.15	3.39
13	阿根廷	布宜诺斯艾利斯	8105	10513	15024	1.30	1.49
14	印度	加尔各答	6926	10890	14766	2.26	1.27

① 国家统计局. 中国统计年鉴 2018. 北京：中国统计出版社，2018.

续表

2014年排名	国家	特大城市	人口(千人)			年均增长率(%)	
			1970年	1990年	2014年	1970—1990年	1990—2014年
15	土耳其	伊斯坦布尔	2772	6552	13954	4.3	3.15
16	中国	重庆	2237	4011	12916	2.92	4.87
17	巴西	里约热内卢	6791	9697	12825	1.78	1.16
18	菲律宾	马尼拉	3534	7973	12764	4.07	1.96
19	尼日利亚	拉各斯	1414	4764	12614	6.08	4.06
20	美国	洛杉矶	8378	10883	12308	1.31	0.51
21	俄罗斯	莫斯科	7106	8987	12063	1.17	1.23
22	中国	广州	1542	3072	11843	3.45	5.62
23	刚果(金)	金沙萨	1070	3683	11116	6.18	4.60
24	中国	天津	3318	4558	10860	1.59	3.62
25	法国	巴黎	8208	9330	10764	0.64	0.60
26	中国	深圳	22	875	10680	18.44	10.42
27	英国	伦敦	7509	8054	10189	0.35	0.98
28	印度尼西亚	雅加达	3915	8175	10176	3.68	0.91

资料来源：United Nations, Department of Economic and Social Affairs, Population Division. World urbanization prospects: the 2014 revision. New York: United Nations, 2014: 93.

(3)城市体系逐步合理化，城市空间结构呈现出新的特征。首先，从城市规模结构看，1949年中华人民共和国成立时，中国只有5个特大城市，7个大城市，18个中等城市，102个小城市，它们占中国城市数量的比重分别为3.8%、5.3%、13.6%、77.3%。到1978年底，中国有6个200万人口以上的大城市，共有城市人口1865万人，占全国城市总人口的15.5%；有7个100万~200万人口以上的大城市，共有城市人口1123万人，占全国城市总人口的9.4%；有27个50万~100万人口以上的大城市，共有城市人口1995万人，占全国城市总人口的16.6%。至2017年，中国拥有19个人口400万以上的大城市，42个人口在200万~400万的大城市，100个人口在100万~200万的大城市，即人口超过100万的大城市共有161个；人口为50万~100万的中等城市有86个；人口在50万以下的小城市有51个，其中，42个为人口20万~50万的小城市，9个为人口20万以下的小城市。大、中、小城市占全部298个地级以上城市的比重分别为54.03%、28.86%、17.11%。此外，到2017年，中国还有县级市363个，建制镇21116个，它们的规模各异，分布于全国各地，这表明中国已建立起大中小城市和小城镇规模结构逐步合理化的城市体系。其次，从中国城市空间结构看，目前中国的城市发展已经迈入城市群(城市带)发展时期，并形成了京津冀城市群、长江三角洲城市群、珠江三角洲城市群、长江中游城市群、成渝城市群等五大国家级城市群。此外，还有9个区域性城市群和6个地区性城市群也正在规划和形成之中。

2014年已纳入长江经济带发展规划中的成渝城市群，以3.7万亿元的GDP占到了全国6%的份额。长江中游城市群的GDP也达到4.5万亿元，占全国总量的7%。① 2015年，长江三角洲26个城市的总面积为212739km^2，仅占全国总面积的2.21%，却创造了135502亿元的GDP，占全国GDP的20.02%；珠江三角洲9个城市的总面积为54939km^2，占全国的0.57%，创造了62267.45亿元的GDP，占全国的9.20%；京津冀14个城市的总面积为222341km^2，占全国的2.31%，创造了72052.69亿元的GDP，占全国的10.65%。② 三大城市群，以仅占全国5.09%的总面积创造了占全国39.87%的GDP，彰显了三大城市群在中国经济增长中的巨大作用。城市群的形成体现了中国城市化空间结构的新特征，并大大提高了其所在地区的城市化水平。

(三)中国城市化的地区差异

城市化的区域差异大是中国城市化的另一个显著特征。首先，从城镇分布密度看，我国东、中、西部三大地区之间存在着比较大的差异。我国东、中、西部三大地区的城镇分布密度分别为53.91个/万平方公里、21.80个/万平方公里和15.43个/万平方公里。我国三大地区的城镇分布状况正好与我国东高西低、东密西疏的人口分布总态势和生产力布局较为一致。东部地区是全国人口密度最大的地区，也是经济最为发达的地区，其城镇分布密度大大高于中部和西部地区，也高于全国平均水平(22.42个/万平方公里)；中部地区无论是人口密度还是经济发展水平，都低于东部地区，但高于西部地区，故其城镇分布密度也是低于东部地区而高于

① 我国5大城市群GDP占全国一半，发展面临三大问题. http：//finance.sina.com.cn/china/hgjj/20150414/233021955345.shtml.

② http：//www.360doc.com/content/17/0330/02/16534268_641287618.shtml.

西部地区；西部地区地广人稀，经济发展水平在全国最低，其城镇分布密度在我国三大地区中也是最低的(见表7-5)。

表7-5　　中国城镇区域分布密度比较(2017年)

地区	省(直辖市、自治区)	地级以上城市数量(个)	县级市数量(个)	建制镇数量(个)	地区城镇总数(个)	区域土地面积(万平方公里)	城镇分布密度(个/万平方公里)
东部地区	北京	1		143			
	天津	1		124			
	河北	11	20	1128			
	辽宁	14	16	641			
	上海	1		107			
	江苏	13	21	758			
	浙江	11	19	641			
	福建	9	12	642			
	山东	17	26	1094			
	广东	21	20	1124			
	海南	4	5	175			
东部地区合计		103	139	6577	6819	126.5	53.91
中部地区	山西	11	11	564			
	吉林	8	20	426			
	黑龙江	12	19	532			
	安徽	16	6	965			
	江西	11	11	825			
	河南	17	21	1151			
	湖北	12	24	761			
	湖南	13	17	1134			
中部地区合计		100	129	6358	6587	302.1	21.80

续表

地区	省(直辖市、自治区)	地级以上城市数量(个)	县级市数量(个)	建制镇数量(个)	地区城镇总数(个)	区域土地面积(万平方公里)	城镇分布密度(个/万平方公里)
西部地区	四川	18	17	2196			
	重庆	1		626			
	贵州	6	8	839			
	云南	8	15	682			
	西藏	6		140			
	陕西	10	4	983			
	甘肃	12	4	816			
	青海	2	3	143			
	宁夏	5	2	103			
	新疆	4	24	349			
	广西	14	7	799			
	内蒙古	9	11	505			
西部地区合计		95	95	8181	8371	542.5	15.43
全国		298	363	21116	21777	971.1	22.43

资料来源：国家统计局. 中国统计年鉴. 北京：中国统计出版社，2008，2018.

其次，从城市化水平看，中国城市化水平的区域差异也较大。改革开放以来中国城市化水平经历了从“北高南低”(北部地区城市化率高，而南部地区城市化率低)向“东高西低”(东部地区城市化率高，而西部地区城市化率低)的转变，而现阶段中国城市化水平的区域差异呈现为“东高西低”的分布特征。表 7-6 的资料显示，2017 年，城市化率高于 60%的 11 个省(直辖市、自治区)中，除西部地区的重庆市和内蒙古自治区外，其余的 9 个省(直辖市、自治区)全部分布在东部地区；中部地区 8 省的城市化率都在 60%以下，其中，城市化率最高的是黑龙江省，其城市化率为 59.40%，最低的是河南省，城市化率为 50.16%；西部地区除重庆市和内蒙古自治区外，其余 10 个省(自治区)的城市化率也都低于 60%，最低的是西藏自治区，城市化率只有 30.89%。上述数据表明，中国城市化水平的地区差异比较显著。

表 7-6　**2017 年中国各省(直辖市、自治区)城市化水平(%)**

省份	城市化率	名次	省份	城市化率	名次	省份	城市化率	名次
上海	87.80	1	黑龙江	59.40	12	青海	53.07	23
北京	86.50	2	湖北	59.30	13	四川	50.79	24
天津	82.93	3	海南	58.04	14	河南	50.16	25
广东	69.85	4	宁夏	57.98	15	新疆	49.38	26
江苏	68.71	5	山西	57.34	16	广西	49.21	27
浙江	68.00	6	陕西	56.79	17	云南	46.69	28
辽宁	67.49	7	吉林	56.65	18	甘肃	46.39	29
福建	64.80	8	河北	55.01	19	贵州	46.02	30
重庆	64.08	9	湖南	54.62	20	西藏	30.89	31
内蒙古	62.02	10	江西	54.60	21			
山东	60.58	11	安徽	53.49	22			

资料来源：国家统计局. 中国统计年鉴 2018. 北京：中国统计出版社，2018.

最后，城市化率上升的区域差异也比较显著。如果我们按照 2017 年城市化率的高低把全国 31 个省(直辖市、自治区)进行分类，则可分为四类地区：一是城市化率超过 80%的地区，包括上海、北京和天津 3 个直辖市；二是城市化率在 60%~70%的地区，包括广东、江苏、浙江、辽宁、福建、重庆、内蒙古、山东 8 个省(直辖市、自治区)；三是城市化率在 50%~60%的地区，包括黑龙江、湖北、海南、宁夏、山西、陕西、吉林、河北、湖南、江西、安徽、青海、四川、河南 14 个省(自治区)；四是城市化率低于 50%的地区，包括新疆、广西、云南、甘肃、贵州、西藏 6 个省(自治区)。城市化水平最高的上海与城市化水平最低的西藏之间相差 56.91 个百分点。图 7-1 则更加直观地显示出中国各省(直辖市、自治区)城市化率的地区差异。

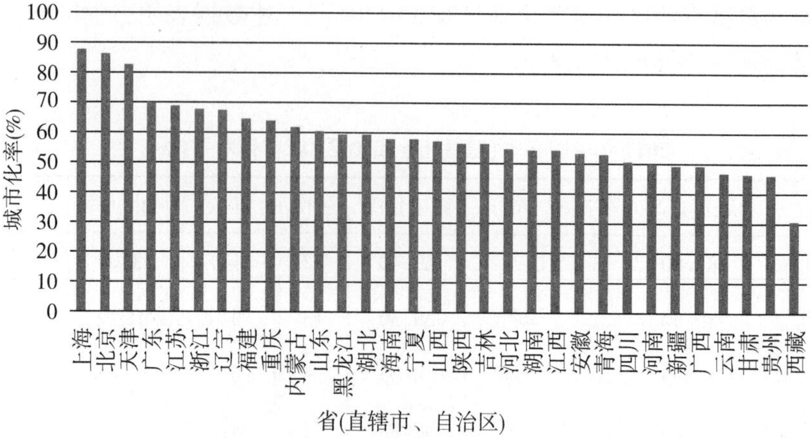

图 7-1 2017 年中国各省(直辖市、自治区)城市化水平

资料来源：国家统计局. 中国统计年鉴 2018. 北京：中国统计出版社，2018.

三、中国城市化进程中存在的主要问题

(一)城市化滞后于工业化

关于中国城市化是否滞后于中国工业化及中国经济发展水平，学术界大致有三种不同的看法：一是发展滞后论；二是基本适度论；三是发展超前论。[①] 笔者赞同第一种观点，理由是在相当长时间内中国的城市化是滞后于工业化和经济发展水平的。整体上看，中国的城市化发展进程比较缓慢，城市化平也不高。比如，中国的城市化率在 1952—1992 年从 12.46% 上升到 27.46%，40 年时间只增长了 15 个百分点，而世界平均城市化水平从 1950 到 1991 年却提高了 17 个百分点；发展中国家作为一个整体其城市化增长速度更是远高于中国，在 1950—1991 年的 41 年中，发展中国家的平均城市化水平提高了 21 个百分点。相比于其他发展中国家或地区，中国的城市化水平偏低且发展进程较慢。根据《1994 年世界发展报告》提供的资料，中国的 GDP 在 1980—1992 年的年均增长速度为 9.1%，但中国的城市化增长速度却慢于收入水平与中国差不多的国家。例如，低收入国家(中国和印度除外)的城市化率从 1965 年的 16%提高到 1992 年的

① 有关中国城市化发展水平评价的不同观点的详细论述可参见钟水映，李晶. 经济结构、城市结构与中国城市化发展. 人口研究，2002(5).

29%，增长了13个百分点，但同期中国的城市化率仅增长了9.48个百分点(从17.98%上升到27.46%)。

不仅与世界上其他国家相比中国城市化水平偏低、进程缓慢，而且与中国工业化进程相比，中国城市化也是滞后的。我们可以通过对城市化与工业化相互关系的分析来判断中国城市化是否滞后。

首先，可以通过比较本国非农就业比率(*N*)与城市化率(*U*)的比值即*N/U*值的大小来判断城市化是否滞后。一般而言，*N/U*值越大，说明城市化越滞后。① 1952年，中国非农就业比率为16.5%，城市化率为12.46%，即1952年中国的*N/U*值为1.32。到1992年，中国非农就业比率提高到41.5%，但城市化率只增加到27.46%，*N/U*值上升到1.51，表明中国城市化滞后于工业化。对比韩国可知中，从1960到1991年，其非农就业比率从34%增加到80%，相应地，城市化率从28%上升到72%，其*N/U*值从1.21下降到1.11，说明韩国城市化与工业化基本同步，不存在城市化滞后的情况。

我们还可以从一个较长的时间视角，通过*N/U*值的大小来判断中国城市化是否滞后。表7-7是1952年至2015年63年间中国非农就业比率与城市化率的比较。

表7-7　**中国非农就业比率与城市化率的比较(1952—2015年)**

年份	1952	1957	1962	1965	1970	1975	1980	1985	1990	1995	2000	2005	2010	2015
非农就业比率(%)(*N*)	16.5	18.8	17.8	18.4	19.2	22.8	31.3	37.6	39.9	47.8	50.0	55.2	63.3	71.7
城市化率(%)(*U*)	12.46	15.39	17.33	17.98	17.38	17.34	19.39	23.71	26.41	29.04	36.22	42.99	49.95	56.10
N/U	1.32	1.22	1.03	1.02	1.10	1.31	1.61	1.59	1.51	1.65	1.38	1.28	1.27	1.28

资料来源：国家统计局. 中国统计年鉴. 北京：中国统计出版社，1984—2016；简新华，何志扬，黄锟. 中国城镇化与特色城镇化道路. 济南：山东人民出版社，2009：238-239.

表7-7的数据显示，中国的*N/U*值自1952年以来一直较大，且自20世纪70年代以来大致呈现逐步增大的趋势，表明中国的城市化一直滞后于

① 非农就业比率是指第二、三产业就业人口之和占全社会就业人口的比率，反映的是人口职业转换的程度。

非农就业比率，即城市化滞后于工业化。虽然自 1996 年之后中国城市化进入加快发展阶段，*N/U* 值逐渐回落，但自 2005 年以来，*N/U* 值一直在 1.28 左右徘徊，说明中国城市化依然滞后于工业化和经济发展水平。

其次，通过比较本国城市化率与工业化率来判断城市化是否滞后。尽管自 1978 年改革开放以来中国城市化速度大大加快，但如果考察中华人民共和国成立后 60 多年的城市化进程，则中国的城市化步伐仍然是比较缓慢的。下面我们比较中华人民共和国成立以来历年的城市化率和工业化率，以说明中华人民共和国建立以来中国的城市化发展状况(见表 7-8 至表 7-10 和图 7-2)。

表 7-8 **中国的城市化率(1949—2016 年)**

年份	城市化率(%)	年份	城市化率(%)	年份	城市化率(%)
1949	10.64	1973	17.20	1997	29.92
1952	12.46	1976	17.44	2000	36.22
1955	13.48	1979	18.96	2003	40.53
1958	16.25	1982	21.13	2006	44.34
1961	19.29	1985	23.71	2009	48.34
1964	18.34	1988	25.81	2012	52.57
1967	17.74	1991	26.37	2015	56.10
1970	17.38	1994	28.62	2016	57.35

资料来源：国家统计局. 中国统计年鉴. 北京：中国统计出版社，1984—2017；简新华，何志扬，黄锟. 中国城镇化与特色城镇化道路. 济南：山东人民出版社，2009：238-239.

表 7-9 **中国的工业化率 I (1952—2015 年)**

(按第二产业的产值占 GDP 的百分比计算)

年份	工业化率(%)	年份	工业化率(%)	年份	工业化率(%)
1952	20.9	1976	45.4	2000	50.2
1955	24.4	1979	47.4	2003	52.2
1958	37.0	1982	45.0	2006	47.9
1961	31.9	1985	43.1	2009	46.2
1964	35.3	1988	44.1	2012	45.2
1967	34.0	1991	42.1	2015	40.9
1970	40.5	1994	47.9		
1973	43.1	1997	50.0		

资料来源：国家统计局. 中国统计年鉴. 北京：中国统计出版社，1984—2016；简新华，何志扬，黄锟. 中国城镇化与特色城镇化道路. 济南：山东人民出版社，2009：238-239.

表 7-10　　　　**中国的工业化率Ⅱ(1952—2015 年)**

(按第二产业的就业人数占总就业人数的百分比计算)

年份	工业化率(%)	年份	工业化率(%)	年份	工业化率(%)
1952	7.4	1979	17.6	2000	22.5
1957	9.0	1982	18.4	2003	21.6
1962	8.0	1985	20.8	2006	25.1
1965	8.4	1988	22.4	2009	27.8
1970	10.2	1991	21.4	2012	30.1
1973	12.3	1994	22.7	2015	29.3
1976	14.4	1997	23.7		

资料来源：国家统计局. 中国统计年鉴. 北京：中国统计出版社，2001—2016 年各年版。

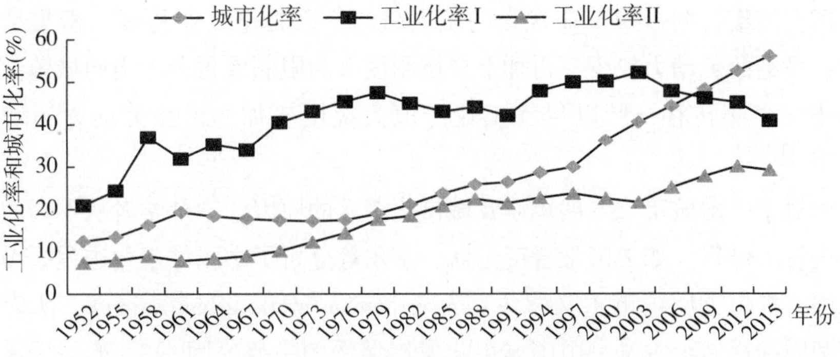

图 7-2　中国的工业化率与城市化率(1952—2003 年)

资料来源：国家统计局. 中国统计年鉴. 北京：中国统计出版社 2001—2016 年各年版。

从表 7-8、7-9 和图 7-2 可以看出，从 1952 年到 2006 年，中国的城市化率始终低于按第二产业的产值与 GDP 的百分比计算的工业化率Ⅰ，而且工业化率提高的速度大多数年份快于城市化率提高的速度。可见，自中华人民共和国建立以来至 2006 年的 50 多年间，中国的城市化始终滞后于工业化。1996 年以后中国的城市化水平显著提高，一部分原因是城市化进程的加快，但另一部分原因是中国市、镇人口统计口径的变化而导致的虚假城市化或伪城市化。① 比如王放的研究表明，1990—2000 年间，我国新

① 中国城市化水平在很大的程度上受到市镇设置标准和市、镇人口统计口径的影响。改革开放以来，中国的市、镇人口统计口径不断变化。在 1982 年第三次人口普查、1990 年第四次人口普查和 2000 年第五次人口普查时，中国对市、镇人口的统计口径均不同，尤其是 2000 年的第五次人口普查，使得所统计的城镇人口中包含大量的农业人口，从而高估和夸大了中国的城市化水平。

增的城镇人口中有52%是来自地域的重新划分，有31%来自人口从农村向城镇的迁移，剩余的17%来自城镇人口的自然增长。① 陈金永的研究则指出，中国2000年和2005年的城镇人口比重可能高估了约2个百分点。② 还有学者认为，中国的“伪城市化率”问题可能更为严重，比如2013年中国官方公布的城市化率为53.73%，但这一数据里包含2亿左右的农村进城务工人员(他们并不是城市永久居民)，约相当于中国总人口的14%，所以中国真实的城市化率在扣除他们的份额后，只有36%左右③。因此，如果考虑到中国的伪城市化问题，那么中国城市化的滞后特征就更加明显。

另外，按第二产业的就业人数占总就业人数的百分比计算的工业化率II(见表7-14)之所以大大低于工业化率I，主要是因为中华人民共和国成立后我国实行的是重工业优先的发展战略。因为重工业是资本密集型产业，吸纳的劳动力较少，再加上户籍制度人为限制农村劳动力向城镇流动和非农产业转移，所以尽管工业产值大幅度增加，工业劳动力却增加不多。④

对于中国城市化发展缓慢及城市化滞后的原因，中外学者从不同的角度进行了分析。如美国学者劳伦斯、塞尔等分析了中国城市化进程缓慢的原因，提出了反城市主义学说(anti-urbanism or de-urbanization)，认为根深蒂固的反城市主义是中国城市化发展缓慢的主要原因。⑤⑥ 英国学者柯克比则认为，“反城市主义”论是浅薄而矛盾的。中华人民共和国城市化的缓慢增长是过分注重既定的工业化大目标的缘故。为了实现这一大目标，中国忽视了城市基础设施的建设和农村经济的扩大生产，而将大量资金集中于重工业建设，削弱了城市进一步发展的后劲。⑦

---

① 王放．“四普”至“五普”间中国城镇人口增长的构成分析．人口研究，2004(5)．

② 陈金永．当前中国的城镇人口统计问题及其对经济分析的影响(未刊稿)//王放．市镇设置标准及城镇人口统计口径对中国城市化发展的影响．人口与发展，2011(2)．

③ 文贯中．吾民无地：城市化、土地制度与户籍制度的内在逻辑．北京：东方出版社，2014：10．

④ 简新华．论中国特色的城镇化道路//武汉大学经济发展研究中心．发展经济学研究：第二辑．北京：经济科学出版社，2004：114．

⑤ Laurence J. C. Ma. Anti-urbanism in China. Proceedings of the Association of American Geographers, 1976(8)：114-118.

⑥ C. P. Cell. Deurbanization in China：The urban-rural contradiction, Bulletin of Concerned Asian Scholars, 1979, 11(1)：62-72.

⑦ R. J. R. Kirkby. Urbanization in China：town and country in a developing economy 1949-2000A. D. New York：Columbia University Press, 1985.

国内学者认为，中国城市化发展滞后的主要原因是对城市化认识的偏差和指导思想的失误、传统工业化道路的缺陷以及制度上的障碍。① 从认识和指导思想看，首先是对工业化与城市化同步发展的客观规律缺乏足够的认识；其次是由于发达国家特别是发展中国家城市化过程中出现了“城市病”而夸大了城市化的负面影响，对城市化的正面作用考虑得太少；最后，由于对城市化的本质和内涵的理解不够全面和深刻，没有认识到中小城市和城镇也是城市体系重要组成部分，造成城市结构偏差。改革开放以来我国又走向另一个极端，即城市化发展又过分强调小城镇的作用，把小城镇的发展看成是吸纳乡村人口的主要渠道。偏向小城镇发展而控制大城市的城市化战略，客观上抑制了城市化发展水平的提高。

传统工业化道路的缺陷是中国城市化滞后的另一个重要原因。在计划经济时代，中国走了一条由国家计划推动、重工业优先发展、以粗放型增长方式为主、过分追求高速度、排斥城市化、片面强调自力更生、资源消耗高、经济效益差的工业化道路。这种传统的工业化道路片面强调国家计划推动而否定市场作用，片面强调资本和技术密集型产业而忽视对农村剩余劳动力有较强吸纳能力的劳动密集型产业，结果重工业得到优先发展，而轻工业及城市发展的资金则严重缺乏，城市化进程大大落后于工业化步伐。

此外，形成于计划经济年代的一系列涉及劳动就业、户籍管理、住房、就学、医疗及其他福利等的制度，限制劳动力自由流动、自主择业，阻碍农民向城镇流动和迁移，人为造成城乡长期处于分割状态，城市化发展最终也受到阻碍。

城市化长期滞后于工业化，极不利于我国的经济发展和现代化进程。城市化滞后的消极后果主要表现在：第一，城市化滞后显著加大了农村的人口负担，加剧了人口与土地之间的紧张关系，恶化了农村乃至全社会的生态环境，难以实现可持续发展；第二，城市化滞后使农业劳动力严重过剩，影响了农业经营的规模化、产业化和劳动生产率的提高，严重地妨碍着农业现代化的实现；第三，低下的比较收益制约了农民收入的增长和农村市场的开拓，并迫使农民大量涌入城市，给城市管理带来严重的冲击，阻碍着城市现代化进程；第四，城市数量不足，城市发展滞后，人口在农

---

① 相关文献可参见：简新华. 论中国特色的城镇化道路//武汉大学经济发展研究中心. 发展经济学研究：第二辑. 北京：经济科学出版社，2004：114-117；钟水映，李晶. 经济结构、城市结构与中国城市化发展. 人口研究，2002(5).

村分散居住，难以形成大规模的第三产业的需求，严重制约着第三产业的发展，不利于中国严峻的就业问题的解决；第五，城市化滞后使城市得不到应有的发展，城市所具有的经济、政治、文化等多方面的功能，城市所能产生的规模效应、集聚效应、扩散效应、辐射效应等多种效应，以及城市在土地、淡水等各种资源和交通、通信、科教、娱乐等各种基础设施等方面的利用效率都无法充分发挥，城市的物质文明、政治文明和精神文明难以向农村普及。①

(二)城镇地区布局不均衡，区域发展不协调

一国的人口、经济、地理位置、气候、自然资源等条件决定了该国城镇的地区布局状况。中国地域广阔，南北气候差异大，各地人口和经济发展素来不平衡，必然造成城镇布局地域上的不平衡，而且经济重心的进一步东移更加剧城镇布局的不平衡。中华人民共和国成立时，我国东、中、西部城市的比重分别为 52.3%、37.9%、9.8%。中华人民共和国成立之后，国家有意识地加速中西部地区的发展，在一定程度上扭转了城市布局的严重不平衡状况。尤其是 20 世纪五六十年代出于战备的考虑，对于福建和广东等“前线”地区，国家基本没有什么投资，而“大三线”和“小三线”地区则投入了不少资金，奠定了这些地区的钢铁、电力、汽车制造等工业基础。到改革开放初期的 1978 年，我国东、中、西部城市布局的不平衡性较之 1949 年有所改善，东、中、西部城市的比重分别变为 35.8%、43.5%、20.7%，显著的变化是东部地区城市数量大幅度减少，中西部地区则有所增加。但是改革开放以来，我国提出以经济建设为中心，优先考虑经济效益，遵从“梯度开放”和“中心极”发展理论，投资重点集中在东部沿海地区，同时还以优惠政策吸引了大量外资进入这些地区，极大地推动了东部地区的城市化，形成了珠江三角洲、长江三角洲、京津唐地区等城市带，西部地区则发展缓慢，地区的不平衡性进一步加大。到 1998 年，东、中、西部城市的比重又分别变为 44.9%、37%、18.1%。这说明与改革开放之初的 1978 年相比，我国东部地区的城市数量又大幅度增加了，而中、西部地区城市的比重都相对下降了。② 至 2012 年，中国东部地区拥有 233 座城市，占全国城市总数的 35.6%；西部地区只有 165 座城市，

---

① 简新华. 论中国特色的城镇化道路//武汉大学经济发展研究中心. 发展经济学研究：第二辑. 北京：经济科学出版社，2004：114；李文. 城市化滞后的经济后果分析. 中国社会科学，2001(4).

② 李翔. 推进我国城市化进程中的几个问题. 广东行政学院学报，2003(6).

占全国城市数量的25.2%(见表7-11)。

表7-11 **2000年和2012年中国四大区域城市规模结构**

项目		合计		200万以上		100万~200万		50万~100万		20万~50万		20万以下	
		2000年	2012年	2000年	2012年	2000年	2012年	2000年	2012年	2000年	2012年	2000年	2012年
全国	城市个数	665	655	13	26	25	39	54	95	220	250	353	245
	人口比例(%)	100.0	100.0	22.5	33.1	14.6	15.8	15.5	18.8	28.9	22.8	18.5	9.5
东部地区	城市个数	249	233	5	14	10	22	18	38	95	104	121	55
	人口比例(%)	42.3	48.8	12.2	20.2	5.9	8.9	5.4	7.7	12.4	9.9	6.5	2.1
东北地区	城市个数	90	89	4	4	4	5	12	14	28	26	42	40
	人口比例(%)	16.6	12.4	4.7	3.8	2.1	1.7	3.5	2.7	3.7	2.4	2.6	1.7
中部地区	城市个数	168	168	1	4	6	6	19	27	50	61	92	70
	人口比例(%)	21.9	19.3	1.9	3.6	3.6	2.5	5.0	5.2	6.6	5.4	4.8	2.7
西部地区	城市个数	158	165	3	4	5	6	5	16	47	59	98	80
	人口比例(%)	19.1	19.5	3.7	5.6	2.9	2.6	1.6	3.2	6.2	5.1	4.7	2.9

注：城市人口规模按非农业人口分组，人口比例指非农业人口。

资料来源：根据《中国人口和就业统计年鉴》(2013)计算，转引自关兴良，魏后凯，鲁莎莎，等. 中国城镇化进程中的空间集聚、机理及其科学问题. 地理研究，2016(2).

中国不同规模城市的空间分布也反映了城镇地区布局的不均衡性。从表7-12可以看出，截至2017年末，全国161个人口超过100万的大城市，有73个分布在东部地区，占全国大城市总数的45.34%，而广袤的西部地区只有42个大城市，仅占全国大城市总数的26.09%，其余的46个大城市分布于中部地区；人口50万以下的小城市东部地区只有7个，占全国的比例为13.73%，显著低于大城市的比例，而西部地区有小城市31个，占全国的比例为60.78%，显著高于该地区大城市的比例。也就是说，中国大量的城市和人口都集聚在东部地区较狭小的国土空间，城市的规模越大，越趋向集聚于东部地区。并且，中国城市和人口向东部地区集聚的趋势还在不断强化。总体上看，中国城市和人口的空间分布，整体上呈现由东部向中西部逐级递减的分布规律，这主要是因为中国东部沿海地区具有相对优越的自然条件和较为发达的经济，而国土面积广袤的西部地区自然环境较差，经济也较为落后。

表 7-12　　**2017 年中国不同规模城市的地区分布状况(个)**

人口 地区	400 万人以上	200 万~400 万人	100 万~200 万人	50 万~100 万人	50 万人以下
东部地区	13	25	35	23	7
中部地区	3	10	33	41	13
西部地区	3	7	32	22	31
全国	19	42	100	86	51

资料来源：国家统计局. 中国统计年鉴 2018. 北京：中国统计出版社，2018.

由于我国东中西部的经济社会发展水平和城市化差异难以在短期内消除，我国城市地区布局的非均衡性在今后相当长时期内会依然存在。全国各地应结合本地经济和自然条件制定各自的城市化发展目标。比如，东部地区应以提高城市化的质量为主要目标；中部地区应适度扩大大城市的规模，增加其吸纳农村人口的容量，重点发展中等城市，适当发展小城镇；西部地区应以现有城镇为重点，调整人口和经济活动的空间分布，使城市的布局与生态环境相适应。

(三)城市空间布局不合理，城市规模发展不协调

中华人民共和国成立以来，中国城市化的又一个特征就是，城市结构存在偏差。具体说来就是，改革开放以前中国的城市结构有所谓“头重脚轻”之感，即大城市多，小城市过少。改革开放以后中国的城市结构又走向了另一个极端，即小城镇的增长速度大大超过大中城市。① 从 1952 年至 1980 年，特大城市数量年均增长 2%，大城市年均增长 4%，中等城市

① 长期以来我国通常的统计方法，是把 100 万人以上的城市列为特大城市，50 万~100 万人的城市列为大城市，20 万~50 万人的城市列为中等城市，20 万以下的列为小城市。实际上，我国城市规模划分标准经历过多次调整，最近的一次调整是国务院于 2014 年发布的。具体划分标准如下：以城区常住人口为统计口径，把城市分为五类七档：人口超过 1000 万的为超大城市；人口在 500 万~1000 万的为特大城市；人口在 100 万~500 万的为大城市，其中，人口在 300 万~500 万的为 I 型大城市，人口在 100 万~300 万的为 II 型大城市；人口在 50 万~100 万的为中等城市；人口在 50 以下的为小城市，其中，人口在 20 万~50 万的为 I 型小城市，人口在 20 万以下的为 II 型小城市。

年均增长4%，小城市则年均减少0.33个百分点。由于“大跃进”的影响，大城市和特大城市的数量1960年比1957年分别增加了1/3和1/2，而中等城市数量反而有所减少。在其后的国民经济调整和“文化大革命”中，特大城市中的“逆城市化”最为显著，其1970年的人口数量仅相当于1957年的人口数量。20世纪80年代以后，由于发挥中心城市的作用，特大城市的数量及人口才有显著增加。此外，尽管几十年中强调“积极发展小城市”，但1978年的小城市数量及人口均低于1957年的水平，直至80年代后才有显著增加(见表7-13)。

表7-13　**中国城市规模及分组人口的变动(1957—1993年)**

年份	合计(个)	100万人以上		50万~100万人		20万~50万人		20万人以下	
		数量(个)	人口(万人)	数量(个)	人口(万人)	数量(个)	人口(万人)	数量(个)	人口(万人)
1957	178	10	2531	18	1289	36	1073	114	1112
1960	199	15	3506	24	1690	32	1496	128	1161
1965	171	13	3007	18	1291	43	1399	97	1054
1970	176	11	2571	21	1505	47	1477	97	1110
1978	192	13	2995	27	1997	60	1821	92	1085
1986	353	23	49395	31	2237.1	96	2905.8	203	2181.0
1993	570	32	6673.3	36	2404.1	161	4824.1	341	3707.7

注：城市规模按市区非农业人口分组。

资料来源：许学强，周一星，宁越敏. 城市地理学. 北京：高等教育出版社，1997.

为了改变这种结构，20世纪80年代以来，我国实施了以小城镇为重点的城镇化推进战略。1978—2000年，年均增加城市21.4座，年均增加建制镇824.5个。尤其是20世纪80年代初期我国将“严格控制大城市规模，合理发展中等城市，积极发展小城镇”作为城市发展方针，致使小城镇以大大快于大中城市的速度增长。相关统计资料显示，从80年代初至20世纪末，我国小城镇、中等城市和大城市年均增长率分别为8%、6.5%和3.5%，大城市的年均增长率不到小城镇的一半。

20世纪80年代以来，“小城镇，大战略”似乎成为中国城市化的灵丹妙药，全国各地趋之若鹜。于是，小城镇得到了异乎寻常的发展。1949年，全国有建制镇2500多个，经过36年的发展，到1985年也只有建制镇9140个，到1992年，建制镇就达到14539个，短短几年时间就比1985年增加了5399个；如果加上30000多个非建制镇，小城镇总数有44000多个，增加则更多。1999年，建制镇数量达到19756个，加上非建制镇总数接近60000个，这两组数据均处于峰值状态(此后开始回调)。① 不同规模城市的这种非平衡、非协调发展，是实施抑制大城市发展，重点发展小城镇的城市化发展方针的必然结果。小城镇因其经济规模有限、经济结构单一、城市功能欠缺等固有缺陷，无法形成对劳动力的巨大吸纳能力，从而抑制了现代社会城市中最有活力的现代服务业的发展，进而也阻碍了中国城市化的进程。此外，在小城镇发展过程中，布局分散的乡镇企业未能较好地向小城镇集中，导致农村工业化的组织形式与农村城镇化的组织形态严重脱节，使得小城镇的集聚效应难以显现，损失了大量的第三产业就业机会，降低了城镇人口增长的速度，导致低质低效的农村城镇化格局的形成。

(四)政府主导的城市化②导致城市化内在动力不足

城市化是经济社会发展的必然结果。纵观中外城市化发展历程，推进城市化的力量和模式主要有两种：一是市场主导型城市化模式；二是政府主导型城市化模式。发达国家的城市化是自然演进的结果，是以市场力量为主要推动力的。在发达国家的城市化进程中，无论是城市规模的选择、城市布局的安排，还是城市产业分工的确定，都是市场选择和市场作用的结果。这恰恰是发达国家城市化自然演进的基础，也决定了发达国家政府在城市化中的辅助地位。中国城市化与发达国家城市化的一个显著差别，就是“政府推动”的因素大于市场“自然演变”的因素，是一种典型的政府主导型城市化。也就是说，政府行政力在城市化进程中起着关键性的、不可替代的作用，政府通过一系列制度安排和政策设计对城市规模、城市空间布局、城市产业分工、城乡人口迁移、市镇设置标准等进行干预，进而控制城市化全过程。

政府主导型城市化的一个突出特点是，城市化进程是一个受到高度行

---

① 秦尊文. 小城镇道路：中国城市化的妄想症. 中国农村经济，2001(12).

② 曾宪明. 从政府主导型到市场主导型：中国城市化的战略转换. 广东农工商职业技术学院学报，2006(8).

政干预的过程，是在市场力和行政力的交织和制衡中逐步推进的。国内许多学者对政府主导型城市化进行过研究。如陈甬军、景普秋(2008)①、周加来、黎永生(1998)②、张永亮、刘峰(2005)③等学者都认为，中国的城市化就是在政府强有力的推动下一步一步向前发展的，政府在中国的城市化过程中起着决定性作用。在计划经济年代，政府通过户籍制度、就业制度、福利分配制度等主导着城市化进程；在改革开放时代，政府则通过行政区划的调整，如县改市、市管县、撤县建区、撤乡并镇、“拆村并村”“农民上楼”等左右着城市化进程。可见，在政府主导型城市化模式下，城市发展的速度、水平、方向和模式都主要是政府行政力作用的结果，市场力仍然处于从属地位。

进入21世纪后，政府主导型城市化又以新的形式出现，如“被城镇化”“大跃进”城镇化和“贵族化”城镇化等。④ 这种形式的政府主导型城市化，不仅造成资源的巨大浪费，房价的居高不下，而且使普通老百姓的生活成本更高、生活的便捷性和舒适性更差。⑤ 因此，如何克服政府主导型城市化的缺陷而发挥其优势，充分发挥市场力和行政力的合力推动城市化进程，实现政府主导型城市化向市场主导型城市化的转换，是走好中国特色新型城市化道路必须解决的重大问题。

(五)城市建设用地粗放低效，造成资源浪费

一方面，在城市化、工业化的快速发展中，我国许多城市盲目建设大广场、宽马路、“城市新区”“开发区”“工业园区”等，行政办公用地和工业用地占据城市黄金地段，用地结构极不合理，用地状态极为粗放，造成土地资源的严重浪费。另一方面，很多城镇在发展建设过程中，缺乏耕地保护意识，占用大片良田，乱占滥用，这种不合理的土地开发利用方式，既是对人力、物力、财力的极大浪费，降低了土地利用的集约效应，也造成生态环境的日益恶化，并对国家的粮食安全构成严重威胁。此外，城市建设用地粗放低效，违规违法用地现象屡禁不止，进一步加剧了城市土地的供需矛盾，使商业用地、道路用地、基础设施用地、住宅用地日趋紧张。总之，城镇土地利用密度低、效率不高是我国城市化进程中存在的普

---

① 陈甬军，景普秋. 中国新型城市化理论及发展目标预测. 经济学动态，2008(9).

② 周加来，黎永生. 我国城市化进程中的政策取向. 中国宏观经济，1998(8).

③ 张永亮，刘峰. 论政府在城市化中的职能转变. 湖南社会科学，2005(5).

④ 简新华，罗钜钧，黄锟. 中国城镇化的质量问题和健康发展. 当代财经，2013(9).

⑤ 王炜. 城市化不能“贵族化”：档次高了，生活难了. 人民日报，2011-02-21.

遍现象。

一个国家城市化进程的健康状况和城市化发展质量，取决于该国城市建设用地总量及用地结构动态变化的合理性，① 适度的城市建设用地总量和优化的城市用地结构，是任何城市实现可持续发展的必由之路。② 为此，我们需要对中国城市化过程中城市建设用地的动态变化特征和存在的问题有清晰的认识和准确的把握，以便科学调控城市建设用地总量和优化城市建设用地结构。

《中国城市建设统计年鉴(2014 年)》的数据显示：中国设市城市建设用地面积在 1981—2014 年由 6720 平方公里增至 49982. 7 平方公里，净增长 43262. 7 平方公里，增长了 6. 44 倍，年均增长率高达 6. 27%，呈显著的指数增长和快速扩张的趋势[见图 7-3(a)]。同时，年均净增加面积也呈整体上升趋势，表明中国城市建设用地在增量控制方面仍存在较大压力。从人均城市建设用地面积来看，1981—2014 年的 33 年间，中国人均城市建设用地面积也呈现出逐步增长的趋势，由 1981 年的人均 46. 67 平方米增至 2014 年的 129. 57 平方米，年均净增 2. 51 平方米。人均建设用地需求不断增加，城市扩张压力逐步增大，整体暴露出用地浪费严重、用地效率低下和不集约利用等问题。从城市建设用地增长速度来看，中国城市建设用地增长呈现波状变化趋势，整体与经济发展的阶段性和城市用地政策以及耕地保护变化相对应[见图 7-3(b)]，且城市建设用地扩张速度明显高于人口增长速度，呈现出大快大慢的波浪状起伏变化态势。总之，中国城市建设用地扩张存在的主要问题表现为：城市建设用地结构不合理、集约利用效率低、人均建设用地居高不下、新城新区建设过多过大加剧了城市建设用地的过度扩张。③

(六)人口城市化滞后于土地城市化

城市化过程既是人口和非农产业向城镇集中和集聚的过程，也是农村地域转变为城镇地域的过程。换言之，城市化过程包括两个维度：一是人口城市化过程，即农村人口向城镇迁移实现市民化的社会结构变迁过程；

① 赵可，徐唐奇，张安录. 城市用地扩张，规模经济与经济增长质量. 自然资源学报，2016(3).

② 李效顺，张绍良，汪应宏. 中国经济转型阶段建设用地增长极限计量研究. 自然资源学报，2011(7).

③ 方创琳，李广东，张蔷. 中国城市建设用地的动态变化态势与调控. 自然资源学报，2014(3).

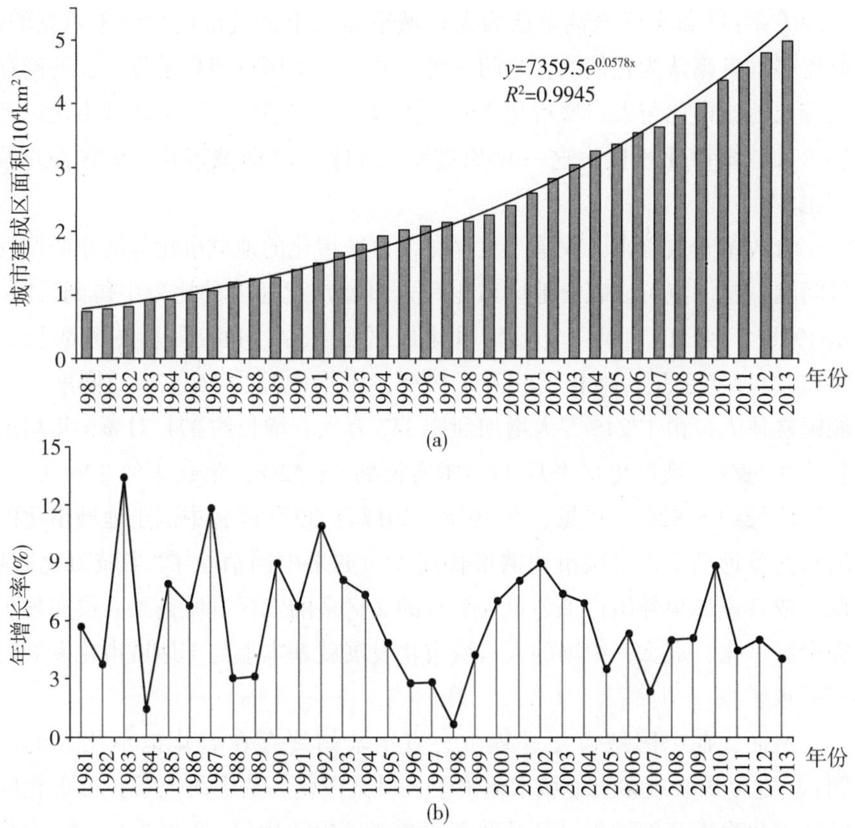

图 7-3　中国城市建设用地(建成区)增长趋势与年增长率变化情况

资料来源：方创琳，李广东，张蔷．中国城市建设用地的动态变化态势与调控．自然资源学报，2014(3)．

二是土地城市化过程，即农村土地不断转变为城镇建设用地或其他发展用地的城镇空间扩张过程。要顺利推进城市化，必须处理好人口城市化与土地城市化的关系。但人口城市化与土地城市化之间究竟是什么关系，学术界还存在不同的理解。有的学者认为它们之间是对立统一的关系；① 也有

① 张耀宇，陈利根，陈会广．"土地城市化"向"人口城市化"转变：一个分析框架及其政策含义．中国人口·资源与环境，2016(3)；顾朝林．城市群研究进展与展望．地理研究，2011(5)；陈肖飞，姚士谋，张落成．新型城镇化背景下中国城乡统筹的理论与实践问题．地理科学，2016(2)．

学者认为它们之间是发展快慢的关系；① 还有学者认为它们之间是演化协调的关系；② 部分学者甚至认为人口城市化与土地城市化之间是对立的，而更多学者则认为它们两者之间是统一的。在中国城市化进程中，的确存在着土地城市化与人口城市化之间非协调发展的现象，即土地城市化速度快于人口城市化速度。这一现象被学者们称为“伪城市化”或虚假的城市化。③

自改革开放以来，我国一直存在人口城市化的地城市化与的非协调发展问题，这一点可以在土地城市化和人口城市化速度的比较中得到反映。从1978年到2017年，全国城镇建成区面积从7438平方公里增长到56225.4平方公里，增长了约655.92%，年均增长约16.82%；同期中国城镇常住人口由17245万人增加到81347万人，增长约371.71%，年均增长约9.53%；城市化水平从17.9%增长到58.52%，增长了约226.93%，年均增长约5.82%。可见，在1978—2017年39年间，中国土地城市化的增长速度远高于人口城市化的增长速度。如果中国消除了“半城市化”现象，或者说如果外出打工超过6个月的2亿多的农村进城务工人员实现了完全城市化，那么，中国的人口城市化发展就基本上与土地城市化发展协调一致了。

然而，在中国城市化进程中，多年来始终存在着化地不化人的问题，④ 这突出表现在土地城市化快于人口城市化。从本质上看，城市化既是城市化率提高的过程，又是城市不断现代化的过程（见图7-4）。城市化

---

① Wu Jiangguo, G. D. Jenerette, A. Buyantuyev, et al. Quantifying spatiotemporal patterns of urbanization: the case of the two fastest growing metropolitan regions in the United States. Ecological Complexity, 2011, 8(1): 1-8；孙在宏，袁源，王亚华，等. 基于分形理论的江苏省城市规模分布与异速生长特征. 地理研究，2011(12)；王洋，王少剑，秦静. 中国城市土地城市化水平与进程的空间评价. 地理研究，2014(12).

② 陈明星. 城市化领域的研究进展和科学问题. 地理研究，2015(4)；朱凤凯，张凤荣，李灿，等. 1993—2008年中国土地与人口城市化协调度及区域差异. 地理科学进展，2014(5)；范辉，刘卫东，吴泽斌，等. 浙江省人口城市化与土地城市化的耦合协调关系评价. 经济地理，2014(12).

③ 简新华，罗钜钧，黄锟. 中国城镇化的质量问题和健康发展. 当代财经，2013(9)；潘家华. 中国城市发展报告：农业转移人口的市民化. 北京：社会科学文献出版社，2013；杨丽霞，苑韶峰，王雪禅. 人口城镇化与土地城镇化协调发展的空间差异研究：以浙江省69县市为例. 中国土地科学，2013(11)；薛德升，曾献君. 中国人口城镇化质量评价及省际差异分析. 地理学报，2016(2).

④ 2012年12月18日上午，陈栋生先生在安徽大学召开的“第四次全球产业转移浪潮下皖江城市带产业承接战略与对策国际研讨会”上发表的讲话。转引自文贯中. 吾民无地：城市化、土地制度与户籍制度的内在逻辑. 北京：东方出版社，2014：23.

过程首先表现为农村人口向城市迁移、农业人口转变为非农产业人口，从而提高城市人口在总人口中的比重的过程，同时，城市化过程也体现为城市居民生产和生活条件不断完善，生活水平逐步提高的过程。相较于城市化率的提高，城市的现代化过程则是无止境的。①

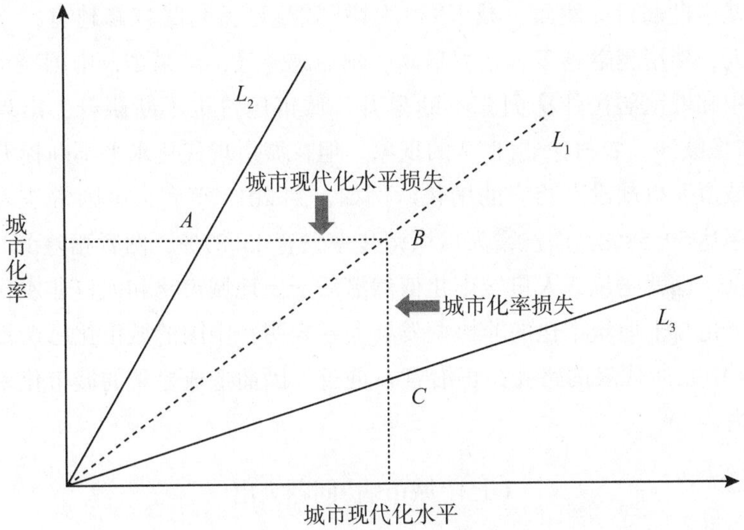

图 7-4　城市化率和城市现代化水平

资料来源：文贯中. 吾民无地：城市化、土地制度与户籍制度的内在逻辑. 北京：东方出版社，2014：24.

图 7-4 中，L_1代表了城市化进程中城市化率和城市现代化水平的合理比例。在这一比例上，城市的聚集效应正好被穷尽，城市的人口规模正好由聚集效应的边际收益曲线和边际成本曲线的交点所决定。L_3代表城市现代化水平相对于城市化率偏高的情况，*BC* 代表在给定的城市现代化水平下的城市化率损失。而 L_2代表城市化率相对于城市现代化水平而言偏高的情况，这种情况下会出现所谓过度城市化(包括贫民窟化)的问题。*AB* 代表在给定的城市化率下城市现代化水平损失。

应该特别指出的是，贫民窟是绝大部分国家城市化过程中难以避免的现象，而且贫民窟还为农民低成本进入城市、分享现代城市繁荣提供了机会。其实，在城市化进程中，政府不应该也难以用行政手段强行禁止贫民

① 文贯中. 吾民无地：城市化、土地制度与户籍制度的内在逻辑. 北京：东方出版社，2014：23.

窟的出现，因为政府的禁止性行为难以阻挡农民进城的步伐，只会使贫民窟以“群居楼、群居化”等形式出现。所以，发展中国家绝不能走“化地不化人”、土地密集和资本密集的城市化道路，否则，城乡差距会进一步拉大，城市化进程也难以顺利完成。但遗憾的是，中国的城市化在很大程度上正是“化地不化人”。中国改革开放 40 多年以来，在城市的现代化方面的成就举世瞩目。然而，城市“摊大饼”式蔓延，马路越修越宽，广场越修越大，楼房越盖越多、越盖越高、越盖越洋气，结果是，中国城市建成区面积和城镇居民住房面积不断攀升，城市房价也不断飙升，出现所谓“城市像欧洲、农村像非洲”①的现象。但在城市现代化水平不断提升的同时，城市人口却没有相应的增长。例如，到 2018 年底，中国常住人口城镇化率达 59.58%，而户籍人口城镇化率只有 43.37%，两者相差 16.21 个百分点。也就是说，人口城市化依然滞后于土地城市化和人口非农化。人口城市化与土地城市化的非协调发展关系表明，中国的城市化已严重偏离图 7-4 中 L_1 所代表的路径，正沿着 L_3 前进，因而造成显著的城市化率的人为损失。②

（七）“城市病”问题突出

城市病是一个普遍现象，是城市化发展到一定阶段的必然产物。在不同国家和城市化发展的不同阶段，城市病的具体表现形式会有所不同，但人口膨胀、交通拥堵、环境污染、住房紧张、资源短缺是城市病最为常见的表现形式。

目前我国仍处于城市化加速发展阶段，但已经进入城市病集中爆发时期，③ 各种城市病早已引起社会各界的广泛关注。就现阶段而言，我国城市病突出表现在以下几方面：

第一，人口膨胀，资源短缺。自 1996 年我国进入城市化加速发展阶段以来，大量农村剩余劳动力涌入城镇，造成城镇人口迅速膨胀。相关统计资料显示，从 1996 年至 2017 年，我国城镇人口由 37304 万人增长到 81347 万人，21 年间净增 44043 万人，年均增加 2097.3 万人，致使许多城市面临前所未有的拥挤状况，特别是一些特大和超大城市更是人满为

---

① 贺雪峰. 城市化的中国道路. 北京：东方出版社，2014：3.

② 文贯中. 吾民无地：城市化、土地制度与户籍制度的内在逻辑. 北京：东方出版社，2014：25-26.

③ 张桂文，任成好. 中国城市化进程中的城市病：过程、表现及原因. 贵州师范大学学报：社会科学版，2016(3).

患。比如，上海和北京市中心城区范围内的人口密度甚至超过国际部分城市人口密度。① 这些巨量的新增城市人口基本上是由内地流向沿海，农村流向城市，中心城市流向大城市。尽管我国资源总量比较丰富，但人口基数大，城市人口又急剧膨胀，再加上资源的地区分布不均衡，使得人均资源占有量严重不足。以水资源为例，我国是世界上人均水资源最贫乏的国家之一，我国的661个城市中大部分城市处于缺水状态，其中近1/3的城市处于严重缺水状态。此外，我国已探明的石油、天然气等重要资源的人均储量都大大低于世界平均水平，工业化和城市化的快速发展必然会进一步加剧我国资源、能源的短缺状况。

第二，交通拥堵，出行困难。随着我国城市人口的急剧膨胀和机动车数量的井喷式增长，我国多数城市的交通拥堵问题日趋严峻，市民出行变得越来越困难。截至2018年末，我国汽车总量已达2.4亿辆，其中北京市以拥有564万辆位居全国第一，排名第二至第五位的依次为成都、重庆、上海和苏州，分别拥有汽车452万辆、371万辆、361万辆和355万辆。② 汽车保有量的不断增加，加剧了车路矛盾，加大了停车位缺口，也增加了交通管理难度，再加上公共交通体系不完善，交通法规不健全，交通执法力度不强，市民安全交通意识欠缺等，使得许多大城市交通堵塞愈演愈烈，甚至一些中心城市的主干道也时常出现交通拥堵现象。城市交通拥堵不仅会增加市民的通勤时间和通勤成本，也会导致城市诸多经济社会功能的衰退，进而恶化城市生存环境，危害城市的可持续发展。

第三，住房紧张，影响安居乐业。农村人口向城镇的不断涌入，中小城市人口不断向大城市的迁移，刺激了城市人口对住房的巨大需求，而城市住房的供给在短期内不可能有相应的增加，所以住房价格的上升就成为必然。近几年我国各地政府尽管已密集出台了相当多调控商品房购买和价格的政策、措施，房价飙升的势头也得到遏制，但城市住房的需求仍然非常旺盛。这一方面是因为城市人口剧增，另一方面是因为老百姓找不到其他的投资渠道，只好买房以实现资产的保值增值。所以，在中国很多城市有一个奇特的现象：一边是高企的房价和大量空置的房屋，另一边却是为数众多的"望房兴叹"、买不起甚至连租也租不起住房的普通民众。大量的住房刚需群体被迫在城郊购房或租房，既增加了通勤成本，也增加了环

---

① 王大伟，王宇成，苏杨. 我国城市病到底有多严重——城市病的度量及部分城市的城市病状况定量对比. 中国发展观察，2012(10).

② 2018年全国汽车数量城市排行榜，http：//auto. eastday. com/a/181220153250906. html.

境污染。

第四，污染严重，危害生态环境。环境污染严重是我国当下城市病的又一个典型症状。我国城市的环境污染主要表现在以下几个方面：一是严重的水污染、大气污染和固体物污染。以水污染为例，城市的水污染除极少数是由于自然环境的变化和土壤中矿物质对水体产生的自然污染外，大部分是人为因素对水体所造成的污染，其中主要是城市生活污水以及工业废水随意排放所造成的污染。在我国工业化和城市化快速发展的背景下，城市工业用水量和居民生活用水量急剧增加，排污量也不断增加，致使城市地表水和地下水都受到严重污染。城市地表水污染主要是由城市居民日常生活排放的污水和工业废水引起的，使径流城市的河段遭到有毒有害的人工合成有机物的严重污染；地下水污染是地表水污染的必然结果，我国大部分城市存在一定程度的地下水污染，尤以人口密集和工业化程度较高的城市中心为甚。严重的水污染，不仅降低了城市水源水质，增加了污水处理成本，而且严重威胁到城市饮用水安全和城市居民的身体健康。二是城市噪声污染。我国城市的噪声来源于多种渠道，主要包括生活噪声、交通噪声、建筑施工噪声和工业生产噪声等。城市噪声对城市居民的危害极大，它不仅影响人的休息和睡眠，导致工作和学习效率下降，严重的还会导致人的听觉系统受损，甚至使人的生理机能受损以及精神系统功能紊乱，严重危害人的身心健康。据统计，在我国许多城市每年的环境投诉事件中，有一半以上与噪音有关，我国城市的噪声污染由此可见一斑，应引起相关职能部门的高度重视。此外，像随手乱扔垃圾、随地吐痰、公共场所吸烟、垃圾围城等现象在很多城市随处可见，这些行为不仅有损于城市居民的身体健康，也对生态环境造成了严重危害。

四、中国城市化问题产生的原因分析

中国城市化问题产生的原因是多方面的，归纳起来主要有以下几点：

（一）在城市化认识上的偏差严重制约了城市化发展

无论是在改革开放以前还是在改革开放以后，我国在城市化的认识上都出现过偏差。改革开放以前我国对发达国家和发展中国家在工业化、城市化进程中产生的问题没有全面而客观的认识，对城市病等城市化问题看得过于严重，对城市化的积极作用缺乏正确的认识，因此错误地认为我们不能重走发达国家走过的城市化这条弯路，而幻想走一条“无城市化的工业化道路”。基于对城市化的这种不全面甚至错误的认识，改革开放以前我国对农村人口向城镇迁移基本上是采取抑制的政策，城市化发展的起伏甚至倒退就是这种认识的反映。改革开放以后我国对城市化的认识又走向了另一个极端，对城市化的内涵和本质缺乏全面而深刻的理解，把城市化等同于城市建设，不注重城市自身发展和内涵的提高，忽略了城市居民特别是外来务工人员的就业情况和对社会保障的基本需求，盲目追求城市规模扩张，大搞政绩工程和城市形象工程，片面追求经济效益，轻视社会效益和环境效益，注重征地卖地式的土地城市化，严重忽视了人口城市化这一城市化发展中的核心目标，致使我国人口城市化速度大大落后于土地城市化速度，全国城镇建成区面积大幅增加而城镇人口却增长缓慢。截至2018年末，我国常住人口城镇化率已达59.58%，但户籍人口城镇化率只有43.37%。这说明我国还有很大一部分农业转移人口只完成了职业和地域的转换，还没有完成身份的转换，也就是说还没有真正实现市民化，从而无法享受与城镇居民同等的公共服务、社会福利和社会保障。不改变这种局面，就不可能实现城市化的健康、持续发展。

（二）跨越式发展产生的“时间压缩”效应导致各种城市问题集中爆发

如前文所述，发达国家的城市化过程是一个“自发”的自然演进过程，在经历过百余年的漫长发展过程后，到20世纪中叶才完成了人口城市化进程。在20世纪50年代后，郊区化和再城市化等现象才逐渐在一些大城市出现。另外，在发达国家城市化的早期甚至中期阶段，并没有产生交通拥堵问题，因为汽车发明于20世纪初，经过数十年的发展之后，私人汽车才开始普及，发达国家的一些城市才出现交通拥堵问题。也就是说，发达国家的城市化问题不是集中爆发的，而是不同的城市化问题产生于不同的城市化阶段，然后逐一解决。但中国的情况与发达国家迥异。我国在改革开放以前对城市化缺乏正确的认识，致使我国城市化发展相当缓慢甚至走过一段弯路，所以改革开放以来我国要迅速缩短与发达国家之间的差距，必须实施经济上的赶超战略，希冀在短时期内赶上发达国家历经100多年才达到的经济发展水平。中国实施的经济发展赶超战略的确取得了令世人瞩目的伟大成就。1978年至2018年的40年间，中国的国内生产总值年均增长率高达9.76%，经济高速增长持续如此长的时间堪称世界经济发展史上的奇迹。经济的高速增长必然推动城市化快速发展，使得大量农村人口涌入城市，中心城市（镇）人口流入大城市。随着城市人口的膨胀，一些大城市利用土地批租等经济手段进行旧城改造，出现了中心城区人口向郊区迁移的郊区化现象，以及中心城区再城市化的现象。此外，经济的高速发展，城市化的快速推进，加速了私家车发展和普及。中国公安部交管局的统计资料显示，到2018年底，全国汽车保有量达2.4亿辆，有61个城市的汽车保有量超过100万辆，27个城市超过200万辆。城市人口的剧增和私家车的不断增加，使很多城市经常出现交通拥堵现象。总之，在中国快速的城市化发展过程中，一方面农村人口不断向城镇集聚的人口城市化过程方兴未艾，另一方面伴随着人口城市化进程，在一些大城市也出现了郊区化和再城市化现象。同时，交通拥堵、住房紧张、资源短缺、环境污染等各种城市化问题齐头并进，本来属于不同发展阶段的城市问题由于“时间压缩”效应同步出现，导致各种城市问题集中爆发。① 因此，在我国快速城市化进程中，多种城市问题会叠加出现。有些城市问题具有普遍性，如交通拥挤、住房短缺、环境污染等，其他国家在城市化过程也都发生过类似的城市问题，但诸如户籍制度约束下的大规模的流动人口问题、流动人口的集居地“城中村”问题等却是中国特有的城市问题。

（三）政府主导的城市化导致城市化发展缺乏内在动力

城市化的国际经验表明，城市化的动力机制不外乎两种，一种是市场主导机制，另一种是政府主导机制。② 当然这两种动力并不是彼此孤立的，也不是相互排斥的，利用得好是可以相互促进的。改革开放前我国主要是依靠政府动力来推进城市化的，忽视甚至排斥市场的力量。改革开放以来，随着我国从计划经济体制向市场经济体制的转轨，城市化发展的动力也逐渐从以政府动力为主转变为以市场动力为主。但囿于计划经济思维和惯性，我国城市化发展依然属于主要依靠政府力量推动的自上而下的城市化模式，市场在配置资源、调节供求、促进产业发展升级等方面的力量没有得到充分发挥。虽然政府动力推动城市化模式能够在一定程度上避免单纯依靠市场力量推进城市化建设过程中所出现的“城市病”问题，但单纯的政府动力机制致使城市化发展缺乏足够的内在动力，且缺乏市场动力支撑的城市化不仅内在动力不足，也必然使城市化演变成为造城运动、空壳城市化。这样的城市化离城市化发展的主要目标——“人的城市化”渐行渐远。因此，可持续发展的城市化，必须充分发挥市场的力量，使市场

① 宁越敏. 中国城市化特点、问题及治理. 南京社会科学，2012(10).

② 李强，陈宇琳，刘精明. 中国城镇化“推进模式”研究. 中国社会科学，2012(7).

在城市规模的选择、城市的地区分布和空间布局、城市产业的选定、人口向城镇的迁移以及各种经济要素在城乡之间和城市之间的流动等方面起决定性作用。

(四)弱质性农业不能为城市化发展提供强有力的经济基础

相对于二、三产业来说，农业由于受制于自然规律而具有先天不足或劣势，即农业是典型的“弱质产业”。我国农业的弱质性主要体现在以下几个方面：一是农业的自然风险大。迄今为止，我国农民基本上还是“靠天吃饭”，也就是说，农业仍然无法避免自然环境的变化和自然灾害的发生。而我国又是一个各种自然灾害频发的国家，农业始终面临着较大的自然风险。二是农业的市场风险大。目前我国农业仍然是以家庭为主要经营主体，规模化和组织化程度都比较低，对瞬息万变的市场缺乏应对能力，再加上许多农产品具有鲜活性、季节性和周期性等特征，也加大了农业的市场风险。三是农业的自我积累能力不足。由于我国农业人口众多，人均耕地面积极少，不到世界人均耕地的1/3，农业劳动生产率比较低，农业的商品化程度也不高，加之始终存在工农业产品价格剪刀差，致使农业经营的自我积累能力不断降低，农民只能以非农收入来弥补农业经营的货币投入。四是农产品需求的价格弹性较小。像大米、小麦、玉米等许多农产品的市场需求是缺乏价格弹性的，即这些农产品的市场需求量对其价格的反应程度较小，当市场上出现农产品供过于求时，必然导致农产品价格下降，进而产生增产不增收或“丰收悖论”现象。

尽管如此，改革开放前我国还是通过抽取农业剩余为工业化提供资金，使得作为一个弱质产业的农业更加脆弱，这种以牺牲农业、农村和农民的利益为代价的工业化战略，既削弱了其赖以发展的农业基础，也不利于城市化的有效推进。改革开放后我国进行了一系列的农村改革，如家庭联产承包责任制的全面实行、土地所有权与使用权的“两权分离”、新农村建设的全面实施、农业税的彻底废除、农业补贴的广泛实施、土地所有权、承包权与经营权“三权分置”改革，等等，这些重大改革举措极大地提高了农民的生产积极性，增加了农民的收入，增强了农业综合生产能力，促进了我国农业由传统农业向现代农业的转型。尤其是进入21世纪以来，我国更加重视农业、农村和农民问题，制定了“多予少取放活”和“工业反哺农业、城市支持农村”的基本方针，把发展现代农业，特别是实现农业现代化与工业化、信息化和城市化“四化”协调发展，作为推进我国现代化进程的基本任务之一。然而，不可否认的是，相较于我国工业化发展水平，我国农业现代化的发展步伐仍然比较缓慢，农民靠天吃饭的局面依然没有从根本上得到改观，农业的基础还是比较脆弱。所有这些情况都表明，明显滞后于工业化和城市化进程的我国农业现代化建设，已经成为我国社会经济整体协调发展的障碍，① 不能为城市化发展提供强有力的经济基础，必须进一步加大扶农支农力度，继续深化农村各项改革，减少农民，富裕农民，逐步提高农业生产经营的规模化程度和专业化、一体化水平，夯实城市化发展的农业经济基础。

（五）城乡二元结构制约了城市化发展

城乡二元结构的存在是发展中国家的一个突出特征，中国也不例外。我国在经济社会发展过程中出现的城乡二元结构矛盾由来已久，20 世纪 50—70 年代计划经济的实施强化了我国城乡二元结构，造成了我国农村地区和城市地区之间的人为分割和截然差别。具体来说，我国城乡二元结构主要表现在以下几个方面：第一，严格限制农村人口向城市流动的户籍制度。1958 年我国颁布了《户口登记条例》，标志着我国农村人口自此失去了向城镇自由迁徙的权利。城乡之间的户籍壁垒是我国城乡二元结构的最显著特征，城市人与农村人之间在社会地位和社会身份等方面的差别主要是因为他们拥有的城乡户籍的差异。虽然改革开放后城乡户籍壁垒逐渐弱化，农民进入城市务工经商甚至落户已越来越容易，但城乡间的户籍壁垒依然存在，对城市化发展的影响不可小视。第二，具有城市偏向的资源配置制度。在社会资源的配置方面，我国在相当长时期内实行的是城市偏向政策。比如，城市中的教育和公共设施投入完全由国家财政负担，但农村中的教育和基础设施则主要由农民自己来负担，国家的投入极少。这不仅增加了农民的负担，也加大了城乡之间在教育和基础设施上的差距。第三，具有极大差别的社会保障和社会福利制度。拥有城市户口比拥有农村户口能获得更优越的社会地位和社会身份，因为无论在就业、就学、医疗等方面，还是在其他社会保障和社会福利方面，城市居民得到的待遇都大大优于农村居民。

正是由于我国城乡之间存在的各种差别和阻隔，中国农民变市民的过程异常艰辛。亿万农民即使已经完成了职业转换和地域转换，但依旧无法完成身份转换而真正融入城市，这就导致在我国城市化的人口中，存在一个就业不充分、收入不稳定的群体——农村进城务工人员，导致城市内的

① 杨爱君. 工业化、城镇化与农业现代化的互动发展研究. 学术论坛，2012(6).

二元结构，加大了城市治理和国家发展的难度。① 国家统计局统计公报显示，2018 年我国农村进城务工人员总量为 28836 万人，其中，外出农村进城务工人员达 17266 万人，占农村进城务工人员总数的 59.88%。亿万农村进城务工人员虽然工作和生活在城市，但并没有真正成为所在城市的市民。另外，农村进城务工人员主要集中于大城市，不仅使我国农业丧失了大量年轻劳动力，也使我国许多中小城市的城市化发展受到不利影响。

(六)资源、环境承载力与经济发展的矛盾加剧了城市化问题

自 1978—2018 年，中国经济年均增长率高达 9.76%，城市化发展也取得了长足进步。快速的经济增长和城市化发展不可避免地引起资源的过度消耗和生态环境的巨大破坏。而中国相较于世界几个主要大国又是一个人均资源占有量较低的国家(见表 7-14)，中国长期高投入、高消耗、高污染、低效率的粗放型经济增长方式，已经造成资源的高度紧张和严重的生态环境问题。例如，我国大部分城市严重缺水；汽车保有量的不断增长不仅造成严重的交通拥堵，也增加了噪声污染和尾气污染；工业二氧化硫排放量和工业粉尘排放量的不断上升加剧了大气污染。2013 年 12 月发生于我国东部大部分地区的严重的雾霾天气主要是各种废气的排放超出了大气环境的承载力所致。②

表 7-14　世界几个主要大国的资源要素比较

指标系统	俄罗斯	加拿大	中国	美国	巴西
国土面积(10^4km^2)	1707.5	997.01	960.0	937.26	854.74
人口总量(亿人)	1.52	0.35	13.40	3.24	1.96
人口密度(人/km^2)	8.9	3.5	139.6	34.6	22.9
人均耕地(hm^2)	1.930	1.800	0.095	1.140	0.807
人均水资源(m^3)	30299	98462	2292	9413	42976
森林总面积(km^2)	754900	247200	133800	209600	566000

资料来源：姚士谋，等. 中国新型城镇化理论与实践问题. 地理科学，2014(6).

鉴于中国的资源环境现状，我国在城市化进程中绝不能再走一些发达

① 姚士谋，等. 中国新型城镇化理论与实践问题. 地理科学，2014(6).

② 张学良，杨朝远. 论中国城市群资源环境承载力. 学术月刊，2014(9).

国家所走过的先污染、后治理的道路，而必须走消耗少、能耗低的环境友好型的城市化道路，实现经济、社会与环境的协调发展。

综上所述，我国城市化发展中出现上述种种问题，既有主观方面的原因，也有客观方面的原因。从主观方面看，在城市化认识上的偏差，导致改革开放以前我国在城市化问题上占主导地位的是否定城市化的倾向，政策取向基本上是抑制农村人口迁移和城市化；改革开放以来，则片面注重城市规模扩张和城市形象建设，而对解决人口城市化滞后问题重视不够。对城市化主观认识上的偏差，必然导致一系列抑制城市化发展的政策的实施，如早期的“城市偏向”和“乡村歧视”政策、抑农重工的工业化战略、抑制人口流动的户籍管理制度，后期的“土地财政”政策等。中国城市化进程中产生的诸如城市化滞后于工业化、人口城市化滞后于土地城市化、“半城市化”问题等，主要是在城市化认识上的偏差造成的。从客观方面来看，由于我国是一个发展中大国，人口众多，人均资源占有量大多低于世界平均水平，各地经济社会发展不平衡和地理区位差异，再加上我国一直面临着如何尽快赶超发达国家的战略任务，所以在城市化发展过程中出现诸如城镇地区布局不均衡、区域发展不协调，城市空间布局不合理、城市规模发展不协调等问题，是在所难免的。总之，笔者认为，中国城市化进程中的诸多问题产生的主要原因是我国对城市化内涵及本质的认识出现了偏差，以及相关政策和制度不完善等。

第八章　中国特色新型城市化道路的内涵及特征

一、中国城市化道路的探索与争论

(一)中华人民共和国成立以来中国城市化道路的探索

与中国城市化进程相对应，我国对城市化道路的探索也大体上可分为两大阶段，即改革开放以前的初步探索阶段和改革开放以来的全面探索阶段。

1. 改革开放以前中国城市化道路的初步探索阶段

中华人民共和国的成立是一个具有划时代意义的伟大历史事件，结束了一百多年以来中国遭受侵略和奴役的屈辱历史，使中国人民成为国家的主人，标志着中国从此走上了独立、民主、统一、富强的发展道路。中华人民共和国成立之后，为了尽快改变中国贫穷落后的面貌，迅速恢复遭受长期战乱破坏的国民经济，我国实行了重工业优先发展的赶超战略和与之相适应的高度集中的中央计划经济体制。这种工业化战略和经济体制虽然取得了有目共睹的成效，但却扭曲了城乡关系、工农业之间的交换关系，并建立了一个不公平的福利体系。① 随着国家建设重心向城市的转向，城市偏向政策不断被强化，使这一时期的城市化发展体现为以农促工，以乡促城。② 城市工业的不断发展，必然会带来城市人口的增长和城市数量的增加。统计资料表明，全国城市数量由 1949 年的 132 个增加到 1962 年的

---

① 蔡昉，都阳，王美艳. 劳动力流动的政治经济学. 上海：上海人民出版社，2003：36-37.
② 辜胜阻，易善策，李华. 中国特色城镇化道路研究. 中国人口·资源与环境，2009(1).

198个，增加了50%。城市工业规模的扩张和城市偏向政策的实施，又吸引了上千万的农民无计划地涌向各类城镇，给城市公共基础设施、城镇食品供给以及城市社会治安等造成巨大压力。总之，1949—1957年国民经济的快速恢复、“一五”计划的实施、大规模工业建设和城市建设的开展以及1958—1960年的三年“大跃进”，使我国城镇人口迅猛增长，城镇人口由1949年的5765万人增长到1960年的13073万人，城市化水平也由1949年的10.46%上升到1960年的19.75%，年均增长0.84个百分点，形成我国城市化发展的第一个高潮。①

但是，我国的城市化没有沿着上述快速的发展道路继续前行，而是出现了两次反复。这主要是因为：第一，城镇人口的过快增长导致的突出的供需矛盾，以及20世纪50年代末开始出现的中苏关系恶化和1959—1961年的三年困难时期，迫使我国重新审视城市化发展政策，并采取了诸如动员大批城镇人口返乡、市镇建制调整等抑制城市化发展的政策，使我国城市化水平下降至1965年的17.98%，出现我国人口城市化的第一次反复。第二，由于在中华人民共和国成立初期我国对城市化的本质和内涵缺乏正确和深刻的认识，甚至认为城市化是资本主义的特有现象，社会主义可以不搞甚至不需要搞城市化，再加上自1957年以来我国对国内和国际形势的误判，又采取了一系列抑制城市化发展的政策，如下放大批干部到农村、工厂参加体力劳动、鼓励大批城市知识青年上山下乡接受贫下中农再教育以及以工厂进山入洞为主要特征的三线建设等。这些政策与统购统销的粮食政策、统包统配的劳动就业政策以及严格控制人口流动的户籍政策，对我国城市化发展具有较大的抑制作用，城市化水平进一步下降到1974年的17.16%，导致我国城市化发展出现第二次反复。

综上，中华人民共和国成立后，中国城市化才真正开始启动并得到迅速发展，但主观和客观上两方面的原因，使得中国城市化体现出大起大落的发展特征。不过，对中国城市化道路的初步探索虽然付出了较大的代价，但我们也因此积累了必要的经验与教训，并为改革开放后中国城市化的迅猛发展积蓄了力量。

2. 改革开放以来中国城市化道路的全面探索阶段

1978年底召开的党的十一届三中全会开启了中国改革开放和社会主

① 简新华，何志扬，黄锟．中国城镇化与特色城镇化道路．济南：山东人民出版社，2009：199-201.

义现代化建设的历史新时期，标志着我国从此开始了建设中国特色社会主义的新探索。随着改革开放的不断深入，我国理论界对城市化的认识也逐渐发生了变化，开始承认城市化并不是资本主义特有的经济规律，社会主义也应该实行城市化。以南京大学经济地理学家吴友仁教授为代表的一批国内学者开始撰文讨论社会主义城市化问题，[①] 标志着城市化问题开始进入我国理论界的研究视野。但这一时期中国理论界对城市化问题的讨论仍主要集中在“中国是否应该实行城市化”以及城市化姓“社”还是姓“资”等问题上。讨论的结果总体上看有两种观点：一种观点认为，城市化是资本主义特有的经济规律；另一种观点则认为，城市化是社会发展的一般规律，并没有姓“社”姓“资”之别，大多数学者持有该观点。真理越辩越明，这一时期对城市化问题的讨论，使人们对城市化与城市化道路有了更加清晰的认识和理解，也为我国今后的城市化发展奠定了坚实的理论基础。

随着改革开放进程向纵深发展，尤其是农村改革的不断深化，中国农村涌现出越来越多的数量庞大的剩余劳动力，各种打工浪潮使得社会各界越来越关注城市化问题，如何解决农村剩余劳动力的转移问题也就成为中国城市化必须直面的首要问题。由此可见，这一时期对中国城市化道路的探索已经开始由是否应该推行向如何推行转变。

20 世纪 80 年代初期，我国制定了“控制大城市规模、合理发展中等城市、积极发展小城市”的城市发展方针。随后这一方针就被学界视为积极发展小城镇的政策信号，认为积极恢复和发展以农村集镇为主要形式的小城镇是实现人口非农化和就地城镇化的重要渠道。[②] 与上述城市发展方针相适应，我国在改革开放初期采取了堵疏并举的方式来引导农村剩余劳动力的流动：一方面用严格的限制措施控制农村劳动力流入城镇；[③] 另一方面通过各种经济手段积极发展卫星城镇和小城镇，使农村劳动力实现“离土不离乡、进厂不进城”的就地城镇化。[④]

20 世纪 80 年代中后期，中国经济体制改革的重心逐渐从农村向城市转移，城市特别是大、中城市的作用日趋显著，劳动力、资金、技术等各种生产要素在城乡之间、产业之间不断流动，农村改革必须与城市改革融

---

① 吴友仁. 中国城镇化道路问题学术讨论会在宁召开. 经济地理，1983(1).

② 吴友仁. 中国城镇化道路问题学术讨论会在宁召开. 经济地理，1983(1).

③ 中共中央、国务院关于广开门路，搞活经济，解决城镇就业问题的若干决定，1981-10-17.

④ 辜胜阻，简新华. 当代中国人口流动与城镇化. 武汉：武汉大学出版社，1994：5.

为一体才能完成。① 为此，我国开始放松对农村剩余劳动力流动的控制，并逐步改革小城镇的户籍管理制度，允许农民进入小城镇务工经商，发展农村第三产业，促进农村剩余劳动力的转移。② 以户籍制度改革来促进农村劳动力转移，虽然是对我国自1958年以来通过户籍制度严格控制人口流动政策的重大突破，③ 但这一政策仍然没有放松对农民向大中城市流动的限制。无论是1998年召开的党的十五届三中全会强调的避免农村富余劳动力向大中城市盲目流动，④ 还是2000年国务院颁布的《关于促进小城镇发展的若干意见》强调的推动农村人口向小城镇而非大中城市转移，⑤ 都体现出20世纪90年代末期，发展小城镇已经成为我国推进城市化发展的国家战略。但随后的小城镇发展引发了诸如缺乏协调、重复建设、资源浪费、环境破坏等一系列问题，如何引导小城镇的健康发展，中国应该走什么样的城市化道路，又一次成为社会各界关注的焦点问题。1999年，时年90高龄的费孝通先生指出："现在不能再就小城镇谈小城镇了，而必须放到中国城市化体系的大框架里来研究。小城镇的进一步发展，需要更高层次的中等城市的带动。"⑥

1996年中国城市化率已达30.48%，标志着中国城市化已进入加速发展阶段，中国城市化道路也因此进入全面推进阶段。"十五"计划(2001—2005年)强调城市化是中国推进现代化进程中的一个新的动力源；十六大报告提出要走有中国特色的城镇化道路；十七大报告则总结了有中国特色城镇化道路的五大原则；十八大报告进一步明确了中国特色新型城市化道路的发展方向；2014年颁布的《国家新型城镇化规划(2014—2020年)》更是从宏观性和战略性的高度对中国特色新型城市化发展做出了规划。⑦ 可见，实现城市化与工业化、农业现代化和信息化的良好互动、协同发展，走有中国特色的新型城市化道路，是我国城市化发展的重要且唯一方向，也是我国对城市化道路多年探索的集体智慧的结晶。

---

① 田纪云. 必须充分重视和大力发展农业(1988年11月2日)//中共中央文献研究室. 十三大以来重要文献选编. 北京：人民出版社，1991：319.

② 中共中央关于建立社会主义市场经济体制若干问题的决定，1993-11-14.

③ 罗思东. 从小城镇到大都市：改革开放以来我国城市化政策的演进. 马克思主义与现实，2014(6).

④ 中共中央关于农业和农村工作若干重大问题的决定，1998-10-14.

⑤ 王延中，王俊霞. 中国城市化政策的回顾与前瞻. 规划师，2002(10).

⑥ 夏珺. 变化潜力希望——费孝通教授一席谈. 人民日报，1999-09-30.

⑦ 国家新型城镇化规划(2014—2020年). 中华人民共和国中央人民政府网站，www.gov.cn，2014-03-16.

(二)关于中国城市化道路的争论

中国应该走什么样的城市化道路，一直是学术界关注的焦点问题。20世纪80年代以前我国关于城市化道路问题的争论主要限于城市规划学界，我国城市的发展方针是当时争论的重点，还没有明确提出“道路”一词。严格来说，中国城市化道路问题成为全国多学科争论的焦点，是从费孝通先生的《小城镇　大问题》一文催生出来的，① 从此“道路”一词就取代了“方针”一词，经常出现在有关城市化问题研究的文献中。此后，有关中国城市化道路的争论日益热烈，形成了以下几种观点：

一是小城镇论。小城镇论者认为，只有大力发展小城镇，才能就地消化数量庞大的农村剩余劳动力，实现“离土不离乡，进厂不进城”的就地城镇化，这才是符合我国国情的具有中国特色的城市化道路。② 此类观点持有者还把小城镇与大中城市进行了比较，并认为小城镇在发展基础、农民进城成本、对农村剩余劳动力的吸纳能力等方面与大中城市相比具有明显的发展优势，但究竟应该怎样发展小城镇又有两种截然不同的观点：一种观点主张重点发展城关镇；另一种观点则反对以发展城关镇为主。

二是大城市论。大城市论者认为，中国城市化道路应以发展大城市为重点，中国的城市化进程必须靠以大城市为中心的城市群和城市带来推动，因为在城市化的初期和中期发展大城市是世界城市化的一般规律，③ 中国人多地少的国情也决定了走集约化之路是中国城市化的必由之路，④ 况且大城市的规模效益都普遍比中、小城市高，⑤ 而且城市规模的扩大也不必然会产生“城市病”，⑥ 相反，过度发展分散的小城镇会导致比“城市病”更严重的“农村病”。

三是中等城市论。中等城市论者认为，鉴于我国大城市已产生了“大城市病”，吸纳劳动力的能力减弱，进一步发展的潜力有限，而小城市的经济效益又明显低于全国平均水平，所以大城市和小城市都不应成为中国城市化发展的战略重点。只有中等城市具有承“大”启“小”的地位与作用，

---

① 赵新平，周一星．改革以来中国城市化道路及城市化理论研究述评．中国社会科学，2002(2)．

② 费孝通．小城镇　大问题．江海学刊，1984(1)．

③ 王嗣均．论中国现阶段大城市的成长．人口与可持续发展国际研讨会，1995．转引自王放．中国城市化与可持续发展．北京：科学出版社，2000：27．

④ 于晓明．对中国城市化道路几个问题的思索．城市问题，1999(5)．

⑤ 饶会林．试论城市规模效益．中国社会科学，1989(4)．

⑥ 石忆邵．城市规模与“城市病”思辨．城市规划汇刊，1998(5)．

无论从经济效益、社会效益和环境效益的统一来看，还是从地理位置和产业结构来看，发展中等城市既有利于促进大城市的发展，又有利于推动小城市的发展，进而有力推动中国城市化进程。①

四是双轨论。双轨论者认为，大工业和乡镇企业同时发展的双轨经济结构，实际上已经使中国走上了大城市与小城市双轨并进的城市化道路。这种道路兼顾了城市发展的经济效益和社会效益两方面的目标，因而是一条符合中国国情的最适合的城市化道路。

五是多元发展论。多元发展论者认为，中国幅员辽阔、人口众多、发展不平衡等国情，决定了我国不能孤立地发展哪一种规模的城市，而应走一条大中小城市和小城镇并举的多元化发展的城市化道路。只有这样，才有可能有效防止或尽量减少城市化进程中的"城市病"和"农村病"，充分发挥各类层次城市的优势，避免其劣势，让亿万中国农民自由地选择进入何种规模的城市(镇)，使他们的根本利益得到满足。②

六是梯度推移论。梯度推移论者认为，我国东、中、西部的经济发展水平和发展条件差异比较大，面临的主要矛盾也不相同，东西部经济水平的梯级分布特征十分明显，我国城市化进程也必将呈现东部地区首先迅速发展，然后由东到西三个梯度循序推移的发展态势。现阶段我国梯度推移的城市化道路的具体表现是，东部以提高城市化质量为目标，发展三大都市带。中部致力于扩大吸纳农村人口，扩大大中型城市规模，适度发展小城镇。西部的中期目标定位于"中等城市，小城镇"，且与生态环境相适应。

七是点线面发展论。点线面发展论者认为，虽然从总体上看，城市化东西梯度推移是必然趋势，但东、中、西部各有发达和不发达地区，由东到西发展并非完全意义上的循序推进。就本质看，东中西部的经济社会发展具有显著的相关性和制约性，必须考虑三个地带的协调发展。因此，中国的城市化不应该也不可能在所有地区齐步走，而是应从点(位置优越的城镇)到面地发展，这是中国式城市化道路的基本特征。

八是市场导向论。市场导向论者认为，中国要走好城市化道路，必须尽快摆脱是重点发展大城市还是小城市(镇)的争论。实际上，哪种规模等级的城市(镇)应该得到优先发展以及不同规模的城市(镇)应该如何布

---

① 王文元. 中等城市发展讨论会综述. 光明日报，1990-01-19.

② 廖丹清. 中国城市化道路与农村改革和发展. 中国社会科学，1995(1). 转引自王放. 中国城市化与可持续发展. 北京：科学出版社，2000：30.

局，并不是以人的主观意识为转移的，而应该是市场自然选择的结果。我国城市化之所以滞后，根本原因就在于没有充分发挥市场利益调节机制的应有功能。要实现城市化与经济的协调发展，唯有消除传统计划经济的思维惯性和制度掣肘，舍此别无他途。还有人认为，城市规模之争本质上就是政府行政力主导城市化的一种表现，而当前我国城市化健康和可持续发展的关键恰恰在于应尽快找到一条以市场为主导的、摆脱政府行政力过度干预的城市化道路。

上述有关中国城市化道路的种种观点，都是试图从不同的视角分析和解决中国城市化所面临的主要矛盾，即数量庞大的农村剩余劳动力与城镇建设资金的捉襟见肘、城镇公共基础设施供给不足、城镇负荷力弱、吸纳农村剩余劳动力能力有限的矛盾。但从中国的具体国情看，单靠发展大中小城市(镇)中某一种类型的城市(镇)都不可能解决上述矛盾。因为无论是大城市、中等城市、小城市，还是小城镇，它们都各有所长，又各有所短，片面发展某种类型的城市(镇)，有可能恰好失其长而凸显其短。比如，发展大城市虽然可以发挥大城市的集约功能和规模效益，但在像中国这样一个人口众多的国家，如果没有结构和层次配套的各类城市(镇)的相应发展，单靠大城市来吸纳数亿的农业转移人口是不可能的，而且人口过度集中于少数大城市，"大城市病"可能会越发严重，其集约功能和规模效益也难以得到充分发挥；大力发展小城镇虽然可以就地消化大量的农业转移人口，降低农村人口迁移成本，但片面发展小城镇会丧失城市化集中资源、集约发展和规模效益功能，分散的小城镇还会导致高成本、高消耗、低效率等问题，如果涉及二次迁移其成本就更高了；中等城市尽管兼有大城市和小城市(镇)之长，发展得好可以在一定程度上避免大城市和小城市(镇)之短，但如果发展得不好，则会失去大城市和小城市(镇)之长而兼具其一些短处。所以，我国的城市化道路不应该是重点发展什么样的城市，而必须同时发展各类城市，建立合理的城市结构体系。因为每一种规模和类型的城市，都有自己的优势，但也有自己的弱点，都需要发展，不能以一种类型和规模的城市去代替另一类规模和类型的城市，而应走大中小城市并举的多元发展道路。正如周一星教授所指出的，要跳出城市规模的单一考虑，不能以规模来调控城市的发展，而要结合城镇发展的规律实行多元的城市化发展方针。①

---

① 参见周一星. 论中国城市发展的规模政策. 管理世界，1992(6)；周一星. 对我国城市发展方针的讨论. 城市规划，1988(3).

对中国城市化道路的讨论一直持续到中国特色城市化道路的提出，这些讨论后来在党的十六大报告中也得到反映，报告中的表述为：坚持大中小城市和小城镇协调发展，走中国特色的城镇化道路。

二、走中国特色新型城市化道路的必要性

中国究竟应该选择什么样的城市化道路？这是关系到中国未来经济社会发展的重大战略问题。中国的国情及当今的国际环境，决定了中国既不能走自己以往所走过的政府主导的、不适应工业化要求的滞后型城市化道路，也不能走西方发达国家曾经走过的完全由市场调节、导致城乡尖锐对立、产生过严重“城市病”的城市化道路，更不能走部分发展中国家所走过的超过工业化和经济发展水平、片面发展城市、农业落后农村凋敝、城市问题丛生的过度型城市化道路。中国的特殊国情及其所面临的国际环境，决定了中国必须走一条新的有中国特色的新型城市化道路。

（一）走中国特色新型城市化道路是中国国情的必然要求

中国是世界上人口最多的国家，截至2017年末，中国大陆总人口为139008万人，其中，城镇人口81347万人，占总人口的比重为58.52%，农村人口57661万人，占总人口的比重为41.48%。[①] 这样，即使按照不太高的标准：70%的人口城市化，中国也面临着还要完成大约1.6亿的农村人口迁入城市的任务，如果按照世界银行的预测，到2050年中国城市化水平将达到75.8%，那么，自2014年至2050年中国需要转移3亿左右的农村人口。[②] 数以亿计的农村人口的转移，将是世界城市化进程中的一大难题。中国人口多，又处在经济体制改革和经济结构调整的双重转折时期，就业压力大，给农业人口向非农产业转移带来特殊困难。如此巨大的人口城市化，在世界上是没有先例的。这不仅意味着城市多方面设施的投资与建设任务，而且还意味着使数亿人改变生活方式的艰巨努力。这种情况决定了完成城市化将是一个比较长的历史过程。在这个过程中，要特别重视统筹城乡发展，在工农关系、城乡关系上，适当向农民和农村倾斜，

---

① 国家统计局. 中国统计年鉴2018. 北京：中国统计出版社，2018.

② United Nations, Department of Economic and Social Affairs, Population Division. World urbanization prospects: the 2014 revision. New York: United Nations, 2014: 15.

这是保证城市化健康发展的一个根本性问题。

城乡差别和区域差异是中国社会的突出问题。城乡差别在中国由来已久，改革开放以来中国的城乡差别不仅没有缩小，反而有所扩大。中国城乡差别主要反映在以下几个方面：一是城乡投资差别。1978—2008年，国家财政支农占全部财政支出的比重从13.4%下降到9.5%，表现出缓慢下降态势；同期城乡消费水平对比则由2.9倍上升到3.6倍，呈现缓慢上升态势，反映出城乡居民的消费差别在扩大。二是城乡收入差别。改革开放以来，城乡居民收入差距经历了由迅速缩小到逐渐扩大，由逐渐扩大到逐渐缩小，再由逐渐缩小到加速扩大的发展过程。1978年城乡居民收入比为2.37∶1(以农村居民收入为1)；1985年达到历史最低点，为1.8∶1；1994年达到顶峰，城乡居民收入比为2.86∶1，超过了改革开放前的水平。1997年达到新的谷底，城乡居民收入比为2.47∶1；1997年后，城乡居民收入差距开始加速扩大；2001年突破历史最高点，城乡居民收入比扩大为2.90∶1；2002年继续扩大到3.11∶1；2003年扩大到3.23∶1；2009年城乡居民收入差距更是达到了3.33∶1。之后，由于相关支农惠农、最低工资保证制度的出台，2010年城乡居民收入差距才略微下降，为3.23∶1；2013年城乡居民收入差距为3.03∶1。尽管收入差距比例在缩小，但由于通货膨胀等因素，城乡居民收入绝对差额却在增大。① 如果考虑到城乡居民在医疗、社会保障和社会福利等方面的差异，则城乡居民的收入差别会更加显著。三是城乡文化教育投入差别。无论是师资配备还是教学设施建设，国家对城乡教育的投入都有极大差别，以至于许多乡村学校因缺乏资金、教师和生源而被迫关闭或合并，农村适龄儿童的教育问题令人担忧。此外，城市学校教学设施比较齐全，图书馆、阅览室、实验室、电脑室、运动场等一应俱全，但多数农村学校由于资金不足而无法获得必要的教学设施。比如，有的学校没有图书馆或电教室，有的学校没有操场，有的学校甚至严重缺乏专业教师。所有这一切都极大地影响着农村的教育质量。中国城乡之间存在的上述重大差别，导致农民大量从农村涌入城市。

地区发展不平衡、地区差异显著是中国经济社会的又一个显著特征。中国自古以来发展不平衡，今后发展仍将具有不平衡的特点。城市化的进程也是不平衡的。中国既有城市化水平高达80%以上的发达地区，如上海、北京、天津等，也有城市化水平比较低的相对落后的地区，如西藏、贵州、甘肃、云南等。这说明不同地区的城市化会处于不同的发展阶段。

---

① 刘守义. 中国现阶段收入差距实证分析. 湛江师范学院学报，2014(8).

因此，在选择中国特色新型城市化道路时，一定要结合不同地区经济社会发展的实际情况。各地区城市化不可能齐头并进，要根据吸纳农村剩余劳动力和实际社会经济效果的需要来决定是发展大城市、中等城市还是小城市(镇)，绝不能盲目攀比，不切实际，而应因地制宜，从实际出发，既彰显地方特色，又体现区域差异互补。

中国面临的资源与环境状况决定了中国既不能搞“过度城市化”，片面发展大城市，也不能只强调发展小城镇，搞“小城镇化”；既不能走以往走过的“滞后型城市化”道路，也不能不顾资源环境压力，盲目追求过高的城市化速度和城市化水平，而应走集中型与分散型相结合、大中小城市与小城镇协调发展、城市化发展速度与本国资源环境状况相适应的新型城市化之路。我国是世界上人口最多的国家，即使城市化率已超过60%，但由于人口总量大，农村人口绝对量仍然相当大，而我国又是土地资源尤其是耕地资源较少的国家，再加上频繁的自然灾害导致我国每年大面积的耕地受损，耕地面积不断下降。我国的耕地面积目前仅位居世界第4，排在美国、俄罗斯和印度之后，但我国人均耕地面积在全世界排在126位以后。世界人均耕地面积约0.23公顷，但我国人均耕地只有0.095公顷，还不到世界人均耕地面积的50%，而印度人均耕地0.122公顷，美国1.140公顷，俄罗斯1.930公顷，①都大大高于我国。因此，我国在城市化进程中必须高度重视和保护有限的土地资源尤其是耕地资源，不能造成粮食供求关系的紧张局面，不能盲目搞工业区、开发区、别墅区以及到处建设高等级公路，以避免造成土地资源的枯竭和浪费。②

(二)走中国特色新型城市化道路是新型工业化道路的必要选择

城市化是工业化的必由之路，城市文明是工业文明的成果。工业化需要集聚，只有人类活动集中才会降低工业生产的成本，才会形成集聚效应。因此，城市化是工业化的必然产物，离开了城市化，工业化的效率就会降低；离开了工业化，城市化就会失去发展的动力。

中国的城市化道路不可能重复西方发达国家城市化的老路，不能通过传统工业化推动城市化进程，而应通过新型工业化推动城市化进程。新型工业化道路的主要特点有：一是工业化和信息化并举。现在正处于知识经济时代和信息时代，同发达国家相比，我国的工业化还正在进行之中，这

① 姚士谋，等. 中国新型城镇化理论与实践问题. 地理科学，2014(6).
② 姚士谋，朱振国. 中国特色的城市化问题. 长江流域资源与环境，2001(9).

就决定了我国面临着工业化和信息化的双重任务。发达国家是在工业化之后推行信息化，而中国是一个后发展的国家，这些年信息化发展很快，完全可以将信息化和工业化的进程重合起来，以信息化带动工业化，以工业化促进信息化。二是新型工业化道路要求农民和工人、城市和乡村相互协调、相互促进，共同发展。中国过去的工业化是以资金密集型的重工业为主导，并且严格限制农村劳动力向城市流动，这样一来，工业发展对于吸纳农村富余劳动力的作用十分有限。而新型工业化道路强调工业发展要有利于农业劳动力持续转移和城市化程度的提高，有利于我国人力资源优势的发挥。三是新型工业化道路是低耗高效型经济发展之路。四是新型工业化道路是劳动密集型、资本密集型、技术密集型和知识密集型等各种生产要素组合结构共同存在、共同发展的过程。五是新型工业化道路是与城市化适度同步的工业化道路。新型工业化道路纠正了对工业化与城市化相互关系的片面认识，提出要加快城镇化的进程，消除不利于城镇化发展的体制和政策障碍，引导农村劳动力合理有序流动，向非农产业和城镇转移，逐步提高城镇化水平。① 因此中国城市化的过程不仅仅是简单的工业文明的成果，而且也是信息文明的结晶。加快城市化进程，也就加快了中国实现现代化的步伐。

（三）走中国特色新型城市化道路是可持续发展的客观要求

城市化是世界各国发展的必然趋势。回顾英、法、德、美、加、日等发达国家的城市化进程，可以看到，每次城市化都带来了生态环境的严重破坏、资源的过度利用、城市文化遗产被破坏，以及空气严重污染等问题。目前世界上许多发达国家的国民经济是资源高耗型的，如果人口众多的中国也建立像发达国家那样的资源高耗型的国民经济体系，资源的人均年消耗水平达到美国的标准，那么中国的很多资源，如已探明的原油储量、森林、铁矿石、煤等，都将在几年或几十年内消耗殆尽。资源总量不足、人均资源贫乏、农村人口基数大、城市化水平还不高的基本国情，决定了中国必须建立资源节约型的国民经济体系。② 同时，我国目前已处于工业化中后期阶段，一些发达地区甚至已迈入后工业化阶段，所以当前中国的城市化早已不是初级工业化阶段的城市化，必须与科技含量高、经济效益好、资源消耗低、环境污染少、人力资源优势得到充分发挥的新型工

---

① 简新华，向琳. 新型工业化道路的特点和优越性. 管理世界，2003(7).

② 姚士谋，朱振国. 中国特色的城市化问题. 长江流域资源与环境，2001(9).

业化道路相适应。中国的城市化道路，决不能重蹈发达国家资源破坏的覆辙，不能再走发达国家所走过的先污染后治理、先蔓延后整治的弯路，必须走城市与生态、城市与农村、新型城市化与新型工业化协调发展的路子，走可持续发展的路子，这是中国特色新型城市化道路的一个重要内容。

（四）走中国特色新型城市化道路是信息化、经济全球化的客观需要

20 世纪 60 年代西方世界爆发的新技术革命是以微电子、电子通信和计算机等技术为核心的，而当今的信息经济则以物联网、互联网、云计算、高性能计算、智能科学等信息技术手段为核心。与传统工业经济时代不同，信息经济时代是在信息化、网络化和数字化的基础上，把全球各个国家和地区都置入一个联系紧密的生产、商贸、信息和通信网络之中，不仅是商品、资本、劳动力等，而且信息、知识、技术等都能够进行跨国界的流动和重新组合，实现资源的优化、高效配置，“地域空间”逐渐被“流动空间”所取代。也就是说，网络正在取代地域，网络不再与具体地域相对应，而是世界市场中的一环，不再局限于一国的政治空间，真正实现了政治空间与经济空间的分离。信息经济时代的另一个特征是，跨国公司成为全球信息传播的主导。跨国公司不仅建立了联通分布于世界各地的子公司或分支机构的公司内部的国际信息网，而且也建立了与其他公司联通的信息网，促进了知识和技术的交流与合作，实现了信息和资源的共享，从而不断提高公司自身的创新能力和国际竞争力。

目前，尽管信息技术革命的影响在许多发展中国家还未充分展现出来，但互联网技术毫无疑问是一个划时代的技术。自 20 世纪 80 年代以来，随着许多国家“信息高速公路”计划的实施，信息技术的创新与应用飞速发展。有人认为随着信息化的发展，人们不再需要大城市甚至城市，大家都可以住在乡村通过网络进行信息交换，享受现代版田园牧歌式的生活。其实恰恰相反，信息化将使大城市在信息交流、信息产业发展上的作用越来越重要。有的信息是不能从人体分离的，如电话的普及不仅没有减少反而大大增大了人员往来的交通量。信息不仅导致许多新兴产业的诞生，而且使传统产业也发生着革命性的变革。生产、贸易、投资进一步国际化，人流、物流、资金流、信息流在全球范围内更多更快地流动，国际分工、协作、交流日益扩大，国际竞争日趋激烈。信息化、经济全球化不仅改变着人类的生产方式、交往方式、思维方式和生活方式，也丰富和改变了现代化、工业化和城市化的内涵和实现条件。21 世纪的城市化发展，不能仅仅考虑工业化的要求，而且要考虑经济知识化、信息化、网络化和全球化的需要，城市的建设和管理也要逐步实现信息化、数字化。这一切

都表明，中国必须走与以往不同的充分体现时代特征的新型城市化道路。

三、中国特色新型城市化道路的基本内涵及主要特征

(一)中国特色新型城市化道路提出的背景

中国的城市化是在中华人民共和国成立后才开始起步的，究竟应该如何推进城市化进程，走什么样的城市化道路，我国一开始并没有清晰的认识，甚至对要不要搞城市化这样的问题还产生过争论。所以，中国城市化经历过迅速发展的辉煌，也经历过波动甚至逆转的曲折发展历程。经过半个多世纪的艰辛探索，中国城市化已经从计划经济时代政府严格控制型城市化道路，转向社会主义市场经济条件下政府与市场共同作用的多元城市化道路。进入21世纪后，中国城市化发展又跨入了一个崭新的历史时期。这是一个城市化加速发展、城市化理论研究日趋成熟、人口、资源与环境的协调发展和可持续发展日益深入人心、信息化和经济全球化成为时代主流、新型工业化方兴未艾的时代。正是在这样的时代背景下，我国在借鉴世界各国城市化发展的经验与教训以及深刻反思中国城市化进程中存在的各种问题的基础上，提出了走有中国特色的新型城市化道路。

具体说来，中国特色新型城市化道路的提出，主要是基于以下考虑：第一，在城市化发展理念上，要重新审视城市化发展的一般规律，推进城市化必须尊重客观经济规律，避免主观臆断，更不能盲目攀比，搞大跃进式城市化。第二，在城市化发展机制上，必须深刻领会城市化机制对城市化道路的重要影响，并在比较分析的基础上对城市化机制进行科学设计。第三，在城市化发展的国情条件上，必须充分考虑我国人口众多、人均资源占有量少、劳动力资源相对丰裕、资源环境承载力有限等基本国情，使各方面关系和谐共融。第四，在城市化人口流动管理体制上，必须充分吸取农村劳动力转移的国际经验，发挥我国的制度优势，建立起符合中国人口特点的政府宏观调控下的农村劳动力自由流动管理体制。第五，在城市化发展目标和模式的选择上，必须充分考虑我国区域经济发展不平衡和城市化水平以及市场化程度的区域差异，选择与各地经济发展实际相适应的城市化发展目标和模式。① 第六，在对中国城市化面临的主要问题的认识

---

① 陈甬军，景普秋. 中国新型城市化道路的理论及发展目标预测. 经济学动态，2008(9).

上，必须清醒地认识到当前中国城市化存在的主要问题已经不是城市化发展速度慢、水平低、严重滞后的问题，而是人口城市化滞后于土地城市化、农业现代化滞后于工业化和城市化、“被城市化”和“大跃进城市化”现象突出、城乡差别扩大、城镇规模结构不合理、城市化的地区差异大、城市化发展质量不佳①等。

（二）中国特色新型城市化道路的基本内涵

目前，关于“中国特色的城镇化道路”和“新型城镇化道路”，大多数学者是沿着两条不同的路径分别进行探讨的。其实，中国特色的城镇化道路早在20世纪80年代中期就已被提出。2002年召开的党的十六大则明确提出要走中国特色的城镇化道路，2007年召开的十七大进一步阐述了中国特色城镇化道路的具体内涵，并明确指出中国特色城镇化道路是中国特色社会主义道路的重要内容。

国内学术界对于中国特色城市化道路的具体内涵一直存在不同的看法，许多学者从不同的研究视角出发，提出了各自对中国特色城市化道路或中国式城市化道路的理解。简新华认为，中国特色的城镇化道路应该是一条城镇化与工业化和现代化适度同步发展，城镇化的形式多元化、大中小城市和小城镇协调发展，市场推动和政府导向、自上而下城镇化与自下而上城镇化相结合，城镇发展方式多样化和合理化、以内涵方式为主的城镇化路子。② 朱铁臻认为，多渠道、多元化，经济、社会、生态效益统一，大中小城市合理分布，城乡协调发展，城乡人民共同富裕，这就是中国式的城市化道路。③ 杨重光则指出，中国特色城市化是建设中国特色社会主义的重要内容，中国特色城市化道路应该是一条工业化与信息化同时推进、集中型城市化与分散型城市化同时推进、城市化与城乡一体化同时推进、城市化与城市现代化同时推进、大城市建设与小城镇发展同时推进的城市化道路。④ 此外，肖金成等、⑤ 辜胜阻

---

① 简新华，曾卫. 中国城市化道路之争的辨正——评贺雪峰、文贯中、张曙光的相关论著. 学术月刊，2016(11).

② 简新华. 走好中国特色的城镇化道路——中国特色的城镇化道路研究之二. 学习与实践，2003(11).

③ 朱铁臻. 城市发展研究. 北京：中国统计出版社，1996：38.

④ 杨重光. 中国城市化与城市现代化. http：// www.cas.ac.cn/html/Dir/2003/08/19/9472.htm.

⑤ 肖金成，史育龙，申兵，等. 中国特色城镇化道路的内涵和发展途径. 宏观经济管理，2008(11).

等、[1] 牛凤瑞、[2] 黄锟、[3] 马凯、[4] 李铁、[5] 石淑华等[6]也纷纷从不同角度阐述了中国特色城市化道路的基本内涵。

在关于中国城市化道路主要特色的探讨中，理论界存在着极不相同的观点，其中最具代表性的是贺雪峰教授和文贯中教授的针锋相对的观点。

贺雪峰认为，中国的城市化不仅比印度成功，甚至比其他任何一个发展中国家都要成功，而且在中国城市中并没有发展中国家都普遍存在的大规模贫民窟。[7] 中国城市化成功主要原因是中国走出了一条与一般国家极为不同的道路，即城市化的中国道路，这条中国道路的秘密就在于中国独特的政策与制度安排，其中尤其重要的有三个基本制度：一是小农经济，二是土地制度，三是城乡二元结构。他特别强调，“中华人民共和国在土地制度安排上，采用了土地公有、地利共享的宪法秩序”，现行征地制度和“土地财政”，为城市和基础设施建设提供了资金来源，防止了土地食利阶层的形成，“中国土地制度安排对中国城市化乃至现代化，居功至伟”。[8]

与贺雪峰的主张几乎相反，文贯中是以基本否定其主张的观点来阐述改革开放以来中国城市化的主要特色的。他认为中国城市化的主要特色表现在以下七个方面：第一，政府对卖地财政的追求是城市化的主要驱动力；第二，现行户籍制度和土地制度阻碍着要素在城乡间的自由流动和组合，资源的配置仍然主要依靠政府的强制力甚至暴力才得以完成；第三，低收入居民集中的城郊与高收入人群集中的富丽堂皇的中心城区泾渭分明，这迥异于世界各国富人区和贫民区相互交杂，分享繁荣和基础设施；第四，不少盲目兴建的新城区和工业园区因缺乏人气和商机沦为“鬼城”，导致资源的极大浪费；第五，政府主导的城市化导致房价高企，廉价房长期严重短缺，房屋空置和住无所居现象同时并存，方兴未艾的“城中村”中的“小产权房”长期处于不合法状态；第六，城市化并未促进农业的现

---

① 辜胜阻，易善策，李华. 中国特色城镇化道路研究. 中国人口·资源与环境，2009(1).

② 牛凤瑞. 中国特色城市化之路. 理论参考，2010(2).

③ 黄锟. 中国城镇化的特殊性分析. 城市发展研究，2011(8).

④ 马凯. 转变城镇化发展方式　提高城镇化发展质量　走出一条中国特色城镇化道路. 国家行政学院学报，2012(5).

⑤ 李铁. 城镇化是一次全面深刻的社会变革. 北京：中国发展出版社，2013：17.

⑥ 石淑华，吕阳. 中国特色城镇化：学术内涵、实践探索和理论认识. 江苏社会科学，2015(4).

⑦ 贺雪峰. 城市化的中国道路. 北京：东方出版社，2014：2-3.

⑧ 贺雪峰. 城市化的中国道路. 北京：东方出版社，2014：2，14，65.

代化；第七，伪城市化(城市常住人口远远超过城市户籍人口)问题突出。最后，文贯中教授特别指出，中国城市化的上述主要特色，是中国现行经济—社会体制所决定的内在逻辑的产物，是违反城市化普遍规律的结果。①

以上贺雪峰、文贯中两位学者关于中国城市化道路主要特色的观点既有正确的一面，也存在不足之处。从正确的一面看，他们都在一定程度上或者某些方面比较客观地分析了中国城市化及其道路的主要特色和存在的问题。从不足之处看，他们对中国城市化道路的分析判断以及提出的对策主张都存在片面性，不是完全肯定，就是完全否定，有的分析和判断不完全符合客观实际，甚至不太准确。②

关于中国特色新型城市化道路的内涵，国内学术界对此做了系统深入的研究，③ 综合这些研究，笔者认为，中国特色新型城市化道路的基本内涵应包含两个方面的内容，一是要具有中国特色，即具有区别于其他国家或地区城市化道路的、符合中国国情的突出特点；二是应具有区别于世界城市化发展史上所出现过的旧型城市化道路的突出特征。④ 据此，中国特色新型城市化道路的内涵不仅应反映中国在城市化发展模式、城市化类型、城市化动力和实现机制以及城市发展方式等方面的选择，而且还应反映中国的特殊国情和有别于旧型城市化的时代特征。因此，笔者认为，中国特色新型城市化道路应该是一条城市化与工业化、信息化、农业现代化“四化协调”推进，人口非农化、农地非农化与城市化协调发展、土地节约高效利用，城乡差别缩小、城乡一体化发展，集中型城市化与分散型城市化同时推进，大中小城市建设与小城镇发展同时推进，以人为本，集约紧凑、智能高效、绿色低碳，市场主导、政府促进的城市化道路。

(三)中国特色新型城市化道路的主要特征

中国特色新型城市化不仅要有效解决当前我国城市化进程中所面临的一系列“不平衡、不协调和不可持续”的深层次问题，而且要尽快实现六个方面的转型：一是城市化动力的转型，即从主要依靠工业化动力推动城

---

① 文贯中. 吾民无地：城市化、土地制度与户籍制度的内在逻辑. 北京：东方出版社，2014：178-179.

② 对贺雪峰、文贯中等学者关于中国城市化及其道路的是非功过的详细评论可参见简新华，曾卫. 中国城市化道路之争的辨正——评贺雪峰、文贯中、张曙光的相关论著. 学术月刊，2016(11).

③ 参见本书第二章第二节相关内容。

④ 简新华. 新型城镇化与旧型城市化之比较. 管理学刊，2014(6).

市化转向通过“四化”协调发展和产城融合发展等新动力推动城市化；二是城市化发展方向的转型，即从偏重土地城市化转向重视人的城市化；三是城市化路径的转型，即从单纯发展异地城市化或就地城市化转向人口异地转移与就地城市化并重；四是城市化发展目标的转型，即从数量增长型城市化转向质量提高型城市化；五是城市化发展方式的转型，即从粗放式高物耗型城市化转向集约低碳绿色城市化；六是城市化发展模式的转型，即从政府主导型城市化转向市场主导型城市化。① 因此，中国特色新型城市化道路的主要特征体现在以下几个方面：

1. 城市化与工业化、信息化和农业现代化“四化”协调推进

工业化、信息化、城市化和农业现代化是一个彼此之间具有内在联系的有机整体。从“四化”相互之间的作用机理来看，工业化创造供给，是这个有机整体的动力和核心；城市化创造需求，是有机整体的载体和引擎，对其他“三化”起着带动作用；农业现代化是工业化、城市化和信息化的基础和保障，起着支撑作用；作为途径和抓手的信息化能有力地推进其他“三化”的发展，起着加速器作用②(见图 8-1)。

早在 20 世纪 60 年代初我国就提出了要实现“四个现代化”——工业现代化、农业现代化、国防现代化和科学技术现代化，现在为何又提出要实现“新四化”——工业化、信息化、城市化、农业现代化的协调发展呢？这主要是因为：第一，虽然我国的工业化、城市化以及科学技术等经过 70 多年的发展都取得了巨大成就，但我国经济社会发展中长期存在着诸多不平衡、不协调、不可持续的突出矛盾。比如城市化滞后于工业化、人口城市化滞后于土地城市化、农业现代化滞后于工业化和城市化、城乡发展不平衡、城乡差别扩大、工农和城乡也还没有实现信息化等，要化解这些矛盾和问题，必须重新审视工业化与城市化、城市化与农业现代化的关系，而且以现代信息技术为核心的科学技术发展日新月异，突飞猛进，信息化成为科学技术现代化的突出表现。第二，发达国家在推进工业化和城市化进程时还未曾遇到信息化问题，而我国在工业化和城市化尚未完成时就面临着信息化问题，既要解决工业化与信息化的融合问题，也要解决信息化与农业现代化的融合问题，这些都是前所未有的挑战。所以，走有中

---

① 辜胜阻. 城镇化转型的轨迹与路径. 北京：人民出版社，2016：26.

② 聂振邦，胡恒洋，邱天朝. 大力促进我国农业现代化与工业化、信息化、城镇化协调发展. 全球化，2014(07).

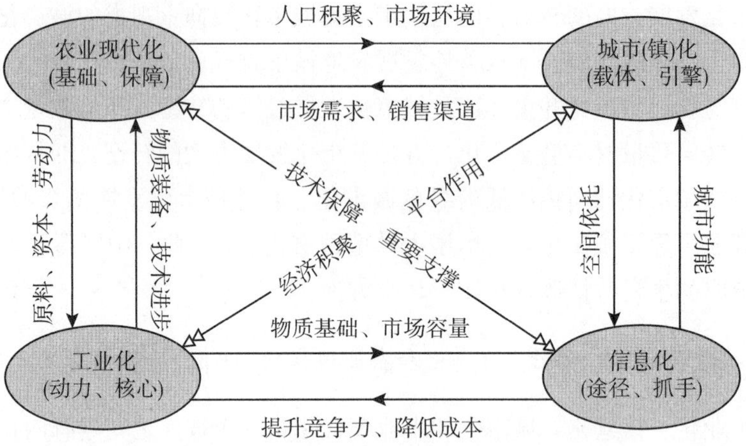

图 8-1 "四化"协调发展关系图

资料来源：聂振邦，胡恒洋，邱天朝．大力促进我国农业现代化与工业化、信息化、城镇化协调发展．全球化，2014(7)．

国特色的新型城市化道路，必须妥善处理好工业化与城市化、工业化与信息化、信息化与城市化、信息化与农业现代化以及城市化与农业现代化之间的关系，实现工业化、信息化、城市化、农业现代化的协调发展。

从工业化与城市化、农业现代化的关系看，过去我国过度强调工业化的动力作用，忽视了城市化对工业化和社会经济发展的带动作用，也忽视了农业现代化的基础和保障作用，长期实行"以农补工、以乡促城"的政策，导致城市化滞后于工业化，农村穷、农民收入低、农业落后的"三农"问题。推进中国特色新型城市化，必须彻底扭转"以农补工、以乡促城"的做法，实行"以工促农、以城带乡"的政策，这样才能实现工业化与城市化、农业现代化的良性互动。

从工业化与信息化的关系看，信息化并不是对工业化的取代，而是在工业化进程中实现信息化的不断深化和广化，以工业化促进信息化，以信息化带动工业化，实现工业化与信息化的相互融合和协调发展，从而带动工业化向纵深发展。

从信息化与城市化的关系看，信息化与城市化是相互促进的。信息化能极大地推动城市经济发展，提高城市管理效率和智能化水平，增强城市的集聚功能。同时，城市化为信息化提供了平台和载体，城市化的推进离不开信息技术的支撑。

从信息化与农业现代化的关系看，信息化能迅速提高农业现代化的水平。一方面，信息化可以大大提升农业信息化水平，在农业生产的各个环节实现信息技术与传统农业的深度融合，促使计算机、微电子、通信、遥感等现代技术广泛应用于农业资源的配置、农业结构的调整以及农业生产经营服务体系的完善等领域，促进农业自动化、信息化和高效化，充分发挥信息化在农业现代化进程中的助推器作用。另一方面，信息化可以大大提高农村劳动力的人力资本质量，激发农民的信息消费欲望，增强农民的消费需求和消费能力，提升农民生活消费的现代化水平。

最后，从城市化与农业现代化的关系看，一方面，发展农业现代化为推进城市化发展提供了必要的物质基础。农业的发展所释放的劳动力、土地、剩余农产品是城市经济发展的基础。另一方面，城市化发展为农业现代化创造了市场条件。这主要体现在两方面：一是城市化的快速发展导致大量农业人口非农化和农产品需求的快速增加，为农业现代化发展拓展了市场需求空间。二是与工业化吸纳农业剩余劳动力的能力由强转弱不同，城市化发展能持续扩大总需求，为更多的农业劳动力的转移提供了持续的强劲拉力。①

综上，工业化、信息化、城市化和农业现代化都是我国实现现代化的重要内容。工业化是动力，信息化是途径，城市化是载体，农业现代化是基础，它们既相互促进又相互制约。因此，要顺利推进中国特色新型城市化，必须实现城市化与工业化、信息化和农业现代化“四化”协调发展。

2. 人口非农化、农地非农化与城市化协调发展，土地节约高效利用

城市化过程既是一个农业人口自农业向二三产业转移的过程，也是一个农业用地不断转变为工商业用地和城镇用地的过程，也就是说，城市化过程是人口非农化过程和农地非农化过程的统一。但在城市化发展的不同阶段，人口非农化和农地非农化这两个过程可能不一致或者不协调。我国工业化和城市化进程中所出现的人口非农化滞后于农地非农化就是两者非协调发展的典型。在我国工业化和城市化发展过程中，大量农地被转变成为城镇用地和工商业用地，但农业剩余劳动力和失地农民并没有相应地实现非农就业和成为市民，导致出现大量的“三无农民”(无地、无业、无社会保障)，对粮食安全和社会稳定带来不利影响。与我国出现的人口非农化滞后于农地非农化的情况不同，巴西等拉美国家则出现人口非农化过速、过快，而农村土地又高度集中于大地产主手中，结果导致大量农民盲

① 薛桂霞，钟钰. 我国“四化”协调发展的内在关系研究. 农村经济，2015(01).

目涌入城市，造成“过度城市化”，以致许多城市出现大规模“贫民窟”。

所以，我国在推进新型城市化进程中，必须实现人口非农化、农地非农化与城市化协调发展，尽量少占地，提高土地(特别是城市建设用地)的利用效率，保护农民的利益，防止出现更多的“三无农民”，促进工农、城乡协调发展，保障粮食安全和维护社会稳定。①

3. 城乡差别缩小，城乡一体化发展

发达国家在城市化进程中曾经出现过城市剥削农村、城乡差别扩大、城市病和农村病并存的现象，巴西、墨西哥、印度、印度尼西亚、尼日利亚等部分发展中国家在城市化进程中也出现过严重的城市病和农村病以及大面积的贫民窟等现象，我国在改革开放以前的城市化进程中同样存在城市剥削农村、城乡发展失衡、城乡二元结构体制固化等问题，改革开放以来的城市化进程虽然摒弃了城市偏向政策，但城乡差别依然较大，进入21世纪后城乡收入差距、城乡公共服务水平差距、城乡居民发展环境差距依然十分突出，有些差距甚至还有日益扩大的趋势。② 因此，中国特色新型城市化必须彻底破除城乡二元体制，逐步缩小城乡差别，促进城乡一体化发展。正像习近平总书记所指出的那样，要把工业和农业、城市和乡村作为一个整体统筹谋划，逐步实现城乡居民基本权益平等化、城乡公共服务均等化、城乡居民收入均衡化、城乡要素配置合理化，以及城乡产业发展融合化。③

缩小城乡差距，促进城乡一体化发展主要应抓好以下几个方面的工作：

第一，要在城乡建设规划上实行城乡统筹，摒弃以往的城乡二元化规划思路，做到城乡规划相互衔接和配套，以规划引领农村公共事业发展，加快城市公共基础设施向农村延伸的步伐，使城乡居民在文化教育、科技、卫生、体育等公共事业方面能享受基本同等的待遇，逐步缩小城乡差别。

第二，要实行城乡经济统筹发展，夯实城乡一体化发展的经济基础。现阶段要加快建立促进城乡经济社会一体化发展的体制机制，实现公共资

---

① 简新华. 新型城镇化与旧型城市化之比较. 管理学刊，2014(6).

② 周爱民. 缩小城乡差别　推进城乡协调发展. 城乡建设，2007(7)；张存刚，田砚. 我国城乡一体化的理论与实践问题探析. 财会研究，2015(1).

③ 习近平. 健全城乡发展一体化体制机制　让广大农民共享改革发展成果. 人民日报，2015-05-02.

源和劳动力、土地、资金等基本生产要素在城乡之间的自由流动和优化配置，促进城乡经济一体化发展。

第三，继续深化农村土地制度改革，稳定农民的土地承包权，放活农地经营权，促进土地流转，加快建立城乡统一的建设用地市场，使城乡建设用地获得平等土地权利，切实保障农民的土地权益。此外，要改革完善农村宅基地制度，慎重稳妥推进农民住房财产权抵押、担保、转让，有效增加农民财产性收入，提高农民进城能力。只有这样，农民才能越来越富裕，农村才能得到不断发展，农业才能逐步迈向规模化、专业化、集约化发展的农业现代化道路。

第四，进一步加大对“三农”的投入，建立以工补农、以城带乡的长效机制。要在农业产业支持、农民收入支持、农村基础设施建设、农村社会事业发展和农村社会保障等方面，加大财政支农力度，提高财政资金使用效率，促进农业和农村的发展，逐步缩小城乡差距，最终实现城乡一体化发展。

4. 集中型城市化与分散型城市化同时推进

集中型城市化和分散型城市化是城市化的两种基本形式。集中型城市化是城市化初中级阶段占主导地位的城市化形式。在城市化的初期和中前期阶段，随着工业化的推进，农村人口和非农经济活动不断向城镇聚集。大规模的人口和土地、资金、生产资料等生产要素的集中所产生的规模经济效应又促进了人口和产业的进一步集中。在这一过程中，大城市吸纳人口和产业的能力得到充分展示，其规模不断扩大，吸引力和辐射力也不断增强，大城市的经济贡献率逐步提高。世行有关统计资料显示，2005 年，GDP 排名世界前 30 位城市的产出约为世界总产出的 16%，前 100 位城市的产出占了近 25%。发展中国家一些大城市的产出占本国 GDP 的比例则更高，例如，2005 年，墨西哥的墨西哥城仅占国土面积的 0.1%，但其产出贡献率达 30%；安哥拉的首都罗安达面积占 0.2%，产出贡献率也高达 30%；匈牙利、肯尼亚、摩洛哥、尼日利亚和沙特阿拉伯的最大城市都以其不到 1%的面积贡献了约为 20%的本国 GDP。① 在集中型城市化阶段，不仅大城市不断增长，中小城市也竞相增长，有些中小城市甚至成长为大城市。当城市化进入中期和后期的时候，人口向城镇聚集的速度开始减缓，一些大城市的人口甚至向郊区或中小城市(镇)扩散，这标志着分散

---

① 张路雄. 中国要确立集中型城市化的方向. 社会科学论坛，2010(11).

型城市化阶段的到来。①

当前中国的城市化一方面表现为集中型的城市化。因为中国正处于工业化中后期，工业和人口还在持续、大规模地集中，城市数目在增加，规模在不断扩大，大城市也在不断增多。也就是说，“集中化”仍是中国目前城市化的一个突出特征。另一方面，我国在加速城市化的同时，又面临信息化浪潮，而信息化时期城市化的主要特征就是“分散化”，或者说城市化与逆城市化(counter-urbanization)同时发展。我国大部分地区仍处于集中型城市化阶段，但也有一些较发达地区(如长江三角洲、珠江三角洲、京津唐环渤海湾地区)，特别是一些大城市和国际化城市，已经出现了居民向郊区和附近小城镇迁移的现象。这一方面是因为城市的中心地带已经出现了严重的环境污染问题，另一方面是因为随着信息经济时代的到来，现代通信技术和交通事业发展迅猛，使居民的工作地点和居住地点远距离地分离成为可能。这种分散型城市化类似于20世纪60年代以后，发达国家城市化过程中所出现的所谓“郊区化”(suburbanization)现象，即大批居民从城市的中心地迁往城市的郊区地带，导致城市中心区域人口增长停滞，城市周边区域不断扩增，卫星城市的居民区发展迅速。尽管“郊区化”还不是我国现阶段城市化的主流，但在我国，以一些大城市为中心的“都市圈(带)”或“城市群”正在快速发展。因此，笔者认为集中型城市化与分散型城市化同时推进，将是21世纪中国城市化过程中一个十分引人注目的现象，也是中国特色新型城市化道路的一个基本特征。但在我国当前的城市化进程中，对集中型城市化和分散型城市化不能有“非黑即白”式的片面认识，而应辩证地解读。

中国城市群的发展也体现出集中型城市化与分散型城市化同时推进的特征。具体来说，珠三角城市群、成渝城市群、海峡西岸城市群、长江中游城市群，辽中南城市群、中原城市群、哈长城市群等各城市群就具有集中型发展特征；黔中城市群、宁夏沿黄城市群、山东半岛城市群、京津冀城市群、长三角城市群等表现出分散型发展特征；北部湾城市群的发展则兼有集中型和分散型并行发展的特征。所以，集中型城市化和分散型城市化并非互相排斥，而是会随着城市化的发展交替出现。比如，京津冀城市群2009年后才由集中型发展向分散型发展转变；又如，长江中游城市群在2006年以前主要体现为分散型发展，2006年后转变为以集中型发展为主。可见，作为城市化主体形态的城市群，其发展模式是集中型还是分散

① 饶会林. 集中型与集约化：中国城市化道路的最佳选择. 财经论坛，1989(6).

型，抑或两者并行式发展，应根据各地发展实际因地制宜，绝不能采取“一刀切”式的集中抑或分散的城市化发展政策。①

5. 大中小城市建设与小城镇发展同时推进

在我国城市化进程中，关于重点发展何种规模的城市(镇)的争论一直未曾停止过，直到近年来这方面的争论才告一段落，因为人们逐渐认识到，在中国这样一个幅员辽阔、人口众多、经济社会发展又极不平衡的国度，单靠发展哪一种规模的城市(镇)，都无法顺利完成中国的城市化和现代化进程。我国城市化发展历程也证明了仅发展某种规模的城市(镇)都不利于中国城市化的顺利推进。比如，改革开放以来，我国各地政府都十分重视经济发展，并大多采取了城市偏向的发展战略，在基础设施建设、基本公共服务供给等方面，大城市的发展需求会得到优先满足，而中小城市和小城镇的发展需求常常被忽视，广大的农村地区更是处于被边缘化的状态。结果是人口不断地向大城市集中，经济资源和产业也过度地集聚于大城市，而中小城市的发展却相对滞后。人口过度地涌入少数大城市，给大城市的基础设施、公共服务、城市管理等各方面带来了巨大压力，使“大城市病”日趋严重。又如，20 世纪 80 年代初期，我国制定了“控制大城市规模、合理发展中等城市、积极发展小城市”的城市发展方针，但这一方针后来被学界认为是积极发展小城镇的政策信号，再加上随后我国的乡镇企业异军突起，使得小城镇在全国各地如雨后春笋般迅猛发展。虽然小城镇在吸纳农村剩余劳动力、实现农民“离土不离乡，进厂不进城”的就地城镇化等方面起过重要作用，但由于其布局分散、技术落后、规模效益欠缺、吸纳劳动力能力不强、缺乏吸引力等固有缺陷，遍地开花般的小城镇发展不仅没能使广大农民真正完成就地城镇化，享受现代城市文明，反而带来了土地等资源利用率低、环境污染严重等一系列严重的“农村病”。可见，发展单一规模的城市(镇)不是中国城市化发展的正确方向。推进中国特色新型城市化，既需要发展以北京、上海、广州等为代表的大城市模式，充分发挥大城市的聚集效应和辐射功能；也需要发展以珠江三角洲为代表的中等城市模式，发挥中等城市上连大城市、下连小城镇的承上启下功能；还需要发展振兴农村经济、实现农村城市化的苏南小城镇模式，发挥小城镇快捷、低成本地实现农民就地城镇化的功能。总

① 杨开忠. 集中抑或分散：中国城市规模分布变化. 财新网，http：//opinion. caixin. com/2017-08-25/101135494. html.

之，中国特色新型城市化道路的正确方向是，建立大城市、中等城市、小城市、小城镇功能互补的城市体系，走集中型与分散型相结合、大中小城市与小城镇协调发展的多元化城市化道路，实现社会效益、经济效益和生态效益的最佳结合。

6. *以人为本*

国家统计局有关统计公报显示，截至2018年末，我国常住人口城市化率已达59.58%，但户籍人口城市化率只有43.37%，全国人户分离的人口为2.88亿。而这些人户分离的人口中，绝大部分是农村进城务工人员。这也正是中国城市化之殇，是多年来“化地不化人”的传统城市化的必然结果。如果城市化发展过程异化为“只见地而不见人”的地域空间演化过程，那么，城市化就会越来越背离其本质和核心——以人为本。故此，推进中国特色新型城市化发展，必须彻底扭转以往城市化发展的偏差，使城市化回归其本源，那就是在满足人的基本物质需要的基础上，实现人与自然的和谐、人与社会的和谐、人与人的和谐，不断创造有利于人的全面发展的社会、经济、自然、文化环境。

首先，要以人为本地推进新型城市化进程。如何解决当前中国城市化进程中存在的人口城市化滞后于土地城市化问题，使数量庞大的“半城市化”人口尽快地融入城市，成为真正的市民，是关乎新型城市化能否顺利推进的首要问题。所以，在新型城市化发展进程中，各个城市政府在制定城市产业发展和城市人口政策时，要在尊重城市化发展的一般规律的基础上，努力实现城市产业对从业人口的需求与其供给的基本平衡，既不能以户籍制度严格限制农业人口向非农业人口的转化，搞“滞后型城市化”，也不能超出城市产业对劳动力的吸纳能力而盲目扩大城市人口规模，搞“过度型城市化”，而只能根据城市自身的发展条件，通过市场的力量，选择契合自身发展实际的产业政策和人口政策，使有能力、符合要求的进城务工人员实现职业转换、地域转换和身份转换的统一，从而实现“完全城市化”。

其次，要以人为本地推进城市社会发展。以人为本的新型城市化就是要让发展和改革的成果惠及全体人民，使非户籍常住城市人口和户籍城市人口都能实现“学有所教、老有所养、劳有所得、病有所医、住有所居”。所以，无论是城市流动人口的安置、城市公共产品的供给，还是城市公共服务的提供，都要体现以人为本的理念，紧紧围绕实现人的全面发展这个根本目标，使全体人民都能获得较强的归属感和安全感。

最后，要以人为本地推进城市环境建设。无论是城市规划、城市建设，还是城市管理，目的都是为市民提供适宜的城市生活环境和生态环境。所以，首先要重视城市功能的建设与完善，不但要注重城市生产功能、流通功能和服务功能的建设和完善，而且也要重视城市生态承载功能和文化功能的建设和完善，以满足市民全方位的生存和发展需求。其次要高度重视城市环境保护，这是关系到全体市民健康的重大民生问题。新型城市化绝不能再走高消耗、高污染的粗放型发展道路，而必须走资源消耗少、环境污染少的可持续发展之路。这就要求我们在今后的城市化发展进程中，一方面要加大环境修复力度，另一方面要强化对城市生态环境的保护，增强市民的环保意识。同时，要重视城市人工环境的建设，使城市人工环境与自然环境相映生辉、相得益彰，共同为市民提供惬意的居住环境。

7. 集约紧凑、智能高效、绿色低碳

建设集约紧凑型城市，既是我国人地矛盾突出、人均资源占有量少的客观要求，也是走中国特色新型城市化道路的必然要求。在以往的城市化进程中，我国一直存在着土地城市化快于人口城市化、土地资源利用率不升反降的现象，这使中国多年来面临的人地矛盾更加突出，必须从根本上改变那种对土地资源造成极大浪费的摊大饼式的城市蔓延，高效集约节约利用土地，注重对土地尤其是耕地资源的保护，走集约紧凑型城市化道路。

建设智能高效型城市，就是要大力推进城市化与新型工业化、信息化和农业现代化“四化”协调发展，促进信息化与城市化的深度融合，通过大力发展智能楼宇、智能家居、智能医院、智能交通、智能城市管理等多样化的智能服务，大大提升城市运转的效率和敏捷性，提高居民生活的舒适性、便利性和幸福感。

建设绿色低碳型城市，就是要通过绿色建筑、绿色交通、绿色基础设施、绿色产业、绿色小区，加快节能、节地、节水、节材型城镇建设，建成一批新型绿色低碳型城市，走资源节约型的城市化道路。

总之，面对我国人地矛盾突出、人均资源占有量少、经济发展和城市化的资源约束日趋紧张的严峻形势，在今后的新型城市化发展进程中，我们必须高效集约节约利用资源，走集约紧凑、智能高效、绿色低碳的新型城市化道路。①

---

① 魏后凯，关兴良．中国特色新型城镇化的科学内涵与战略重点．河南社会科学，2014（3）．

8. 市场主导、政府促进

世界城市化发展历程表明，推进城市化的力量主要有两种模式：一是市场主导型城市化模式；二是政府主导型城市化模式。大多数发达国家的城市化是自然演进的结果，发达国家的市场经济是“自发”形成的，有着一种自然发展的机制，并在数百年的发展过程中，逐步确立了以市场为核心的经济模式，使得发达国家无论是城市规模的选择、城市布局的确立，还是城市产业分工的确定，无不都是市场选择和市场作用的结果。这正是发达国家城市化自然演进的基础，同时也确定了发达国家的政府在城市化中的辅助地位。然而，中国城市化不同于发达国家城市化的一个重要特征，就是政府的推动力大于市场的推动力，也就是说，政府的行政力在城市化进程中起着关键性的、不可替代的作用，政府通过一系列制度安排和政策设计对城市化进程进行干预，是一种典型的政府主导型城市化，城市发展的速度、水平、方向和模式都深深地打着制度变迁的印记。①

市场主导型城市化和政府主导型城市化各有利弊。在城市投资主体的多元化、城市建设和各项事业发展的协调性、城市发展和建设中的成本核算以及经济效益等方面，市场主导型城市化都具有政府主导型城市化不可比拟的优势。然而市场不是万能的，也会发生“市场失灵”，尤其是在城市规划管理和城市公共基础设施建设等领域，市场往往是无能为力的。发达国家和主要依靠市场推动城市化的许多发展中国家，其城市化过程中之所以出现严重的“城市病”和“农村病”，主要是因为它们过度依赖市场“自发”力量，没有利用政府这只“看得见的手”来修补市场这只“看不见的手”的缺陷，导致城市发展的盲目性和资源的巨大浪费，环境的严重破坏。但是，中国的城市化进程却走向了另一个极端，即过度依赖政府行政力的推动，导致城市化发展中的大拆大建、盲目攀比、铺张浪费、千城一面，甚至“有城无市，有市无业”的“空壳城镇”等问题，同样造成了环境的严重受损和资源的严重浪费。

上述正反两方面的城市化经验表明，完全依靠市场推动的城市化和完全依靠政府行政力推动的城市化都不可取。正确的方向是，既要发挥市场在形成人流、物流、资金流、信息流等方面的决定性作用，也要发挥政府在城市规划、管理、基础设施建设、公共品供给、公共服务提供等方面的宏观调控作用，走市场主导和政府促进相结合的新型城市化道路。

---

① 曾宪明. 从政府主导型到市场主导型：中国城市化的战略转换. 广东农工商职业技术学院学报，2006(8).

第九章 中国特色新型城市化道路的路径选择

一、调整城市化发展战略，探索符合中国国情的新型城市化发展模式

发展思路和发展战略的确定和调整对城市化进程具有重要的影响。[①]在相当长时期内，我国一直存在是优先发展大城市还是优先发展小城镇的城市化发展道路之争。其实，大城市和小城镇两者之间并不是对立关系，而是有机统一于国家城镇体系。因此，我国城市化发展战略的制定不能只立足于发展何种规模的城市，而必须放眼全国，既要考虑城市的规模格局和空间布局，也要考虑城镇特色培育和城市群体系的构建，同时还涉及人口、土地和财政等方面的体制改革和制度创新。[②]

（一）构建科学合理的城市规模格局是推进新型城市化发展的根本要求

目前，中国城镇规模结构的两极化现象非常明显：一方面，大城市无论在数量上还是在人口方面都呈现出急剧扩张的态势，另一方面，中小城市的数量和人口比重却在下降，部分中西部小城市和小城镇甚至出现了相对萎缩的迹象。有研究表明，中国地级以上城市的效率已基本接近其最大值，有些超大城市甚至已进入规模效率递减阶段。[③] 所以，推进新型城市化发展，就必须充分发挥政府的规划和政策调控作用，避免资源、要素和产业过度集中于大城市，在充分考虑各级各类城镇的资源环境承载能力、

---

① 万广华，朱翠萍．中国城市化面临的问题与思考：文献综述．世界经济文汇，2010(6)．

② 王鹤，尹来盛，冯邦彦．从传统城市化到新型城市化——我国城市化道路的未来选择．经济体制改革，2013(1)．

③ 王小鲁．中国城市化路径与城市规模的经济学分析．经济研究，2010(10)．

人口吸纳能力和公共基础设施承载能力的基础上，合理引导农民的进城意愿，实现异地城市化和就近就地城镇化的有机结合，从而重构中国城镇规模格局，实现大中小城市和小城镇协调发展。

（二）培育城镇特色、提升城镇品位是推进新型城市化发展的重要内容

特色缺乏和品位不高是当前中国城市发展面临的普遍问题。在城市化高速发展进程中，资本对利润最大化的追逐和地方政府对 GDP 的片面追求，使许多城市盲目追求现代化，导致诸如城市面貌的趋同、城市形象的低俗、城市记忆的消失、城市精神的衰落、城市文化的沉沦、城市环境的恶化以及城市管理的错位等一系列问题。① 为此，在推进新型城市化发展过程中，必须把城镇文化和精神融入城镇规划、建筑设计和开发建设之中，从智能化、人性化、生态化的角度全方位强化城镇特色的培育和城镇品位的提升，使大中小城市和小城镇分工协作、功能互补、个性彰显、特色突出。

（三）构建集群、开放、互联的新型城市群体系是推进新型城市化发展的重要举措

推进中国特色新型城市化发展的一个重要举措就是构建一个开放互联的新型城市群体系，在中国形成由城市带、城市群、巨型城市、超大城市、特大城市、大城市、中等城市、小城市、小城镇、居民点协调发展的城镇空间分布格局。②

第一，在城市功能方面，不同规模的城市（镇），其功能将呈现层级分化趋势。未来中国将形成一个由世界顶级城市、世界级城市、国际化城市、国家级城市、区域性和地区性城市以及众多小城镇组成的开放的新型城市群体系。世界顶级城市和世界级城市承担全球经济控制和管理功能；国际化城市承担某些服务世界的专业功能；国家级城市承担管理和服务全国的功能，区域性和地区性城市承担管理和服务区域的综合功能，中小城市承担专业制造功能；小城镇承担城乡连接的功能，从而形成一个功能互补、各司其职的大中小城市和小城镇协调发展的新型城市群体系。

第二，在城市群体系方面，未来中国将形成 33 个大城市群和若干个

---

① 单霁翔. 城市遭遇特色危机　把尊严还给文化遗产. 人民日报，2010-08-03.

② 参见倪鹏飞. 新型城镇化：理论与政策框架. 广州：广东经济出版社，2014：189-194.

中小城市群。[①] 城市群人口8亿左右；33个大城市群和若干个中小城市群中有1个世界级的城市群，2个国际级的城市群，7个国家级的城市群，23个区域级的城市群，若干个地区性的城市群。

第三，在城市规模和城市间发展关系方面，要摒弃以往单走中心城市带动小城镇发展的路径，而应该走大中小城市和小城镇协调发展的城市集群化之路。[②]

(四)构建融合共享的城乡关系是推进新型城市化发展的重要保证

城乡二元结构是发展中国家在经济社会发展中都普遍存在的一个基本特征，作为世界上最大的发展中国家，中国也不例外。因此，在推进新型城市化发展过程中，必须大力推动城乡二元结构转化，构建融合共享的新型城乡关系。具体措施包括：第一，牢固树立城乡融合共享发展的理念。正确认识和处理城乡关系是事关一个国家经济社会发展全局的重大课题。当前，我国城乡关系存在的突出问题依然是城乡发展不平衡和乡村发展不充分，为此，必须着力破解城乡发展不平衡、乡村发展不充分的难题，促进要素、产业、生态在城乡之间的融合，最终消除城乡二元结构。第二，加快建立城乡融合发展的体制机制。城乡二元结构是制约我国经济社会发展尤其是城乡一体化发展的主要障碍。推进新型城市化发展，必须彻底清除城乡分割的旧体制机制，构建城乡融合共享发展的新体制机制，加快建立城乡统一的户籍管理制度、土地管理制度、就业管理制度、社会保障制度和公共服务体系，促进要素在城乡之间的自由流动，为农民收入持续稳定地提高创造条件，进而为实现城乡融合共享发展打下坚实的基础。第三，着力促进城乡间要素的融合互动。长期以来，由于受旧体制机制的束缚和“城市偏向”以及“乡村歧视”政策的影响，城乡之间的要素流动主要表现为要素由农村向城市的单向流动，而城市人口通常是被禁止向农村迁移的，资本和技术下乡的渠道也是不畅通的。因此，在新型城市化发展进程中，必须破除城乡之间要素自由流动的各种障碍，使城乡间要素的流动由乡—城单向流动转变为城乡双向流动，从而推动人才、资本、技术等生产要素在城乡之间的融合互动和优化配置，实现城乡一体化发展。

(五)加强宜居城市建设是推进新型城市化发展的基本目标

宜居城市建设是城市化发展到一定阶段的产物。在城市化发展过程

---

① 参见倪鹏飞. 新型城镇化：理论与政策框架. 广州：广东经济出版社，2014：189-194.

② 倪鹏飞. 新型城镇化：理论与政策框架. 广州：广东经济出版社，2014：192-194.

中，随着城市的拓展和经济的迅速发展，逐步产生了城市人口膨胀、交通堵塞、住房紧张、环境恶化、社会冲突等一系列城市问题，与此同时，人们对生活环境、生活质量和生存状态的要求也逐步提高，对城市的人居环境也越来越关心，宜居城市建设逐渐成为现代城市发展所追求的基本目标。推进新型城市化发展的一个核心内容，就是要把城市打造成为宜居城市——文明和谐、经济富裕、环境优美、生活便利、市民参与度高、富有安全感的城市。为此，必须从以下几个方面开展宜居城市建设：第一，不断完善基础设施建设，为市民提供便利优质的公共服务。生活便利是宜居城市的核心内容之一，这就需要为市民提供完善的基础设施以及高效快捷便利的公共服务。具体来说，要为市民提供尽可能顺畅的道路交通，适宜的居住条件，分布均衡的学校、医院、体育等公共服务设施，便利的银行、超市、邮政等商业服务网点，以及方便易达的图书馆、音乐厅、歌剧院、博物馆、科技馆等文化设施。第二，加强生态环境保护，创建优美与城市生态环境。人本身就是自然环境的有机组成部分，人们的生活一刻也离不开自然环境，环境优美与否就成为衡量城市是否宜居的主要标准之一。因此，在新型城市建设和发展进程中，无论是城镇规划、建筑设计，还是新区建设、旧城改造，都必须牢固树立环境意识，加大城市绿化建设力度，提高城市绿化覆盖率，全面提升城市自然环境景观水平，不断促进人与自然的和谐发展。第三，建立完善的公共安全管理体制，促进文明和谐城市建设。完善而健全的公共安全管理体制是建设宜居城市的前提，社会文明和谐是则是宜居城市的保障。因此，在新型城市化建设中，必须建立责权明确、条块结合、分级负责的应急管理体制，建立健全的公共安全管理机制，以法治确保公共安全，以现代科技提高应对突发公共事件的能力，提高市民的安全意识，营造文明和谐的城市建设管理环境。第四，树立“以人为本”的城市建设管理理念，充分发挥市民在城市建设和管理中的主人翁精神，鼓励市民积极参与城市的建设和管理，① 提高市民的归属感和认同感。

二、深化制度改革和制度创新，消除城市化的障碍

城市化是企业与人口在空间上集聚的过程。因此，一切涉及经济要素

---

① 王鹤，尹来盛，冯邦彦．从传统城市化到新型城市化——我国城市化道路的未来选择．经济体制改革，2013(1)．

和人口流动与集聚的制度安排都影响着城市化进程。制度障碍是城市化发展的最大障碍，我国现在仍然存在种种制度缺陷，严重妨碍了城市化进程。要加快城市化步伐，走中国特色的新型城市化道路，改革和创新制度是根本途径。从当前制约中国城市化发展的制度特征看，必须从以下几个方面进行制度改革和创新。

(一)就业制度的改革和创新

新型城市化要求实行开放的、竞争性的劳动就业制度，在这样的就业制度里，劳动者能够在城乡之间、地区之间、行业之间和企业之间自由流动、自主择业，农业转移人口也能够自由地进城务工经商，从而实现劳动力资源的优化配置，促进城市经济的发展和城市化水平的提高。经过40多年的改革，我国虽然已经彻底打破了传统计划经济条件下实行的那种严重妨碍城市化发展的统包统配的就业制度，逐步建立起劳动者自主择业、市场调节就业、政府促进就业的新型劳动就业制度，实现了就业制度的根本性变革，但由于我国目前依然是世界上人口和劳动力最多的国家,① 还处于城市化加速发展阶段，城乡劳动者就业工作依然面临着较大的困难。当前我国劳动就业存在的主要问题是：第一，就业的结构性矛盾依然突出。主要表现为部分劳动者就业难和部分企业“招工难”同时并存，即出现了结构性失业问题。出现这一问题的根本原因，是经济发展方式的转变和产业结构的转型升级，使传统制造业部门的岗位需求显著下降，导致大批劳动密集型企业从业人员失业，而这些失业人员由于自身素质等原因不能满足一些新兴产业和高技术产业的岗位要求，很难在劳动力市场找到相应的工作岗位，出现了部分劳动者难以就业和部分企业用工短缺并存的现象。经济发展方式的转变和产业结构的转型升级依然是未来我国经济发展的中心内容，所以结构性失业问题就不可能在近期消失。第二，农业转移人口的就业问题不容小觑。截至2017年末，我国农村进城务工人员总量已达2.87亿人,② 庞大的农业转移劳动力已成为我国现代化建设的生力军。但由于受户籍制度、土地制度、社会保障制度等制度的束缚，大量的农业转移人口还难以实现市民化，更遑论获得与市民同等的就业机会和就业待遇。所以，未来我国数量庞大的农业转移人口的就业问题，始终是我国各级政府必须认真解决的重要问题。第三，高校毕业生的就业问题日趋

---

① 易定红．改革开放40年来中国劳动就业制度改革．宣讲家网，http：//www.71.cn/.

② 易定红．改革开放40年来中国劳动就业制度改革．宣讲家网，http：//www.71.cn/.

严峻。随着我国高校数量的增加和规模的扩张，我国普通高校毕业生数量也不断增加。但近几年我国经济一直处于下行通道，导致对毕业生的需求萎缩，再加上高校的部分教学内容和培养方式与用人单位的实际需求脱节以及部分毕业生的就业期望值过高，未就业的高校毕业生数量持续增长，形成了一定数量的“高学历”失业人群，需要引起政府和社会的高度重视。第四，促进就业的政策和服务体系不够健全和完善。目前我国促进就业的政策仍仅限于通过税收优惠等措施鼓励企业吸纳更多的失业人员，但健全而完善的促进就业的政策和服务体系还未建立起来。

针对我国劳动就业制度中存在的问题，在推进中国特色新型城市化进程中，必须从以下几个方面深化就业制度的改革和创新：

第一，优化产业结构，调整就业结构。劳动力就业结构分布取决于产业结构分布，所以要加快产业结构调整，合理引导劳动力在产业之间的流动和转移。根据我国当前一、二、三次产业的发展现状，从促进就业的角度看，一是要巩固和加强第一产业，特别是要加快传统农业向现代农业的转变，以提高其吸纳劳动力的能力；二是要调整和提高第二产业，尤其要提高工业的现代化水平，以创造出更多新的就业岗位；三是要大力发展第三产业尤其是现代服务业，充分发挥第三产业创造和带动就业的能力。

第二，优化非公有制经济结构，不断改善中小企业发展环境，进一步拓宽就业渠道。一方面，改革开放以来，我国个体、私营等非公有制经济在扩大和吸纳就业方面发挥了不可替代的作用，但随着我国经济发展方式的转变和国际市场需求的变化，我国非公有制经济也同样面临着转型升级的压力，其吸纳就业的能力开始减弱。因此，必须优化非公有制经济结构，加快其转型升级步伐，允许非公有制经济参与社会公用事业建设和进入一些新兴产业(包括部分战略性新兴产业)，充分发挥非公有制经济在吸纳和创造就业方面的灵活性和高效性，有效缓解就业压力。另一方面，目前我国数量庞大的中小企业已成为安置新增就业和再就业人员的重要渠道。所以，要大力扶持中小企业，进一步改善中小企业的发展环境，充分发挥其吸纳就业的作用。

第三，建立促进就业创业的政策支持和服务体系。要解决当前我国劳动就业中存在的劳动力供求总量矛盾和结构性矛盾，必须充分发挥政府的宏观调控作用，建立起有利于促进就业创业的政策支持和服务体系。一是通过实行有利于促进就业创业的产业政策、财政政策、经贸政策、税收政策、信贷政策等各种经济政策，鼓励各类企业拓展经营，尤其是要鼓励发展劳动密集型产业、服务业，以增加就业；通过发展国内外贸易和开展国际经济合作，广开就业门路；通过税收和信贷优惠政策，鼓励企业增加就业岗位和劳动者自主创业，扶持失业人员再就业。二是建立城乡统筹的劳动者平等就业的制度，以《中华人民共和国劳动法》关于“劳动者享有平等就业和选择就业的权利、取得报酬的权利、休息休假的权利”的规定为基本依据，清理对农村劳动力限制进入城市的地方性政策法规，使农村劳动者与城镇劳动者在同一起跑线上竞争，消除对农民的歧视，无差别地对待农村居民和城镇居民，给广大农村青年以发展的机会和希望。① 三是不仅要重视城镇新增劳动力就业、农业转移人员就业和失业人员再就业，还要特别关注妇女、残疾人、中高等学校毕业生、退役军人等不同就业群体的就业工作，为他们提供形式多样的创业就业培训和服务活动，提高其创业就业能力。

第四，鼓励大众创业，以创业带动就业。就业是民生之本，大众创业则是富民之本。中国是世界上第一人口大国，应充分发挥劳动力资源丰富的优势，破除一切有碍于发展的体制机制，激发广大人民群众的创新精神和创业热情，实现创业与就业的有机结合，以创业带动就业。为此，一是要为大众创业营造宽松的创业环境，放宽市场准入条件，为市场主体入市注册提供便利。二是要为市场主体搭建创业平台，为创业者提供便捷的、开放式的、低成本的创业服务和发展空间。三是要进一步加大减税降费力度，使创业者能够轻装前进。鼓励大中型企业积极帮助和支持中小企业，鼓励更多的人和企业创业、创新，尤其要鼓励高校毕业生和返乡人员创业，通过创业创造更多的就业岗位。

第五，加强职业教育和培训以促进就业。具有合格的职业素质和职业技能是劳动者实现就业的基本要求，而劳动者职业素质和职业技能提高的主要方式就是教育和培训。因此，除了中高等学校学科专业结构的优化、培养模式的改革外，还必须大力发展现代职业教育，积极开展职业培训，尤其要加强岗前培训、在职培训、农民工职业技能培训和失业人员再就业培训，增强其就业创业能力。

第六，完善社会保障制度和就业援助制度。社会保障制度是否完善，是衡量一个国家文明进步的重要标志。所以，在新型城市化发展进程中，必须加快建立覆盖从业人员养老、失业、医疗、工伤、生育保险等方面内容的社会保障体系，特别是要建立对就业困难人员实行优先扶持和重点帮助的就业援助制度，鼓励失业保险金领取者尽快实现就业或自主创业。

① 叶裕民. 中国城市化之路：经济支持与制度创新. 北京：商务印书馆，2002：149-150.

（二）户籍制度的改革和创新

城市化是越来越多的农民变为市民的过程，农民要变为市民首先必须拥有向城市流动和迁移的权利，否则城市化就成为“空话”。长期以来，限制农业人口的流动，导致城乡二元分割以及由此带来的诸多就业、福利以及教育的权利不平等等问题。户籍制度一直是我国城市化进程的重要制度障碍。

中华人民共和国成立以来，我国的户籍制度大致经历了三个演进阶段：1958 年以前的自由迁徙阶段；1958 年到 1978 年的严格控制阶段；1978 年至今的半开放阶段。1954 年我国第一部宪法就明确规定了公民有居住和迁徙的权利。而在此之后，农民大量进城，农村劳动力短缺，城市出现供给紧张。为此，1958 年《户口登记条例》颁布，确立了户口迁移审批制度和凭证落户制度，并将人口严格划分为农业户口和非农业户口。自此，《户口登记条例》成为中国户籍管理的基本法律依据。1975 年宪法修改后，取消了公民“居住和迁徙自由”的条文。为了规范户口迁移制度，1977 年，公安部颁布了一个户口迁移规定，第一次提出了“商品粮”和“农转非”的概念，并明确提出限制“农转非”。

城乡户籍的差别，造成城镇户口和农村户口之间明显的社会地位和福利的差异，大城市户口和中小城市户口之间也有许多不平等，特别是在中国城镇中有大量的流动人员，因为户籍制度，他们并不能和当地居民享受同等待遇，这实际上就是在违反宪法规定的公民平等的原则。所以，城乡户籍差别带来的更沉重的恶果就是限制了城乡之间和不同地区之间人口自由迁徙和选择居住地的权利。

随着户籍制度改革的不断深化，户籍制度的负面效应已经逐渐淡化，但由于户籍依然与一系列管理制度相契合（如就业制度、就学制度、医疗制度、社保制度等），形成了城市人口群体的特殊利益，对农村人口流动仍然有很大的限制作用。这些限制作用主要表现为：第一，1997 年国务院已批准公安部提出的一份户籍管理改革方案，允许已经在小城镇就业、居住并符合一定条件的农村人口在小城镇办理常住户口。这一改革已经从县及县以下的小城镇逐步向大中城市延伸，农民进城落户的条件逐渐放宽。第二，虽然户籍管理制度现在已经发生了很大变化，对农民进城的限制大大减少，许多大城市实现了“蓝印户口”“城市绿卡”“积分入户”制度、居住证制度或暂住证等制度，但仍然没有从根本上改革，农民获得城镇户口尤其是大城市户口的条件依然比较高。第三，户籍管理制度的改革必须与其他制度改革同步进行才能达到淡化户籍的目标，否则户籍制度改革的成效会大打折扣，甚至还会在一定程度上强化户籍的重要性。例如就业制度中对本地户籍居民的保护，子女上学、医疗、养老、住房分配等方面的权利不同等，这也从另一层面上反映出各种具体制度同步配套改革的重要性。因此，走中国特色的新型城市化道路，加快城市化步伐，必须全面深化户籍制度改革。

目前，我国户籍制度的主要问题是控制农业人口向城市迁移，这不仅是对公民迁徙自由权的限制，造成公民身份的不平等，而且还抑制了劳动力的自由流动，严重影响了人力资源的优化配置，极不利于社会经济发展。但同时我们必须强调的是，在像中国这样一个人口众多、地区发展又极不平衡的国度里，完全取消户籍制度也是不现实的。如果任由人口自由流动和迁移，势必引起大量人口盲目迁移到城市，从而导致对有限的城市资源和生存空间的争夺，甚至会引发各种社会冲突。因此，我国的户籍制度改革绝不能一蹴而就，而应因势利导、循序渐进。发展中国家在这方面的经验教训值得我们认真吸取。加尔各答、孟买、雅加达、达卡、里约热内卢、圣保罗等城市满大街都可见无家可归的人，主要是因为那些国家实行大农场制，实行大私有化，最后农民就变成了自由人，没有土地，到城里也找不到工作，无业，无家，最后无望(landless，jobless，homeless，hopeless)。所以中国不能在一夜之间完全取消户口，只能是让数以亿计的农民合理而有序地流向城镇。

由于中国地区差异大，发展不平衡，所以户籍制度改革不能搞一刀切，近年各地纷纷进行的户籍制度改革探索也证明了这一点。一些西部省份已经大大放松了对城镇户籍的限制，如陕西省除省会西安市以外的所有城镇户籍已基本放开，但并没有出现人口蜂拥而入的情况。个别东部沿海工业城市也已大幅降低落户门槛，如福建省泉州市将本人在用人单位工作的年限减少到满 2 年，本人的户口就可以迁入实际居住地，本人的配偶、共同生活的父母和未婚子女也可一并迁入，① 也未引发外来务工人员的进城热潮。但农村进城务工人员大量流入的几个东部沿海经济发达省份却需要加大户籍改革步伐。如全国农村进城务工人员流入的第一大省广东省，流动人口高达 3667 万。广东很多城市采用“积分入户”的办法解决农村进城务工人员户籍问题，但是，门槛太高，指标太少，现在每年“积分入户”最大限度为 20 万个指标，按照这样的速度，要消化掉现有的农村进

① 颜雅英. 农民工市民化路径研究——以泉州市为例. 福建师大福清分校学报，2013(4).

城务工人员需要将近200年。广州市流动人口700万，每年入户指标仅3000个，算下来更是需要超过2000年。这样的步子离推进城镇化、解决农村进城务工人员户籍问题仍然存在不小的差距，需要从国家层面进行总体进度安排。同时，也要站在这些省份和城镇的角度，考虑到城镇实际财政承受能力，以教育经费合理分担为核心，给户籍制度改革予以相应的支持。① 因此，中国户籍制度改革和创新需要稳步有序、因地制宜地推进，具体措施如下：

第一，在立法推动户籍改革的同时，要在观念上确立正确的户籍改革目标。户籍改革作为国家的一项重要管理制度，要尽快纳入法治轨道。目前我国现行的有关户籍制度的立法，多数为规定、细则等行政法规或行政规章，或者是具有政策性质的意见或通知，所以应尽快出台由全国人大或其常务委员会制定的法律，同时，这部法律应与国内保护公民基本权利的宪法、法律相一致，使户籍改革有法可依。

第二，进一步明确户籍制度改革的目的和制度取向。户籍制度改革的根本目的是，改变二元体制，消除附加在户口上的城乡居民权利不平等的制度，保障公民迁徙和居住的自由，将人与人之间的关系由身份关系转变到契约关系，将迁徙自由、保障人权作为改革的价值追求。改革的制度取向，是要剔除附加在户籍上的不合理制度，实现城乡人口的平等权利，打破城乡分割、区域封闭的户籍制度，促进农民向非农产业和城市转移，加快城市化进程。

第三，要放宽农村进城务工人员落户的设定条件，降低农民进城的门槛。放松对农民户口迁入的管制，允许具备一定条件的农村居民自由选择迁入城市就业和生活。同时我们应当认识到，户口迁移不单单是就业人员一个人的流动问题，一般是涉及其家人的举家迁移，无论是对流出地还是对流入地都会带来较大的社会经济影响。故而，在推进新型城市化进程时，对迁移人口(户主)提出一定的门槛条件是十分必要的。通常对迁移人口(户主)的门槛要求是：(1)教育背景要求。一般要求户主受过一定年限的基础教育或中等专业技术教育，这既能有效地促进我国特别是农村地区基础教育的发展，又有利于农村居民与城市居民的融合和城市社会新秩序的建立。(2)住所条件要求。通常要求户主有合法的住所，即在城市规划的居住区中租借或购买房屋并居住。破除了只有购房才能取得城市常住户口的限制。(3)就业和收入要求。要求户主在申报户口的城市有稳定的

---

① 赵俊超. 城镇化：改革的突破口. 北京：中国人民大学出版社，2015：156.

就业和收入，在申报户口的城市有一定的工作年限，并有缴纳某项保险一定年限的记录。这一要求是为了防止既无就业能力又无基本社会保障的迁移人口落户城镇后可能对社会稳定带来不利影响。

第四，户籍制度改革不能单兵独进，配套制度改革不容忽视。在我国，户籍制度不是独立存在和运行的，而是与劳动就业制度、教育制度、住房制度、医疗制度、社会保障制度等一系列制度密切相关且相互制约的。因此，要实现户籍制度改革的基本目标，即体现户籍制度的两项基本职能——证明公民身份和提供人口数据，就必须同步推进上述相关制度的配套改革，剥离吸附在户口上的种种利益，还户籍以本来的面目，从而使全国城乡公民获得同等"国民待遇"，真正建立起以人为本的户籍管理制度。

（三）土地制度的改革和创新

1. 我国土地制度改革对城市化进程的影响

中华人民共和国成立以来，我国有两次土地制度变革对城市化进程产生过重大影响。一次是中华人民共和国成立后在全国范围内所进行的土地改革而形成的"耕者有其田"制度，这是一种以政权的力量将土地的地主所有变为农民所有，形成个体所有个体经营的新的农地制度。这次强制性制度变迁，以完整的、排他性的产权保证了农业生产者的土地收益，激发了农民的劳动生产积极性，提高了土地产出率和土地资源配置效率，使农业中出现了大量剩余劳动力，形成农村强大的推力，成为我国第一次城市化高潮的基础和起点。另一次是改革开放后所确立的土地家庭联产承包责任制，这是一次由生存危机而引发的诱致性制度变迁，极大地推动了我国城市化进程。① 然而，这次土地制度改革所形成的我国现行农地制度，对我国城市化进程具有双重影响，既有推动作用，又有阻碍作用。

推动作用主要表现在：

第一，以"均田制"为基本形态的家庭联产承包责任制，公平地满足了农民对土地这一基本生产资料使用权的天然要求。② 这一土地制度安排不仅规范了农地的使用和经营方式，而且更重要的是为农民的生存和发展提供了基本依托和最后保障，使农民能在不丧失土地承包权的前提下进城

---

① 曾宪明. 我国农地制度的变迁轨迹及其现实功用. 改革，2010(2).

② 叶裕民. 中国城市化之路：经济支持与制度创新. 北京：商务印书馆，2001：134.

务工经商，成为“进可攻，退可守”的城乡“两栖”居民，避免了一些拉美国家因土地高度集中造成大量无地农民盲目涌入城市而产生的“城市病”。从这个角度看，家庭联产承包责任制这一农地制度安排符合我国国情，有利于我国在保持农村稳定的条件下有步骤地推进城市化进程。

第二，当前的家庭联产承包责任制因具有充分激励、零生产监督费用、低收益分配成本以及灵活性的经营决策等特点，① 极大地调动了农民经营土地的积极性，大大提高了土地产出效率，为工业化和城市化不仅作出了产品贡献、市场贡献和资本贡献，而且提供了几乎无限供给的劳动力，产生人口城市化的巨大推力。②

阻碍作用主要表现在：

第一，土地承包经营权不稳定。一方面，农民对土地的预期不足，限制了农民对土地的投入，降低了土地的产出效率；另一方面，土地使用权属不充分，无法在更大范围内实现土地的流转，影响土地资源的配置效率。造成土地承包经营权不稳定的原因有二：一是农地所有权主体模糊，使农民对土地使用权缺乏安全感。我国的《宪法》《民法通则》《土地管理法》《农业法》等重要法律都明确规定，我国农村的土地归农民集体所有，但是，“集体”是指哪一级，法律规定较为含糊。二是土地的频繁调整，严重损害了土地承包经营权的稳定性。家庭联产承包责任制的实行，实现了集体土地所有权与使用权的分离。但在绝大多数地区，由于人口的变化，周期性地进行土地调整是司空见惯的事。土地的频繁调整与过短的承包期限，使得许多农民对土地使用权缺乏安全感，农民在现实中缺乏充分行使自己土地权利的能力。

第二，按人口与土地质量好坏均分的农地制度，使地块细碎化，农田基建停滞，超小规模经营，加上土地的报酬递减规律及农产品需求弹性低，致使农民耕作土地的经济收入很难提高，农民逐渐丧失了对土地耕作的热情，特别是缺乏土地投入激励和追求农业技术创新的动力，制约了土地生产效率的提高和农业技术的进步，限制了城市化的发展。随着我国工业化和城市化进程的加速，耕地不断减少，我国巨大的人口基数使人口的绝对数还在不断增加。有关资料显示，我国农户经营规模由改革初的户均8.7亩下降到2002年的户均6亩左右，③ 其结果必然是农地经营规模越来

① 林卿，等. 可持续农业经济发展论. 中国环境科学出版社，2002：119.

② 曾宪明. 我国现行农地制度安排对城市化进程的制约因素分析. 生产力研究，2006(7).

③ 孙自铎，汪建国. 农民收入增长的制度性约束与创新研究. 北京：中国财政经济出版社，2002：111.

越小，农地进一步细碎化。

第三，农地流转不畅，限制了农村剩余劳动力的转移，成为城市化的重要障碍。这主要表现在两方面：一是法律为农地流转设置了诸多障碍。我国《土地管理法》第 14 条规定“土地承包经营期限为 30 年”，并且规定“在土地承包经营期限内，对个别承包经营者之间承包的土地进行适当调整的，必须经村民会议三分之二以上成员或三分之二以上村民代表的同意，并报乡(镇)人民政府和县级人民政府农业行政主管部门批准”。该法第 15 条第 2 款规定：“农民集体所有的土地由本集体经济组织以外的单位或个人承包经营的，必须经村民会议三分之二以上成员或三分之二以上村民代表的同意，并报乡(镇)人民政府批准”。这些规定给农地流转设置了两道门槛，客观上阻碍了那些不需要土地的农民向城镇转移。二是农地流转行为不规范，流转机制不健全。我国《土地承包法》明确规定，通过家庭承包取得的土地承包经营权可以依法采取转包、出租、互换、转让或其他方式流转。《中共中央关于做好农户承包地使用权流转工作的通知》也明确指出，农户土地承包经营权流转必须坚持依法、自愿、有偿的原则。但在实际操作中，一些地方不依法办事，违背农民意愿，强迫承包方在承包期内放弃或变更土地承包经营权，而且农地流转的市场化程度低，农地流转多为分散的农户个体行为。可见，农地流转渠道不畅，流转机制不健全，不利于土地集中和农业规模经营，不利于推进农民与土地的分离，导致我国城市化滞后和乡村人口在迁移方面的“不完全”。

第四，土地征用制度不完善，征地行为不规范，严重损害了农民的利益，削弱了农民进城安家落户和进行投资的能力。在城市化和工业化加速的背景下，政府用行政审批手段控制土地由农业用途转为非农业用途，使得农地使用性质转化必须通过征地途径改土地的农民集体所有制为国有制，并且地方政府往往以极低的价格征用农地，然后以市场价格转手，获得巨大的级差地租，在相当地区导致失地农民大量增加，造成对农民的又一次剥夺，在客观上削弱了农民的进城能力。

我国现行土地制度安排没有能够让那些能够放弃土地者让出土地，土地集中与农业劳动力转移不同步，在城市化加速发展时期没有起到推动城市化的应有作用，反而成为城市化发展的阻力。因此，必须改革和创新现行土地制度，加快城市化进程。

2. 我国土地制度进一步改革和创新的思路

第一，明晰强化土地集体所有制。土地所有权制度是土地制度的一个重要内容。关于我国土地制度改革的方向，学术界存在两种针锋相对的观点：一是土地公有制；二是土地私有制。笔者认为，判断一种土地制度好坏的主要标准，不是这种土地制度的所有制性质，而是看这种土地制度对农民从事生产是否有刺激作用。如果一种土地制度使得农业生产者付出的努力与他得到的报酬成比例，这种制度就是有刺激的，是好的；否则就是无刺激的，不好的。私有制条件下的农地制度安排不一定都是有效率的，如大庄园制和种植园制都是缺乏效率的；公有制性质的农地制度安排也不见得就无效率，如我国目前实行的家庭联产承包责任制就较好地解决了土地集体所有制下刺激不足的问题。所以，我国土地制度改革的基本方向不是私有化，而是应该在坚持土地集体所有制的前提下，进一步明晰土地所有权，使农民的承包经营权和土地使用权落到实处，激发农民对土地的热情，以提高农地产出效率，为城市化提供坚实的物质基础。

第二，稳定土地承包经营权。一是要给予农户更长的土地承包期。在我国，延长土地承包期意义特别重大，因为较长的承包期使我国农民特有的承包权中所内含的所有权性质得到凸显，有利于促使在承包权(实质是所有制)与使用权分离条件下的土地使用权的流转，使我国农地制度从以公平为中心向以效率为中心逐渐转移。因此在今后的农地制度设计中，可以考虑给予农民较长的或永久性的土地承包期，使农民真正获得长期拥有土地经营权的稳定感和权属感，从而增加农民的预期收益和提高其追求更多收益的劳动激励。二是要严格控制土地调整，规范调整行为。土地承包的调整一定要在“大稳定”的前提下进行，而且调整要有严格的限制条件，即调整范围只限于矛盾特别突出的个别农户，调整时间间隔应尽量长一些。这样才能确保农户承包经营权的稳定。

第三，清除土地流转的制度障碍，促进农村剩余劳动力转移。虽然目前我国的户籍管理制度已有较大的松动，有些地方甚至完全敞开城门，但许多农民还是难以完成人口城市化进程。从农地制度角度看，出现这一现象的原因是：农地流转程序烦琐，流转渠道不畅；农地流转市场不发达，无法通过市场机制来发现土地价格；农民因考虑其“退路”而不愿意放弃土地等。有鉴于此，农地流转制度的改革应从以下两方面入手：一是简化农地流转程序，改农地流转审批制为登记备案制，即只要不改变土地用途并保证土地质量不下降，农地流转双方只需提出流转申请，由集体予以登记，即可完成农地流转，而无须层层审批。二是实行“以土地换保障”的制度。我国大量的进城农民不能获得城市居民所享有的各种社会保障，不愿意放弃视之为最后“退路”的土地，造成人口城市化滞后。所以，要彻底割断进城农民与土地的“脐带”，就必须为他们及其赡养人口提供一定的社会保障。一个可行的办法是，由地方政府建立专门的土地权益管理机构，负责给农民发放土地使用权证，进城农民如果(无偿)放弃农村的土地产权，则可以获得城市户口和相应的社会保障。当然，农民可以选择不放弃农村土地产权，同时在城市打工；农民也可以选择出售土地产权，同时不迁移到城市，但都无法获得享受上述社会保障的资格。① 这样，那些愿意继续耕种者不仅能实现“耕者有其田”，而且能实现适度规模经营，而那些愿意而且有能力进城者，则能实现与土地的彻底分离，完成人口城市化进程。

第四，深化农地征用制度改革，保障失地农民合法土地权益。工业化和城市化的快速发展必然导致越来越多的农地转变为建设用地，也必然带来更多的失地农民，如何处理好征地过程中政府、集体、农民等相关各方的利益，就成为工业化和城市化平稳推进的关键。传统的征地制度的主要缺陷是：征地范围广、补偿标准低、征地程序不透明、失地农民利益缺乏保障等。因此，在新型城市化推进过程中，要进一步深化征地制度改革，征地时必须兼顾国家(社会)、有关用地单位、集体和农民等多方利益，尤其是要妥善安置失地农民，保障失地农民的合法利益。具体改革措施包括：严格界定政府征地中的公共利益，明确征地范围；明确征地权行使机构的权限及相应的法律责任；确定征地程序、征地补偿原则、补偿标准和补偿方式；赋予被征地农民(农户)知情权、参与谈判权，对失地农民给予及时的足额的补偿。②

第五，加快推进农地“三权分置”，进一步深化土地制度改革。中国的改革开放发端于农村改革，而农村改革的核心就是土地制度改革。随着中国工业化的推进和城市化水平的提高，越来越多的农民完成了职业转换、地域转换和身份转换，这就为农村土地制度的进一步改革创造了条件，农地三权分置的改革也就应运而生。所谓农地“三权分置”，是指形成农地所有权、农地承包权和农地经营权三权分置、经营权流转的农地产权格局。农地“三权分置”的重点就是放活农地经营权，明确赋予农地经

---

① 陶然，徐志刚．城市化、农地制度与社会保障——一个转轨中发展的大国视角与政策选选择．http：//www.weiquan.org.cn.

② 赵奉军．我国农地征用制度改革的三种模式．http：//www.acec.com.cn/newacec/showdetail。赵奉军对我国出现的三种农地征用模式，即以土地股份合作制为特征的“南海模式”、以土地换社保为特征的“嘉兴模式”和以农村建设用地入市为特征的“芜湖模式”做了深入的分析。

营权应有的法律地位和权能。通过农地三权分置改革，既可以让已然离农的农民转让其农地经营权，放心地进入城市(镇)务工经商，又可以为在村的农民及其他农地经营主体适度扩大经营规模创造条件，解决了我国农村长期存在的地无人种、人无地种的矛盾。需要特别强调的是，深化农地制度改革必须紧紧围绕稳定承包权和放活经营权这两个基本着力点展开，在严格保护耕地的前提下，赋予农民对承包地的占有、使用、收益、流转及承包经营权抵押、担保等各项权能。同时，要改革完善农村宅基地制度，慎重稳妥地推进农民住房财产权抵押、担保、转让，有效增加农民财产性收入，使其能够真正带着资产进城。

(四)社会保障制度的改革和创新

建立社会保障制度的根本目标就是为每一个社会成员提供一个能够有效规避疾病、失业、伤残、养老等社会风险的安全网，提高公民福祉，增进公民的国家认同和凝聚力。中华人民共和国成立初期，我国就建立了社会保障制度，但随着我国社会经济的发展，尤其是工业化和城市化的迅速推进，传统的社会保障制度存在的问题逐渐暴露出来。这些问题主要是：第一，社会保障覆盖范围不全面，标准不一。我国传统的社会保障所覆盖的范围主要包括国家机关工作人员、全民和集体企事业单位职工等，私营企业职工、城镇个体劳动者以及广大农民基本被排除在外。此外，社会保障标准差别较大，这主要体现在两方面：一是国家机关工作人员和全民企事业单位职工享受的社会保障通常要优于集体企事业单位职工；二是不同地区之间、不同部门之间、不同企业之间以及城乡之间的社会保障水平存在较大差异。第二，社会保障体系各层次保障项目发展不平衡。主要表现是：一是作为社会保障体系核心层次的社会保险尤其是医疗保险存在投入不足和覆盖面窄等问题。二是作为社会保障体系最高层次的社会福利在城乡之间的差别不仅没有缩小，反而越拉越大。三是作为特殊层次的社会优抚安置和最低层次的社会救助，覆盖的都是特殊群体，主要依赖国家财政支持，其社会影响力不如社会保险。四是个人储蓄积累保障仍然在我国社会保障中起着不容忽视的作用，这也是我国个人储蓄积累一直居高不下的原因，也反映了大众对未来的担忧和对社会保险缺乏信心。第三，社会保障管理机构分散，政出多门。我国社会保障事务存在多头管理现象，如养老保险、养老保险、工伤保险、失业保险和农村社会保险等社会保险项目由人力资源和社会保障部负责，而社会福利、社会救助、社会救济、社会优抚安置等主要社会保障项目则由民政部门负责。同时，各种社会保险又涉及劳动、人事、财政、民政、卫生、教育、银行、商业保险、审计、工会、妇联等诸多部门，各部门基于各自利益不同的驱动，造成社会保险的管理政策各自为政，导致参保人因参保部门的不同可能获得不同的社会保障待遇，也增加了参保人在不同地区转换身份的难度。

鉴于我国社会保障制度存在的上述问题，在新型城市化推进过程中，必须从以下几个方面进行社会保障制度的改革与创新。

第一，扩大社会保障制度的覆盖面，逐步建成覆盖全民的社会保障体系。社会保障制度不应仅仅覆盖国家公务员、国有和集体企事业单位职工，还应覆盖非公有制企业职工及所有城乡居民，所以要逐步加大养老保险、医疗保险、工伤保险、生育保险等社会保障项目的覆盖面，并使各社会保障项目逐步向农村扩展，最终建立起覆盖全国的统一社会保障体系。

第二，优化社会保障制度结构。目前我国社会保障制度存在结构性缺陷，主要表现为社会保险支出在社会保障总支出中占比过高，而社会福利与社会救济支出占比过低，即便如此，社会保险的支付危机也时有发生。此外，城乡二元化的社会保障制度安排致使当前的社会保障无法提供全民迫切需要的安全网。为此，政府必须对社会保障政策进行通盘性考虑，充分运用财政政策、税收政策、就业促进、城乡统筹和社会保障再分配等政策，逐步解决社会保障结构性失衡问题，使各社会保障项目均衡发展，使全体城乡居民都能享受最低社会保障。

第三，加强社会保障管理机构建设，完善社会保障监管机制。社会保障体系的建设是一个复杂的社会系统工程，它涉及的人数之众、范围之广、部门之多，都是空前的，如果没有一个权威的机构进行统一管理、监督和协调，必然会出现条块分割、标准不一、各自为政的现象。因此，可考虑由人力资源和社会保障部门牵头组织成立社会保障管理委员会，统领和监管全国社会保障工作，打破社会保障部门多头管理格局，建立城乡和全国企事业单位均衡发展的社会保障制度。

第四，要特别重视农村进城务工人员社会保障制度的建设。目前，我国有数以亿计的农村进城务工人员只实现了职业转换和地域转换，身份转换仍然困难重重。所以在推进新型城市化进程中，为了不使众多的已进城务工经商的农民又返回农村务农，必须为他们提供相应的社会保障，解除其后顾之忧。为农村进城务工人员提供的社会保障至少要包括失业保险、医疗保险、工伤保险和养老保险等，并逐步为农村进城务工人员提供社会福利、社会救济和社会救助等多层次的社会保障项目，使他们享受到与普通市民基本同等的社会保障待遇，稳步推进新型城市化进程。

（五）城市建设投融资制度的改革和创新

1. 当前我国城市建设投融资制度中存在的主要问题

第一，投资总量相对不足。尽管我国基础设施建设投资金额在不断增加，但与世行推荐的发展中国家基础设施建设资金投入应占全社会固定资产投资的比例还有一定差距，城市市政公共设施的投资总量不足，城镇污水处理和垃圾处理设施尤其不足，无法满足经济和社会发展的需求。

第二，投资主体单一。长期以来，我国城市基础设施建设投融资主体主要是政府或政府的主管部门以及国有企业。这种单一的投融资主体不但造成城市基础设施建设投融资困难、基础设施供给严重不足，而且还会给政府带来沉重的财政包袱，进而影响到政府对社会保障、教育、科技等其他领域的投资。

第三，投融资渠道单一。虽然市场在我国城市基础设施建设投融资中发挥着越来越重要的作用，但在不少城市，其基础设施建设依然由政府或国企垄断，社会资本仍被排除在外，造成在城市公共基础设施建设投资的资金来源中，财政资金和国内银行贷款占比居高不下，而外资、社会资金和其他资金占比相对偏低的局面，人为地封堵了多元化的投融资渠道。

第四，投融资结构不合理。这主要表现为城市基础设施建设投融资的区域结构不合理和使用结构不合理。从区域结构方面看，经济相对发达地区无论是人均城建资金量还是城建资金总量，都远远高于经济发展相对落后的地区；从城建资金使用结构方面看，重新建、轻维护，重项目、轻配套的现象始终难以杜绝，致使一些已建成的基础设施要么运行时间过长，要么因配套设施缺乏而无法顺利运行，使政府的投资无法获得预期收益。

第五，城市建设投融资管理体系不完善，相关法规建设滞后。在城市建设投融资管理体系方面，我国并没有真正建立起与城市建设投融资配套的市场机制和制度，城市建设投融资管理体系还不够完善。城市建设过程中，资金的筹措与城市建设的步伐存在着明显的不一致和不协调现象，直接影响着城市建设项目效率的提高。在城市建设投融资相关法规建设方面，尽管我国城市建设取得了令人瞩目的成就，但长期以来我国政府相关主管部门都没有对城市基础设施建设投融资相关法规的建设引起足够的重视，仍然习惯于使用行政权力配置资源，缺乏对城市基础设施建设投融资行为进行规范化、法制化的管理与安排。许多城市政府缺乏对投融资的体制和资金来源、使用、经营以及收益分配等方面的明确规定，对于所有者、经营者和投资者的权利义务也缺乏清晰的界定。城市基础设施建设投融资相关法规建设的滞后，严重影响了民间资本参与城市基础设施建设的主动性和积极性，不利于城市基础设施建设投融资方式的多元化发展。

2. 城市建设投融资制度改革和创新的思路

政府虽然是城市管理与经营的重要主体，但在市场经济条件下政府已不再是唯一的城市建设投融资主体，也不宜直接从事城市经营项目的运作。城市建设特别是城市基础设施建设投融资的新模式应当是“政府引导、社会参与、市场运作”。具体措施如下：

第一，实现投融资主体的多元化。应充分发挥市场机制在资源配置中的决定性作用，调动一切可以调动的资源参与到城市基础设施建设中来，尽可能地使一些基础设施面向社会招商，充分激发外资、社会资金参与基础设施建设的积极性，以弥补政府投资的不足，形成包含政府、国企、外资企业、社会资金所有者和其他资金所有者等的城市建设多元化投融资主体。

第二，严格实行土地有偿使用制度，充分发挥土地的融资功能。在我国，土地是重要的国有资产，要利用好土地这笔庞大的存量资产，城市政府通常要垄断土地一级市场，运用土地储备、土地出让、土地出租、土地置换和土地招商等多种形式，为城市基础设施建设筹集巨额资金。同时，城市政府还可以根据社会经济发展的需要，有计划地调控城市土地的供给总量，以实现土地收益的最大化。

第三，建立市场化和多元化投融资模式。长期以来，我国城市基础设施建设实行的是高度集中的政府投融资管理体制，投融资渠道单一，以土地资源融资、财政税收和国内银行贷款等传统融资模式为主。这种计划型单一渠道投融资模式越来越难以满足城市基础设施建设巨额融资的需求。因此，需要运用诸如 BOT 模式、TOT 模式、PPP 模式、PFI 模式和 ABS 模式等多元化投融资模式，充分发挥市场的力量，引入民间资本参与城市公用设施建设。此外，还可以采取城建信托融资、股权融资、债权融资等多种融资模式以解决城建项目资金短缺问题。

第四，优化投融资结构，促进区域协调发展。区域发展不平衡是大国经济发展的一个显著特征。我国区域经济发展不平衡主要表现在两方面：一是东西部发展不平衡；二是城乡发展不平衡。所以，在城市建设方面，应给予西部和农村更多的支持和优惠政策，使经济发展相对落后的西部地区和广大农村获得更多的基础设施建设融资，逐步提高西部地区和农村地区的城镇建设水平，实现城乡统筹发展和区域协调发展。

第五，完善城市建设投融资管理体制，建立健全城市建设投融资相关法律法规。在完善城市建设投融资管理体制方面，一是要健全政府投融资管理机构和决策机制，全面负责城市建设投融资事务；二是要完善政府投融资管理职能，健全监管机制，确保政府投融资决策的执行；三是要健全政府投融资平台运行机制，确保国有资产保值增值和政府融资项目预期目标的实现；四是完善政府投融资管理体系，建立包括预算管理、资金管理、资产管理、联合监督等内容的健全的政府投融资管理体系，保障城市建设投融资项目的顺利推进。在城市建设投融资相关法规建设方面，一是要加快制定能够防止垄断联盟的相关法律规范，消除民间资本顺利进入投融资市场的障碍；二是政府应加快出台明确统一的法律依据，以保障投融资模式创新的顺利进行；三是及时废止过时的法律法规，根据最新形势对相关法规进行修改和更新，以顺应基础设施建设投融资体制的市场化改革进程。

三、转变农村工业化战略，走人口城市化(异地转移)和农村城镇化(就地转移)并举的城市化之路①

(一)中华人民共和国成立以来农村工业化的发展对城市化进程的影响

中华人民共和国成立以来，我国十分重视工业化发展，但主要是以城市工业化发展为重心的，农村工业化始终处于从属地位和被抑制的状态，农村工业化发展进程极其缓慢。其根源在于中华人民共和国成立之初我国片面强调城市工业、农村农业的工农业生产分工，再加上急于改变中国贫穷落后的面貌，我国政府又实行了重工业优先发展的赶超战略，极大地抑制了农村工业化的发展。这主要体现在两方面：一是长期实行工农业产品价格剪刀差政策，导致大量资金从农村流向城市，从农业流向工业。自1952—1978年，国家就从农业部门抽吸了大约6078亿元的资金以支持国家工业化发展，其中5100亿元为价格剪刀差形式，978亿元为税收形式。二是政府对农业投入不足。这主要表现为国家对农业基建的财政拨款占比持续下降，而工业基建拨款占财政基建支出的比重则持续上升，“一五”

① 辜胜阻，易善策，李华. 中国特色城镇化道路研究. 中国人口·资源与环境，2009(1).

期间竟高达 90%，[①] 致使农村长期处于资金短缺的窘境，农村工业化发展缓慢也就不足为奇了。

缓慢的农村工业化发展，再加上限制人口流动的户籍制度、劳动就业制度、土地管理制度等，这些因素叠加在一起，牢牢地将广大农民束缚在有限的土地上，就地城市化进程缓慢，异地城市化渠道受阻，严重阻碍了中国城市化发展。

改革开放以来，中国农村工业化进入了新的发展阶段。改革开放后，国家实施了一系列支持和促进农村工业化发展的政策。首先，家庭联产承包责任制的迅速推广，大大激发了农民从事农业生产的积极性，农业产量连年迅速提高，为乡镇企业的发展提供了初始资本积累。其次，所有制结构的改革，破除了人们对私营经济的偏见，使农民能放心大胆地开办各种形式的企业，促进了中国乡镇企业的大发展。再次，价格制度的改革使更具制度灵活性的乡镇企业如虎添翼，乡镇企业的发展进入全面振兴阶段。最后，中国社会主义市场经济体制改革目标的确定，《乡镇企业法》等法规的出台以及外商投资于乡镇企业，使中国农村工业化进入超常发展阶段，并出现了“苏南模式”“温州模式”“珠三角模式”等典型的农村工业化发展模式。

农村工业化的加速发展，使中国亿万农民开始了“离土不离乡”的就地城镇化进程，极大地推动了中国国民经济的发展。但是，随着改革的深化和社会经济的发展，乡镇企业吸纳农村剩余劳动力的能力开始逐渐减弱，而农村剩余劳动力的数量却在不断增加。这充分说明，如果不彻底清除城乡之间劳动力流动的障碍，数量庞大的农村剩余劳动力就无法在城乡之间实现优化配置，农村工业化（就地城镇化）不是也不可能是未来中国城市化的主流，而必须依赖城市工业化（异地城市化）来解决农业剩余劳动力的转移问题。

（二）实行“离土又离乡、进厂又进城”的农村工业化战略，推动人口城市化进程

中国农村工业化是中国工业化的有机组成部分。如果没有 20 世纪 80 年代以来乡镇企业的迅猛发展，中国的工业化和城市化发展肯定不如今天这个局面，中国农村也比今天要差一些。但由于农村工业具有空间分布的分散性、生产工具和生产技术的相对落后性以及经营管理的家族式，必然

---

① 祖伟，等. 中国农村工业化的发展阶段及特征. 学术交流，2005(10).

会产生诸如资源浪费、环境破坏、侵害劳动者权益、假冒伪劣产品等一系列问题。因此，要彻底解决上述农村工业出现的问题，走好有中国特色的新型城市化道路，必须摒弃“离土不离乡、进厂不进城”的农村工业化模式，实行“离土又离乡、进厂又进城”的农村工业化战略。具体措施如下：

第一，使分散的农村工业向城镇集中。要充分利用土地、税收、就业、社保等多种政策措施，引导农村工业逐步向城镇聚集，尤其是要把工业增量的布局全部引向城市。比如可通过农村工业用地租金的提高、农村工业规模标准和环保标准的提高、企业员工社保标准的提高以及农村工业安全生产责任的强化等，提高农村工业的进入门槛，缩小其与城市工业进入门槛的差距，从而使分散的农村工业逐步向城市集中。

第二，采取多种措施促使农村工业尽快转移到城市。一是取消对农村工业实施的各种优惠政策，使之与城市工业处于平等竞争地位。二是加大对新兴工业城市和中心城镇基础设施建设的投入，完善配套政策，降低城市工业的集聚成本，提高城市工业对农村工业的比较利益，以吸引更多的农村工业转移到城市。

第三，采用多种方式实现农民的职业转换、地域转换与身份转换的同步。要进一步深化户籍制度、就业制度、社会保障制度的改革，尤其要尽快建立有利于农民退出承包地的土地流转机制，促使农民“离土又离乡、进厂又进城”，真正实现职业转换、地域转换与身份转换的同步，从而实现异地城市化；同时，农村工业的发展必然使一批小城镇成长为新兴工业城市，使不断吸纳周围地区的农村剩余劳动力，从而实现就地城市化。

总之，异地城市化和就地城市化是推动中国城市化进程的两个轮子，中国城市化的顺利完成必须依靠异地城市化和就地城市化的“双轮驱动”。当务之急是要扫清双轮前进的各种障碍，尤其是异地城市化遇到的各种阻力。因此，要加快农业转移人员市民化的步伐，使农业转移人员在劳动用工、工资福利、住房分配、子女教育、社会保障、公民权利等方面享受与市民同等的待遇，实现农民向城镇的平稳转移。

四、加强城市规划与管理，走高质量的城市化之路

（一）我国城市规划与管理中存在的问题

伴随着城市化的快速推进，城市规划与管理越来越成为人们关注的焦

点，“健康城市”“生态城市”“可持续发展城市”等理念日益深入人心，许多城市无论是在新区建设还是在旧城改造过程中，都越来越关注历史保护、景观创造、文化传承、土地利用、功能布局、社会发展等城市规划与管理目标。这表明，城市规划与管理在我国城市化发展进程中发挥着重要的作用。但相对于我国快速的城市化进程，目前我国的城市规划与管理仍然比较滞后，难以满足社会经济发展的需要，存在着不少问题。主要表现在以下几个方面：

第一，城市规划管理的法制化和规范化有待加强。一方面，目前我国城市规划法规体系不完善，城市规划缺乏法治保障，规划缺位现象时有发生，没有充分发挥规划的引领作用。另一方面，欠完善的地方性法规严重影响了规划的权威性，同时规划行政处罚权的分割不利于规划管理的统一执行，有损于规划管理的规范性。

第二，规划的短期行为和“诸侯规划”现象较普遍。城市规划本应该具有前瞻性，要着眼于城市未来的发展，但许多城市的规划缺乏长期性，陷入头痛医头脚痛医脚的困境，短期行为严重，“拉链公路”现象就是短期行为的典型表现。另一方面，“诸侯规划”现象也普遍存在。各个城市都基于对自身利益的追求，在制订城市规划时往往陷入坐井观天、画地为牢的局面，只盯着局部的、单个的规划项目，把规划必须在整体的原则下才能奏效的基本原则抛之脑后，① 势必造成城市产业结构的雷同，基础设施规划和城市发展布局的不合理，既消解了都市圈和整体区域的总体实力，也降低了各个城市的国际竞争力。

第三，历史遗迹和古建筑破坏严重，甚至完全消失。在城市摊大饼式蔓延尤其是在旧城改造中，城市原有的道路、建筑、古老的街道、历史遗迹纷纷消失在机器的轰鸣声中，取而代之的是毫无文化根基的宽马路、大广场以及各种火柴盒般的分布无序的各种建筑，留下的是历史风貌和自然景观遭到严重破坏的千城一面的城市景观。

第四，土地资源浪费严重，违法用地和违法建筑屡禁不止。由于城市规划的执行不力和现行征地制度对失地农民的补偿、安置不到位，流动人口密集的城乡接合部屡屡出现大量的违法建筑，不仅造成有限土地资源的浪费，也造成诸如环境污染、治安、消防等一系列社会问题。

第五，城市规划管理缺乏大众参与机制。目前我国很多城市的规划决策往往由政府规划部门和少数几个规划专家做出，很少有大众的参与和监

---

① 张庭伟. 迈入新世纪：建设有中国特色的现代规划理论. 城市规划，2000(1).

督。这种缺乏大众参与和监督的由少数人做出的规划管理决策，不仅会造成公共利益被某些群体利益所取代、城市规划管理与城市规划目标相背离的问题，也会造成一些政府官员滥用城市规划管理权以谋取私利的腐败问题。

我国城市规划管理之所以会出现上述种种问题，原因是多方面的。一是改革开放以来，随着我国城市化进程的加速推进，我国城市的发展无论在速度上还是在规模上都是前所未有的，再加上我国又处于由传统的中央计划经济向社会主义市场经济转轨的时期，城市规划管理中难免出现这样或那样的问题。二是一些城市政府的领导干部缺乏对城市规划管理重要性的足够认识，规划管理意识欠缺。三是城市规划管理体制不完善，城市规划的综合职能常常遭到城市不同区域“条条”和“块块”方面的肢解，致使城市整体规划难以有效贯彻和实施。四是城市规划的法制不健全，城市管理法制建设不配套，造成规划管理决策的随意性和不规范性问题。①

（二）提高我国城市规划与管理水平的主要措施

走中国特色新型城市化道路，必须提高我国城市规划与管理的水平。具体措施如下：

第一，加强城市规划与管理的法制建设，完善城市规划管理法规体系，使我国城市规划与管理有法可依。改革开放以来，我国相继出台了有关城市规划与管理的法律法规，如《城市规划法》《城乡规划法》《土地管理法》《房地产法》等，不少城市也制定了一些相应的规划与管理法规。但一些法规不配套，使相应的执法与管理存在盲点。此外，我国目前的城市规划法缺乏对规划主体的约束，对“规划失效”或“规划损失”不能通过法律手段追究规划主体应承担的责任。所以在今后的城市规划与管理的法制建设中，必须强化对规划主体的约束机制。

第二，要提高各级政府对城市规划重要性的认识。城市规划不是“纸上画画，墙上挂挂”，更不能脱离实际，盲目追求高层建筑，不顾客观条件地争建旅游城市、商贸金融中心甚至国际化大都市。否则，泡沫式的城市规划与建设，不仅会导致大量的资源浪费，而且也会使城市丧失自身特色，贻误发展时机，最终失去竞争力。

第三，要提高城市规划技术，加强城市规划管理。城市规划涉及人

---

① 叶南客，李芸. 战略与目标：城市管理系统与操作新论. 南京：东南大学出版社，2000：111-114.

文、社会、经济、文化、自然等多方面因素，是一项综合性的工作，需要搜集、储存和分析大量的信息资料，使用现代化的科学技术。所以，不仅要重视城市规划的硬件建设，更要重视规划的“软件”(如规划人才的培养、规划观念及规划管理的创新等)建设，提高规划成果的科技含量。

第四，提高城市管理水平，完善城市管理的内容。现代城市管理不仅包括城市的经济管理和社会管理，而且还包括城市的生态环境管理。在城市的社会管理方面，城市的人口管理，特别是人口数量的控制、人口素质的提高等，构成城市社会管理的主要内容。在城市的生态环境管理方面，应从加强环境教育入手，做到全面规划、合理布局、保护环境、造福人民，从政策和法制上确保城市的可持续发展。

第五，建立大众参与及监督机制，提高规划与管理的透明度。城市规划与管理涉及政府、开发商、投资者、普通市民等诸多利益相关者，不只是少数城市领导和专家的事情。所以在今后的城市规划管理中，必须建立健全有关信息公开制度和大众参与及监督机制，确保城市规划管理的科学性和可行性，使城市规划与管理既能平衡各利益相关方的需求，又能切实体现城市规划与管理服务于大众的基本目标。

五、稳步有序地推进农村进城务工人员市民化进程，走以人为本的城市化之路

中国特色新型城市化的核心是以人为本。城市化的根本目标就是让更多的人特别是农民享受现代城市文明，城市的建设和发展始终要以促进人文素质的提高和人的全面发展为中心。① 新型城市化更是强调以人为本，让人在城市化进程中不断实现自我价值，不断获得更加幸福、更加美好的生活。② 这既是新型城市化人文关怀的具体体现，也是新型城市化的根本方向和终极目标。③ 因此，要走好中国特色新型城市化道路，我们必须稳步有序地推进农村进城务工人员市民化进程。之所以强调农村进城务工人员市民化，主要是因为比起数量庞大的仍然在农村务农的农民，农村进城务工人员已经完成了职业转换和地域转换，已经支付了进入城镇实现非农

① 罗煜. 论我国新型城镇化道路. 决策探索，2008(10).
② 刘海平. 新型城镇化内涵探析. 决策探索，2012(7).
③ 王晓玲. 新型城市化：研究述评、内涵及路径. 学习与实践，2014(7).

化的成本，其身份转换的成本更低、困难较少，实现市民化也相对容易，有利于加快市民化进程。①②

（一）农村进城务工人员的定义

根据相关文献中对农村进城务工人员的定义，我们可以总结出农村进城务工人员所具有的共同特征：第一，户籍在农村，没有获得常住地城市户籍；第二，在常住地城市居住了一段时间；第三，基本上是适龄劳动力；第四，进城的目的就是挣钱。③

但还有一种更为宽泛的理解，即把所有进入城镇的外来人口统称为农村进城务工人员。笔者赞成这种更为宽泛的理解，因为这一理解对我们设计对策和解决问题带来了很大的方便：第一，农村进城务工人员是城镇外来人口的主流。进入东部沿海城镇的不仅有农村来的农民，还有不少来自中西部城镇的居民，但不可否认的是，从农村到城镇、从农业劳动力转为城镇非农就业人员是其中的主体。第二，进入城镇的外来务工人员不论是来自农村还是其他城镇，面临的问题都是相似的。第三，对于城镇外来务工人员，解决问题的办法是相似的。第四，多数流入地城镇并不刻意区分外地城镇户籍和外地农村户籍的差别，而统一将之视为外来人口进行管理。④ 因此，将城镇中的“外来户”统称为农村进城务工人员，更符合农村进城务工人员市民化的立意。从这个意义上说，农村进城务工人员并不全是农民。

（二）农村进城务工人员市民化的已有探索

近年来全国各地都在积极探索农村进城务工人员市民化，并取得了丰富的经验。从农村进城务工人员对象范围和市民化内容等方面看，这些探

① 简新华，何志扬，黄锟．中国城镇化与特色城镇化道路．济南：山东人民出版社，2009：294.

② 在中国城市化进程中，也有未经过农村进城务工人员这个阶段，而由农民直接向市民转型的情况发生。这种转型又具体分为两种，一是农民的土地被征用，农民直接获得城市户籍，转为市民；二是农民在集体土地上兴建具有城市功能的基础设施，享受城市一样的公共服务，实行向市民的转型。这两种转型，共同点都是农民直接的市民化转型，不同点在于方式上，我们可以分别称之为被动城市化转型和自主城市化转型。因此，在讨论中国城市化转型的主体的时候，我们仍将重点放在农村进城务工人员身上，但这并不意味着在城市化进程中，农民都得经由农村进城务工人员这个过渡环节才能完成市民化转型。

③ 刘传江，徐建玲，等．中国农民工市民化进程研究．北京：人民出版社，2008：10.

④ 赵俊超．城镇化：改革的突破口．北京：中国人民大学出版社，2015：131-132.

索大致可以分为以下三类：第一类是通过积分入户的方法，逐步解决农村进城务工人员入户问题，使其享受与城市市民一样的公共服务。这类城市以中山市为典型代表。第二类是通过全域统筹的办法，一次性让农民获得城市户籍，这方面成都市、重庆市做出了一系列探索。第三类是创造条件让农村进城务工人员从具体的公共服务如子女教育开始，不断享受更多的公共服务，多数城市在这方面开始了相应的工作。①

1. 通过积分入户推进市民化

目前广东省全省，江苏、浙江部分市县都采取了积分入户的办法，推进农村进城务工人员市民化。上海市的居住证管理办法，也为农村进城务工人员落户上海提供了通道，其实质也是一种积分制。

广东省中山市是全国第一个实行流动人口积分入户政策的城市，该政策2010年开始实施。其特点一是针对农村进城务工人员全体。本人户籍不在中山市，在中山市工作一年以上，纳入就业登记，缴纳社会保险的，都可申请积分入户。二是统筹实施较为规范。积分制管理由市政府统筹，具体实施由市流动人口管理办公室负责，其他各相关职能部门以及镇区协助实施。三是量化操作，有一定公平性。积分管理计分标准由基础分、附加分、扣减分三部分构成，每部分都有计分标准。四是抓住农村进城务工人员最关心的子女教育问题。积分管理累计超过30分的流动人员，其政策生育的子女就可在产权房屋所在地或工作所在地申请入读公办学校。

中山市的积分入户政策效果较好，该政策的设计与操作具有一定程度的公开、公平性，解决了部分农村进城务工人员落户的问题。但是中山市积分入户政策也存在一些问题。这些问题主要包括：审核材料过于烦琐；积分政策标准较高，一般农民难以企及；与原户籍地的政策没有配套，使许多农民因要放弃原户籍地的土地、集体分红等福利而无奈地放弃积分入户；相对于庞大的农村进城务工人员群体来说，积分入户的农村进城务工人员所占比例还是太少。②

2. 以一元户籍的方式推进市民化

成都市于2010年11月首次公布了《关于全域成都统一户籍实现居民

① 关于农村进城务工人员市民化的已有探索参见冯奎．中国城市化转型研究．北京：中国发展出版社，2013：147-152.

② 中山市目前有农村进城务工人员约150万人，自实行积分入户政策以来共解决了3万名农村进城务工人员的落户问题，约占农村进城务工人员总数的2%。

自由迁徙的意见》，提出到2012年实现全域成都城乡统一户籍，彻底破除城乡居民身份差异，建立户籍、居住一元化管理。成都市原有农业户籍人口与非农业户籍人口的历史将被终结，这项改革即是“一元化”户籍制度改革。

从推进农村进城务工人员市民化的角度来看，成都市这项改革有以下特征。一是整体推进。农民成为一种职业，而不再是身份的象征，全市500万农民从此可以“成建制”地成为成都市民。二是保护农民权益。所谓农民权益，就是这些农民可以登记为“居民”，但他们不必放弃原先在农村所享受的各种权益。耕者照样有其田，不必付出失去承包地、宅基地的代价，其子女就学、社会保险和城镇居民同等，社会公共资源可以共享。三是双向流动。以往只讲农村进城务工人员市民化，暗含的政策导向是只能推进农村进城务工人员进城变成市民，而城镇居民则不能下乡去就业、买房居住。成都市的这项改革支持城镇居民到成都市的农村居住、生活与就业，实现了生产要素的自由流动。

成都市这项改革的重大意义在于，在成都这样一个行政区范围内，第一次破除了城乡居民身份上的差异，城乡居民户籍、居住一元化管理的体制机制得以全面建立，实现城乡双向自由迁徙。成都市从此不存在本地农民市民化的问题，取而代之的是成都市居民的基本公共服务水平如何共同提高的问题。但成都市以一元化户籍解决农村进城务工人员市民化问题也存在一定局限性。一是目前这项改革只能解决本地农村进城务工人员的问题，对于外地来成都打工的农村进城务工人员，则不能适用于一元制户籍。二是成都市是国家城乡统筹改革试验区，享受过多项国家政策，其他地方难以比照成都实行。三是成都市在自身的都市圈范围内，通过大中小城市、小城镇统筹协调发展的方式解决了农村进城务工人员市民化问题，独立统一的行政协调系统是必要条件。对于跨行政区域条件下如何解决农村进城务工人员市民化问题，成都市并没有提供有效经验。

3. 通过解决基本公共服务推进市民化

农村进城务工人员市民化的根本目的就是要让农村进城务工人员享受到与城镇居民一样的公共服务，这些公共服务包括农村进城务工人员子女教育、住房、社会保障、医疗卫生等多个方面。一些城市采取从具体公共服务入手的办法，特别是抓住其中的关键问题，逐渐扩大公共服务在农村进城务工人员中的覆盖面与标准，以达到推进农村进城务工人员市民化的目标。下面是聚焦于解决农村进城务工人员子女教育和住房问题的地方实践。

浙江省政府要求，各级地方政府发展规划必须纳入农村进城务工人员子女教育等内容，并要求按照“以流入地政府为主、以公办学校为主”的原则，安排农村进城务工人员子女就近入学，且不得收取符合入学条件的农村进城务工人员子女义务教育阶段“借读费”。

上海市则把农村进城务工人员子女义务教育纳入政府保障范围。具体做法是，市政府对农村进城务工人员子女小学的设施改造给予财政补贴，即对以招收农村进城务工人员同住子女为主的民办小学，每校给予50万元的办学设施改造补贴，并按成本补贴办学经费。

重庆市将符合一定条件的农村进城务工人员纳入公共租赁住房保障范围。重庆市通过不断扩大公租房建设，逐步为包括农村进城务工人员在内的无房人员解决居住问题。通过政策措施鼓励区县政府、工业园区为农村进城务工人员建设集体宿舍或公寓。

广州市是流动人口大市。截至2010年10月底，登记在册的流动人口为710万，人数与户籍人口持平。广州市将“出租屋”的建设与管理作为解决农村进城务工人员住房的主要措施。一是以政府力量为主导，建设农村进城务工人员公寓；二是不断改善农村进城务工人员出租屋的卫生等条件；三是鼓励房地产企业参与出租屋的建设。目前，广州共有350余万套出租屋，缓解了农村进城务工人员住房困难的问题。

（三）进一步推进农村进城务工人员市民化的思路与对策

1. 深化户籍制度改革，给予农村进城务工人员平等的公民权

户籍制度被认为是农村进城务工人员市民化最大的制度障碍。因此，要进一步推进农村进城务工人员市民化，就必须彻底改革城乡分割的户籍制度，降低农村进城务工人员进城落户的门槛，给予农村进城务工人员与市民平等的公民权，使在常住地城市有稳定职业、固定住所、合法收入来源的农村进城务工人员尽快落户城镇，实现职业市民化与身份市民化同步。需要强调的是，户籍制度改革是对现有利益格局的大调整，涉及各方利益，绝不是一朝一夕就能完成的，而是一个复杂的、渐进的变革过程。所以户籍制度改革就成为解决农村进城务工人员市民化问题的突破口，应通过逐步剥离捆绑于户籍制度之上的各种社会福利，为农村进城务工人员市民化扫清各种制度障碍。

户籍制度改革可以按照统一、有序、分类、配套的原则逐步推进。[①]具体来说就是，第一，统一推进，即尽快推进城乡统一的户口登记制度改革，实行全国统一的居住证制度，使流动人口在权益保障、公共服务等方面获得与常住人口基本同等的待遇。第二，有序推进，即户籍制度改革不能一蹴而就，必须根据我国社会经济发展的相应阶段，在国家层面上拟定出户籍制度改革的时间表，逐步推进。第三，分类推进，即根据不同类型的城镇和农业转移人口群体实行差异化的分类推进战略，也就是说，由各城市按照自身实际情况和需要转移落户人口的不同类型制定本地的准入条件。第四，配套推进，即要将户籍制度改革与其他相关制度改革配套推进，逐步剥离与户籍制度相挂钩的各种社会福利。

2. 建立全国统一的社会保障制度和公共服务体系，使农村进城务工人员享有同等的社会保障权利和基本公共服务

农村进城务工人员无论是在社会保障还是在公共服务方面，都与城市原住居民存在着较大差别。所以，要推进农村进城务工人员市民化进程，就必须建立全国统一的社会保障制度和公共服务体系，让农村进城务工人员享有与市民同等的各项基本权利。比如农村进城务工人员能同等地参加基本医疗保险、失业保险和生育保险，同等享有初级卫生保健，农村进城务工人员同住子女同等享有免费接受义务教育的权利等。同时，要加强对农村进城务工人员权益的保护，有效维护农村进城务工人员的各项合法利益，增强农村进城务工人员对所住城镇的认同感和归属感，减少农村进城务工人员融入城镇的阻力，加快农村进城务工人员市民化进城。

3. 建立合理的农村进城务工人员市民化公共成本分担机制

目前，我国农村进城务工人员数量巨大，农村进城务工人员市民化又涉及多方利益，是一个庞大而复杂的社会系统工程，单靠政府或用人单位都无法承担巨额的农村进城务工人员市民化成本，必须构建合理的农村进城务工人员市民化公共成本分担机制。首先，要科学测算农村进城务工人员市民化的成本。农村进城务工人员市民化的成本大体上由以下几部分组成：(1)因新增城镇人口而产生的城镇公共基础设施的投资；(2)社会保障费用和社会福利支出；(3)新增城镇人口为适应城市工作技能和生活方式而新增的成本。各个城镇应根据自身具体情况测算出农村进城务工人员

① 参见冯奎. 中国城市化转型研究. 北京：中国发展出版社，2013：154-156.

市民化的各项成本，为农村进城务工人员市民化提供科学的决策依据。其次，要在政府、企业和个人三方之间合理分摊农村进城务工人员市民化的成本。政府应在农村进城务工人员市民化成本分担中发挥主导作用，主要承担城镇公共基础设施建设成本以及农村进城务工人员子女教育、公共卫生、低保、保障性住房等方面的支出；企业应依法确保农村进城务工人员享有合理的工资待遇和福利保障；农村进城务工人员个人主要承担法定的养老、医疗等社会保险个人承担部分以及个人教育、培训费用等。最后，要在中央政府和地方政府之间以及农村进城务工人员输入地和输出地政府之间构建合理的农村进城务工人员市民化成本分担机制，使各级政府的成本分摊责任与财政保障能力相匹配，从而有效推进农村进城务工人员市民化进程。

4. 深化土地制度改革，赋予农民有偿退出农村集体的权利

我国现行的《农村土地承包法》的一个明显的产权缺陷就是农民没有退出权。根据《农村土地承包法》第 26 条的规定，农民在小城镇落户的，可保留其土地承包经营权或者允许其依法进行土地承包经营权流转，但农民落户大中城市的，必须无偿退出承包地，不能获得经济补偿（土地投入除外），这不仅造成对农民土地财产权利实质上的剥夺，也导致大量农村土地的闲置荒废。因此，必须深化农村土地制度改革，在推进明晰所有权、稳定承包权、放活经营权的农村土地三权分置改革过程中，要赋予农民有偿退出农村承包地和宅基地的权利，既可以提高那些在城镇有稳定收入和住所的进城落户农村进城务工人员实现市民化的能力，也可以有效避免一些农村进城务工人员家庭从农村退出时，可能因集体经济的一些权利没有退出而带来诸如“空挂户口”①等许多社会问题。

当然，在赋予农民有偿退出权时，绝不能强迫农村进城务工人员放弃承包地和宅基地等土地权利，必须充分尊重农民意愿，切实维护进城落户农民各项农村合法权益，任何城镇都不得以退出土地承包经营权、宅基地使用权、集体收益分配权作为农民进城落户的条件，以确保稳定有序地推进农村进城务工人员市民化。

5. 提高农村进城务工人员融入城市的能力

使农村进城务工人员成为真正的市民，不只是解决农村进城务工人员

---

① 所谓“空挂户口”，是指农村进城务工人员家庭离开农村，也有条件在所在城镇落户，但因为要享受集体经济组织的权利，所以仍要把户口空挂在老家农村。

户籍就万事大吉，而是要使农村进城务工人员在社会、经济、政治、心理等多方面融入城市。因此必须从以下几个方面提高农村进城务工人员融入城市的能力。

第一，加强职业教育和技能培训，提高农村进城务工人员的技能和素质。目前，农村进城务工人员自身的整体文化素质不够高，工作适应能力不强，就业竞争力普遍较弱，这些都是农村进城务工人员融入城市的障碍。为此，一方面，政府要加强对农村进城务工人员的职业教育和专业技能培训，提高农村进城务工人员的综合素质，使他们成为遵纪守法的城市生活创造者和享受者，成为具有城市认同感和归属感的真正的市民。另一方面，要特别重视农村进城务工人员子女的教育问题，应给予农村进城务工人员子女与城镇居民子女同等的受教育机会和待遇，取消农村进城务工人员子女在城镇就学的借读费、赞助费等额外费用，逐步缩小新生代农村进城务工人员与市民在各方面的差距，增强他们融入城市的能力。

第二，营造社区、企业、市民关注、关心农村进城务工人员的良好社会环境，为农村进城务工人员融入城市创造和谐的社会氛围。农村进城务工人员往往背井离乡来到城市，对未来生活充满希望，但由于自身文化素质和专业技能等方面的原因，大部分农村进城务工人员只能从事脏、累和危险性较大的工作，容易产生失望、孤独甚至对社会不满的情绪。因此，需要社区、企业和市民共同关注和关心农村进城务工人员的工作和生活状况，帮助他们消除不满和排斥心理，提高自我管理、自我调适和耐挫能力。要大力开展农村进城务工人员喜闻乐见、丰富多彩的业余文化活动，满足他们不断增长的精神文化生活需求，使广大农村进城务工人员有尊严地生活，实现体面劳动。

第三，切实保障农村进城务工人员的政治权利和民主权利，提高农村进城务工人员的城镇主人翁意识。首先，要从宪法的高度尊重和平等对待农村进城务工人员，保障农村进城务工人员的权利，如迁徙自由权和参政议政权。要给予农村进城务工人员迁徙自由权，必须先破除户籍、劳动就业、社会保障、公共管理和服务城乡二元体制，实现农村进城务工人员在城乡之间的自由迁徙和双向流动。目前，中国庞大的农村进城务工人员群体长期不在户籍所在地生活，大部分没有参与国家和地方的政治生活，也没有直接表达自己诉求的有效渠道，基本上被排除在立法和决策过程之外，其权利极易被忽视甚至遭到随意侵害。鉴于此，必须建立健全农村进城务工人员在城镇行使民主权利的办法，承认农村进城务工人员在常住城镇的选举和被选举资格，使农村进城务工人员有法定的、制度化的利益表达渠道，并逐步增加农村进城务工人员在常住城镇党代会、人代会代表和政协委员中的名额，推动农村进城务工人员积极参政议政，增强农村进城务工人员的城镇主人翁意识和责任感，以民主促进民生问题的解决。[①]

六、加强智慧城市建设，走可持续城市化之路

（一）我国智慧城市发展现状与问题

自美国 IBM 公司于 2008 年 11 月在纽约首次提出“智慧地球”的理念以来，全球掀起了建设智慧城市的热潮，美国、欧洲的瑞典、爱尔兰、德国、法国，以及亚洲的中国、新加坡、日本、韩国等纷纷启动智慧城市建设。智慧城市是继数字城市和智能城市之后的信息化城市的高级形态，也是为推动城市化发展、解决超大城市病和城市群合理建设的新型城市形态，它基于互联网、物联网、云计算、高性能计算、智能科学等信息技术手段，搭建开放、互动、参与、融合的公共新型服务平台，以有效提高城市规划、建设、管理和服务的智能化水平，使城市运转更高效、更敏捷、更低碳。

1. 我国智慧城市发展现状

我国智慧城市建设在 2012 年以前主要是以各地自主探索为主，各地主要以数字城市建设为中心，提出了各自的发展策略和发展方式。2012 年后我国智慧城市建设上升为国家战略。国家出台了一系列有关智慧城市建设的政策规划，如住建部 2012 年发布的《国家智慧城市试点暂行管理办法》《国家智慧城市（区、镇）试点指标体系（试行）》，[②] 2013 年全国智能建筑及居住区数字化标准技术委员会发布的《中国智慧城市标准体系研究》，以及 2014 年国务院发布的《国家新型城镇化规划（2014—2020 年）》和住建部等八部委联合印发的《关于促进智慧城市健康发展的指导意见》

① 国务院发展研究中心课题组. 农民工市民化进程的总体态势与战略取向. 改革，2011（5）.

② 住建部. 国家智慧城市试点暂行管理办法、国家智慧城市（区、镇）试点指标体系（试行），2012-12-05.

等，拉开了从国家层面指导和发展智慧城市的序幕。其后，建设“新型智慧城市”①的概念也由国家发改委和中央网信办等多个国家部委提出，这标志着智慧城市建设已成为国家行为。

我国各级地方政府也纷纷响应和支持智慧城市建设。自2013年起我国通过分批试点的方式来推进智慧城市建设，截至2018年11月，我国超过500个城市正在规划和建设智慧城市。目前，我国试点智慧城市建设大体上有三种模式：一是以信息基础设施为主；二是以智慧产业为主；三是以智慧城市应用为主。② 各试点城市均结合各自特点有所侧重地开展智慧城市建设，但大部分试点城市主要集中在网络基础设施建设、基础数据库建设、公共信息平台建设、城市管理和服务等领域，以智慧产业为主的智慧城市建设较少。无论目前我国智慧城市发展采取何种类型，是城市规划管理型，城市生活服务型，还是智能交通导航型，虚拟城市导游型，③ 总体看来，它们都是智慧城市建设的不同形态，在促进我国城市公共基础设施的建设、资源环境的保护、城市生活的改善、城市经济产业的发展以及城市管理与服务水平的提高等方面将发挥着越来越大的作用。

2. 我国智慧城市建设存在的问题

第一，缺乏顶层设计，导致智慧城市建设同构化。智慧城市建设既涉及信息基础设施建设和网络体系建设，也涉及以城市规划、建设、管理和服务等为主要内容的各类业务应用系统建设，还涉及标准规范、运维、安全体系等信息化支撑体系建设。④ 可见，智慧城市建设是一项极其复杂的系统工程。目前，虽然国家有关部委和各地纷纷出台了一些有关智慧城市建设的政策、指导意见或标准规范，但国家层面的法律法规和政策规划尚不健全，更缺乏完善的标准体系。国家层面顶层设计的缺乏，必然导致各地在智慧城市建设项目上一哄而起、各自为政，信息孤岛和建设同构化现象严重，极大地浪费了有限的城市资源。

第二，缺乏对智慧城市内涵的统一而深刻的认识。目前由于我国不同

---

① 新型智慧城市：以为民服务全程全时、城市治理高效有序、数据开放共融共享、经济发展绿色开源、网络空间安全清朗为主要目标，通过体系规划、信息主导、改革创新，推进新一代信息技术与城市发展深度融合、迭代演进，实现国家与城市、人与城市协调发展的新生态。

② 丁国胜，宋彦．智慧城市与“智慧规划”——智慧城市视野下城乡规划展开研究的概念框架与关键领域探讨．城市发展研究，2013(8)．

③ 谢昕．我国智慧城市发展现状及相关建议．上海信息化，2012(1)．

④ 付现伟．我国智慧城市发展现状与问题分析．城市规划，2014(25)．

部门、不同地区对智慧城市内涵缺乏统一认识，以至于各地智慧城市建设所包含的内容极不相同，导致智慧城市建设或者仍然停留在技术层面和个别领域，或者带有相当程度的盲目性。①

第三，对外技术依存度过高，缺乏技术自主研发能力。现代信息技术是智慧城市建设的基础和核心，但在新一代信息技术领域，我国自主研发不足，研发能力较弱，多项核心关键技术仍然掌握在Oracle、EMC等国外高技术公司手中，一旦出现技术、系统的不可控，将会对我国信息安全造成严重威胁。②

第四，智慧城市建设过度依赖政府推动。目前，我国各地智慧城市建设都存在着过度依赖政府行政力推动的现象。智慧城市建设当然离不开政府的规划引领和宏观调控，但如果事事都由政府亲力亲为，仅仅依靠政府行政力主导智慧城市建设，就又回到了政府主导型城市发展的路子，可能造成社会资源的巨大浪费。

(二)推进我国智慧城市发展的对策建议

1. 加强顶层设计是智慧城市发展的前提和关键

目前，我国智慧城市建设仍然处于起步和探索阶段，迫切需要从整体上对智慧城市建设进行设计与规范，以化解当下智慧城市建设过程中出现的认识不一、标准不一、各自为政、信息孤岛等问题。可见，城市智慧水平的高低，取决于智慧城市顶层设计水平的高低，科学的顶层设计是智慧城市建设的前提和关键。

在我国，智慧城市的顶层设计应包括国家和地方两个层面的内容。首先，从国家层面看，要尽快制定我国智慧城市发展的总体规划和智慧城市建设标准体系，确定智慧城市建设的战略目标和总体布局，尤其是要加快制定明确而统一的技术标准、设施标准、安全标准和管理标准等。其次，从地方层面看，各地要在遵循国家顶层设计的前提下，根据自己的特点和需要解决的实际问题，做好地方层面的顶层设计；每一个城市要在国家顶层设计的指导下，按照地方层面顶层设计的具体要求和本地城市建设的实际需求，制定本地智慧城市建设发展规划、发展目标、发展步骤和主要任

---

① 谢昕. 我国智慧城市发展现状及相关建议. 上海信息化，2012(1).

② 智慧城市发展研究课题组. “十三五”我国智慧城市“转型创新”发展的路径研究. 电子政务，2016(3).

务，即每一个城市要制订一套属于自身发展的智慧城市建设顶层规划方案，以建设各具特色的智慧城市。当然，智慧城市顶层设计不是一成不变的，而应根据内外部环境的发展和变化做相应的更新、调整，使之与发展实际相契合。同时需要特别强调的是，以人为本是智慧城市建设的根本目标，各地智慧城市顶层设计一定要突出为“人”服务的理念，把不断满足市民物质和精神文化生活的需要作为智慧城市建设的出发点，使广大市民充分享受到智慧城市的成果。

2. 提高自主技术研发能力是智慧城市建设的坚实基础

智慧城市建设的核心就是新一代信息技术的应用，并通过互联网与物联网的深度融合，高效配置社会资源，提升城市规划、建设、管理和服务等各个系统的运作效能。我国当前智慧城市建设面临着自主技术研发能力不足、关键核心技术受制于人的困境。因此，国家要采取各种经济和法律手段不断强化自主技术研究和开发，加强自主技术研发平台建设，鼓励和强化企业、高校及科研院所合作研发新技术，实现产、学、研深度融合，以新技术创新和培育新产业，以新兴产业集群促进城市产业结构的转型升级，为智慧城市建设打下坚实的技术基础。同时应当看到，智慧城市建设的关键在于专业人才的培养，无论是顶端规划设计、统一技术标准的制定、信息网络系统的建设还是建设资金的获得都需要大批专业技术人才。所以，一方面要创新人才培养模式，尽快培养壮大一批掌握先进智慧技术的专业人才队伍。另一方面，要加强人才引进，通过项目支持、创新奖励、住房福利等各种激励措施引进智慧城市建设急需的各种专业技术人才，为智慧城市发展提供坚实的智力基础。

3. 建立健全高效的网络安全保障体系是智慧城市建设的关键环节

高效的网络安全保障体系通常包括以下组成部分：一是健全的网络信息安全组织保障体系，其有效保障网络信息安全组织、运作、技术体系标准化和制度化；二是网络信息安全技术标准体系，其确保有效访问控制、身份鉴别、数据的完整性和安全性；三是网络信息安全运维保障体系，其保障整个网络信息系统的稳定可靠运行以及安全监控、运行管理和事件处理的规范化。① 目前，除了尽快建立健全高效的网络安全保障体系外，还要加强国家智慧城市建设的立法工作，建立健全保障公民个人信息安全和

① 刘琳. 网络安全保障体系的构建策略探析. 计算机光盘软件与应用，2012(19).

维护公民个人隐私的法律法规，为公民个人的合法权益和国家安全提供保障。

4. 充分发挥市场导向作用是智慧城市建设的重要保证

智慧城市建设涉及城市公共基础设施建设、网络基础设施建设、基础数据库建设、公共信息平台建设、城市管理和服务等众多领域，需要投入大量的人力、物力和财力，有些投入还将面临巨大的市场风险。所以必须摒弃政府大包大揽的做法，充分发挥市场在资源配置和价格发现上的作用，弥补政府失灵的不足，大力吸纳社会资本参与智慧城市建设，形成政府引导、市场导向、全民参与的智慧城市建设机制。

第十章　中国特色新型城市化的实践经验

一、中国特色新型城市化综合试点地区的确定

（一）中国特色新型城市化综合试点总体实施方案的提出

中国道路是中国共产党领导全国人民进行革命、建设和改革开放的伟大实践之路，也是实现中华民族伟大复兴的必由之路。目前，中国道路正沿着“中国梦”的方向快速延伸。中国特色新型城市化道路是中国道路的重要组成部分，是中国通往现代化的必经之路。我们坚信，中国特色新型城市化道路的实践不仅能让中国走向繁荣富强，让中国人民过上安居乐业的美好生活，同时对世界城市化发展也具有十分重要的意义。但是，我们也应当清醒地认识到，中国特色新型城市化道路并不是一开始就被设计或谋划好的，而是在中国城市化实践中不断探索和选择的结果。在中国共产党的带领下，在中国城市化的历史进程中，总结中国城市化的实践经验，直面中国城市化的种种挑战，借鉴世界上主要发达国家和典型发展中人口大国城市化的经验和教训，遵循发展规律，因势利导，趋利避害，中国主动选择了新型城市化道路。①

正是在这一背景下，2012 年 12 月，党的十八大之后中央经济工作会议第一次明确提出了新型城镇化道路，自此新型城镇化道路成为学界、实践部门和媒体共同关注的“热词”。2013 年 11 月，党的十八届三中全会通过的《中共中央关于全面深化改革若干重大问题的决定》提出：“坚持走中

① 朱鹏华. 中国新型城镇化道路. 北京：经济科学出版社，2017：257-258.

国特色新型城镇化道路，推进以人为核心的城镇化。”[①]这就为我国加快推进中国特色新型城市化指明了方向。在此基础上，2014 年 3 月，国务院发布了《国家新型城镇化规划(2014—2020 年)》[②](以下简称《规划》)，《规划》全文共 8 篇 31 章，总计 3 万多字。《规划》明确了新型城镇化的主要目标及战略任务，成为今后一个时期指导中国特色新型城市化健康发展的宏观性、战略性、基础性规划。

2014 年 4 月，国家发展和改革委员会发布了《国家新型城镇化综合试点总体实施方案》，决定会同中央编办、公安部、民政部、财政部、人力资源和社会保障部、国土资源部、住房和城乡建设部、农业部、中国人民银行、中国银监会等 11 个部门，分 3 批将 2 个省和 246 个城市(镇)列为国家新型城镇化综合试点，让其率先探索城市化关键制度改革。

(二)中国特色新型城市化综合试点地区的确定

2015 年 2 月，国家发改委公布了第一批国家新型城镇化综合试点地区名单，确定首先在江苏、安徽两省和宁波等 62 个城市(镇)开展试点。首批试点的主要任务是：建立农业转移人口市民化成本分担机制，改革完善农村宅基地制度，探索建立行政管理创新和行政成本降低的新管理模式，综合推进体制机制改革创新。[③]

2015 年 11 月，国家发改委公布了第二批国家新型城镇化综合试点地区名单，同时国家发改委也明确指出，这一轮试点将于 2015 年底前启动，到 2017 年与第一批试点地区同步取得试点任务的阶段性成果，形成可复制、可推广的经验；到 2020 年在全国范围内全面有序推广试点成功经验。第二批试点的主要任务是：建立农业转移人口市民化成本分担机制；建立多元化可持续的城镇化投融资机制；改革完善农村宅基地制度；探索建立行政管理创新和行政成本降低的新型管理模式；综合推进体制机制改革创新。试点的重点任务是：(1)农村进城务工人员融入城镇；(2)新生中小城市培育；(3)城市(镇)绿色智能发展；(4)产城融合发展；(5)开发区转型；(6)城市低效用地再开发利用；(7)城市群协同发展机制的建立；

---

① 中共中央关于全面深化改革若干重大问题的决定. 新华网，2013-11-15，http：//news.xinhuanet.com/policies/2013-11/15c_118164235.htm.

② 国家新型城镇化规划(2014—2020 年). 中华人民共和国中央人民政府网站，2014-03-06，http：//www.gov.cn/gongbao/content/2014/content_2644805.htm.

③ 中国新型城镇化综合试点总体实施方案. 国家发展和改革委员会网站，2014-12-29，http：//www.sdpc.gov.cn/gzdt/201502/W020150204332605546365.pdf.

(8)带动新农村建设等。①

为贯彻落实《国家新型城镇化规划(2014—2020年)》和2016年政府工作报告部署要求，2016年11月29日，国家发改委等11个部门联合印发《关于公布第三批国家新型城镇化综合试点地区名单的通知》，确定111个城市(镇)成为第三批国家新型城镇化综合试点地区。至此，国家新型城镇化综合试点扩大到2个省和246个城市(镇)。第三批试点的重点任务是，农村进城务工人员融入城镇、新生中小城市培育、中心城市建设、城市绿色智能发展、产城融合发展、地方文化保护传承、城乡统筹发展等。②

二、中国特色新型城市化的实践经验

(一)中国特色新型城市化的区域探索

自党的十八大以来，随着一系列相关文件如《中共中央关于全面深化改革若干重大问题的决定》《国家新型城镇化规划(2014—2020年)》《国务院关于进一步推进户籍制度改革的意见》等陆续发布，特别是随着三批国家新型城镇化综合试点名单的发布，推进中国特色新型城市化的区域探索已全面展开，各地结合各自的发展基础和特点，纷纷提出了各具特色的新型城镇化推进路径或推进目标。本小节选取东部地区的苏州市、中部地区的河南省和西部地区的宁夏回族自治区作为区域案例，分析这三个地区在推进新型城市化进程中的实践探索。③

1. 苏州市推进新型城市化的探索实践

在改革开放之初的20世纪80年代，著名社会学家费孝通先生曾经把苏州、无锡、常州地区的城市化发展模式概括为苏南模式，该模式的特征是以乡镇企业带动小城镇发展，以小城镇发展推动城镇化进程。经过30

① 国家新型城镇化综合试点地区，https：//baike. sogou. com/v142621646. htm？fromTitle=国家新型城镇化综合试点地区.

② 公布第三批国家新型城镇化综合试点地区名单的通知，http：//www. sohu. com/a/122414361_354859.

③ 参见王玲杰. 新型城镇化的综合测度与协调推进. 北京：经济管理出版社，2014：69-92.

多年的发展，至 2017 年，苏州市的城市化率已高达 75.80%，[①] 比同期全国平均水平(58.52%[②])高了 17.28 个百分点，进入成熟城市化阶段。同时，在加快转变发展方式、全面深化改革的大背景下，苏州市的城市化发展也呈现出许多新特点。2014 年 3 月，国家发改委正式批复将苏州列为国家城乡一体化综合改革试点。以人为核心、城乡统筹、城乡一体化成为苏州现阶段推进新型城市化、提升发展质量的核心和重点。

(1)苏州推进城乡一体化的基础优势

第一，较强的综合实力成为苏州推进城乡一体化发展的强力支撑。工业化与城市化相伴而生、相互促进。2016 年，在我国工业总产值排名中，苏州位居第一，苏州拥有全国乃至全世界最大的工业基地，号称“世界工厂”，其较强的综合实力为推进城乡一体化发展提供了强有力的支撑。2017 年，苏州市的 GDP 总量在全国排名第 7，仅次于上海、北京、深圳、广州、重庆和天津，[③] 不仅如此，在这 7 个城市中，苏州市的人均 GDP 仅低于深圳市，位居第 2。[④] 从城市化发展水平来看，苏州市的城市化率已超过 75%，标志着苏州已进入成熟城市化阶段。可见，较强的综合实力、领先的工业化和城市化进程，使苏州成为“最有基础、最有条件、最有希望也最有可能”推进城乡一体化发展的地区。

第二，强劲的县域经济为苏州推进城乡一体化发展奠定了坚实基础。县域经济发端于农村经济。改革开放之初，苏州市的大批乡镇企业抓住了中国改革开放的战略机遇，实现了超常发展，为苏州经济社会发展奠定了坚实基础。所以，有一种说法认为，苏州强在县域经济。的确，苏州市所辖的昆山、常熟、张家港、太仓、吴江都是闻名全国的县域经济强县，且连年处于全国领先地位。在 2017 年中国百强县排名中，前四名都是江苏省的，而其中位居第一、第三和第四的昆山、张家港和常熟这三个县均是苏州的，苏州的超强县域经济可见一斑。县域经济的领先发展，在推动农业现代化发展、吸引农村剩余劳动力就地转移就业、改善农村面貌、富裕农民等方面具有关键性影响，也为有力推进城乡一体化发展奠定了坚实基础。

---

① 苏州市人民政府网站，http：//www.suzhou.gov.cn/.

② 国家统计局. 中国统计年鉴 2018. 北京：中国统计出版社，2018.

③ 2017 中国城市 GDP 排名. 中国报告大厅网，http：//www.chinabgao.com/enterprise/12040.html.

④ 2017 年全国城市人均 GDP 排名. 好金贵财经网，https：//www.haojingui.com/gdp/5040.html.

第三，农业现代化进程的不断加快有力促进了“三农”难题的破解。实现城乡一体化，促进现代农业发展是破解“三农”问题的根本路径。在苏州市小城镇快速发展、实力不断增强的同时，现代农业进程也随之加快。苏州大力推进的“四个百万亩”工程，[①] 提高了苏州农业的组织化、规模化和科学化程度。苏州市 91%的承包地实现了规模经营，农民年人均纯收入连续多年实现了两位数增长。2013 年，苏州农民年人均纯收入达到 21578 元，城乡居民收入比为 1. 91∶1，是全国城乡居民收入比差距最小的地区之一。苏州农业现代化进程的快速发展为推进城乡一体化、破解“三农”难题提供了极具说服力的案例。

第四，生态环境的改善促进了绿色低碳转型发展。苏州素有“人间天堂”“鱼米之乡”的美誉。在推进城乡一体化进程中，建设绿色苏州、营造良好的生态环境是苏州的一个重要特色和努力方向。在我国提出要探索出一条具有中国特色的新型城市化道路，强调集约、智能、绿色、低碳的大背景下，苏州不断加大生态环境建设力度，并加快推进“四个百万亩”、阳澄湖生态优化、生态园建设、十万亩湿地建设、河道水质提升、东太湖综合整治、吴淞江流域整治、大气清洁、土壤山体修复和垃圾及污泥无害化资源化等十大工程，使苏州市的生态环境得到较大改善，极大提升了苏州的城市化质量。

第五，文化传承创新城市化发展水平。苏州市是我国首批历史文化名城，闻名遐迩的苏州园林凸显了苏州城市化特色，一批历史风貌保存完好的古城、古镇、古村不仅体现苏州探索新型城市化道路的特色和优势，更彰显了苏州城市化的文化底蕴和文化实力。通过传承与创新历史传统文化，并融合新型城市化建设和新农村建设，苏州提出要“让城市融入大自然，让居民望得见山、看得见水、记得住乡愁”。苏州把深厚的文化底蕴转化为突出的文化优势，并将之融入城乡一体化建设中，有效地提升了苏州城市化发展水平。

(2)苏州推进城乡一体化发展面临的主要挑战

第一，土地资源“瓶颈”挑战。作为人类赖以生存的物质基础，土地具有不可再生、供给有限、位置固定等基本特性，对人类的一切活动都是至关重要的。目前，苏州在推进新型城市化进程中面临的一个巨大挑战就是土地资源“瓶颈”的制约。在苏州 8488 平方公里的土地面积中，超过

① “四个百万亩”工程，即：百万亩优质粮油工程、百万亩高效园艺工程、百万亩特种水产工程、百万亩生态林地工程。

40%的是水域面积，基本农田占地只有325万亩。随着城市化、工业化进程的不断推进，苏州城镇建设用地的获得将越来越困难，如何破解土地资源"瓶颈"，成为苏州有效实施新型城市化战略时迫切需要解决的一个重大问题。

第二，资源环境"瓶颈"挑战。仅就工业总产值而言，苏州市已超越上海，成为全国第一大工业城市。苏州全市GDP位居江苏第一。从产业结构看，苏州的制造业尤为突出，占比超过50%。截至2017年末，苏州全市有常住人口1068.4万人，其中，其中户籍人口691.1万人。① 由于如此众多的人口密集分布在相对狭小的区域，苏州必然面临着较大的节能降耗减排压力，所以加快推进集约、智能、绿色、低碳的新型城镇化发展模式，逐步缓解资源环境"瓶颈"制约是苏州市必须直面的严峻挑战之一。

第三，体制机制"瓶颈"挑战。苏州市要完成建设国家城乡一体化发展综合改革试点任务，打造城乡一体化示范区，就要统筹城乡发展，消除二元结构，深化户籍、土地、教育、医疗、养老、社会管理等诸多领域、诸多层面的改革，而这些领域和层面的各项改革之间的关系又极为复杂，有些改革可以说牵一发而动全身。因此，如何改革和创新体制机制，如何统筹协调推进各领域改革，是苏州推进城乡一体化发展进程中面临的又一个重大挑战。

(3)苏州推进城乡一体化发展的主要做法

第一，逐步消除城乡二元结构。苏州市在推进城乡一体化进程时，着力消除长期存在的城乡二元结构。主要措施包括：一是实施"三大并轨"，即城乡低保、基本养老保险和医疗保险全面并轨，使苏州市人无论从事农业还是工业、无论农村户籍还是城镇户籍，在公共服务方面实现均等；二是大力推广"新村镇"理念，学校、医院、污水处理厂等配套设施齐全的现代化村镇成为农村人口享受城市生活的新家园。三是在新农村建设发展的基础上实施"七个一体化"，② 使苏州市城乡一体化发展有了着力点，有效地推进了改革试点建设。

第二，因地制宜地推进新型城镇化进程。在国家提出的要因地制宜地推进新型城镇化进程的思想指导下，苏州市依据不同的资源禀赋、产业基础和生态类型，把各镇区分为区镇合一模式、产业集聚模式、古镇保护模

① 苏州市人民政府网站，http：//www.suzhou.gov.cn/.

② "七个一体化"，即城乡发展规划一体化、统筹资源配置一体化、产业布局一体化、基础设施一体化、公共服务一体化、就业社保一体化和社会管理一体化。

式、现代农业模式、综合开发模式、绿色生态模式六类，其中，以吴江区为试点探索的区镇合一模式，通过行政区划调整来打破行政界限、统筹协调区域发展，既优化了资源配置、实现了功能互补，又提高了行政效能和公共服务水平。① 苏州针对城乡一体化发展综合改革试点提出了“三形态”②，即根据各行政村的资源禀赋和发展状况确定各自的主要发展方向，因地制宜地推进新型城镇化进程。同时，苏州市还推动“三集中”，实行“三置换”。③ 在推动“三集中”时，苏州市还特别强调了集中居住区规模要适中，农业经营规模要适度，规划保留村庄规模要适宜，这三个“适”，是苏州市在立足实际、统筹协调推进城乡一体化进程中的冷静思考和科学谋划。④

第三，集聚集约推进城乡一体化发展。“三集中”是苏州市集聚集约推进城乡发展一体化的具体体现。“三集中”就是按照形成主体功能区的要求，打破行政区域界限，积极推进工业企业向园区集中、农民居住向社区集中、农业用地向规模经营集中。工业企业向园区集中，一方面有利于实施“退二还一”“退二进三”；⑤ 另一方面有利于提升基础设施、公共服务水平，促进产业链式发展，培育优势产业集群。农民居住向社区集中，有利于形成规模经济效应，改善农村社区居住环境，完善配套服务设施，进而提高农村居民生活水平。农业用地向规模经营集中，有利于全面提升农业生产的组织化、科技化、机械化、标准化和市场化水平，提高农业生产效率和效益，进而有效转变农业生产方式。

第四，融合发展贯穿于城乡一体化发展进程。融合发展是城乡一体化发展的题中应有之义。苏州市的融合发展主要包括城乡融合发展、产城融合发展、现代农业发展与生态环境建设和保护融合发展。在城乡融合发展方面，苏州市以“七个一体化”为改革重点，通过实施土地利用规划、城

① 李万峰，徐枫．苏州吴江区实施“区镇合一”的实践．学习时报，2014-07-28.

② “三形态”，是指镇村发展的三种形态，即地处工业和城镇规划区的行政村，以现代服务业为主要发展方向，加快融入城市化；工业基础较好、经济实力较强、人口规模较多的行政村，以新型工业化为主要发展方向，加快就地城镇化；地处农业规划区、保护区的行政村，以现代农业为主要发展方向，加快农业农村现代化。

③ “三置换”，即鼓励农民以农村土地承包权、经营权置换成土地股份合作社股权或以预征地方式置换基本社会保障，以宅基地及住房所有权参照拆迁或预拆迁办法置换成城镇住房，或进行货币化置换，或置换二、三产业用房，或置换置业股份合作社股权，以集体资产所有权、分配权置换成社区股份合作社股权。

④ 聂高民，郭冠男．苏州市统筹城乡发展综合配套改革调研报告．http：//www.china-reform.org/?content_167.html.

⑤ 这里的“一、二、三”是指一、二、三次产业。

镇规划、产业发展规划、生态建设规划等的规划合一或规划融合，统筹优化城乡空间布局，推进城乡一体化发展；在产城融合发展方面，苏州市按照依城促产、以产兴城的思路，以“四个百万亩”工程推动农业向二、三产业延伸拓展，以“接二连三”、1.5 产业、2.5 产业等新思路，促进现代服务业、高新技术产业等新兴产业的发展壮大，并有力促进三次产业的融合发展；在现代农业发展与生态环境建设和保护融合发展方面，苏州市明确“生态、生产、生活”的功能定位，在发展生态农业中实现生态质量和农业农民的经济效益的“多赢”，让农业生产、田园风光和新村镇建设相互融合，打造拥有田园生态美景的新家园。

第五，深化改革促进城乡一体化发展。苏州市推进新型城市化要解决的一个突出问题就是如何深化农村土地制度改革、如何保障农民土地权益。苏州市以“三个置换”推进土地制度改革探索，从而建立土地资源增值收益共享机制，实现“资源资产化、资产资本化、资本股份化”，最终保障了农民的长期收益。[①] 此外，苏州还大力发展农民专业合作社、土地股份合作社和社区股份合作社这“三大合作”，“三个置换”与“三大合作”成为相辅相成的配套改革措施，由此形成了“家家有资本、户户成股东、村村有物业、年年有分红”的新格局，从而使苏州农民真正成为城镇化发展的受益者。提高公共服务均等化水平是实现城乡一体化发展的关键，苏州市通过城乡社保“三大并轨”[②]推动社保和公共服务领域的体制机制改革与创新，率先实现了城乡之间在低保、基本养老、医保这三个方面的一体化，成为消除城乡二元结构的关键举措。

2. 河南省推进新型城市的探索实践

在现代化初期阶段，河南以强农兴工为主要任务，走以工业化为主导的发展之路；在进入 21 世纪的新时期，河南通过城镇规模的扩大和城镇功能的完善，促进人口和产业的集聚，进而推动新型城镇化、新型工业化和农业现代化协调发展，以实现新型城镇化引领“三化”协调、“四化”同步发展。

(1)河南新型城镇化发展目标

第一，消除城乡二元结构。河南作为全国的人口大省，截至 2017 年

① 聂高民，郭冠男. 苏州市统筹城乡发展综合配套改革调研报告. http：//www.china-reform.org/? content_167.html.

② “三大并轨”，即城乡低保并轨、城乡养保并轨和城乡居民医疗保险并轨。

末，全省总人口10852.85万人，常住人口9559.13万人，其中城镇常住人口4794.86万人，常住人口城镇化率为50.16%,[①] 比全国平均城市化水平低8.36个百分点。河南省是我国新兴工业大省，其工业增加值多年在中西部地区名列前茅。2017年，河南三次产业结构比为9.6∶47.7∶42.7，第二产业高出全国平均水平高7.2个百分点。从河南的产业结构状况来看，河南仍处于工业化中期阶段，因此要振兴河南，实现中原崛起，必须加快推进工业化进程。但河南的城镇化明显滞后于工业化，其城市化率也明显低于全国平均水平。有鉴于此，河南应充分发挥新型城镇化在“三化”协调中的引领作用，大力推进户籍、土地、住房、社保、就业、教育、卫生等领域的制度改革，消除城乡二元结构、统筹城乡发展。

第二，实现城乡融合发展。实现城乡融合发展的目标具体包括如下四个方面的内容：一是实现城乡规划相互衔接。要充分发挥规划在城乡一体化发展中的指导作用，建立健全全省域城镇体系规划、城市总体规划、控制性详细规划和村镇规划等覆盖城乡的规划体系，实现城市和农村规划的无缝对接。新型农村社区建设应纳入城镇体系规划，将城镇设施延伸至农村，依照城镇社区建设理念，统筹推进新型农村社区基础设施建设。二是实现城乡产业融合发展。以新型城镇化带动产业升级、转型，使现代产业体系与城镇体系相适应，同步推动新型农村社区建设和农业产业化进程，进而促进农业规模化经营，发展高效农业和劳动密集型加工业等特色产业，加速要素集聚，实现三次产业协调发展。三是实现城乡要素自由流动。在推进新型城镇化的进程中，要立足城乡统筹发展，实现城乡之间的劳动力、资金、技术、信息等经济资源的合理流动和优化配置，从而实现城乡优势互补、利益共赢、融合发展。实现城乡要素和产品市场的一体化，建立城乡统一的金融、技术、产权和劳动力市场，提高利用市场优化配置资源的能力和水平。四是实现城乡设施一体化建设。推动城乡基础设施和公共服务规划、建设、发展的一体化，提高综合服务水平；拓展延伸城际轨道交通网，提升农村公路等级，在城乡之间实现高效连接；实现公共服务共享，提高电子化、数字化、网络化水平，形成综合统一的电力、邮政、信息等方便快捷的综合管理服务体系；实现生态共建，统筹生态廊道、水系与环保、绿化的设施及布局建设，改善城乡人居环境质量。

第三，提高城乡公共服务均等化水平。首先，要全面实施城乡免费义

① 河南省人民政府网站，www.henan.gov.cn.

务教育、不断完善国民教育体系，实现县县有文化馆图书馆、乡乡有综合文化站，逐步向社会免费开放城镇公共博物馆、纪念馆、科技馆等公共文化设施。其次，要实现基本医疗保障制度全覆盖，建成城乡基层医疗卫生服务体系，促进社会公平公正，确保人民共享发展成果。最后，要加大各级政府投入，按照城市社区建设理念，完善配套设施，实现"六通六有两集中"，"六通"即通四级公路、客运、自来水、电、有线电视、宽带；"六有"即社区综合服务中心、标准化卫生室、连锁超市、文化活动室、公共活动场所、幼儿园(5000人以上的配建小学)；"两集中"即垃圾集中收集、污水集中处理。完善"村收集、乡运输、县处理"的垃圾收运系统；支持具备条件的新型农村社区实现与城镇污水处理厂管网对接，进行污水集中处理；远离城镇的新型农村社区，因地制宜地选择投资成本小、运行费用低、处理效果好的污水处理技术，建设污水处理设施。

(2)新型城镇化引领"三化"协调发展的着力点

第一，加快构建现代城镇体系，促进协调互动发展。坚持新型城镇化引领"三化"协调发展的关键，是要建立符合河南实际的新型城镇体系。首先，要充分发挥中原城市群发展规划的引领作用，构建中部崛起的核心增长区域，提升中原城市群一体化发展水平，加快路网建设，建成以郑州为中心的半小时核心圈、1小时紧密圈。[①] 其次，要强化郑州的龙头作用，增强其辐射带动作用，充分体现郑州的中原城市群核心增长极地位。最后要增强县城的承载承接作用，按照现代城市的理念和标准，提高县城承载承接中心城市辐射和带动农村发展的能力。

第二，加快构建现代产业体系，促进产城融合发展。现代产业体系的构建，离不开新型城镇化与产业结构调整的融合发展，这就需要完善城镇功能，促进要素集聚，推动以城促产，以产兴城。充分发挥郑州、洛阳等特大中心城市高端要素集聚、科技创新等优势，形成以服务业为主导、高端制造业为支撑的产业结构。其他中心城市在培育壮大主导产业的同时，要着力加快传统产业转型升级，提升城市产业能级。发挥中小城市和小城镇要素成本优势，积极承接产业转移，因地制宜地发展劳动密集型产业和特色产业集群。资源型城市和老工业基地要加快改造提升传统产业，培育壮大新兴产业，扩大服务业规模，增强城市综合竞争力。

第三，加强载体平台建设，促进发展方式转变。加强载体平台建设，

---

① 河南省人民政府关于深入推进新型城镇化建设的实施意见. https：//www.henan.gov.cn/2016/11-04/239565.html.

使产业集聚区、城市新区、特色商务区等成为优化产业结构和转变发展方式的重要载体。首先，要着力规划和建设城市新区，使之成为一批千亿级现代产业发展高地。其次，要狠抓产业集聚区建设，积极培育主导产业，建成一批特色产业集群，使之成为承接产业转移的主平台和县域经济发展的增长极。最后，在老城改造和新城建设有机结合的基础上，着力发展特色商业区和商务中心区，使之成为高端服务业的集聚区、城区经济增长中心和城市形象的展示窗口。

(3)河南推进新型城市化的主要做法

河南作为我国中部地区的第一人口劳动力大省，其推进新型城市化的一些做法对于全国其他地区具有重要的借鉴意义。早在 2003 年，河南在发布的《河南省全面建设小康社会规划纲要》中首次系统地阐述了河南“三化”发展的战略目标，即“加快工业化、城镇化，推进农业现代化是河南全面建设小康社会的基本途径，也是从根本上解决‘三农’问题的必由之路”。2011 年 9 月，《国务院关于支持河南省加快建设中原经济区的指导意见》出台，体现了国家建设中原经济区的战略意图，即如何闯出一条既不牺牲农业和粮食，又不破坏生态环境的新型工业化、新型城市化和新型农业现代化协调发展的路子，这成为中央的嘱托、人民的期望、全省的承诺。2016 年 9 月，河南颁布了《河南省人民政府关于深入推进新型城镇化建设的实施意见》，该意见全面阐释了河南推进新型城市化的总体目标和要求以及具体实施办法，是全省今后一个时期推动新型城市化和城乡一体化发展的纲领性和指导性文件。根据这一文件，并结合河南的实践探索，河南推进新型城市化发展的主要做法包括以下四个方面：

第一，加快农业转移人口落户城镇的步伐。主要措施包括：首先，继续推进户籍制度改革。全省各地纷纷制定农业转移人口在城镇落户的具体实施方案，使有能力在城镇稳定就业和生活的农业转移人口举家进城落户。比如，2015 年 2 月，洛阳市颁布实施《关于进一步深化户籍制度改革的通知》，并修订完善相关的户口管理办法。取消农业、非农业户口的区分，实行城乡一元化户籍登记；全面放开县城和建制镇落户限制，并将中心城区的落户条件放宽为参加城镇社会保险 1 年以上、具有合法稳定住所(含租赁)，本人及共同居住生活的配偶、未成年子女和父母均可迁入。这项改革大幅度地降低了城镇地区落户门槛。其次，全面推进居住证制度。使居住证与基本公共服务挂钩，保障居住证持有人在居住地享有与户籍人口均等的基本公共服务。例如洛阳市推进居住证与医疗、教育、住房、社会保险、就业指导、便民服务等民生问题的衔接，建立健全公共服务体系，全力保障居住证持有人的市民待遇。① 再次，全面解决随迁子女就学问题。解决农民工随迁子女的就学问题，就是要切实贯彻执行就地就近入学政策，使随迁子女能主要在公办学校完成义务教育，在公办幼儿园和普惠性民办幼儿园完成学前教育，并享受相关免费政策等。最后，加快农村产权制度改革，使农业转移人口进城落户无后顾之忧。这就要加快推进土地承包经营权、宅基地使用权和农村集体资源型资产确权登记颁证，维护进城落户农民的在农村的合法权益，积极探索农村空置宅基地有偿流转和退出机制，以实现城乡要素的平等交换和优化配置。

第二，加快现代城镇体系构建。具有科学合理的现代城镇体系是新型城镇化发展水平高的重要标志。河南构建现代城镇体系，就是要建成以一体化交通网络建设为先导，以郑州都市区为核心，以各地区域性中心城市发展水平的提高为支撑，以不断壮大的新兴中小城市为战略支点，以重点小城镇为农村腹地辐射点的不同职能分工、不同等级规模、联系密切、互相依存、功能互补的现代城镇体系。

第三，提高城镇综合承载能力。主要措施包括：一是实施棚户区改造，完善城市功能，美化市容市貌；二是加强城市交通网建设，真正做到“零距离换乘、无缝化衔接”；三是推进市政公用设施建设，提高公共服务水平；四是加快新型城市建设，提高城市智慧化服务水平。

第四，加快城乡一体化建设。以城乡一体化示范区建设为先导，以绿色、低碳、集约、紧凑发展为目标，积极推进新农村建设，构建农村三次产业融合发展服务平台，推进农村电商发展，实现城乡要素互补、资源共享的城乡一体化发展。②

3. 宁夏回族自治区推进新型城市化的探索实践

宁夏回族自治区正处于城市化加速发展阶段，截至 2017 年末，宁夏城市化率达 57.98%，高于西部地区平均水平，但仍然略低于全国平均水平。进入 21 世纪后，宁夏在推进城市化的进程中，以培育沿黄城市为重点，以打造大银川都市区为引领，着力优化城镇布局，促进大中小城镇梯次发展。21 世纪第二个十年，宁夏提出要作为一个大城市来规划建设的新思路，并在城镇规划体系完善、生态移民、交通基础设施以及扩大开放

① 国家发改委. 新型城镇化系列典型经验之一：农业转移人口市民化案例. 中华人民共和国中央人民政府网站，http://www.gov.cn/xinwen/2016-12/19/content_5149898.htm.

② 河南省人民政府关于深入推进新型城镇化建设的实施意见. https://www.henan.gov.cn/2016/11-04/239565.html.

等方面进行了一些新的探索。

(1)宁夏推进新型城市化的思路演进

2002年6月，宁夏提出了以信息化带动工业化、以城市化推动现代化的发展战略。同年9月，宁夏回族自治区党委九届二次全会提出要实施中心城市带动战略，做大、做强、做美银川市，着力打造"两翼三区一市"的"大银川"，全面提升银川市的辐射带动能力，大力推进城市化进程。2006年10月，自治区党委九届十四次全会提出按照"以人为本、协调统筹、和谐永续"的要求，建设沿黄城市带，打造"黄河金岸"。要充分利用宁夏在沿黄地带分布的银川、石嘴山、吴忠、中卫四个地级市，以及平罗、青铜峡、灵武、贺兰、永宁、中宁六个建制镇，加强交通基础设施建设，形成联通城市群之间的高效便捷交通走廊，把这十个市打造成为集聚发展、联动发展、优势突出的沿黄城市群。

2011年4月，自治区启动实施宁南区域中心城市和大县城建设，统筹山川、城乡发展，以加快宁南地区建设。2012年6月，自治区第十一次党代会确立了"把宁夏作为一个大城市来规划建设"的城市化理念，提出要加快沿黄城市带建设，增强银川的龙头带动作用，促进石嘴山、吴忠、中卫等沿黄骨干城市的功能完善，着力打造西部重要的城市群。2014年2月，宁夏召开了新型城镇化工作会议，讨论了《宁夏空间发展战略规划》，提出要构建"一主三副、核心带动，两带两轴、统筹城乡，山河为脉、保护生态"的城镇化总体空间布局，形成"都市区、副中心城市、县城、中心镇、一般镇、中心村"级配合理的城镇体系，力争走出一条符合宁夏实际的新型城市化之路。2014年8月，宁夏出台了《关于加快推进新型城镇化的意见》，明确了新型城市化发展目标。2017年11月，宁夏发布了《加快推进新型城镇化建设行动方案》，确定了宁夏新型城市化的具体实施方案和步骤，为宁夏新型城市化发展指明了方向。

(2)宁夏推进新型城市化面临的主要挑战

第一，城镇化落后性、滞后性的挑战。作为我国西部地区的一个自治区，宁夏城市化总体发展水平不高。尽管2017年宁夏的城市化率已达57.98%，但依然比全国平均水平低0.54个百分点。与工业化进程相比，宁夏的城市化发展滞后于工业化发展，城市化率增长速度低于非农产业增加值增长速度。城市化发展滞后，成为制约宁夏现代化进程的一个重要因素。

第二，城镇发展小而散的挑战。宁夏的城镇体系构成不合理，从"一主三副"的城镇体系核心区发展情况来看，首府银川市作为全区最大的城市，2017 年人口为 134 万人，吴忠市、固原市、中卫市、石嘴山市的人口分别达到 133 万人、124 万人、112 万人、48 万人。按照 50 万～100 万人口为中等城市，100 万～500 万人口为大城市，500 万人口以上为特大城市的标准划分，宁夏全区内无论大城市还是中等城市都存在数量偏少的突出问题，没有特大城市，小城市也普遍偏小，未能形成大中小城镇协调联动发展格局，偏小的城镇规模，必然导致总体实力偏弱，也导致吸纳转移人口、集聚资金技术等资源、推动产业发展等方面的弱势问题。

第三，生态环境复杂性和脆弱性的挑战。宁夏地处干旱半干旱地区，生态环境脆弱，水土流失、土地沙漠化、天然草场退化、引黄灌区耕地盐渍化等问题突出。尽管宁夏近年来在治理水土流失等方面加大了工作力度，也取得一定成效，但在工业化、城市化的快速发展过程中，宁夏依然面临着如何尽快构建西部生态屏障、坚守耕地红线，如何推进生态补偿与生态修复，如何促进土地集约节约利用、资源集约高效利用以及生态环境保护等诸多方面的巨大挑战。

第四，绿色低碳转型发展的挑战。素有“塞上江南”之称的宁夏，天蓝、地绿、水净，但是宁夏拥有以煤炭为主的高碳化的资源禀赋，煤化工、盐化工等特色主导产业均是高碳产业，从而形成产业发展、资源利用与环境保护之间的矛盾。随着宁夏跨入城镇化、工业化加速发展阶段，资源环境“瓶颈”制约日益凸显，如何推进绿色、低碳、可持续发展，加快产业结构优化升级步伐，以节能降耗减排作为产业可持续发展的关键路径，统筹协调产业发展与城市化发展之间的关系成为宁夏面临又一现实挑战。

(3)宁夏推进新型城市化的主要做法

第一，完善规划体系。在推进新型城市化进程中，宁夏坚持先规划后建设，充分发挥规划的引导作用，先后研究制定了《宁夏城市化发展纲要》《宁夏城镇体系规划(2002—2020 年)》《宁夏空间发展战略规划》等一系列重大规划，同时还完善了镇村布局规划、大银川都市区等区域规划、专项规划，进一步编制了宁夏沿黄经济区总体规划和沿黄城市带发展规划等，并制定了保障性安居工程、塞上农民新居、城镇市政设施、园林绿化等专项规划，扩大了控制性详细规划覆盖面，形成了较为完善的规划体系，为推进宁夏新型城市化发展起到了支撑作用。

第二，加快建立多层次城镇体系。21 世纪以来，宁夏一直十分重视城镇体系的建立与完善，提出要加快推进以银川市为中心的大都市区建设，增强中心城市的辐射带动作用；以沿黄城市群为骨干，石嘴山、固原、中卫三个副中心城市加快发展，与银川市相互呼应、分工协作、互补发展；形成城镇功能定位明晰、等级序列合理、空间布局优化的多层次城镇体系，这些城市化发展思路为宁夏推进新型城市化明确了发展蓝图和功能定位。

第三，加快推进新型城市化体制机制创新。加快新型城市化建设，体制机制创新是关键，特别是户籍制度、社会保障制度等领域的体制机制改革与创新就显得尤为重要。早在2003年，宁夏就出台了《关于鼓励引导农民变市民，进一步加快城镇化的若干意见》，进一步放宽了农民进城落户的条件，只要符合下列三项条件之一就可以申请入户：有合法固定住所、有稳定职业和稳定收入来源、按时缴纳基本养老保险费。2011年，宁夏在全国率先建立了“一制十二档”的统筹城乡居民社会养老保险制度和“一制三档”(2020年改为“一制一档”)的统筹城乡居民基本医疗保险制度，成为全国第一个实现城乡统筹的基本医疗保险制度全覆盖的省份。2013年3月，银川市颁布实施了《关于进一步深化户籍制度改革的意见》，进一步放宽了外地来银务工就业人员的落户条件，即外地来银务工就业人员，凭签订的劳动合同和连续三年本地养老保障缴费凭证，可迁入本人、配偶及未婚子女户口。2014年8月，宁夏出台了《关于加快推进新型城镇化的意见》，明确了宁夏将引导农业人口有序转移。决定实施差别化落户政策，规定凡是宁夏农业人口，只要在建制镇和中小城市有合法稳定住所或职业、有意愿、有能力的，可直接转为城镇户口。《加快推进新型城镇化建设行动方案》，进一步深化了农业转移人口市民化的体制机制改革与创新。具体措施涉及居住证制度、农民工市民化财政支持政策、城镇建设用地规模与吸纳农业转移人口落户数量挂钩政策、进城落户人口基本公共服务的供给、农民工职业技能培训等多方面内容。①

第四，深入实施开放宁夏战略。宁夏提出要建设开放宁夏、富裕宁夏、和谐宁夏和美丽宁夏。开放宁夏位于“四个宁夏”之首，表明宁夏要深入实施扩大开放战略，立足区位交通优势，抢抓国家推进“一带一路”建设的重大战略机遇，打造区域发展新优势，建设丝绸之路经济带战略支点，使宁夏成为对外开放的前沿，带动人流、物流、资金流、信息流涌入宁夏，从而为宁夏加快新型城市化进程提供资源保障、物质基础和市场需求。

---

① 加快推进新型城镇化建设行动方案. 宁夏回族自治区人民政府网，http：//www.nxjst.gov.cn/info/1211/25861.htm.

第五，探索绿色低碳城市化发展之路。宁夏不同的城镇有着不同的发展特色、资源禀赋和功能定位，基于此，宁夏提出了宜居宜业型、山水园林型、滨河水韵型、生态旅游型等各具特色的城市化发展模式，力争探索出一条绿色低碳的城市化发展之路。此外，宁夏还大力推进以人为核心的城市化，以生态移民为重点，通过生态移民推动生态涵养、生态修复、扶贫攻坚，在确保移民搬得出、稳得住、过得好的同时，为生态修复和保护提供了保障。宁夏以全国防沙治沙综合示范区建设等为载体，强化贺兰山东麓葡萄长廊环境保护，推进大银川都市区黄河两岸生态环境建设，加快植树造林，加强湿地保护，推进荒漠化土地综合治理，着力打造绿色生态格局，改善城乡环境质量，不断增强可持续发展能力。

(二)中国特色新型城市化的实践经验

中国特色新型城市化从提出到推广实施虽然时间不长，但已积累了不少有益经验，取得了比较明显的成效。综合上述苏州市、河南省和宁夏回族自治区等三个地区在推进新型城市化进程中的实践探索，并结合国家发改委对国家新型城镇化综合试点地区进行的跟踪评估和归纳总结，① 我们可以将中国特色新型城市化的实践经验概括为以下五点：

1. 推进农业转移人口市民化是推进新型城市化的核心

中国特色新型城市化的核心是以人为本。我们以往的城市化，正是因为对人重视不够才造成了人口城市化滞后于土地城市化。在我国以往的城市化进程中，虽然数亿人的生产方式已经非农化，生活方式也逐渐城市化，但他们依然未获得市民身份，长期处于非农非城、半农半城的状态，游离于乡村和城镇之间。所以，积极推进农业转移人口市民化就成为推进中国特色新型城市化的核心。全国多地推进农业转移人口市民化的实践已积累了大量的宝贵经验，具体体现在以下几个方面：

第一，深化户籍制度改革，降低农业转移人口进城落户门槛。一是降低大城市落户门槛。比如安徽省合肥市、广东省东莞市以及重庆市等城市纷纷降低了落户该市的门槛条件；二是彻底取消大学生在特大城市和超大城市的落户限制。如湖北省武汉市、陕西省西安市、四川省成都市等省会

---

① 国家发改委. 新型城镇化系列典型经验之一：农业转移人口市民化案例；新型城镇化系列典型经验之二：国家新型城镇化综合试点地区探索实践. 中华人民共和国中央人民政府网站，http：// www. gov. cn/xinwen/2016-12/19/content _5149898. htm；http：// www. gov. cn/xinwen/2017-01/12/content_5159122. htm.

城市或者放宽大学生落户的年龄限制，或者简化大学生落户手续，基本实现零门槛落户；三是探索城市区域差异化落户办法。如重庆市、山东省青岛市、四川省成都市等城市，在本市不同区域实施不同的落户条件，包括居住年限的差异或就业年限的差异，实行差异化落户，使人口分布不断合理化。①

第二，不断提高农业转移人口生活质量。主要措施包括：一是逐步提高居住证含金量。如江苏省已实现全省范围内居住证“一证通用”，又如苏州市、无锡市等城市居住证持有人可享受与本地户籍居民基本同等的公共服务，再如福建省晋江市居住证持有人，可享受随迁子女就学、住房保障等多项市民化待遇。二是采取多种举措解决农业转移人口随迁子女就学问题。如浙江省义乌市、福建省晋江市、广东省东莞市、河南省新郑市以及湖北省仙桃市等城市，或者实行居住证与入学挂钩的义务教育政策，或者给予随迁子女免费的普通高中教育，抑或是多渠道筹措资金，弥补随迁子女的教育服务供给缺口。三是不断加大保障性住房的覆盖面，使农业转移人口住有所居。如重庆市、河南省禹州市、湖北省宜城市、安徽省芜湖市以及山东省德州市等，纷纷采取多种措施，扩大公租房保障范围和住房公积金制度覆盖范围，积极为农业转移人口提供保障房。四是积极构建外来人口融入城市的体制机制，提高外来人口的归属感。比如广东省广州市成立外来人员服务管理局，出台《来穗人员融合行动计划(2016—2020年)》，以有效提升来穗人员对属地生活的认同感、归属感。江苏省无锡市允许并鼓励居住证持有人担任市、镇(街道)两级“两代表一委员”，增强了居住证持有人对属地生活的认同感和归属感。

第三，加强对进城农民在农村的合法权益的保护。基本措施包括：一是大力推进农村产权改革，加强对农民各项权益的确权登记颁证工作，明晰农民的各项产权；二是扩大确权范围，使农地承包经营权、农民房屋所有权和宅基地使用权以及农民集体建设用地使用权等都得到确权登记颁证，真正实现农民带着资产进城；三是建立和完善农村产权流转市场，盘活农村各项资产，实现农村产权价值最大化。在加强确权登记以及明晰农村产权方面，重庆市、四川省成都市、贵州省安顺市、安徽省天长市、湖北省宜城市、湖南省浏阳市等多地都有各自独特的做法，积累了丰富的

① 国家发展改革委办公厅关于印发第一批国家新型城镇化综合试点经验的通知. http://www.ndrc.gov.cn/gzdt/201805/t20180503_884929.html.

经验。①

第四，构建有利于农村进城务工人员市民化的成本分担机制。主要措施包括：一是科学测算农村进城务工人员市民化的成本，构建政府、企业、个人三方合理的成本分担机制。二是构建包括中央政府、地方政府、企业和个人在内的多主体、可负担的长效成本分担机制。政府在农业转移人口市民化公共成本分担中应发挥主导作用，承担农村进城务工人员子女教育、公共卫生、低保、保障性住房等方面的支出。企业应依法确保农村进城务工人员享有合理的工资待遇和福利保障，同时，可以通过市场的力量解决农村进城务工人员市民化的部分成本，比如通过发行债券等方式筹措资金，以解决农村进城务工人员市民化保障性住房建设一次性投入成本过大的难题。三是构建农村进城务工人员市民化中成本的个人负担机制，关键是要提高土地征收对农民的补偿标准，探索农民合法性权益自愿有偿退出机制，让“农村进城务工人员带着财产进城”②，提高农村进城务工人员分担各种市民化成本的能力。在建立农村进城务工人员市民化成本分担机制方面，四川省成都市、广东省东莞市的经验值得借鉴和推广。③

2. 促进城乡要素高效配置是推进新型城市化的基础与保障

第一，完善农村产权制度，增加农民财产性收入。具体措施包括：一是切实贯彻落实城市和农村建设用地“同权同价”的规定，允许农村集体建设用地直接入市，赋予被征地农民应有的知情权、更多地参与征地谈判的发言权，有效增加农民财产性收入。二是不断完善土地承包经营权确权登记的法律制度，使土地权证成为土地权利转移的法律凭证和土地被征收时权利人主张补偿时的法律依据，这既能有效避免土地权属争议，又能切实保障农民获取土地财产性收入。三是改革和完善农村宅基地制度，保障农户宅基地用益物权。允许农户宅基地在一定范围内流转，既盘活了宅基地，又提高了宅基地的利用效率和使用收入。重庆市、贵州省湄潭县、浙江省德清县、湖南省浏阳市等地是完善农村产权制度，增加农民财产性收

① 国家发展改革委办公厅关于印发第一批国家新型城镇化综合试点经验的通知. http：//www. ndrc. gov. cn/gzdt/201805/t20180503_884929. html.

② 谢建社. 缩差、分类与并轨：农民工市民化成本分担机制研究——以 G 市为例. 农民工市民化成本分担机制研究论文集，https：// max. book118. com/html/2016/1007/57614843. shtm.

③ 国家发改委. 新型城镇化系列典型经验之二：国家新型城镇化综合试点地区探索实践. 中华人民共和国中央人民政府网站，http：// www. gov. cn/xinwen/2017-01/12/content_5159122. htm.

入的典型。

第二，推动易地扶贫搬迁与新型城市化有机结合，同步建设集中安置点基础设施和配套产业，完善公共服务，实现搬迁群众就地就业，确保搬得出、稳得住、能致富。西藏自治区曲水县和湖南省资兴市是实施易地扶贫搬迁与新型城市化有机结合的典型。

第三，充分利用城乡闲置资源，提高土地利用效率，建立进城落户农民自愿有偿退出承包地、宅基地等农村集体权益的机制。重庆市巴南区和安徽省金寨县等地在农户有偿退出承包地、宅基地方面进行了大胆探索。

3. 推进城乡一体化发展是推进新型城市化的关键环节

城乡二元结构是影响我国经济健康快速发展和社会和谐进步的重要原因之一，因此破解城乡二元结构矛盾，加快城乡一体化进程，就成为推进新型城市化发展的关键环节。全国多个省、市主要从以下三个方面狠抓城乡一体化发展。

第一，推进城乡规划建设的一体化。要充分发挥规划在推进城乡一体化发展中的引领作用，在规划编制的指导思想上要从城乡二元化向一元化转变，即对城乡发展的方向、目标、战略步骤和重大举措等都要进行全盘设想，促使城乡各类基础设施互联共享。如浙江省嘉兴市、山东省威海市等城市就将多类城市基础设施延伸到农村，基本实现了城乡基础设施互联共享。再如江苏省苏州市实行“三集中”，既有效促进了发展方式的转变和产业结构的优化，也有利于基础设施和公共服务水平的提升，同时还能有效改善农村生态环境。

第二，推进城乡公共服务的一体化。实现城乡公共服务的一体化，就是要在城乡之间实现基础设施、医疗卫生、文化教育、社会保障等基本公共服务的衔接和统一，彻底破除城乡二元化的政府供给体制，最终实现城乡公共服务的均等化。如山西省孝义市和四川省成都市就分别实现了教育、医疗卫生和社会保障的城乡一体化。

第三，大力支持农村进城务工人员返乡创业和就业，加快农业转移人口就近就地城市化步伐。全国多地不断加大对农村进城务工人员返乡创业就业的力度：有的地方对返乡农村进城务工人员参加就业技能培训给予财政支持，加大培训投入；有的地方加大返乡农村进城务工人员创业扶持投入；还有的地方加大对企业招收返乡农村进城务工人员就业的扶持力度，等等。山东省德州市、如湖北省仙桃市、云南省红河州通过多种措施支持农村进城务工人员返乡创业或就业，实现了就近就地城市化。

4. 推进新型城市建设是推进新型城市化的重要举措

第一，充分运用新一代信息技术，加强智慧城市建设。智慧城市建设的关键，是如何充分利用大数据和“互联网+”实现跨领域、跨地域、跨系统、跨部门、跨业务的数据交换和信息共享，进而提高城市的管理水平和公共服务水平。目前，全国许多城市已初步实现智慧城管、智慧交通、智慧供电、智慧社保，大大提高了城市治理的精细化水平。

第二，推进绿色城市建设。建设绿色城市是推进新型城市化建设的题中应有之义。新型城市化与传统城市化的一个重要差别就是其环境友好型和可持续性。所以，在推进新型城市化进程中，不能仅仅重视经济利益，社会利益和生态环境利益同样应受到重视。要大力推广绿色生产、绿色消费，实行集约紧凑、节能降耗的城市建设运营模式，实行经济利益、社会利益和环境利益的统一。福建省永安市、四川省遂宁市、广东省深圳市光明区等地在绿色城市建设方面都积累了丰富经验。

第三，大力推进创新城市建设。创新是一个城市发展的灵魂和不竭动力。因此城市的发展离不开各类创新主体创新创造活力的迸发，要制定积极开放的人才政策，创建聚才、爱才、用才的社会环境，尤其是要激发企业和企业家的创新精神，提高企业自主创新能力，促进高新技术产业发展。自2008年深圳成为首个国家创新型城市试点后，全国已有多个城市和县(市)入选国家创新型城市或国家创新型县(市)建设名单，这些创新型城市或县(市)已成为中国特色新型城市化发展进程中创新城市建设的急先锋、排头兵。在创新城市建设中，这些创新型城市和创新型县(市)逐步加大创新投入，增强自主创新能力，提高科技进步贡献率和创新产出，成为所在地区经济发展核心增长极。

5. 拓宽投融资渠道是推进新型城市化的命脉所在

当前，我国已进入工业化后期阶段，城市化建设正处于高峰期，工业化发展、城市化建设都离不开大量资金的投入，新型城市化建设更是需要投入巨量的资金，在这种情况下，单靠政府融资是远远不够的，必须不断拓宽融资渠道，引进社会资本参与新型城市建设，从根本上解决政府融资难、融资贵的问题。

第一，促进政府融资渠道向多元化方向发展。目前政府的主要融资渠道已有多种模式，如BOT模式、TOT模式、PPP模式、PFI模式和ABS模式等，这些多元化的融资模式无论是在城镇公共设施项目还是在公益项目的建设中都发挥了极大的作用。但在工业化和城市化加速发展的背景下，政府融资的规模往往极其巨大，单靠政府融资不仅难以满足大型基础建设项目的庞大资金需求，而且也加大了政府的财政风险，必须进一步拓宽投融资渠道。

第二，发展新型融资工具，引入社会资本参与新型城市建设。各级地方政府纷纷发展了多样化、综合性的融资方式，如直接融资与间接融资相结合，银行信贷、企业债券和股权融资相结合等，以吸引社会资本参与城市建设。如重庆市、河南省洛阳市、浙江省台州市等城市就采取了政府和社会资本合作的模式，鼓励引导社会资本参与提供交通运输、水利、环保、教育、医疗等公共基础设施和公共服务，这既提高了城市运营管理效率，也有效降低了政府债务。

综上所述，中国特色新型城市化的探索实践已在全国范围内展开，取得了一批阶段性成果，本小节只是对其中一些典型经验的简要概括，难以全面反映如火如荼的、丰富多彩的地方实践。毋庸置疑，随着新型城市化建设实践的不断发展，中国特色新型城市化道路一定会越走越宽广，其丰富的实践经验不仅指导着中国城市化的顺利完成，也对世界上其他国家的城市化发展具有重要的指导和借鉴意义。

结 束 语

城市化是由传统的农村社会向现代城市社会转变的历史过程，其实质是经济结构、社会结构和空间结构的变迁。世界各国的城市化历程表明，城市化是一个漫长的历史过程，是人类经济社会发展的必然结果，也是任何国家由贫穷落后走向繁荣富强的必由之路。城市化过程既是城镇规模扩大、数量增加的过程，也是城镇质量提高的过程。因此，可持续的城市化是城镇化数量(速度)和质量的有机统一，片面追求速度、缺乏质量的城市化是难以为继的。

世界城市化已经走过了200多年的历程，贯穿了人类社会工业化和现代化的整个历史进程。城市化的国际经验表明，任何国家的城市化过程本质上都是以实现劳动力、土地、资本、技术、信息、文化等要素的有机整合和空间的高效配置为目的，以农业发展为初始动力、以工业化为根本动力、以市场化为直接动力，基本遵循“地点转换，职业转换，身份转换”的顺序，最终实现农业转移人口的市民化。

发达国家在工业革命的驱动下先后启动了城市化进程，在历经几十年甚至一个多世纪的发展后，它们在人类历史上率先完成了由传统社会向现代社会的转型，并于20世纪纷纷实现了高度城市化。纵观主要发达国家的城市化过程，我们可以发现，尽管发达国家在城市化进程中也出现过诸如城市人口膨胀、交通拥堵、环境污染、资源短缺和浪费以及城市贫困等一系列社会问题，但发达国家的城市化道路基本上是一条工业化与城市化互促共进的、市场主导、政府辅助的比较成功的城市化道路。

发展中国家在城市化启动阶段所面临的国际国内环境与发达国家在启动城市化进程时的情况有重大差别，因此发展中国家必然会走出一条与发达国家迥异的城市化道路。纵观发展中国家的城市化历程，可以发现，许多发展中国家走的是一条不成功的有严重缺陷的城市化道路，其主要问题是：城市化与工业化和经济发展不协调，城镇规模结构和空间布局不太合理，城乡关系失衡，收入分配差距过大，城乡贫困并存，市场失灵和政府失灵并存。结果出现了畸形城市化，即“过度城市化”或“滞后城市化”。有的发展中国家即使其人口城市化水平可媲美于发达国家，但因为存在大规模的“贫民窟”和其他严重的城市病，其城市化离健康城市化相去甚远。

中国是世界上最早出现城镇的国家之一，历史上曾经有着非常发达的城市文明和独特的城市文化，直到工业革命前中国的城市发展都一直处于世界领先地位，但是中国城市化的真正启动是在中华人民共和国成立之后。1949 年，中国的城市化率是 10.64%，到改革开放之初的 1978 年上升到 17.92%，至 2017 年已上升到 58.52%，城镇人口由 1949 年的 5765 万人增加到 2017 年的 81347 万人，意味着有 7 亿多的农村人口转移到了城镇，如此大规模的人口城市化在世界上是绝无仅有的。在城市化速度方面，在相同的发展阶段，中国快于美国和英国，慢于日本和巴西。在未来十年左右的时间里，中国仍将处于快速城市化阶段，仍然有数以亿计的农村人口需要转移到城镇，中国的城市化不仅会改变中国，也会深深影响到世界城市化进程。

自 1949 年中华人民共和国成立以来，中国共产党带领中国人民不断探索适合中国国情的具有中国特色的城市化之路，在这条曲折迂回的城市化道路上，中国城市化的成就有目共睹：城镇数量显著增长，城镇规模不断扩大；城镇人口迅速增加，城市化进程加快发展；城镇结构体系逐步合理化，城镇空间形态逐步由城市单体向城市群、城市圈、城市带发展转变；城市化发展由只注重规模扩张向规模和质量并重转变；“城市偏向”和“农村歧视”政策逐渐被摒弃，城乡关系不断改善，等等。同任何其他国家一样，中国的城市化之路也不可能是一帆风顺的，也会出现这样或那样的问题：城市化长期滞后于工业化；城镇地区布局不均衡，区域发展不协调；城市空间布局不太合理，城市规模发展不够协调；城市化进程过度依赖政府行政力的推动，市场的作用没有得到充分发挥；城镇建设用地粗放低效，造成资源浪费和环境污染；人口城市化滞后于土地城市化，导致长期存在“半城市化”问题；“城市病”问题比较突出，等等。以上分析表明，中国在城市化进程中既有成功的经验，也有失败的教训。令人欣慰的是，中国敢于直面城市化的问题，善于总结城市化的正反两方面的经验，充分发挥制度的灵活性和制度创新优势，并逐渐认识到，中国既不能重走其他国家走过的城市化道路，也不能重走自己走过的老路，必须探索出一条有中国特色的新型城市化之路。这是一条城市化与工业化、信息化、农业现代化“四化协调”推进，人口非农化、农地非农化与城市化协调发展、土地节约高效利用，城乡差别缩小、城乡一体化发展，集中型城市化与分散型城市化同时推进，大中小城市建设与小城镇发展同时推进，以人为本，集约紧凑、智能高效、绿色低碳，市场主导、政府促进的城市化道路。中国特色新型城市化道路是中国通往现代化的必经之路，是中国实现“两个一百年”奋斗目标的核心策略之一。我们坚信，在中国共产党的领导下，在全国各族人民的共同努力下，如火如荼的中国特色新型城市化的实践一定会取得越来越丰硕的成果，中国特色新型城市化道路将会越走越宽广。

参考文献

(一)外文文献

[1]A. R. McCormack, Ian Macpherson. City in the West. Winnipeg: University of Winnipeg, 1974: 276.

[2]A. Sedra. Effects of urban land use on surface temperature in Berlin: case study. Journal of Urban Planning & Development, 1867, 10(2): 128-137.

[3] Alan F. J. Aritibise. Town and city. Regina: University of Regina, 1981: 10.

[4]B. R. Mitchell, P. Deane. Abstract of British history statistics. Cambridge: Cambridge University Press, 1962: 19.

[5]D. Black, J. V. Henderson, A theory of urban growth. Journal of Political Economy, 1999, 107(2)252-284.

[6]C. Badgley. The farmer as conservationist. American Journal of Alternative Agriculture, 2003, 18(4): 206-212.

[7]C. Wilson. The dictionary of demography. Oxford: Blackwell Publishers, 1986: 225.

[8]C. P. Cell. Deurbanization in China: the urban-rural contradiction. Bulletin of Concerned Asian Scholars, 1979, 11(1): 62-72.

[9]Christian Ambrosi, Arlette Abrosi. La France 1870-1981. Paris: Editions Masson, 1981: 70.

[10]B. Cohen. What exactly is a smart city? Fast Company, 2012.

[11]Forced evictions: violation of human rights—global survey No. 8. Geneva: COHRE, 2002.

[12]D. Massey. Social structure, household strategies, and the cumulative causations of migration. Population Index, 1990, 56(1): 3-26.

[13] D. Harvey. Characterizing the urban environment of cities and towns: a

template for landscape planning. Landscape and Urban planning, 2008, 87(3): 210-222.

[14] David Ward. Cities and immigrants: a geography of change in Nineteenth-Century America. Oxford: Oxford University Press, 1971: 22.

[15] J. C. Davis, J. V. Henderson, Evidence on the political economy of the urbanization process. Journal of Urban Economics, 2003, 53(1): 98-125.

[16] Ernest W. Burgess. The growth of city: an introduction to a research report // Robert Park, Ernest W. Burgess. The city. Chicago: Chicago Press, 1967: 47-62.

[17] F. Bédarida. A social history of England 1851-1975 // Aidan Southall, The city in time and space. Cambridge: Cambridge University Press, 1998: 315-320.

[18] E. Ackerman, F. Braudel, E. Labrousse. Histoire économique et sociale de la France. Paris: Presses Universitaries de France, 1977: 465.

[19] Fulong Wu. Urbanization and its discontents. China Daily. 2012-02-06.

[20] G. E. Guldin. Urbaning China. Westport: GreenWood Press, 1992.

[21] P. Gans. Urban population change in large cities in Germany, 1980-1994 [J]. Urban Studies, 2000(9): 1497-1512.

[22] Gilbert A. Stelter, Alan F. J. Aritibise. The Canadian city: essays in urban history. Toronto: Carleton Unoversity, 1977: 437.

[23] Gustavo Garza. Evolución de las ciudades mexicanas en el siglo xx. Revista de información y análisis, 2002(19): 9.

[24] Gustavo Garza. La urbanizción de México en el siglo xx. D. F.: EI Colegio de México, 2005: 25.

[25] Gustavo Garza, Martha Schteingart. Desarrollo urbano y regional (Serie: Los grandes problemas de México). D. F.: EI Colegio de México, 2010: 83.

[26] J. V. Henderson. Urbanization and economic development. Annals of Economics and Finance, 2003, 4(2): 275-341.

[27] Herman Aubin, Wolfgang Zorn. Handbuch der deutschen wirtschafts-und sozialgeschichte. Stuttgart: Union Verlag, 1976: 11.

[28] Hezri, A. A, Dovers, S. R. Sustainability indicators, policy and governance: issues for ecological economics. Ecological Economics, 2006, 60(1):

86-99.

[29]J. Friedmann. Using neural networks and GIS to forecast land use changes: a land transformation model[J]. Computers, Environment and Urban Systems, 2002, 26(6): 553-575.

[30]James and Robert Simmons. Urban Canada. 2nd Edition. Toronto: Copp Clark Publishing, 1974: 66.

[31]James Walvin. English urban life 1776-1851. London: Hutchinson, 1984.

[32]Jane Jacobs. The economy of cities. Harmondsworth: Penguin, 1972.

[33]John Lough. An introduction to 19th Century France. London: Longman, 1978: 12-13.

[34]Jonathan Hughes. American economic history. Glenview: Scott, Foresman and Company, 1987: 167.

[35]Jrgen Reulecke (Hrsg). Beitr ge zur modernen deutschen stadtgeschichte: die deutsche stadt im industriezeitalter. Wuppertal: Peter Hammer Verlag, 1978: 75.

[36]K. Andesron, Y. Hayami. The political economy of agricultural protection: East Asia in international prespective. Canberra: Australian National University, 1986.

[37]K. J. Button. Urban economics: thoery and policy. London: The Macmillan Press Ltd., 1976.

[38]Kam Wing Chan, Cities with invisible walls: reinterpreting urbanization in post-1949 China. Oxford: Oxford University Press, 1994: 7-11.

[39]R. J. R. Kirkby. Urbanization in China: town and country in a developing economy 1949-2000 A. D. New York: Columbia University Press, 1985.

[40]Klaus J. Bade. Homo migrans wanderungen: aus und nach deutschland. Essen Klastext-Verl, 1994: 22.

[41] P. Krugman. Increasing returns and economic geography. Journal of Political Economy, 1991, 99(3): 483-499.

[42]Louis Wirth. Urbanism as a way of life. American Journal of Sociology, 1938, 44(1): 1-24.

[43]R. E. Lucas. On the mechanics of economic development. Journal of Monetary Economics, 1988, 22(1): 3-42.

[44]Luis Lev̌ero Otero. The Mexican urbanization process and its implications. Demography, 1968, 5(2): 866-873.

[45] M. Lipton. Why poor people stay poor: urban bias in world development. London: Maurice Temple Smity Ltd., 1977: 145-159.

[46] M. W. Flinn. An economic and social history of Britain since 1700. London: MacMillan Press, 1973: 153.

[47] Claire A. Jantz, Scott J. Goetz, Mary K. Shelley. Using the sleuth urban growth model to simulate the impacts of future policy scenarios on urban land use in the Baltimore-Washington metropolitan area. Environment and Planning B: Urban Analytics and City Science, 2004, 31(2): 163-165.

[48] Laurence J. C. Ma. Anti-urbanism in China. Proceedings of the Association of American Geographers, 1976(8): 114-118.

[49] R. L. Moomaw, A. M. Shatter. Urbanization and economic development: a bias toward large cities. Journal of Urban Economics, 1996, 40(1): 13-37.

[50] Mustafa Elnagi Elsamani Hassan, Agus Joko Pitoyo. Urbanization and economic development in indonesia: demographic perspectives analysis. Populasi, 2018, 25(2): 54-69.

[51] Paul Okunlola. Nigeria: an urban explosion. Human Settlment, 2001(4): 43.

[52] P. Ogden. Migration and geographical change. Cambridge: Cambridge University Press, 1984: 54.

[53] Peter D. Ellis. Indonesia's urban development. https://siteresources.worldbank.org/INTURBANDEVELOPMENT/Resources/336387-1296405826983/Ellis.pdf.

[54] S. Poelhekke. Urban growth, uninsured risk and the rural origins of aggregate volatility. EUI Working Paper ECO, 2008(26).

[55] R. Prud'Homme, B. H. Nicot. Urban sprawl in Rennes and 77 urban areas in France, 1982-1999 // Urban Sprawl in Western European and the United States. Aldershot: Ashgate, 2004: 93-114.

[56] R. Lawton. Population and society 1730-1900 // R. A. Dodgshon, R. A. Butlin. A historical geography of England and Wales, London: Academic Press, 1978: 32.

[57] M. Ran, B. J. L. Berry. Underurbanization politics assessed: China, 1949-1986. Urban Geography, 1989, 10(2): 111-120.

[58] Ray M. Northam. Urban geography. New York: John Wiley & Sons,

1975.

[59] Raymond A. Mohl. The new city: urban america in the industrial age 1860-1920. Arlington: Harlan Davidson, 1985: 10.

[60] Reeitsu Kojima. Introduction: population migration and urbanization in developing countries. The Developing Economies, 1996 (4): 349-369.

[61] Robert E. Park, E. W. Burgess, R. D. Mckenzie. The city. Chicago: University of Chicago Press, 1968: 1.

[62] Robert V. Kemper, Anya Peterson Royce. Mexican urbanization Since 1821: A macro-historical approach. Urban Anthroplogy, 1979, 8(3/4): 268-289.

[63] Roger Price. A social history of Nineteenth-Century France. London: Hutchinson Education, 1987: 735.

[64] Shahid Yusuf, Weiping Wu. The dynamics of urban growth in three Chinese cities. Oxford: Oxford University Press, 1997.

[65] Swapna Bannerjee-Guha, Growth of a Twin City: Planned Urban Dispersal in India // Frank J. Costa, Ashok K. Duff, Laurence J. C. Ma, et al. Urbanization in Asia: spatial dimensions and policy issues. Honolulu: University of Hawaii Press, 1989: 169-188.

[66] Theodore Zeldin. France, 1848-1945: politics and anger. Oxford: Oxford University Press, 1979: 184.

[67] Trudi Bunting, Pierre Filion. Canadian cities in transition. Oxford: Oxford University Press, 1991: 76.

[68] United Nations, Department of Economic and Social Affairs, Population Division. World urbanization prospects: the 2014 revision. New York: United Nations, 2014.

[69] United Nations, Department of Economic and Social Affairs, Population Division. World urbanization prospects: the 1998 revision. New York: United Nations, 1998.

[70] United Nations, Department of Economic and Social Affairs, Population Division. World urbanization prospects: the 1999 revision. New York: United Nations, 1999.

[71] United Nations, Department of Economic and Social Affairs, Population Division. World urbanization prospects: the 2001 revision. New York: United Nations, 2001.

[72] United Nations, Department of Economic and Social Affairs, Population Division. World urbanization prospects: the 2005 revision. New York: United Nations, 2005.

[73] United Nations, Department of Economic and Social Affairs, Population Division. World urbanization prospects: the 2009 revision. New York: United Nations, 2009.

[74] United Nations, Department of Economic and Social Affairs, Population Division. World urbanization prospects: the 2014 revision. New York: United Nations, 2014.

[75] United Nations, Department of Economic and Social Affairs, Population Division. World Urbanization Prospects: the 2018 revision. New York: United Nations, 2018.

[76] United Nations, Economic and Social Commission for Asia and the Pacific. Migration, urbanization, and development in indonesia. New York: United Nations, 1981.

[77] United Nations, Economic Commission for Lation America and the Caribbean. Statistical yearbook for Latin America and the Caribbean. New York: United Nations, 2004: 87.

[78] United Nations, Department of Economic and Social Affairs. Urban and rural areas. New York: United Nations, 2001.

[79] V. Nath. Urbanization in India: retrospect and prospect // Frank J. Costa, Ashok K. Duff, Laurence J. C. Ma, et al. Urbanization in Asia: spatial dimensions and policy issues. Honolulu: University of Hawaii Press, 1989: 27-46.

[80] William L. Parish. Urban policy in centralized economies: China // Tolley, Thoms // The economies of urbanization and urban policies in developing countries. Washington: The World Bank, 1986.

[81] Wolfgang Kollmann. Bevölkerung in der industriellen revolution: studien zur Oberöelkerungsgeschichte deutschlands. Geöttingen: Vandenhoeck & Ruprecht, 1974: 71.

[82] The World Bank. World development indicators 2007. Washington: The World Bank, 2008.

[83] Wu Jiangguo, G. D. Jenerette, A. Buyantuyev, et al. Quantifying spatiotemporal patterns of urbanization: the case of the two fastest growing

metropolitan regions in the United States. Ecological Complexity, 2011, 8 (1): 1-8.

(二)中文文献

[1]费尔南多·奥古斯都·阿德奥达托·韦洛索，莉亚·瓦尔斯·佩雷拉. 跨越中等收入陷阱：巴西的经验教训. 郑秉文，译. 北京：经济管理出版社，2013.

[2]布罗代尔，拉布鲁斯. 法国经济与社会史：第3卷(下册). 巴黎法国大学出版社，1976：735.

[3]R. E. 帕克，等. 城市社会学. 宋俊岭，等，译. 北京：华夏出版社，1987.

[4]马尔科姆·吉利斯，等. 发展经济学. 李荣昌，等，译. 北京：经济科学出版社，1989.

[5]托因·法拉格. 尼日利亚史. 沐涛，译. 上海：东方出版中心，2010.

[6]沃纳·赫希. 城市经济学. 刘世庆，等，译. 北京：中国社会科学出版社，1990.

[7]西蒙·库兹涅茨. 各国经济增长. 常勋，等，译. 北京：商务印书馆，1985.

[8]本多竜雄. 日本人口问题の史的解析. 农村人口问题研究：第6卷，1952.

[9]山鹿城次. 城市地理学. 朱德泽，译. 武汉：湖北教育出版社，1986.

[10]山田浩之. 都市的经济分析. 东京：东洋经济新报社出版社，1980.

[11]H. 钱纳里，M. 赛尔昆. 发展的型式(1950—1970). 李新华，等，译. 北京：经济科学出版社，1988.

[12]艾伦·伯恩斯. 尼日利亚史. 上海师范大学《尼日利亚史》翻译组，译. 上海人民出版社，1974.

[13]安德鲁·韦伯斯特. 发展社会学. 陈一筠，等，译. 北京：华夏出版社，1978.

[14]《“十五”计划详说》编写组. “十五”计划详说：九届人大四次会议文件学习读本. 北京：中共党史出版社，2001.

[15] 2014年世界各国人口总数统计. 快易理财网，https://www.kuaiyilicai.com/stats/global/yearly/g_population_total/2014.html.

[16]2017年全国城市人均GDP排名. 好金贵财经网，https://www.haojingui.com/gdp/5040.html.

[17] 2017 中国城市 GDP 排名. 中国报告大厅网, http: //www. chinabgao. com/enterprise/12040. html.
[18] 2018 年全国汽车数量城市排行榜. http: // auto. eastday. com/a/181220153250906. html.
[19] 巴西去工业化: 丢掉实体经济到底有多可怕? http: // blog. sina. com. cn/s/blog_bec7c50e0102ytdl. html.
[20] 夏珺. 变化潜力希望——费孝通教授一席谈. 人民日报, 1999-09-30.
[21] 国家新型城镇化规划(2014—2020 年). 中华人民共和国中央人民政府网站, www. gov. cn, 2014-03-16.
[22] 国家新型城镇化综合试点地区. https: // baike. sogou. com/v142621646. htm? fromTitle=国家新型城镇化综合试点地区.
[23] 尼日利亚历年人口数量. https: // www. phb123. com/city/renkou/country_7. html.
[24] 加快推进新型城镇化建设行动方案. 宁夏回族自治区人民政府网, http: //www. nxjst. gov. cn/info/1211/25861. htm.
[25] 世界十大贫民窟之尼日利亚拉各斯. http: // www. 360doc. com/content/18/0815/16/46982778_778495260. shtml.
[26] 我国 5 大城市群 GDP 占全国一半, 发展面临三大问题. http: //finance. sina. com. cn/china/hgjj/20150414/233021955345. shtml.
[27] 引领经济发展新常态——政论专题片《将改革进行到》解说词: 第二集. 人民日报, 2017-07-19(9 综合).
[28] 印度各邦人均 GDP 排名. http: // mini. eastday. com/bdmip/180526173349273. html#.
[29] 中共中央、国务院关于广开门路, 搞活经济, 解决城镇就业问题的若干决定, 1981-10-17.
[30] 中共中央关于建立社会主义市场经济体制若干问题的决定, 1993-11-14.
[31] 中共中央关于农业和农村工作若干重大问题的决定, 1998-10-14.
[32] 中国大百科全书·地理卷. 北京: 中国大百科全书出版社, 1986: 32.
[33] A. 霍拉萨尼扬, 等. 科技进步与城市发展. 申议, 等. 北京: 中国城市规划设计研究院情报所, 1987.
[34] Bhavna Sharma, et al. 尼日利亚和坦桑尼亚的贫穷与减贫: 国家方案研究. https: //www. taodocs. com/p-3005190. html.

[35]Geoffry I. Nwaka. 尼日利亚分散化的城市化和农村发展：促进中小城镇发展. http：//www. doc88. com/p-9973540134688. html.
[36]K. J. 巴顿. 城市经济学. 北京：商务印书馆，1984.
[37]阿尔弗雷德·韦伯. 工业区位论. 北京：商务印书馆，1997.
[38]埃金·L. 马波根耶. 尼日利亚的城市社区组织. 国际社会科学杂志(中文版)，1991(3).
[39]安虎森，陈明. 工业化、城市化进程与我国城市化推进的路径选择. 南开经济研究，2005(2).
[40]白国强. 美国郊区城市化及其衍生的区域问题. 城市问题，2004(4).
[41]白南生. 关于中国的城市化. 中国城市经济，2003(10).
[42]包宗华. 中国城市化道路与城市建设. 北京：中国城市出版社，1995.
[43]本书编写组. 十六大报告辅导读本. 北京：人民出版社，2002.
[44]蔡昉，都阳，王美艳. 劳动力流动的政治经济学. 上海：上海人民出版社，2003.
[45]蔡昉. 加快城市化，培养新的消费群体. 领导决策信息，2000(4).
[46]蔡继明，等. 解决“三农”问题的根本途径是加快城市化进程. 经济纵横，2007(7).
[47]蔡建明. 中国城市化发展动力及发展战略研究. 地理科学进展，1997(2).
[48]蔡金城. 印度尼西亚社会文化与投资环境. 广州：世界图书出版广东有限公司，2012.
[49]蔡俊豪，陈兴渝. “城市化”本质含义的再认识. 城市发展研究，1999(5).
[50]曹广忠，刘涛. 中国省区城镇化的核心驱动力演变与过程模型. 中国软科学，2010(9).
[51]曹云华. 印尼贫困问题研究. 东南亚研究，2005(6).
[52]陈碧琼，宋先超，陈春玲. 西部城市化的现状及发展道路. 统计与决策，2006(11).
[53]陈峰君. 东亚与印度. 北京：经济科学出版社，2000.
[54]陈光庭. 县市综合管理//秦润新. 农村城市化的理论与实践. 北京：中国经济出版社，2000.
[55]陈金永. 当前中国的城镇人口统计问题及其对经济分析的影响(未刊稿). 转引自王放. 市镇设置标准及城镇人口统计口径对中国城市化

发展的影响. 人口与发展，2011(2).
[56]陈可嘉，臧永生. 福建省城市化促进经济增长作用机制的实证分析. 城市发展研究，2011(11).
[57]陈明星. 城市化领域的研究进展和科学问题. 地理研究，2015(4).
[58]陈肖飞，姚士谋，张落成. 新型城镇化背景下中国城乡统筹的理论与实践问题. 地理科学，2016(2).
[59]陈映雪，等. 环首都中小城市新型城镇化路径研究——以张家口怀来县为例. 城市发展研究，2013(7).
[60]陈甬军，景普秋，陈爱民. 中国城市化道路新论. 北京：商务印书馆，2009.
[61]陈甬军，景普秋. 中国新型城市化道路的理论及发展目标预测. 经济学动态，2008(9).
[62]陈甬军. 中国城市化发展实践的若干理论和政策问题. 经济学动态，2010(1).
[63]成德宁. 城市化与经济发展——理论、模式与政策. 北京：科学出版社，2004.
[64]成德宁. 经济学视角下中国城市化的趋势、问题与对策//唐磊，鲁哲. 海外学者视野中的中国城市化问题. 北京：中国社会科学出版社，2013.
[65]城镇化与小城镇课题组. 国外城市化(译文集). 北京：中国城市规划设计研究院情报所，1987.
[66]程必定. 统筹城乡协调发展的新型城市化道路——兼论成渝试验区的发展思路. 西南民族大学学报：人文社科版，2008(1).
[67]程开明. 城市化与经济增长的互动机制及理论模型述评. 经济评论，2007(4).
[68]仇保兴. 国外模式与中国城镇化道路选择. 人民论坛，2005(6).
[69]仇保兴. 新型城镇化：从概念到行动. 行政管理改革，2012(11).
[70]崔传义，等. 城市化是快了？还是慢了？——专家谈中国城市化进程. 小康，2007(12).
[71]崔功豪，等. 城市地理学. 南京：江苏教育出版社，1992.
[72]崔功豪，王本炎，查彦育. 城市地理学. 南京：江苏教育出版社，1992.
[73]大林. 印度尼西亚城市化的启示. 中华建筑报，2013-06-04.
[74]代合治，刘兆德. 复合指标法及其在测度中国省域城市化水平中的应

用. 城市问题，1998(4).
[75]戴永安. 中国城市化效率及其影响因素——基于随机前沿生产函数的分析. 数量经济技术经济研究，2010(12).
[76]单霁翔. 城市遭遇特色危机　把尊严还给文化遗产. 人民日报，2010-08-03.
[77]邓宇鹏. 中国的隐性超城市化. 当代财经，1999(6).
[78]丁国平，等. 中国城市化战略的经济学分析. 特区经济，2006(8).
[79]丁国胜，宋彦. 智慧城市与"智慧规划"——智慧城市视野下城乡规划展开研究的概念框架与关键领域探讨. 城市发展研究，2013(8).
[80]丁建定. 1870—1914 年英国经济结构的调整与社会生活的变化. 南都学坛：哲学社会科学版，2000(2).
[81]董辅礽. 中华人民共和国经济史：上卷. 北京：经济科学出版社，1999.
[82]董辅礽. 中华人民共和国经济史：下卷. 北京：经济科学出版社，1999.
[83]董黎明. 联邦德国城市发展趋势. 城市规划，1989(2).
[84]董晓峰，杨春志，刘星光. 中国新型城镇化理论探讨. 城市发展研究，2017(1).
[85]杜受祜，丁一. 中国城市化道路——思考与选择. 成都：四川大学出版社，1988.
[86]杜鹰. 我国城镇化战略及相关政策研究. 中国农村经济，2000(9).
[87]杜忠潮，杨云. 区域新型城镇化水平及其空间差异综合测度分析——以陕西省咸阳市为例. 西北大学学报：自然科学版，2014(2).
[88]段瑞君，安虎森. 中国城市化和经济增长关系的计量分析. 经济问题探索，2009(3).
[89]恩格斯. 英国工人阶级状况. 中文版. 北京：人民出版社，1965.
[90]恩力斯，仲斯. 市和镇. 牛津大学出版社，1966.
[91]樊亢，宋则行. 外国经济史：第 1 册. 北京：人民出版社，1982.
[92]范辉，刘卫东，吴泽斌，等. 浙江省人口城市化与土地城市化的耦合协调关系评价. 经济地理，2014(12).
[93]范双涛. 中国新型城镇化发展路径研究. 沈阳：辽宁大学博士学位论文，2015.
[94]方创琳，李广东，张蔷. 中国城市建设用地的动态变化态势与调控. 自然资源学报，2014(3).

[95]费孝通. 论小城镇及其他. 天津：天津人民出版社，1986.
[96]费孝通. 小城镇　大问题. 江海学刊，1984(1).
[97]费昭珣. 东南亚国家的城市化进程及其特征. 东南亚研究，1999(4).
[98]冯奎. 中国城镇化转型研究. 北京：中国发展出版社，2013.
[99]付现伟. 我国智慧城市发展现状与问题分析. 城市规划，2014(25).
[100]傅筑夫. 中国经济史论丛. 北京：三联书店，1980.
[101]高鉴国. 加拿大城市化的历史进程与特点. 文史哲，2000(6).
[102]高珮义. 中外城市化比较研究·增订版. 天津：南开大学出版社，2004.
[103]高强，董启锦. 印度尼西亚农村城市化进程、特点、问题与启示. 世界农业，2006(12).
[104]高汝熹，阮红. 论中国的圈域经济. 科技导报，1990-05-01.
[105]辜胜阻，简新华. 当代中国人口流动与城镇化. 武汉：武汉大学出版社，1994.
[106]辜胜阻，刘传江，钟水映. 中国自上而下的城镇化发展研究. 中国人口科学，1998(3).
[107]辜胜阻，刘传江. 人口流动与农村城镇化战略管理. 武汉：华中理工大学出版社，2000.
[108]辜胜阻，易善策，李华. 中国特色城镇化道路研究. 中国人口·资源与环境，2009(1).
[109]辜胜阻. 城镇化转型的轨迹与路径. 北京：人民出版社，2016.
[110]辜胜阻. 二元城镇化战略及其对策. 人口研究，1991(5).
[111]辜胜阻. 非农化与城镇化研究. 杭州：浙江人民出版社，1991.
[112]辜胜阻. 非农化及城镇化的理论与实践. 武汉：武汉大学出版社，1993.
[113]顾朝林. 城市群研究进展与展望. 地理研究，2011(5).
[114]顾朝林. 经济全球化与中国城市发展. 北京：商务印书馆，1999.
[115]关兴良，魏后凯，鲁莎莎，等. 中国城镇化进程中的空间集聚、机理及其科学问题. 地理研究，2016(2).
[116]郭晔，赵艳群. 城市化演进与经济增长关系研究评述. 经济学动态，2009(1).
[117]公布第三批国家新型城镇化综合试点地区名单的通知. http：//www. sohu. com/a/122414361_354859.
[118]国家发展改革委办公厅关于印发第一批国家新型城镇化综合试点经

验的通知. http: // www. ndrc. gov. cn/gzdt/201805/t20180503_884929. html.
[119]国家发改委. 新型城镇化系列典型经验之二：国家新型城镇化综合试点地区探索实践. 中华人民共和国中央人民政府网站，http://www.gov.cn/xinwen/2017-01/12/content_5159122.htm.
[120]国家发改委. 新型城镇化系列典型经验之一：农业转移人口市民化案例. 中华人民共和国中央人民政府网站，http://www.gov.cn/xinwen/2016-12/19/content_5149898.htm.
[121]国家发改委产业发展研究所美国、巴西城镇化考察团. 美国、巴西城市化和小城镇发展的经验及启示. 中国农村经济，2004(1).
[122]中国新型城镇化综合试点总体实施方案. 国家发展和改革委员会网站，http: //www. sdpc. gov. cn/gzdt/201502/W020150204332605546365.pdf.
[123]国家计委宏观经济研究院课题组. 关于“十五”时期实施城市化战略的几个问题. 宏观经济管理，2000(4).
[124]国家统计局. 中国统计年鉴. 北京：中国统计出版社，1978—1996.
[125]国家统计局. 中国统计年鉴. 北京：中国统计出版社，1997—2018.
[126]国家统计局城市社会经济调查总队，中国统计学会城市统计委员会. 2001 中国城市发展报告. 北京：中国统计出版社，2002.
[127]国务院发展研究中心课题组. 农民工市民化进程的总体态势与战略取向. 改革，2011(5).
[128]韩俊，崔传义，赵阳. 巴西贫民窟对中国城市化的启示. 瞭望新闻周刊，2005(28).
[129]韩笋生，迟顺芝. 加拿大城市化发展概况. 国外城市规划，1995(3).
[130]郝世绵，胡月英. 国际城镇化发展模式对我国城镇化发展的启示. 安徽技术师范学院学报，2002(3).
[131]昊纪先，赵德演，高玉芳. 加拿大经济. 北京：人民出版社.
[132]何百根，梁文宇. 拉丁美洲农业地理. 北京：商务印书馆，2003.
[133]何志扬. 城市化道路国际比较研究. 武汉：武汉大学博士学位论文，2009.
[134]关于深入推进新型城镇化建设的实施意见. 河南省人民政府网站，https: //www. henan. gov. cn/2016/11-04/239565. html.
[135]贺雪峰. 城市化的中国道路. 北京：东方出版社，2014.

[136]赫茨勒. 世界人口的危机. 何新，译. 北京：商务印书馆，1963.
[137]洪银兴. 城市功能意义的城市化及其产业支持. 经济学家，2003(2).
[138]侯蕊玲. 城市化的历史回顾与未来展望. 云南社会科学，1999(2).
[139]胡家勇. 转型经济学. 合肥：安徽人民出版社，2003.
[140]胡欣. 城市经济学. 北京：经济科学出版社，1999.
[141]黄锟. 中国城镇化的特殊性分析. 城市发展研究，2011(8).
[142]黄润中. 英国经济发展之路析示. 国际关系学院学报，2000(2).
[143]吉香伊. 印度尼西亚工业化的进程和发展策略. 东南亚纵横，2017(3).
[144]纪晓岚. 英国城市化历史过程分析与启示. 华东理工大学学报：社会科学版，2004(2).
[145]季任钧，景普秋. “三农”问题的症结及其解决途径. 理论与现代化，2004(2).
[146]简想. 印度人口最多的十大城市　孟买人口接近一千三百万. 一点排行网，http：//www. zswxy. cn/articles/16566. html.
[147]简新华，曾卫. 中国城市化道路之争的辨正——评贺雪峰、文贯中、张曙光的相关论著. 学术月刊，2016(11).
[148]简新华，何志扬，黄锟. 中国城镇化与特色城镇化道路. 济南：山东人民出版社，2009.
[149]简新华，刘传江. 世界城市化的发展模式. 世界经济，1998(4).
[150]简新华，罗钜钧，黄锟. 中国城镇化的质量问题和健康发展. 当代财经，2013(9).
[151]简新华，向琳. 新型工业化道路的特点和优越性. 管理世界，2003(7).
[152]简新华. 论中国特色的城镇化道路//武汉大学经济发展研究中心. 发展经济学研究：第二辑. 北京：经济科学出版社，2004.
[153]简新华. 新型城镇化与旧型城市化之比较. 管理学刊，2014(6).
[154]简新华. 走好中国特色的城镇化道路——中国特色的城镇化道路研究之二. 学习与实践，2003(11).
[155]姜永生，范建双，宋竹. 中国新型城市化发展道路的基本思路. 改革与战略，2008(4).
[156]姜忠尽，王婵婵，朱丽娜. 非洲城市化特征与驱动力因素浅析. 西亚非洲，2007(1).

[157]蒋凤旋，杨春. 外资影响下的城市化——以珠江三角洲为例. 城市规划，1995(6).
[158]蒋贵凰. 中国城市化进程的经济动因. 发展研究，2009(2).
[159]康就升. 中国城市化道路研究概述. 学术界动态，1990(6).
[160]康少邦，等. 城市社会学. 杭州：浙江人民出版社，1978.
[161]国家城调总队福建省城调队课题组. 建立中国城市化质量评价体系及应用研究. 统计研究，2005(7).
[162]孔凡文，许世卫. 论城镇化速度与质量协调发展. 城市问题，2005(5).
[163]孔建勋. 战后东盟四国人口城市化的发展. 东南亚，1998(3).
[164]李秉仁. 经济发展是城市发展和城市化的原动力. 城市发展研究，2000(2).
[165]李浩，王婷琳. 新中国城镇化发展的历史分期问题研究. 城市规划学刊，2012(6).
[166]李其荣. 对立与统一：城市发展历史逻辑新论. 南京：东南大学出版社，2000.
[167]李强，陈宇琳，刘精明. 中国城镇化“推进模式”研究. 中国社会科学，2012(7).
[168]李铁. 城镇化是一次全面深刻的社会变革. 北京：中国发展出版社，2013.
[169]李万峰，徐枫. 苏州吴江区实施“区镇合一”的实践. 学习时报，2014-07-28.
[170]李巍. 略论加拿大城市的起源. 史林，2008(2).
[171]李文. 城市化滞后的经济后果分析. 中国社会科学，2001 年(4).
[172]李文刚. 尼日利亚面临的挑战与策略选择. 当代世界，2016(5).
[173]李文正. 陕南新型城镇化水平测度与提升策略研究. 江西农业学报，2013(6).
[174]李翔. 推进我国城市化进程中的几个问题. 人大复印报刊资料城市经济、区域经济，2004 年(3).
[175]李效顺，张绍良，汪应宏. 中国经济转型阶段建设用地增长极限计量研究. 自然资源学报，2011(7).
[176]李秀敏，赵晓旭，朱艳艳. 中国东、中、西部地区城镇化对经济增长贡献的比较研究//中国区域经济学会，等. 中国西部地区城乡协调发展与社会创新国际学术研讨会论文集. 重庆：中国区域经济学

会，英国文化协会，重庆工商大学，2006.
[177]李杨，燕志华. 金融危机下推进城市化“物美价廉”. 新华日报，2008-12-03.
[178]李肇忠. 当代西非国家城市化的社会经济影响. 广西民族学院学报：哲学社会科学版，1995(3).
[179]厉以宁. 中国城镇化须适合中国国情. 理论学习，2013(2).
[180]廖丹清. 中国城市化道路与农村改革和发展. 中国社会科学，1995(1).
[181]廖跃文. 英国维多利亚时期城市化的发展特点. 世界历史，1997(5).
[182][苏]列宁. 列宁全集：第19卷. 北京：人民出版社，1959.
[183]林广，张鸿雁. 成功与代价——中外城市化比较新论. 南京：东南大学出版社，2000.
[184]林玲. 城市化与经济发展. 武汉：湖北人民出版社，1995.
[185]林玲. 加拿大城市化与城市经济的特点. 世界经济与政治，1993(7).
[186]林卿，等. 可持续农业经济发展论. 北京：中国环境科学出版社，2002.
[187]林泉. 城市化指标体系的实证分析. 城市问题，2001(4).
[188]蔺雪芹，王岱，任旺兵，等. 中国城镇化对经济发展的作用机制. 地理研究，2013(4).
[189]刘传江，徐建玲，等. 中国农民工市民化进程研究. 北京：人民出版社，2008.
[190]刘传江. 中国城市化的制度安排与创新. 武汉：武汉大学出版社，1999.
[191]刘海平. 新型城镇化内涵探析. 决策探索，2012(7).
[192]刘慧. 国外城镇化：印尼多举措促区域均衡发展. 人民日报，2014-02-10.
[193]刘景华. 城市转型与英国的勃兴. 北京：中国纺织出版社，1994.
[194]刘静玉，等. 河南省新型城镇化的空间格局演变研究. 地域研究与开发，2012(10).
[195]刘军. 加拿大. 北京：社会科学文献出版社，2015.
[196]刘琳. 网络安全保障体系的构建策略探析. 计算机光盘软件与应用，2012(19).

[197]刘小雪. 中国与印度的城市化比较. http: // www.doc88.com/p-9763182012326.html.
[198]刘雪斌. 城市化与新农村建设. 南昌大学学报：人文社会科学版，2006(6).
[199]刘勇. 我国城市化回顾与展望. 中国经济时报，1999-04-14.
[200]刘铮. 人口理论教程. 北京：中国人民大学出版社，1985.
[201]刘志敏. 城镇化对我国区域经济增长收敛的影响分析. 大连：东北财经大学博士学位论文，2013.
[202]鲁达尔·达特、K. P. M. 桑达拉姆. 印度经济(上). 雷启淮，等，译. 成都：四川大学出版社，1994.
[203]陆大道，宋林飞，任平. 中国城镇化发展模式：如何走向科学发展之路. 苏州大学学报：哲学社会科学版，2007(3).
[204]陆大道. 中国城镇化应循序渐进. 北京科技报，2007-12-03.
[205]陆国俊，金计初. 拉丁美洲资本主义发展. 北京：人民出版社，1997.
[206]陆铭，陈钊. 城市化、城市倾向的经济政策与城乡收入差距. 经济研究，2004(6).
[207]罗宏斌. “新型城镇化”的内涵与意义. 湖南日报，2010-02-20.
[208]罗思东. 从小城镇到大都市：改革开放以来我国城市化政策的演进. 马克思主义与现实，2014(6).
[209]罗煜. 论我国新型城镇化道路. 决策探索，2008(10).
[210]吕银春. 巴西对落后地区经济的开发. 拉丁美洲研究，2000(5).
[211]吕银春. 经济发展与社会公正：巴西实例研究. 北京：世界知识出版社，2003.
[212]马凯. 转变城镇化发展方式　提高城镇化发展质量　走出一条中国特色城镇化道路. 国家行政学院学报，2012(5).
[213]马克思，恩格斯. 马克思恩格斯全集：第23卷. 北京：人民出版社，1972.
[214]马克思，恩格斯. 马克思恩格斯全集：第2卷. 北京：人民出版社，1972.
[215]马克思、恩格斯. 马克思恩格斯全集：第3卷. 北京：人民出版社，1960.
[216]满颖之. 日本城市化的历史演进及其发展趋势. 烟台师范学院学报，1986(2).

[217]孟晓晨. 中国城市化的双轨归一道路. 城市问题, 1990(1).
[218]倪鹏飞. 新型城镇化: 理论与政策框架. 广州: 广东经济出版社, 2014.
[219]倪鹏飞. 新型城镇化的基本模式、具体路径与推进对策. 江海学科, 2013(1).
[220]聂高民, 郭冠男. 苏州市统筹城乡发展综合配套改革调研报告. http: //www. china-reform. org/? content_167. html.
[221]聂振邦, 胡恒洋, 邱天朝. 大力促进我国农业现代化与工业化、信息化、城镇化协调发展. 全球化, 2014(7).
[222]宁越敏. 新城市化进程——90年代中国城市化动力机制和特点探讨. 地理学报, 1998(5).
[223]宁越敏. 中国城市化特点、问题及治理. 南京社会科学, 2012(10).
[224]牛凤瑞. 中国特色城市化之路. 理论参考, 2010(2).
[225]牛文元. 中国新型城市化报告(2009—2012). 北京: 科学出版社, 2009—2012.
[226]牛晓春, 杜忠潮, 李同昇. 基于新型城镇化视角的区域城镇化水平评价——以陕西省10个省辖市为例. 干旱区地理, 2013(3).
[227]帕特里克·海勒. 德里及印度城市治理的困境与挑战. 肖黎春, 译. //屠启宇. 国际城市发展报告(2017). 北京: 社会科学文献出版社, 2017.
[228]潘家华. 中国城市发展报告: 农业转移人口的市民化. 北京: 社会科学文献出版社, 2013.
[229]钱陈. 城市化与经济增长的主要理论和模型评述. 浙江社会科学, 2005(2).
[230]秦润新. 农村城市化的理论与实践. 北京: 中国经济出版社, 2000.
[231]秦尊文. 小城镇道路: 中国城市化的妄想症. 中国农村经济, 2001(12).
[232]饶会林. 城市经济理论与实践. 大连: 东北财经大学出版社, 1998.
[233]饶会林. 城市经济学. 大连: 东北财经大学出版社, 1999.
[234]饶会林. 集中型与集约化: 中国城市化道路的最佳选择. 财经论坛, 1989(6).
[235]饶会林. 试论城市规模效益. 中国社会科学, 1989(4).
[236]任东来. 从城市化到都市区化——评王旭的《美国城市史》. 美国研究, 2001(4): 133-141.

[237]沈冰鹤．尼日利亚百年经济发展历程述评．非洲研究，2015(6)．
[238]石淑华，吕阳．中国特色城镇化：学术内涵、实践探索和理论认识．江苏社会科学，2015(4)．
[239]石忆邵．城市规模与“城市病”思辨．城市规划汇刊，1998(5)．
[240]史蒂文·德拉克雷．印度尼西亚史．郭子林，译．北京：商务印书馆，2009．
[241]世界银行．2020 年的中国．北京：中国财政经济出版社，1997．
[242]宋家泰，等．城市总体规划．北京：商务印书馆，1985．
[243]宋建伟．中国城乡差异现状．http：//www.docin.com/p-2141806810.html．
[244]孙立行．中国特色的“新型城镇化”道路辨析．区域经济评论，2014(1)．
[245]孙士海．印度的城市化及其特点．南亚研究，1992(4)．
[246]孙在宏，袁源，王亚华，等．基于分形理论的江苏省城市规模分布与异速生长特征．地理研究，2011(12)．
[247]孙自铎，汪建国．农民收入增长的制度性约束与创新研究．北京：中国财政经济出版社，2002．
[248]陶然，徐志刚．城市化、农地制度与社会保障——一个转轨中发展的大国视角与政策选择．http：//www.weiquan.org.cn．
[249]田纪云．必须充分重视和大力发展农业(1988 年 11 月 2 日)//中共中央文献研究室．十三大以来重要文献选编．北京：人民出版社，1991．
[250]万广华，朱翠萍．中国城市化面临的问题与思考：文献综述．世界经济文汇，2010(6)．
[251]王炜．城市化不能“贵族化”：档次高了，生活难了．人民日报，2011-02-21．
[252]王保畬，罗正齐．中国城市化的道路及其发展趋势．北京：学苑出版社，1993．
[253]王春光，孙晖．中国城市化之路．昆明：云南人民出版社，1997．
[254]王春蕾．1960—1979 年尼日利亚工业化历程初探．上海师范大学学报(哲学社会科学版)，2003(6)．
[255]王大伟，王宇成，苏杨．我国城市病到底有多严重——城市病的度量及部分城市的城市病状况定量对比．中国发展观察，2012(10)．
[256]王恩哥，等．全球化视野的我国城市化“病态”倾向与若干政策建议．

改革，2007(7).
[257]王放.“四普”至“五普”间中国城镇人口增长的构成分析. 人口研究，2004(5).
[258]王放. 中国城市化与可持续发展. 北京：科学出版社，2000.
[259]王桂新. 城市化基本理论与中国城市化的问题及对策. 人口研究，2013(6).
[260]王国刚. 城镇化：中国经济发展方式转变的重心所在. 经济研究，2010(12).
[261]王鹤，尹来盛，冯邦彦. 从传统城市化到新型城市化——我国城市化道路的未来选择. 经济体制改革，2013(1).
[262]王宏伟，李萍，朱承亮. 中国城镇化速度与质量的协调发展. 河北学刊，2014(6).
[263]王建. 加快城市化是下一轮宏观刺激的方向. 华夏时报，2009-04-18.
[264]王建. 用城市化创造我国经济增长新动力. 宏观经济管理，2010(2).
[265]王建. 结构调整应以城市化为中心. 宁波经济，2010(7).
[266]王玲杰. 新型城镇化的综合测度与协调推进. 北京：经济管理出版社，2014.
[267]王琼. 改革开放以来我国城市化道路选择的若干观点述评. 上海经济研究，2002(9).
[268]王嗣均. 论中国现阶段大城市的成长. 北京：人口与可持续发展国际研讨会，1995.
[269]王婷. 中国城镇化对经济增长的影响及其时空分化. 人口研究，2013(5).
[270]王维峰. 国外城市化理论简介. 城市问题，1989(1).
[271]王文元. 中等城市发展讨论会综述. 光明日报，1990-01-19(3).
[272]王小鲁. 中国城市化路径与城市规模的经济学分析. 经济研究，2010(10).
[273]王小民. 东南亚国家的城市化：原因与可持续发展. 东南亚研究，2002(4).
[274]王晓玲. 新型城市化：研究述评、内涵及路径. 学习与实践，2014(7).
[275]王新娜. 20世纪80年代以来中国城市化动力机制的实证研究. 生产

力研究，2011(6).
[276]王兴平，李迎成. 中国新型城镇化门槛标准的量化研究. 规划师，2013(12).
[277]王旭. 美国城市史. 北京：中国社会科学出版社，2000.
[278]王延中，王俊霞. 中国城市化政策的回顾与前瞻. 规划师，2002(10).
[279]王洋，王少剑，秦静. 中国城市土地城市化水平与进程的空间评价. 地理研究，2014(12).
[280]王章辉. 近代英国城市化初探. 历史研究，1992(4).
[281]王振亮. 城市空间融合论. 上海：复旦大学出版社，2000.
[282]魏后凯，等. 中国城镇化质量综合评价报告. 经济研究参考，2013(6).
[283]魏后凯，关兴良. 中国特色新型城镇化的科学内涵与战略重点. 河南社会科学，2014(3).
[284]魏后凯. 走中国特色的新型城镇化道路. 北京：社会科学文献出版社，2014.
[285]文贯中. 吾民无地：城市化、土地制度与户籍制度的内在逻辑. 北京：东方出版社，2014.
[286]吴楚材. 城市与乡村——中国城乡矛盾与协调发展研究. 北京：科学出版社，1996.
[287]吴海峰. 英国现代农业发展的经验及借鉴. 经济研究参考，2016(63).
[288]吴洪英. 巴西现代化进程透视：历史与现实. 北京：时事出版社，2001.
[289]吴江. 重庆新型城镇化推进路径研究. 重庆：西南大学博士学位论文，2010.
[290]吴良镛，吴唯佳，武廷海. 从世界城市化大趋势看中国城市化发展. 科学新闻，2003(17).
[291]吴垠. 中国特色新型城镇化：以刘易斯拐点期为背景的理论、模式与政策研究. 经济科学，2015(2).
[292]吴友仁. 中国城镇化道路问题学术讨论会在宁召开. 经济地理，1983(1).
[293]习近平. 健全城乡发展一体化体制机制　让广大农民共享改革发展成果. 人民日报，2015-05-02.

[294]项继权，王明为. 新型城镇化：发展战略、动力机制与创新突破. 城市观察，2015(5).
[295]肖金成，等. 改革开放以来中国特色城镇化的发展路径. 改革，2008(7).
[296]肖金成，史育龙，申兵，等. 中国特色城镇化道路的内涵和发展途径. 宏观经济管理，2008(11).
[297]谢建社. 缩差、分类与并轨：农民工市民化成本分担机制研究——以G市为例. 农民工市民化成本分担机制研究论文集，https：//max. book118. com/html/2016/1007/57614843. shtm.
[298]谢文蕙，邓卫. 城市经济学. 北京：清华大学出版社，1996.
[299]谢昕. 我国智慧城市发展现状及相关建议. 上海信息化，2012(1).
[300]新玉言. 国外城镇化：比较研究与经验启示. 北京：国家行政学院出版社，2013.
[301]许学强，等. 现代城市地理学. 北京：中国建筑工业出版社，1988.
[302]许学强，周一星，宁越敏. 城市地理学. 北京：高等教育出版社，1997.
[303]许学强，朱剑如. 现代城市地理学. 北京：中国建筑工业出版社，1988.
[304]薛德升，曾献君. 中国人口城镇化质量评价及省际差异分析. 地理学报，2016(2).
[305]薛凤旋. 中国城市与城市发展理论的历史. 地理学报，2002(6).
[306]薛桂霞，钟钰. 我国“四化”协调发展的内在关系研究. 农村经济，2015(1).
[307]亚当·斯密. 国民财富的性质和原因的研究(上). 北京：商务印书馆，1972.
[308]颜雅英. 农民工市民化路径研究——以泉州市为例. 福建师大福清分校学报，2013(4).
[309]阳立高，廖进中. 城镇化、工业化与农业产业化经济拉动作用分析. 经济问题探索，2009(3).
[310]杨爱君. 工业化、城镇化与农业现代化的互动发展研究. 学术论坛，2012(6).
[311]杨帆. 新型城市化及其评价指标. 理论学习，2008(9).
[312]杨继瑞. 中国新型城市化道路的探索与思考. 高校理论战线，2006(11).

[313]杨开忠. 集中抑或分散：中国城市规模分布变化. http：//opinion.caixin.com/2017-08-25/101135494.html.
[314]杨澜，等. 法国城市化历程对当今中国城市化的启示. 法国研究，2008(4).
[315]杨立勋. 城市化与城市发展战略. 广州：广东高等教育出版社，1999.
[316]杨丽霞，苑韶峰，王雪禅. 人口城镇化与土地城镇化协调发展的空间差异研究：以浙江省69县市为例. 中国土地科学，2013(11).
[317]杨小凯. 经济学原理. 北京：中国社会科学出版社，1998.
[318]杨重光. 中国城市化与城市现代化. http：//www.cas.ac.cn/html/Dir/2003/08/19/9472.htm.
[319]姚士谋，等. 21世纪中国城市化模式探讨. 科技导报，2004(7).
[320]姚士谋，等. 中国新型城镇化理论与实践问题. 地理科学，2014(6).
[321]姚士谋，朱振国. 中国特色的城市化问题. 长江流域资源与环境，2001(9).
[322]姚士谋. 我国城市群的特征、类型与空间布局. 城市问题，1992(3).
[323]叶南客，李芸. 战略与目标：城市管理系统与操作新论. 南京：东南大学出版社，2000.
[324]叶裕民. 中国城市化之路：经济支持与制度创新. 北京：商务印书馆，2001.
[325]叶裕民. 中国城市化质量研究. 中国软科学，2001(7).
[326]易定红. 改革开放40年来中国劳动就业制度改革. 宣讲家网，http：//www.71.cn/.
[327]于晓明. 对中国城市化道路几个问题的思索. 城市问题，1999(5).
[328]喻开志，黄楚蘅，喻继银. 城镇化对中国经济增长的影响效应分析. 财经科学，2014(7).
[329]詹木思. 尼日利亚农村可持续发展与减贫机制：对农业新发展的启示. 杭州：浙江大学博士学位论文，2009.
[330]曾宪明. 城市化进程中的农地制度变迁：国际比较研究. 武汉：武汉大学出版社，2016.
[331]曾宪明. 从政府主导型到市场主导型：中国城市化的战略转换. 广东农工商职业技术学院学报，2006(8).

[332]曾宪明. 我国农地制度的变迁轨迹及其现实功用. 改革，2010(2).
[333]曾宪明. 我国现行农地制度安排对城市化进程的制约因素分析. 生产力研究，2006(7).
[334]曾志伟，汤放华，易纯，宁启蒙. 新型城镇化新型度评价研究——以环长株潭城市群为例. 城市发展研究，2012(3).
[335]张宏霖. 中国城市化与经济发展//陈甬军，陈爱民. 中国城市化实证分析与对策研究. 厦门：厦门大学出版社，2003.
[336]张鸿雁. 正确把握中国城市化的总体模式. 社会科学报，2007-09-06.
[337]张路雄. 中国要确立集中型城市化的方向. 社会科学论坛，2010(11).
[338]张庭伟. 对城市化动力的探讨. 城市规划，1983(5).
[339]张庭伟. 迈入新世纪：建设有中国特色的现代规划理论. 城市规划，2000(1).
[340]张学良，杨朝远. 论中国城市群资源环境承载力. 学术月刊，2014(9).
[341]张耀宇，陈利根，陈会广. "土地城市化"向"人口城市化"转变：一个分析框架及其政策含义. 中国人口·资源与环境，2016(3).
[342]张永亮，刘峰. 论政府在城市化中的职能转变. 湖南社会科学，2005(5).
[343]张泽，胡日东. 我国城镇化对经济增长传导效应研究——基于状态空间模型. 宏观经济研究，2014(5).
[344]张占斌. 新型城镇化的战略意义和改革难题. 国家行政学院学报，2013(1).
[345]张正河，谭向勇. 小城镇难当城市化主角. 中国软科学，1998(8).
[346]章光日，顾朝林. 快速城市化进程中的被动城市化问题研究. 城市规划，2006(5).
[347]赵奉军. 我国农地征用制度改革的三种模式. http：//www.acec.com.cn/newacec/showdetail.
[348]赵俊超. 城镇化：改革的突破口. 北京：中国人民大学出版社，2015.
[349]赵可，徐唐奇，张安录. 城市用地扩张，规模经济与经济增长质量. 自然资源学报，2016(3).
[350]赵新平，周一星. 改革以来中国城市化道路及城市化理论研究述评.

中国社会科学，2002(2).
[351]赵煦. 英国城市化的核心动力：工业革命与工业化. 兰州学刊，2008(2).
[352]赵永革，周一星. 辽宁都市区和都市连绵区的现状与发展研究. 地理学与国土研究，1997(2).
[353]赵永平，徐盈之. 新型城镇化发展水平综合测度与驱动机制研究——基于我国省际2000—2011年的经验分析. 中国地质大学学报：社会科学版，2014(1).
[354]赵勇. 经济全球化下中国城市化动力机制. 中南财经政法大学学报，2007(4).
[355]赵泽林. 理性看待城镇化：质量先行. 中国集体经济，2008(7).
[356]郑春荣，夏晓文. 德国的再城市化. 城市问题，2013(9).
[357]智慧城市发展研究课题组. “十三五”我国智慧城市“转型创新”发展的路径研究. 电子政务，2016(3).
[358]国家新型城镇化规划(2014—2020年). 中华人民共和国中央人民政府网，http：//www.gov.cn/gongbao/content/2014/content_2644805.htm.
[359]中共中央关于全面深化改革若干重大问题的决定. 新华网，http：//news.xinhuanet.com/policies/2013-11/15c_118164235.htm.
[360]中国城市科学研究会. 国外城市化译文集. 北京：中国城市规划设计研究院情报所，1987.
[361]中国社会科学院研究生院城乡建设经济系. 城市经济学. 北京：经济科学出版社，1999.
[362]钟水映，李晶. 经济结构、城市结构与中国城市化发展. 人口研究，2002(5).
[363]钟水映. 人口流动与社会经济发展. 武汉：武汉大学出版社，2000.
[364]周爱民. 缩小城乡差别　推进城乡协调发展. 城乡建设，2007(7).
[365]周迪. 城市化过快导致诸多问题. 上海证券报，2007-01-16(A05).
[366]周干峙. 走具有自己特色的城市化道路. 城市发展研究，2006(4).
[367]周加来，黎永生. 我国城市化进程中的政策取向. 中国宏观经济，1998(8).
[368]周牧之. 城市化：中国现代化的主旋律. 长沙：湖南人民出版社，2001.
[369]周牧之. 城市圈：中国21世纪城市化战略的引擎. 现代城市研究，

2001(4).
[370]周牧之. 关于我国城市化发展战略的另一种思考. 经济日报，2001-08-23.
[371]周天勇. 城市及其体系起源和演进的经济学描述. 财经问题研究，2003(7).
[372]周文，余志斌，连洁. 城市集中度的测定指标和影响因素——我国经济发展对城市集中度影响的回归分析. 经济问题探索，2007(3).
[373]周一星. 对我国城市发展方针的讨论. 城市规划，1988(3).
[374]周一星. 城市地理学. 北京：商务印书馆，1995.
[375]周一星. 城市发展战略三议. 财贸经济，1987(12).
[376]周一星. 城镇化速度不是越快越好. 科学决策，2005(8).
[377]周一星. 对我国城市发展方针的讨论. 城市规划，1988(3).
[378]周一星. 论中国城市发展的规模政策. 管理世界，1992(6).
[379]周一星. 中国的城市体系和区域倾斜战略探讨//张秉忱，陈吉元，周一星. 中国城市化道路宏观研究. 哈尔滨：黑龙江人民出版社，1991.
[380]周应华，等. 英国农村区域协调发展的经验与启示. 中国农业资源与区划，2018(8).
[381]朱凤凯，张凤荣，李灿，等. 1993—2008年中国土地与人口城市化协调度及区域差异. 地理科学进展，2014(5).
[382]朱慕唐，张海宁，王伯言. 西方城市经济学. 北京：中国财政经济出版社，1988.
[383]朱鹏华. 中国新型城镇化道路. 北京：经济科学出版社，2017.
[384]朱铁臻. 城市发展研究. 北京：中国统计出版社，1996.
[385]住建部. 关于开展国家智慧城市试点工作的通知，国家智慧城市试点暂行管理办法、国家智慧城市(区、镇)试点指标体系(试行)，2012-12-05.
[386]邹彦林. 我国城市发展宏观思考. 江淮论坛，1999(2).
[387]祖伟，等. 中国农村工业化的发展阶段及特征. 学术交流，2005(10).

后 记

本书是在我的博士学位论文《中国特色城市化道路研究》的基础上做了较大修改后完成的。在我的博士学位论文完成以来的十多年里，一方面，不仅中国的城市化取得了显著成就，而且我国对城市化道路的探索也取得了巨大突破，逐步认识到中国的城市化道路不仅要有别于他国模式，要有自己的特色，也要有别于我国改革开放以前的滞后城市化和改革开放以来存在诸多问题和缺陷的城市化，即中国的城市化道路应该是一条既有中国特色又符合新时期要求的有中国特色的新型城市化道路；另一方面，我的博士学位论文的研究对象主要是中国特色城市化道路，而对城市化的含义、动因、度量、速度、质量、类型、发展阶段和发展模式以及城市化与经济发展关系的研究，不够全面和深入，再加上近十几年以来城市化与城市化道路的实践发展和理论探索都取得了长足进步，有必要对城市化与城市化道路的前沿理论成果和波澜壮阔的发展实践进行梳理与总结，以利于我国更好地推进中国特色新型城市化进程。正是基于这些考虑，我对十多年以前完成的博士学位论文进行了较大修改和加工，形成了本书。

在本书得以付梓之时，我首先要感谢我的导师——武汉大学经济与管理学院简新华教授，不仅在我攻读博士学位的三年中，简老师对我进行了严格的训练和细心的指导，将我领入学术研究的殿堂，而且在我博士毕业后的十多年里，简老师仍然一直在科学研究和工作上给予我极大的帮助和指导。在本书即将完成之际，我要对简老师表达我发自内心深处的感激之情，并在今后的研究和工作中，秉承老师将经济理论与中国经济发展实践紧密结合的研究风范，务真求实，为中国现代化建设奉献自己的微薄之力。

我怀着同样的心情感谢辜胜阻教授、蔡继明教授、夏兴园教授、王冰教授、刘传江教授、陈银娥教授、钟水映教授、成德宁教授，他们对我的博士学位论文提出了许多宝贵的意见和有价值的建议，这些有益的指导成为本书得以完成的基础和起点。

本书的研究参考了众多同仁的研究成果。在此我谨向他们表示真挚的谢意！

本书有关的调查研究工作得到了国家社会科学基金的资助。本书从决定申报国家社科基金后期资助到正式出版，始终都得到了武汉大学出版社领导的关怀和大力支持，责任编辑陈红先生为本书的编辑出版付出了辛勤的劳动，谨在此一并致谢！

本书在申报国家社科基金后期资助项目的过程中，得到了广东省社科规划办、广东外语外贸大学科研处和国际商务英语学院的指导与支持，也在此致以衷心的感谢！

由于城市化与城市化道路的研究涉及多个学科，加之作者水平有限，本书中的缺陷和不足之处在所难免，恳请读者不吝赐教。

曾宪明

2020 年 1 月于广州